アジア系アメリカ人の
光と陰
アジア系アメリカ移民の歴史

著――スーチェン・チャン
編纂―トーマス・J・アーチディコン
翻訳―住居広士

大学教育出版

はじめに

　総合化した優秀な作品は、それを基礎づけるのに役立つ十分な数の信頼できる資料が取り揃っている場合のみに創作することができる。そのいくつかの旧作におけるアジア人に敵対する強い偏見、最近のアジア系アメリカ人に関する学問の不公平性、そしてその他のアジア系アメリカ人と比較して、中国系と日系アメリカ人に関してより多くの作品が出版されている事実を考慮に入れると、主要な亜集団を公平に扱う比較歴史学を企画するのはおそらく時期尚早であろう。しかしながら、アジア系アメリカ人はその人数の上では増加して目立つ存在になりつつあり、多くの地域の大学生達が彼らの学部に対して、より多様な民族学的教育課程を要求しているので、アジア系アメリカ人の簡明な歴史学の需要が年ごとに急速に高まっている。

　本書は、そのような需要を満たすような暫定的な努力の成果である。19世紀からこちらのアメリカ合衆国に移民してきた中国人、日本人、朝鮮人、インド人、フィリピン人の移民の歴史的経験の共通性を強調する筋書きの中で、アジア系アメリカ人の歴史の重要な局面を、本書でたちどころに概観することができる。さらに1975年以降から到来してきたベトナム人、ラオス人、カンプチア人の難民や移民についても、かなり要約して取り上げている。これらのさまざまな集団はすべて同じアジアから移民したので、アジア系アメリカ人"Asian Americans"として一括して扱えるとしばしば見なされるが、彼らを集団的な組織として取り扱うためのより重要な理由がある。彼らの文化、宗教、言語、あるいは国際社会における出身国の状況のいかなる差異の存在にも関わらず、アメリカ社会は大部分において彼らを一様に取り扱った。

　概説すれば、学者は少なくとも4つの観点から、アメリカ合衆国におけるアジア系アメリカ人やその他の少数民族を研究してきた。1960年代以前に流行した最も古い研究方法の第1番目の観点では、少数民族の構成員は、変質者あるいは欠陥者であることを示唆していた。彼らが普通"normal"になるためには、アジア系アメリカ人が大多数のアングロサクソン系アメリカ人に同化するように、機能不全"dysfunctional"を来す自らの文化をそぎ落とさなければならない。第2番目の観点では賞賛して、種々の移民集団あるいはアメリカ先住民が作り上げた有色人種の文化的貢献

を強調することである。このような観点は心温まるが、なぜアメリカ人における多民族性のモザイク模様のさまざまな構成要因が平等に取り扱われなかったかに異議を唱えることにしばしば失敗する。第3番目の観点では、少数民族をアメリカ合衆国の階級構造の中で、下層階級に配置された結果として、無数の方法で搾取される被害者であるように描いた。それは主として社会における集団行動や組織化に注目して、特に個人的な願望や成功ではなく経済面に焦点を当てた。第4番目の観点では、制御不能である環境下で厳しく抑圧された時でさえ、男女は人生を形成する選択をして、少数民族が歴史的変化をもたらす要員と見なした。

　私は本書で、主に第3番目と第4番目の観点からアジア系アメリカ人の物語を述べた。しかしながら、このような短い文章量において、指導者側の働き"agency"を最も効果的に示すことができるかもしれないが、私はあまり長い生活史を含めることができない。彼らが最初にアメリカ合衆国へ移民すべきかどうか、その後彼らは大変な困難を経験してからアメリカ合衆国を脱国あるいは居残るかについて熟考しながら、ある意味では生活の機会に意図的な予測を立てたように物語を構想することによって、私はアジア系移民とその子孫を暗黙のうちにのみ彼ら自身が歴史に残るようなことをする要員として描くことができる。社会経済ならびに政治環境により課せられた制限の中に全員がいることを彼ら自身は認識していた。

　定住者は、自分達の生存を確保する手段を形成しなければならなかった。そのような手段の1つが、自分達の権利のために立ち上がり闘争することであった。このような闘争の歴史を列挙することが、アジア系アメリカ人の立場から物語を述べる1つの方法である。そのために、その他のアジア系アメリカ人の研究の論題よりは、反中国人、反日本人、反フィリピン人などの運動をより多く取り上げているが、私は反アジア人感情や行動の原因をここで詳細に解説する文章量を、他と比べてあまり配分しない。むしろ私は、アジア系移民自身がアメリカ社会における正当な地位を要求することに挑戦しながら、彼らが直面する人種差別に対していかに奮闘したかについて焦点を当てた。

　その他の2つの成果は、私の作品構成の選択に従った。まず第1に、私は同化政策の研究方法に対して、ヨーロッパ系移民の多くの古い研究で示されたような中心的な重要性を与えない。それはアジア人が同化することを拒否したからではなく、すなわちその誹謗者がしばしば主張しているように、アングロサクソン系アメリカ

人の信条や態度を受け入れるために自分達の文化遺産を捨てることを拒否したのではなく、同化することは新参者の偏愛だけに基づかないので、私は同化政策には焦点を当てない。移民を受け入れる社会の構成員が、自らが所有して相互に形成する世界で平等な仲間になれる機会を移民に与えてくれた時にのみに同化することが可能となる。本書が述べているように、アジア系アメリカ人には、最近に至るまでそのような機会は与えられていなかった。

第2には、一般的にアジア文化を議論したり、アメリカ合衆国でどのようにアジア文化が保持されてきたのかを論じる代わりに、私は新世界において生活を適合させるためにアジア系移民が選択的に活用した局面のみに注目した。文化は変動的であり、文化は常にその継承者により形成される。その継承者には、文化の標準や価値を明確に表現することすらできない下層の男女や子供達も含まれている。移民達が新しい環境に直面した時に、2つの異なった文化遺産を単に混合する"blending"ことを越えた新しい統合の形成過程において、彼らは必然的にいくつかの特徴を帯びるようになる。そのような理由により、アジア系移民の地域共同体は、アジアにおける地域共同体の酷似した模写でもなく、かつそのようになることもできず、社会学的あるいは文化学的にも、アメリカ主流社会におけるその他の地域共同体の複写でもない。むしろ彼らは、ますます増大する多民族アメリカ文化を整備する要員でもあり、そのように最もよく理解でき、かつ評価できる。

私は本書に歴史的解釈を求めた。それは、年代の特徴を有効に示す最善の研究成果を考慮に入れた後に、強調するために選択した話題やそれらを相互に関連づける手法により、私がどのようにアジア系アメリカ人の歴史を理解するようになったかが反映されるからである。新しい研究を利用することで、私の分析はおそらく修正されるようになることを疑わない。さらに私以外の学者も、その他の方法で物語を述べるようになるだろう。

最後に、手短に説明すると、私はより広範な歴史が含む次の4つの重要な事柄を述べることができなかった。①アメリカ合衆国における、特にアジア系アメリカ人が影響を受け続けてきたアメリカ合衆国西部における社会、経済、政治環境に関する変革の分析、②アメリカ合衆国やその他の世界における多数民族と少数民族集団との関係性を理解するために社会学者が提示する理論、③さまざまな執筆者により、いかにそれらの作品が時代の趨勢を反映しているかなど、本書ではその推定を検証

するしばしば隠された歴史的随筆、④アジア系アメリカ人の歴史の多くの局面を再概念化することを余儀なくさせる男女同権主義者の観点に基づくアジア系アメリカ人女性の歴史に関する十分な取り扱いである。アジア系アメリカ人の歴史は、物語的よりはむしろ分析的局面から将来における作品にて論じなければならない。

スーチェン・チャン（Sucheng Chan）

日本語翻訳者のはしがき

　私は1998年にミシガン大学老年医学センターに文部省在外研究員として短期留学した。日本を離れることで、一時的にも日本人としての市民権を失った状態で、アメリカ合衆国で生活をした。すると、いままで日本で想像していた以上に、アメリカ合衆国におけるアジア系アメリカ人の厳しい現実の光と陰に数多く遭遇した。アメリカ合衆国は日本よりもっと自由と平等があり、自主独立ができ、チャンスもたくさんあり、差別も少ないと思っていたが、そのようには甘くない世界であり、思い違いも多かった。アメリカ合衆国は移民大国であり移民世界であるからこそ、その悩みも深刻であり広大であり、多民族による多様な文化の国なのである。日本だけで暮らしている日本人は、日本人とは何かを意識することはほとんどない。アメリカ合衆国で暮らして、生まれて初めて私は逆に日本人であることを強く意識することにもなり、またアメリカ合衆国で挫折感にも見舞われて希望を失いかけていた。

　そのような時にミシガン州アナーバーの大学町の本屋で、"Asian Americans: An Interpretive History"（Sucheng Chan, Twayne Publisher, 1991年）に、偶然に出会うことになった。私は本書の内容から、アジア系アメリカ人とは何かについて強い関心を持ち始めた。アメリカ合衆国の歴史は、アジア諸国の歴史の長さに比較すると非常に短いが、1776年の独立宣言前後からの移民による歴史がその起点となっている。それは、長い鎖国状態にあった日本あるいはアジア諸国にとって未経験な歴史でもある。アジア系アメリカ人は、すべての人間として当然の個人の権利と自由を、移民の歴史における光と陰を織り交ぜながら獲得し続けてきた。その文化の影響を日本あるいはアジアは、第2次世界大戦後にアメリカ合衆国から受け続けているが、未だ日本人あるいはアジア人は新たな移民の問題に対する権利と自由の歴史を創造できていないと思われる。本書は、アジア系アメリカ人がどのように移民としての独自の権利と自由を獲得してきたのかという歴史過程の1つを羅針盤として我々に示唆してくれる。

　近代までは国際的な人口の移動である移民は歴史的に、資本主義の発展のための労働力の移動として西洋国家から許容あるいは奨励されていた。移民に対する法的な国家管理は、初めてイギリスで1793年に外国人法案（the Alien Bill）で実施された

が、その当時あまり移民は制限されていなかった。その前後から大量のヨーロッパ系アメリカ移民ならびに奴隷貿易によるアフリカ系アメリカ移民を受け入れていたアメリカ合衆国が、1830年代から始まったアジア系移民の一部に対して移民に対する最初の国家管理として1875年にページ法（Page Law）を成立させたが、その移民制限の影響はほとんどなかった。最終的に初めて人種と国籍による外国人移民に対する本格的な国家管理は、1882年の中国人排斥法（Chinese Exclusion Law）により、中国人のアメリカ移民が禁止されたことでアジア系アメリカ移民に対することから始まった。本書ではアメリカ合衆国におけるアジア系アメリカ移民の光と陰をさまざまに取り上げて、その過程からアジア系アメリカ移民の歴史がとても理解しやすく解説されている。

　本書によりアジア系アメリカ人の光と陰を歴史的に認識することができる。アジア系アメリカ人が歴史の上で、アメリカ合衆国においてアジア人がどのように考えながら行動して、どのように行動しながら考えたかを学ぶことで、アジア系アメリカ人の立場を認識しながら人間としての権利と自由をいかに獲得してきたのかを理解できる。日本ではまったく同じように自由と平等の権利が授けられているのは日本人だけであり、外国人に対して現代社会に残る唯一の合法的区別が行われている。日本では外国人は異なることがあたり前であるとして、外国との国境である海洋をその防波堤にして日本人の特権を防御するために、権利の格差の均衡を保ちながらも、新たな移民の問題に対して迷走している。

　アメリカ合衆国は単なる50州の寄せ集めによる合州国でなく、多民族の大衆が混在している合衆国である。しかし、アメリカ合衆国自体が限りある地球環境資源の中で、人的資源の階層化による交錯と矛盾からアメリカ合衆国の拡張主義が限界に達している。生活の質と量を向上させる自己実現を最大の目的としてきた反動により、アメリカ合衆国では社会保障において自己責任と自助自立を強要しながら、新自由主義の開放と統制ならびに自己負担の拡大に追い込まれている。そこで私は留学からの帰国後に、『アメリカ社会保障の光と陰』（大学教育出版、初版2000年、新版2004年）を編訳出版して、アメリカ社会保障の光と陰の歴史的検証をした。世界でも有数に繁栄して平和な国にいる日本人に向けて、今度は『アジア系アメリカ人の光と陰』によってアジア系アメリカ移民の歴史的検証をした本書は、超少子高齢時代を迎え、新たな移民の問題にやがて直面せざるをえない日本と将来のアジアに

多くの示唆を与えてくれると思われる。

　今回の翻訳出版をご承諾いただいたスーチェン・チャン（Sucheng Chan）カリフォルニア大学バークレー校名誉教授に心より感謝申しあげる。我々は国際的な平和と福祉の架け橋をアジアから世界に向けて構築できることを祈念しております。

　2010年4月25日

県立広島大学大学院教授
住居　広士

Foreword by Japanese Translator

I studied at the Geriatrics Center of the University of Michigan in 1998 as an overseas researcher for the Ministry of Education. During my stay, I had the opportunity to experience and observe the conditions under which Asian Americans live in the U.S. I soon realized that I had been mistaken in believing that it would be easy to become independent, to have more freedom, and to enjoy a similar lifestyle as other immigrants. While the U.S. is a nation of immigrants, I believe problems immigrants face are accentuated by the large size of the country. A Japanese who lives only in Japan does not have to think about identity other than as a Japanese. The shock of having to live in a non-Japanese country and adjust to a much different lifestyle and living conditions caused me to start thinking for the first time about national identity.

While pondering my predicament, I chanced upon a book titled, "Asian Americans: An Interpretive History" by Sucheng Chan (Twayne Publishers, 1991). Her book stimulated my interest by her very strong concern for Asian Americans. One could say that the history of the U.S. started with the Declaration of Independence in 1776, and its history is much shorter than the history of Asia. Until recently, Asian nations had little experience with immigrants because of their long history of isolation under a policy of seclusion. The U.S. continued to develop new civil rights for ethnic groups based on its experiences with immigration. Since World War II, Asian countries have received multicultural influences from the U.S., but there are still no comparable civil rights for immigrants in Asia. Sucheng Chan's book suggests a process by which Asian Americans could acquire civil rights in the U.S.

The worldwide movement of populations was driven by the need of manpower for the growth of capitalism and historically has been encouraged by modern western nations. The movement of manpower was first controlled through legislation with the 1793 Alien Bill in Britain. At the time, the U.S. had accepted a large number of European immigrants and Africans by the slave trade. The first limitation of foreign immigrants in the U.S. had little influence on Asian immigrants until the Page Law in 1875. In the U.S. immigration exclusion managed by nationality and race started for the first time with the Chinese Exclusion Law in 1882. This book explains very plainly Asian Americans' history and how different Asian Americans handled their problems and struggles in the U.S.

The identities of Asian Americans and how their civil rights were acquired through their struggles and actions in the U.S. is described in this book. In contrast, the Japanese have been given freedom and equality only to their own citizens in Japan. Lawful discrimination against immigrants still exists in the isolated societies of Asia. National borders still maintain discrimination between

Asian peoples. Differences in civil rights protect domestic privileges of Asian societies.

The U.S. is not only an accumulation of 50 states but also a mixture of various ethnic groups and many different cultures that greatly influence the world. However, the U.S. has reached its peak of expansion within the limits of human and environmental resources on the earth. Consequently the American ideal that maximum happiness for the individual can be self-actualization and improvement in the qualify of life (QOL) will no longer be an achievable dream. After I returned to Japan, I published "Social Security from Managed Care to Long-Term Care in the U.S.A — Visions and Revisions." (University Education Press Co. Ltd). The first edition was published in 2000 and the second in 2004.

In the 21st century, Japan has become a society of fewer children and more old-old people, which is severely advanced in the world. This trend has reversed a previous expansion to a reduction of population. Visions and revisions of the movement of manpower to Japan will undergo dynamic changes in the reduced population of Japan in the near future. Significantly, more accurate information must be collected in order to interpret the foreign histories with immigration. To this end, this book will provide pertinent information and suggestions for Asia and the U.S. I sincerely wish to express my gratitude to Professor Emerita Sucheng Chan, University of California, Berkeley, for granting permission for the Japanese translation of her book. I deeply appreciate the thoughtfulness and support from friends both in Asia and the U.S. I look forward to building the bridges of peace and well-being over the cosmopolitan areas of the world in the future.

April 25th, 2010

Hiroshi Sumii
Prefectural University of Hiroshima,
Professor, M.D., CSW, CCW

編纂者の序文

　アメリカ合衆国が新しい世紀を迎える時は、ツウェイン出版社（Twayne Publishers）が一連のアメリカ移民文化の遺産を再現するシリーズ出版に最も適切な時期であるように思われる。いくつかの移民形態を通じて、1980年代にはアメリカ合衆国の人口に永住者として加わったその人数に関して最高記録を樹立した。国家の基本的な移民や難民政策、その他の不法な移民により、その当時アメリカ合衆国に約900万もの人びとが入国した。かつて最高の記録であった1900年から1909年の年代にかけてこの国に到来した外国人の数より約75万人も多い総人数であった。

　今日のアメリカ合衆国への移民は、初期移民の大多数を送り込んだ国々をほとんど除いた地域から到来している。1981年から1985年にかけて、アメリカ合衆国への記録に残る移民のわずか11％がヨーロッパ系からの移民であった。約半分はアジアと中東から移民しており、それはラテン系アメリカからの移民の5分の1よりも多かった。特に近年の移民に比較して、アメリカ合衆国現地市民の出生率が低下しているので、最近の移民動向や出産パターンが継続されたならば、次の30年間を過ぎるうちに、アメリカ合衆国における重大な民族分布が変化してしまうであろう。人口統計学の学者によれば、1990年から2020年にかけて、ラテン系アメリカ人以外の白人の割合が、75.6％から64.9％にまで低下することを予想している。同様な将来の人口推定に従えば、ラテン系アメリカ人の人口突出は、8.7％から15.4％まで上昇して、アジア系アメリカ人は3.3％から6.5％にまで達する。

　これを再現するシリーズ出版の目的は、このような現代社会の発展の背後の由来を描写して、移民を適切な歴史的背景に位置づけることである。1965年以前に移民がアメリカ社会において人目に付くような立場であったかどうかにも関わらず、その焦点は最近到来する最も多数を占める移民に当たるであろう。このシリーズ出版には、最新の取り扱いを必要とするヨーロッパ系アメリカ人に関しても数冊分の余地があるだろう。

　スーチェン・チャン（Sucheng Chan）によるアジア系アメリカ人 "*Asian Americans*" は、このシリーズ出版を送り出して力強く歩み始めた。チャン教授の包括的な研究により、ゴールドラッシュから近年の時代にかけて、アメリカ合衆国におけるアジア人

とアジア系アメリカ人の出来事を物語ってくれる。それは優美に記述された包括的歴史であり、厳密なる社会科学的分析である。チャン教授は、数か国の民族の歴史調査研究から共通性を巧みに記述する一方で、アジア系アメリカ人における特異性も注意深く公平に指摘している。チャン教授は、アジア系アメリカ人がしばしば直面する困難や差別にも関わらず、彼女の主題であるその男女を、アメリカ合衆国の歴史過程において、あたかも彼ら自身の人生の形成者と完全なる参加者として描いていることがおそらく最も重要な点であると思われる。

トーマス・J・アーチディコン
（Thomas J. Archdeacon、編纂者、ウィスコンシン大学マディソン校）

専門用語と字訳について

　私は、ヨーロッパ由来のアメリカ人とアジア由来のアメリカ人の間における概念的な類似点を創作するために、前者をヨーロッパ系アメリカ人と呼称する。私は反アジア人法律と反アジア人運動を論じる時のみ、白人"white"と表現する言葉を使用する。白人種と有色人種を区別するために、反アジア人運動に関係した人が好んで表現する言葉である。連邦政府の法律や州政府の条例に成文化されたような分離により、在米アジア人の人生は約1世紀にわたり苦しめられた。

　私は、1960年代以前の移民で、アメリカ合衆国で生活や仕事をしている人をアジア人と呼ぶ。私は、20世紀の前半に育ったアジア人の子供達のことをアメリカ生まれあるいは第2世代と言う。1960年代中頃以降の時期に、新しく移民したアジア人のほとんどが定住して市民権を獲得しているので、その個人の生まれた場所に関わらず、アジア系アメリカ人"Asian Americans"という言葉を使用する。

　アジア系アメリカ人は、政治的および官僚的な由来の言葉である。1960年代の青年活動家が、異なったアジア系アメリカ人の集団における共通性を強調するために、その言葉を流行させた。その一方で、政府機関は、種々のアジア系集団と太平洋の諸島からのアジア太平洋系アメリカ人"Asian Pacific Americans"とを一括して扱うのに都合が良いので、アジア系アメリカ人という言葉を採用した。

　私はインド亜大陸からの人びとを、アジア系インド人"Asian Indians"と呼ぶ。それは、現在最も広く使用されている学術用語であり、1980年のアメリカ合衆国の国勢調査で公式に認可を受けた。しかし、インドからの人びとは、東インド人、ヒンドゥス人、ヒンドゥスタン人としても知られている。

　私は、フィリピン諸島からの人びとを、ピリピノ人（Pilipino）ではなく、フィリピン人（Flipinos）と呼ぶ。しかし、1960年代と1970年代でも、ハワイやアメリカ西海岸における共同体の活動家や左翼系学者は、その多くがほとんど高学歴ではない労働者であった古くからの移民に相応の処遇をする1つの方法として、その単語に"p"を好んで綴っていた。フィリピン諸島では、ほとんどの言葉や方言にも"f"の音は含まれていない。そのためにフィリピン人によっては、"f"から始まるいくつかの言葉をあたかも"p"から始まるように発音している。今日の高学歴の移民は、"f"

の音が発音できないことは侮辱であると認識しているので、フィリピン人（*Filipino*）という言葉は、いままでよりは許容されている。

　私は、1975年以前はカンボジア"*Cambodia*"とカンボジア人"*Cambodians*"という言葉を使用して、1975年に民主カンプチア（Democratic Champucheans）が建国された後の期間は、カンプチア"*Kampuchea*"とカンプチア人"*Kampucheans*"という言葉を使用する。

　中国系アメリカ人の歴史において、個人や地域の名称は特に混沌としている。ほとんどの初期の移民は広東語を話す人びとであり、中国での英語表記において通常字訳されている公式用語である中国標準語"*putonghua*"（北方中国語, Mandarin）と、広東語の発音はまったく異なるからである。エール大学の研究者が考案した広東語用の標準字訳がある。しかし、それらとは一致しないが、私は中国系アメリカ人に通用する書き方から見いだした書式を用いることを採用した。それで読者は本書における適切な名称が、現存する文献にて見いだす単語と同一であることを確認できる。名称が最初に出現した時には、まずピン音式[1]の字訳で表記した。その後に括弧内に、北方中国語の名称や単語に対応するウェード・ジャイルズ（Wade-Giles）式[2]の字訳や、1949年以前に一般的に使用された旧郵政省の表記や、あるいは広東語に対応する標準的でないが容認された字訳を表記した。

　出身国におけるアジア人について表記する際には、私はおおむねアジア式で一般的に、最初に個人の姓（苗字や姓）、その次に各自の個人名を与えた。特定の個人名称（例えば、李承晩（Syngman Rhee））では、西洋式に適用するためにその規則とは正反対にする方式を採用する場合に、その例外が発生する。アメリカ合衆国におけるアジア系移民の名前は、それらがアジア式あるいは西洋式かは、彼ら自身の英語で使用される方式で表現する。アジア由来でアメリカ生まれの人の名称は、個人名、中間名、そして苗字の順である西洋式で表記する。すべての外来語は、本文中で最初に表記する時は、イタリック体で表記する。

注

1　中国語のローマ字表記法であり、1958年に導入され、1979年に中国公認のローマ字表記法として採用された。
2　中国では現在使われていないが、英国の北京駐在公使であったSir Thomas F. Wade（1818-95）が提案して、Herbert A. Giles（1845-1935）が改訂した中国語のローマ字表記法である。

Acknowledgments （謝辞）

Gary Y. Okihiro and Michael A. Omi offered detailed, incisive, and copious comments that greatly improved this book. Thomas J. Archdeacon, General Editor of this series, asked me to clarify various points that made the narrative more cogent. Wendy Lee Ng and Amado Y. Cabezas each read one chapter, while Spencer C. Olin and K. Scott Wong reviewed most of the chapters to assess how students might react to the text. Carrie L. Waara helped with proofreading and Donna Wilke prepared the index. I am grateful to all of them, as well as to Athenaide Dallett, John Martin, Barbara Sutton, Gabrielle McDonald, Katherine Cronin Connors, Deborah Azerrad, and Larry Hamberlin of Twayne Publishers who guided the manuscript through the publication process. Since a work of synthesis by its very nature is built on the intellectual foundation laid by other scholars in the field, I am indebted to all the authors whose works I cite in the Notes and References and Bibliographic Essay.

I also thank Adrienne Morgan who drew the maps, which are reprinted with the permission of Jack Taylor of Boyd and Fraser Publishing Co., publisher of another work of mine, *Asian Californians*. I am grateful to Daniel S. Lev, who gave me the information used to design the map on the refugee outflow from Vietnam, Laos, and Kampuchea, and to the University of Hawaii Press for permission to reproduce the map of Korea showing the locations where David Deshler set up his recruitment offices.

Janice Mirikitani has kindly granted permission to reprint lines from her poem "Breaking Silence," originally published in her book *Shedding Silence* (Berkeley: Celestial Arts, 1987).

The photographs are reproduced with the permission of the Bishop Museum, Honolulu; the Public Archives Canada; the Bancroft Library at the University of California, Berkeley; Visual Communications, Los Angeles; the Demonstration Project for Asian Americans, Seattle; U.S. National Archives; the U.S. Navy; the San Joaquin County Recorder's Office, Stockton, California; the Educational Opportunity Program at the University of California, Santa Barbara; Mary Paik Lee; Katsuji Uranaga; Kats Nakamura; and Shulee Ong.

The several thousand students who have taken my courses over the last two decades at Sonoma State University and at the Berkeley, Santa Cruz, San Diego, and Santa Barbara campuses of the University of California also deserve my thanks. Without their always probing and sometimes troubled questions-to which I was forced to find answers-my understanding of the Asian American experience would be considerably shallower.

Finally, I wish to express my appreciation to Mark, who left me alone, and to sweet Cotufa, who refrained from mischief, while I produced this book under great pressure of time.

アジア系アメリカ人の光と陰
—— アジア系アメリカ移民の歴史 ——

目 次

はじめに　　　　　　　　　（スーチェン・チャン，Sucheng Chan）……… i
日本語翻訳者のはしがき　　　　　　（住居広士，Hiroshi Sumii）………v
Foreword by Japanese Translator　　（住居広士，Hiroshi Sumii）………viii
編纂者の序文　（トーマス・J・アーチディコン，Thomas J. Archdeacon）………x
専門用語と字訳について　（スーチェン・チャン，Sucheng Chan）……… xii
Acknowledgments（謝辞）　　（スーチェン・チャン，Sucheng Chan）……… xiv

第1章　アジア系アメリカ移民における国際的背景
　　　　　The International Context of Asian Emigration ……… 1

　第1節　アジア系アメリカ移民における歴史的背景　　1
　第2節　中国人から始まるアジア系アメリカ移民　　4
　第3節　日本人からのアメリカ移民のはじまり　　8
　第4節　朝鮮人からのアメリカ移民のはじまり　　14
　第5節　フィリピン人からのアメリカ移民のはじまり　　18
　第6節　インド人からのアメリカ移民のはじまり　　22
　第7節　アジア系アメリカ移民のはじまり　　27

第2章　アジア系アメリカ移民の初期の光と陰―1840から1930年代まで
　　　　　Immigration and Livelihood, 1840s to 1930s ……… 32

　第1節　アジア系アメリカ移民の幕開け　　32
　第2節　ハワイから本格的に始まるアジア系アメリカ移民　　33
　第3節　中国人からのハワイ移民　　35
　第4節　ゴールドラッシュでアメリカ本土に向かう中国人アメリカ移民　　36
　第5節　中国人アメリカ移民を雇用する大陸横断鉄道の建設　　40
　第6節　中国人アメリカ移民の鉄道建設から職業の選択　　43
　　　　１）農場における農業労働者として　　43
　　　　２）都市部における洗濯屋として　　44
　　　　３）アジア系料理店として　　47

第 7 節　日本人アメリカ移民によるハワイの砂糖産業　48
　　　1）日本人によるハワイ移民の到来　49
　　　2）ハワイ移民による農業の光と陰　50
第 8 節　ハワイから西海岸に向かうアジア系アメリカ移民　52
　　　1）日本人アメリカ移民の農業労働者　52
　　　2）その他のアジア系アメリカ移民　54
　　　3）農業以外の職業の選択とアジア系アメリカ移民　55
第 9 節　アジア系とその他のアメリカ移民　58

第3章　アジア系アメリカ移民に対する敵対と衝突
Hostility and Conflict ……………………………………62

第 1 節　アジア系アメリカ移民とアメリカ社会の亀裂　62
第 2 節　アジア系アメリカ移民に対する偏見　63
　　　1）中国人アメリカ移民に対する偏見　63
　　　2）アジア系アメリカ移民に関する偏見　64
第 3 節　アジア系アメリカ移民に対する経済的差別　64
　　　1）中国人アメリカ移民に対する経済的差別　64
　　　2）アジア系アメリカ移民に対する経済的差別　65
第 4 節　アジア系アメリカ移民に対する政治的権利の剥奪　66
第 5 節　アジア系アメリカ移民に対する肉体的暴力　67
　　　1）中国人アメリカ移民に対する肉体的暴力　67
　　　2）アジア系アメリカ移民に対する肉体的暴力　72
　　　3）アジア系アメリカ移民に対する暴力の原因　74
第 6 節　アジア系アメリカ移民に対する社会的排斥　76
　　　1）中国人アメリカ移民に対する社会的排斥　76
　　　2）アジア系アメリカ移民に対する社会的排斥　77
第 7 節　アジア系アメリカ移民に対する社会的隔離　79
　　　1）アジア系アメリカ移民に対する社会的隔離　79

　　　　２）アジア系アメリカ移民に対する分離教育　81
　　　　　（1）中国系アメリカ移民に対する分離教育　82
　　　　　（2）日系アメリカ移民に対する分離教育　83
　　　　　（3）アジア系アメリカ移民に対する分離教育　84
　　　　３）アジア系アメリカ移民に対する結婚差別　85
　　第8節　敵対と衝突から台頭するアジア系アメリカ移民　87

第4章　アジア系アメリカ移民共同体による社会組織
The Social Organization of Asian Immigrant Communities ……92

　　第1節　アジア系アメリカ移民が創設する共同体　92
　　第2節　中国人アメリカ移民による共同体　93
　　　　１）会館から始まる中国人共同体　93
　　　　２）地縁と血縁を伴う中国人共同体　94
　　　　３）中国六大公司と呼ばれる公所の結成　95
　　　　４）商人が有力となる中国人共同体　96
　　　　５）友愛組織の堂と同業組合の中国人共同体　98
　　第3節　日本人アメリカ移民による共同体　99
　　　　１）県人会から始まる日本人共同体　99
　　　　２）在米日本人会の結成　100
　　　　３）在米日本人同業組合の結成　101
　　　　４）日本人アメリカ移民に布教する仏教　105
　　第4節　キリスト教と競合するアジア系宗派　107
　　第5節　朝鮮人アメリカ移民による共同体　108
　　　　１）キリスト教会から始まる朝鮮人共同体　108
　　　　２）組織化する朝鮮人共同体　109
　　第6節　インド人アメリカ移民による共同体　110
　　第7節　フィリピン人アメリカ移民による共同体　111
　　　　１）アメリカからの独立を求めるフィリピン人共同体　111

　　　　2）キリスト教に基づくフィリピン人共同体　*112*
　　　　3）地域社会におけるフィリピン人共同体　*114*
　　第 8 節　社会運動を共有するアジア系アメリカ移民共同体　*115*

第 5 章　アジア系アメリカ移民に対する迫害への抵抗
　　Resistance to Oppression ……………………………………*119*
　　第 1 節　中国人アメリカ移民から始まる迫害への抵抗　*120*
　　第 2 節　日本人アメリカ移民に対する迫害と闘争　*122*
　　第 3 節　アジア系アメリカ移民により共同する抵抗運動　*125*
　　　　1）日本人とフィリピン人アメリカ移民による共同運動　*125*
　　　　2）日本人とメキシコ人アメリカ移民から始まる共同運動　*127*
　　第 4 節　先鋭化するフィリピン人アメリカ移民の抵抗運動　*129*
　　第 5 節　中国人アメリカ移民の抵抗運動　*132*
　　　　1）国際的連合組織による抵抗運動　*132*
　　　　2）権利の防御のための裁判による法的手段　*133*
　　　　3）中国人排斥法と中国人アメリカ移民の裁判　*134*
　　第 6 節　日本人アメリカ移民による帰化権の裁判の光と陰　*137*
　　第 7 節　アジア系アメリカ移民による生存権の裁判　*139*
　　　　1）中国人アメリカ移民による商業権の裁判　*139*
　　　　2）日本人アメリカ移民による農業権の裁判　*141*
　　第 8 節　アジア系アメリカ移民による国際的政治活動　*142*
　　　　1）中国人アメリカ移民による国際的政治活動　*143*
　　　　2）インド人アメリカ移民による国際的政治活動　*145*
　　　　3）朝鮮人アメリカ移民による国際的政治活動　*146*
　　　　4）日本軍国主義に対抗したアジア系アメリカ移民　*148*
　　第 9 節　結語　*149*

第 6 章　アジア系女性アメリカ移民と家族の光と陰
Women, Families, and the "Second-Generation Dilemma" …… 153

- 第 1 節　アジア系女性アメリカ移民と二世の台頭　　153
- 第 2 節　出身国で待機するアジア系アメリカ移民の家族　　155
- 第 3 節　中国人女性アメリカ移民の結婚の光と陰　　156
- 第 4 節　アジア系女性アメリカ移民の結婚の光と陰　　159
- 第 5 節　アジア系女性アメリカ移民の子育ての光と陰　　162
- 第 6 節　アジア系女性アメリカ移民が関わる政治活動　　164
- 第 7 節　アジア系アメリカ人子孫に関わる教育と市民権　　165
- 第 8 節　アジア系アメリカ人子孫に対する職業の選択　　168
- 第 9 節　窮地から脱出を図るアジア系アメリカ移民の第二世代　　170
  - 1）アジア系アメリカ人の第二世代の苦悩と奮闘　　170
  - 2）アジア系アメリカ人の第二世代の文化の継承と融合　　172
  - 3）アジア系アメリカ人の第二世代の社会運動　　174
- 第10節　結語　　175

第 7 章　第 2 次世界大戦によるアジア系アメリカ人の運命の別れ路
Changing Fortunes, 1941 to 1965 …… 180

- 第 1 節　アジア系アメリカ人に対する第 2 次世界大戦の影響　　180
- 第 2 節　日系人の第 2 次世界大戦中の悲劇　　182
- 第 3 節　日系人に対する強制退去　　184
- 第 4 節　日系人に対する強制収容の要求　　185
- 第 5 節　強制退去から強制収容に転換される日系人　　188
- 第 6 節　日系人の強制収容所における管理と生活　　190
- 第 7 節　強制収容に抗議する日系人　　192
- 第 8 節　強制収容の日系人の選定による分裂と抵抗　　194
- 第 9 節　日系二世による兵役での忠誠　　201
- 第10節　日系人による合憲性の検証　　202

第11節　日系アメリカ人の市民権の剥奪と放棄　*207*
第12節　第2次世界大戦後のアジア系アメリカ人の光と陰　*208*
　1）日系人の地域社会への復帰の光と陰　*208*
　2）アジア系戦争花嫁の移民の光と陰　*209*
　3）戦後の政治的影響を受けるアジア系移民の光と陰　*211*
第13節　結語　*213*

第8章　新しいアジア系アメリカ移民と難民
New immigrants and Refugees ……………………*218*

第1節　アメリカ合衆国内外における移民要因　*218*
第2節　移民法からの民族出身の削除と優先条項　*218*
　1）民族出身の削除による移民法の変革　*218*
　2）移民法改正における優先条項の光と陰　*220*
　3）移民改革管理法により統制されるアジア系アメリカ移民　*222*
第3節　軍事関係から押し寄せるアジア系アメリカ移民　*224*
　1）フィリピンからのアメリカ移民　*224*
　2）韓国からのアメリカ移民　*226*
第4節　国際関係からのアジア系アメリカ移民　*227*
　1）中国と台湾からのアメリカ移民　*227*
　2）インドからのアメリカ移民　*227*
　3）日本からのアメリカ移民　*228*
第5節　ベトナム戦争から混迷するインドシナ半島　*228*
　1）アメリカ合衆国から東南アジアへの介入の歴史　*228*
　2）フランス再占領から東南アジアの独立と干渉　*229*
　3）ベトナム南北分断からベトナム戦争への突入　*231*
　4）ベトナム戦争の拡大と泥沼化　*232*
　5）ベトナム戦争からの撤退と内戦の再燃　*233*
　6）東南アジアにおけるベトナム戦争後の混乱　*233*

第6節　インドシナ半島から流入する難民　234

　　第7節　インドシナ半島からのボート系難民と陸地系難民　237

　　　　1）悲惨なボート系難民と陸地系難民　237

　　　　2）ベトナムからのボート系難民　237

　　　　3）カンプチアからの陸地系難民　240

　　　　4）ラオスからの陸地系難民　241

　　第8節　アメリカ合衆国によるアジア系難民への対応　242

　　第9節　アメリカ合衆国におけるアジア系難民の現状と課題　245

　　第10節　結語　248

第9章　アジア系アメリカ人の社会・経済と教育・文化の近況
Current Socioeconomic Status, Politics, Education, and Culture
……………………………254

　　第1節　物議をかもしだすアジア系アメリカ人の地位の向上　254

　　第2節　模範的少数民族に関するアジア系アメリカ人の検証　256

　　第3節　政治活動に関与し始めるハワイのアジア系アメリカ人　260

　　第4節　アメリカ本土におけるアジア系アメリカ人の政治活動　262

　　第5節　日系アメリカ人に対する自由人権法の成立と強制収容の補償　264

　　第6節　立ち上がるアジア系アメリカ人の若者　266

　　第7節　アジア系アメリカ人に対する迫害の復活と裁判　268

　　　　1）激怒した暴力事件から裁判まで　269

　　　　2）教訓を生かして正義を求めるアジア系アメリカ人　271

　　第8節　アジア系アメリカ人における高学歴化の光と陰　272

　　　　1）高度な教育を求めるアジア系アメリカ人　272

　　　　2）アジア系アメリカ人に対する差別的教育　274

　　　　3）教育権の確保のために手を組むアジア系アメリカ人　275

　　第9節　アジア系アメリカ人によるアジア系アメリカ文化の創造　276

　　　　1）アジア系アメリカ人が関与するアメリカ映画　277

2）アジア系アメリカ人の音楽家と文筆家　　280
　第10節　結語　　283

結　章　アジア系アメリカ人の光と陰の結語
　　　　　Conclusion ································294

アジア系アメリカ移民の年表　Chronology
　　　　　　　　　　　（スーチェン・チャン，Sucheng Chan）········297
文献案内　Bibliographic Essay　（スーチェン・チャン，Sucheng Chan）········307
日本語翻訳の参考図書文献　　　　　　　（住居広士，Hiroshi Sumii）········316
翻訳者のあとがき　　　　　　　　　　（住居広士，Hiroshi Sumii）········319
索引　Index　　　　　　　　（スーチェン・チャン，Sucheng Chan）········321

第1章

アジア系アメリカ移民における国際的背景
The International Context of Asian Emigration

第1節　アジア系アメリカ移民における歴史的背景

　19世紀の後半から20世紀の初頭にかけて、中国、日本、朝鮮、フィリピンやインドからほぼ100万人もの人びとが、アメリカ合衆国やハワイ[1]へ移民した。税関吏によれば、約37万人もの中国人が1840年後半から1880年前半の間に、ハワイあるいはカリフォルニアに到来した。その次の30年間に、移民局の推定では、約40万人もの日本人が、ホノルルあるいはアメリカ西海岸づたいの船着き場に上陸した。1900年からの約30年間に、約7,000人の朝鮮人、約7,000人のインド人、約18万人のフィリピン人が、ハワイ諸島あるいはアメリカ本土に入国することを移民局は処理した。現存している統計データでは、再入国は新規の移民として合算されるので、それぞれの場合には移民に関係する実際の個別の人数はそれらよりは少ない。それらと比較して、1850年から1930年にかけて、ヨーロッパからアメリカ本土に足を踏み入れた移民は約3,500万人にも達していた。

　そのような5か国からのアジア系アメリカ移民達は、次の3つの異なった社会的背景に基づいて、アメリカに移民したのである。第1番目の背景で到来した中国人達は、本国における強力な圧力によって押し出されただけでなく、カリフォルニア、北西太平洋沿岸、ブリティシュ・コロンビアにおける金鉱脈の発見やアメリカ西部が発展して手に入れる仕事などに魅惑されたからである。そのような中国人移民に対する反論者は、北アメリカに到来した中国人は、1847年から1874年にかけて、中国南部から中南米（Latin America）に契約労働者を輸送する低賃金で未熟練労働者による通商取引の一部であると主張した。しかし、実際には、北アメリカに到来したほとんどの男性達は、一定の期日に代金を返すという掛売りで旅券を購入し、彼

ら自身は契約労働者ではなかった。いったん彼らが稼いだ賃金から債務を払い戻すと、彼らは自ら望むように行動できる自由の身分となった。

　日本人、朝鮮人、フィリピン人の移民は、当初は第2番目の背景に従った。砂糖耕作が拡大するにつれて、何千人もの労働者を斡旋するために仲介者を遣わしたハワイの砂糖耕地の所有者がそれを導入した。ハワイがアメリカ合衆国に併合される以前は、契約労働者達は合法的に入国することができた。わずかな外国からの外交官や、学生達、商人達が、彼らの大勢の同郷人達よりも先駆けてアメリカ本土に上陸したが、アメリカ本土に向かう日本人、朝鮮人、フィリピン人の移民は、当初はハワイへの人身取引にどっと集まった。いったん太平洋を横断する移民が開始されると、その勢いにはずみがついた。契約労働がハワイで禁止されるときまで、移民の流れを継続するための求人活動はもはや必要とされなかった。

　インド人移民は、その他よりもその規模はかなり小さく、第3番目の背景から移民した。先駆者のほとんどはインド北西部のパンジャブ地方からのシーク教の信者達であった。彼らはカナダやアメリカ西海岸までの自らの運賃を支払い、その行程を容易にするために、彼ら自身の社会のネットワーク、特に宿舎にもなる寺院などに頼りながら、3から5人程度の小さな集団で到来した。彼らは仕事を捜し求めるために到来したが、ハワイは彼らの行程における1つの拠点にはならなかった。インド人は、北アメリカにおけるゴールドラッシュに誘惑されなかった。さらに数百万人ものインド人達を19世紀から20世紀初頭にかけて、農場、鉱山あるいは建設工事で働かせるための、大英帝国のさまざまな地域へと輸送する人身取引にも、インド系アメリカ移民は関与していなかった。

　しかしながら、その詳細は異なろうとも、アジアからの国際移民は、より拡大して世界的な規模の現象の一部分となっていた。労働力や資本や技術などが、国境を越えることで、世界中のより多くの地域で、それぞれから生まれた労働資源を起業家が活用できるようになった。売買することで可能な限りの利潤を得るためと、労働者が自分たちの労働力を売買することで賃金を得るための資本主義による商品の生産方式は、まず18世紀に英国で発祥した。英国やその他の西ヨーロッパ地域で工場が創設された時、世界市場に向けて換金作物を栽培するためにさらに多くの耕地が使い尽くされ、かつては生計を立てるために主に食物を栽培していた小作人達が、その土地から退去させられた。彼らの一部分は自分達の地域内の都市中心部に移住

して工場や建設業に従事していた。一方で、その他の者は自ら所有できる耕地を購入する好機を勘定に入れて、より良い経済的な成功の機会を捜し求めて大海を渡る旅路に出た。

　穏やかな気候を伴う地域、特にカナダ、アメリカ合衆国、オーストラリア、ニュージーランド、南アフリカなどが、何百万人ものヨーロッパの植民地開拓者、入植者、移民らの主な目的地となった。それらと比較して、たとえ本国政府が希少価値の高い金属や鉱物の抽出や、熱帯あるいは亜熱帯の農産物の栽培をするために植民地化していたアジア、アフリカ、中南米などの熱帯地域に、多くのヨーロッパ人達が向かう傾向はほとんどなかった。このような新しい事業に必要とされた労働者は、さまざまな地域からやって来た。現地の住民だけでは十分な労働力の供給に達しない地域では、ヨーロッパ人の入植者達は人手をその他の国から輸入した。19世紀の初頭までに、奴隷化されたアフリカ人は、アメリカのより温暖な地域に持ち込む労働力として供給された。しかし、1807年に大英帝国がアフリカ奴隷貿易に関与することを中止した後、特に1833年に大英帝国にて奴隷制度が禁止されてからは、インド人と中国人が国際的な有色人種の出稼ぎ労働者の2大集団になった。インド人は、そのような状況下で、英国の植民地になったところにはどこにでも向かった。インド人は、東南アジアのマラヤ（マレーシア連邦の一部）、シンガポール、ビルマ（ミャンマーの旧称）、アフリカのケニア、ウガンダ、ザンビア、ローデシア、南アフリカ、南アメリカの英国領ギアナ、カリブ海のトリニダード島やジャマイカ島、インド洋のモーリシャス島、太平洋のフィジー諸島に向かった。多くの中国人達は、そのようないくつかの国々やペルーやキューバなどにも徴集されて働いた[2]。

　アメリカ合衆国では、地域によってさまざまに経済状態が異なるために、労働力の需要は種々の集団によって満たされた。ヨーロッパ系移民は、アメリカ先住民から搾取した土地を耕し、大西洋沿岸や中西部に発展した工場で働いた。アメリカ合衆国の南部では、奴隷化されたアフリカ人や、初期の頃には年季奉公しているヨーロッパ人の使用人らが、ヨーロッパ系アメリカ人が所有する農地や耕地を耕した。1848年にメキシコから割譲したアメリカ南西部において、スペイン人が征服した子孫とアメリカ先住民らとの混血した人びとが、肉体労働力の需要を満たした。太平洋沿岸やハワイには、アジア人が鉱山や営利農業、土木工事、家事援助などの腰を屈める労働力を提供した。

第2節　中国人から始まるアジア系アメリカ移民

　一方で、中国人移民は、欧米人がその労働力に関心を示すようになるよりも数世紀前から始まっていた。7世紀において中国南東部の福建省からの移民は、小さな澎湖列島[3]や、それより広大な台湾島に移住して漁猟をするために、狭い台湾海峡を越えることから始まった。次の8世紀にはさらに福建省の隣の広東省からの人びとも加わった。まもなく、これらの2つの地方からの住民達はジャンク（junk）[4]と呼ばれる伝統的帆船により、東南アジアのさまざまな地域へ定期的に航行するようになった。彼らの交易時期や交易航路は、東南アジアで吹く季節風によって方角が指定された。その季節風が中国南海を通過する北東の風になった1月や2月に、ジャンクは中国の港湾から東南アジアに向けて出航した。そして南西の季節風になった8月頃に戻ってきた。交易業者のすぐ後について、それより多くの入植者が移民して行った。中国の海上貿易の活動は、中国明王朝の永楽帝が、アフリカの東海岸まで達した鄭和による数々の探検船団を派遣した15世紀前半[5]に最高潮に達した。

　しかし、大航海に対する中国王朝の興味は長く継続しなかった。17世紀に、清王朝（1644～1911年）は、明王朝（1368～1644年）から継続して、海外への移民を禁止する勅令を発令した。清王朝を建国した満州族による征服後から、数千人もの明王朝の支持者達が海外へ避難した。そのような反体制派により清王朝に対する反政府運動が扇動されることを恐れて、新しい清王朝政府は個人による海外への出国を禁止した。そのように海外に移民した者が、中国に戻ることには死の刑罰が加えられた。記録によれば、その法令は19世紀末まで残存していたが、刑罰は実際には執行されなかった。このような時代を通しても、福建省と広東省から人びとは海外移民を継続していた。

　実際上にはそのようなすべての中国人は、福建省と広東省の2つの省と海南島におけるわずか5つの小さな地域から海外に向かった[1]。その中の3つの地域は主に東南アジアに移民した。あとの2つの地域はハワイやアメリカ本土にも向けて出国した[6]。19世紀にカリフォルニアに上陸したほとんどの中国人は広東省から到来した。

　北アメリカに次々に到来した広東省の出身者は、それぞれが喋る特有の方言により3つの小集団に分類できる（図1-1）。三邑（Sanyi, Sam Yup）からの出身者は、

第1章 アジア系アメリカ移民における国際的背景 The International Context of Asian Emigration

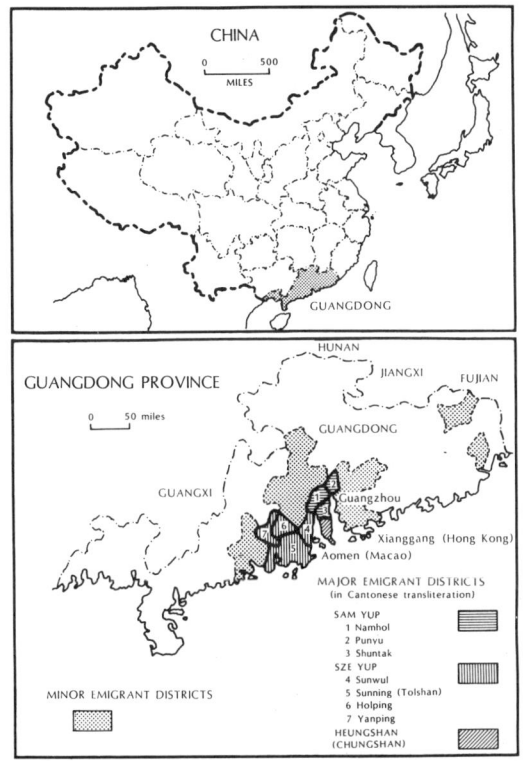

Map 1. Major emigrant districts in the province of Guangdong, China, nineteenth century.

図1-1 19世紀の中国における主なアジア系移民の出身地域

注：中国（CHINA），広東省（GUANGDONG PROVINCE），小移民地域（MINOR EMIGRANT DISTRICTS），湖南省（HUNAN），江西省（JIANGXI），福建省（FUJIAN），広西チワン族自治区（GUANGXI），広東（GUANGDONG），広州（Guangzhou）、香港（Xianggang（Hong Kong）），マカオ（Aomen（Macao）），主要移民地域（広東語音訳）（MAJOR EMIGRANT DISTRICTS（in Cantonese transliteration）），三邑（SAM YUP）1（南海）Namhol 2（番禺）Punyu 3（順徳）Shuntak，四邑（SZE YUP） 4（新会）Sunwul 5（新寧）Sunning（Tolshan） 6（開平）Holping 7（恩平）Yanping，（中山）HEUNGSHAN（CHUNGSHAN）

広東省の省都である広州における珠江の三角州の西部と北部に隣接した3つの地域からやって来た。四邑（Siyi, Sze Yup）からの移民は、三邑の南西部にあたる4つの地域からの出身である。香山（Xiangshan, Heungshan）の出身者は、広州と香港から約40マイル西に位置しているポルトガルの植民地であったマカオとの間の地

域から移民している。この地域は後日には中山（Zhongshan, Chungshan）と改名された。

　アメリカ合衆国へ移民した中国人が、そのような地理的に集中した地域から由来している史実については説明を要する。広東系移民の原因を探求するために、学生において移民学の通常の説明根拠となる人口圧迫、経済変革、政治的激変、宗教的迫害、あるいは天災のような要因を指摘するだけでは不十分である。そのように西半球に向かう中国人の移民達の多くが広東とその周辺地域から流出した史実は、そのような地域が特に海外の世界に向かい合い、中国の歴史において担った特別な役割からのみ説明できる[2]。

　唐王朝（618〜907年）の後半から北宋王朝（960〜1127年）にかけて、何千人もの外国人の商人が集まっていた広東省の省都であった広州が、中国の海外貿易の中心地になっていた。しかし、南宋王朝初期（1127〜1279年）から引き続き18世紀の前半の清王朝まで、揚子江の河口とその南部の沿岸でも船舶保有者や商人は国際貿易を活発にしてきた。このような時代においては、絹がその当時最も需要がある輸出品の1つであり、その絹を生産する中心地である浙江省の杭州に対して、福建省の東南にある港市である泉州は広州よりも近い距離にあるために、歴代王朝は泉州[7]を、特に海外貿易における重要な湾港として優遇した。しかし、清王朝の1760年に、広州は外国貿易で絹貿易の独占権を獲得した。それからの80年間は、外国人はそこで広州十三行（cohong）として知られる中国指定商人組合のみと交易をすることになった。より多くのヨーロッパ人が中国交易を活発にするに従い、西洋から浸透する影響は広州で絞り込まれることになった。

　大英帝国は、貿易とキリスト教改宗のために中国の開国を迫り鎖国を転換するように、西洋式の武力で圧迫した。当初、英国と中国との貿易均衡は、中国側に有利であった。英国が購入する主な品物は中国茶であった。しかし、英国商人が購入した金額は、英国人が中国人に売り出した紡績織物やその他の商品よりもはるかに高額となった。その上、中国人は銀による支払いを英国人に要求した。貿易の均衡を逆転させる目的として、英国は中国に持ち込むアヘンの量を増大していった。中国人にアヘン常用者が増大するに連れて、その貿易の均衡は逆転するようになった。輸入するアヘンの増大に対してその支払いのために、銀は逆に中国から英国の金庫へ流出し始めた。1830年代の後半になると、中国の政府筋の林則徐（Lin Zexu, Lin

Tse-hsü）が、大英帝国の主権があったインドで栽培されたアヘンの流入を制限するために、広州にある英国商人の倉庫に貯蔵されていた数千箱のアヘンを没収して破棄した。大英帝国は英国の面子によりその報復をするために、ロンドンから小艦隊が中国に派遣された。その結果として起こった戦争は、中国が敗れた第1次アヘン戦争（1839～1842年）として知られている。

その戦争を終結した南京条約（Treaty of Nanjing, Nanking）により、中国は外国貿易に対して5つの開港を強要され、広州で貿易を独占していた仲買商の広州十三行が廃止され、外国商人にかける関税が厳しく限定され、銀2,100万両の損害賠償を支払わされ、香港島が大英帝国に割譲され、キリスト教の宣教師によるさまざまな地域での伝道を許可させられるなど、今までヨーロッパ人にとって悩みであった外交条項が取り除かれた。その中で最も屈辱的であったのは、大英帝国だけでなくその同盟国に、つまり西洋人に対して中国の法律の適用が免除される治外法権が与えられたことであった[8]。

このような条約により、一般住民に不利な悪影響を及ぼすことになった。広州における貿易独占権が失われたために、運搬人夫や港湾労働者らは仕事を失った。輸入される工業製品に対抗できなかった家内工場は衰退した。そのために多くの小作人世帯から重要な補足の収入源を奪うことになった。清王朝が賠償金を支払うのに足りる財源を調達するために、税金が急騰した。その上、アヘンは各地に流入し続けて、常用者の数は増大していった。

さらに状況を悪化させたのは、英国と中国間の第2次アヘン戦争（1856～1860年）を終結した天津条約（Treaty of Tianjin, Tientsin）により、中国側からさらなる譲歩が捻り出された。中国の軍隊が、英国国旗を掲げて英国人が船長である中国船籍のアロー号に乗船していた中国人の海賊を逮捕した後に、その戦争は勃発した。明確な証拠もなく英国は面子に対する屈辱と主張して、中国を攻撃する口実を設けた。その戦争は2つの局面で闘われ、その戦争の後半にはフランスの軍隊が英国軍に参加するようになった。中国がこの戦争にも敗戦した時に、中国はさらなる開港をして、アヘン貿易を合法化し、追加の賠償金を支払い、香港島対岸の中国本土である九竜半島を英国に割譲して、中国の内陸部での宣教師による伝道を許可しなければならなかった。さらに英国とフランスの軍隊は、広州を1858年から1861年まで占領した。そのような占領により、労働力募集者らは、小作人の男子を外国船に乗船す

るように勧誘することを容易にした。このようにして中国政府による移民禁止は回避されることになった。

　西洋人の駐留による広汎な社会的、経済的、政治的な混乱に伴って、中国国内に飛び火することで移民への強い要求が生み出されていった。広東省の西部における広西省を起点とした洪秀全（Hong Xiuchuan, Hung Hsiu-ch'uan）は、キリスト教の影響を受けて、自分はイエス・キリストの弟であると宣言して、太平天国の乱（Taiping Rebellion）の暴動を指揮した。太平天国の乱が、南部から中央にかけて中国の多くの地域を襲っていき、1850年から1864年にかけて10年以上もの間継続した。その結果として推定で約1,000万人が死亡した。激しい戦闘は中国の南部では起こらなかったが、太平天国の軍隊は、広東省のいくつかの移民地域を行軍した時に、田畑を踏み荒らし、住宅を略奪して、村民を徴用した。広東人と中国北部を原郷とする漢民族の一支派である客家（Kejia, Hakka）との2つの方言民族の間で、同時期に何年にもわたる闘争によって、さらなる破壊がもたらされた。それと同時に、被り物から紅巾賊（Red Turbans）とも呼ばれていた秘密結社の一味が、主要な5つの移民地域において反乱を起こした。清皇帝の軍隊が、彼らの支配を阻むために、多くの地域を焼き払った。そのような局地の戦闘によって、広州湾に注ぐ珠江の三角州領域は荒廃した。そのためにその地域の住民達の生活は非常に不安定になった。それゆえより良い生活の糧ではなく、中国からの出移民が、唯一の頼みの綱となった。移民の熱望から選択すべき多くの目的地があったが、金が発見された地域、その中でも特に注目されたカリフォルニア、オーストラリア、ブリティッシュ・コロンビア州を貫くフレーザー川の流域が、最も魅惑的となった。彼らをはるかに遠方の目的地へ連れていくために、もし西洋式の船が、広州や香港、マカオに招集されなかったならば、彼らはおそらくはジャンクの船によって手軽な東南アジアへと旅立って行ったことだろう。

第3節　日本人からのアメリカ移民のはじまり

　西洋からの侵略は、日本において中国ほどは激烈ではなかったが、それとは劣らぬほど衝撃的であった。徳川幕府の将軍による武士の支配が、封建領主をより安定

第1章　アジア系アメリカ移民における国際的背景　The International Context of Asian Emigration

に統治していた江戸時代（1600〜1868年）の間、日本が海外と接触できた外国人は、長崎と沖縄の琉球列島のみに許可された中国商人と、対馬列島に朝鮮人と長崎の出島にオランダ人の一握りがそれぞれ許可されたのみであった。日本はアジア大陸の沿岸地域から隔てられていたので、他国と比較してその歴史上において外国の侵略から守られていた。19世紀までに島国の日本は、モンゴル帝国のフビライ・ハーン（Khubilai Khan）皇帝による侵攻は結局失敗したが、1274年（文永の役）と1281年（弘安の役）に2回の襲来（元寇）を受けたのみであった。日本人が、初めて西洋人に出会ったのは、日本南西部の九州地方南端の小さな島（種子島）に、ポルトガル人が1543年に上陸した時であった（鉄砲伝来）。キリスト教の伝来は、1549年にイエズス会のフランシスコ・ザビエル（Francis, Xavier）が、鹿児島市祇園之洲に来日してから始まった。カトリック教会の宣教師は、とても効果的な成果を上げた。16世紀末までに、キリスト教への改宗者は推定で30万人にも達した。その宣教師による際立った改宗の成果を阻止するために、徳川初代将軍である家康（Ieyasu）は、1606年にキリスト教禁止令を発令した。島原半島において約2万人ものキリスト教信者が島原の反乱を起こし、残酷にも抑圧された1637年から1638年にかけて、日本におけるキリスト教信者に対する迫害は最高潮に達した。その後日本は、およそ2世紀半にわたり鎖国状態となり、最小限の外国からの影響下で幕府は平和を謳歌した。

　アメリカ合衆国の軍艦のマシュー・ペリー（Matthew Perry）艦長が、江戸（後の東京）に入港した1853年に、日本の鎖国政策は突然中断された。彼は日本が西洋に、特にアメリカ合衆国に対して航行、貿易、外交関係を開国させるために、東アジア海域に派遣された。その後に、日本国内に相当な論争が巻き起こり、その当時の英国による中国侵略の事件を想定して、徳川幕府の指導者の一部が、いたしかたなく開国を交渉することを決定した。中国で西洋人が獲得したのと同じような特権を日本からねじ取った日米和親条約が1854年に締結された[9]。その数年後には、日本はさらに数か国の帝国主義の列強と不平等条約を締結した。そのような繰り返される惨禍が降りかかった日本人は、このような条約に従うことを断固として拒むことを思い込むに至った。1人の英国人の殺害に関連して、英国艦隊が1863年に鹿児島を砲撃した。次の年には西洋の連合軍艦は、船舶が下関海峡の通過を遮断するのに使用した砲台を破壊した。

そのような海外からの威圧の出現により、厳しい国内の政治危機が到来した。その1つの結果として1868年の明治維新（Meiji Restoration）に至った。西洋の勢力に立ち向かうために、西洋様式を習得することを好む新しい指導者達は、何世紀もの間、名目上の指導者でしかも重要な象徴であった天皇を最高権威へと復活させる尊皇により、次第に権力を獲得していった。明治政府は国民生活の様式のほとんどを改革していった。しかしそのために、少なくともそれを変革する者により、目のくらむ急激なる海外の列強と同じような富国強兵に伴う犠牲が生じてきた。

急速なる殖産興業に対する財政支援をするために、明治政府は地租改正という新しい土地課税制度で税金を徴収した。それにより、農家は昔から納めていた収穫物の量によるのではなく、むしろ農地の評価額に基づいた税金を納めなければならなかった[10]。このような制度では、土地所有者、小作人、農民達には、もはや従来からの農作物の飢饉に対する作り付けの防衛手段が無くなった。この地租改正による土地課税は、日本の文明開化の成果を上げるために、極めて重大な決定であった。それが施行された当初その税金がすべての税収入の90％を占めて、国庫財政上における歳入の70％に達していた。19世紀終わりまで依然として、明治政府の全歳入の半分以上を占め続けていた。廃藩置県した時（1871年）、明治政府はかつて所有していた特権を剥奪された華族や士族に対して、俸給を支給していた。一般平民もまた、このような出費の負担を被っていた。1877年に西南戦争（Satsuma Rebellion）を鎮圧することで、さらに国庫が枯渇した。インフレの増大を抑制するために、大蔵卿の松方正義が、農民達にとって主要な収入源である米価を引き下げて、その困窮をより悪化させるデフレ政策を断行した。1880年代に約36万7,000人の農民が、土地税を支払うことが困難となり、彼らの農地が没収された。1890年までに約40％の農民達が小作人に転落した。次の10年後には、その割合が45％にまで上昇した。

経済改革により抑圧的な影響が平民に対して加わることになり、明治時代に施行された次のような変革により、出移民がさらに誘惑的になることに繋がった。もはや存在していない侍という武士階級に兵役をそれまで義務化していたように、1873年に日本国民に対して徴兵令が発布された。徴兵令に対する一連の修正法により、留学生や移民に対して最初は26歳まで、後には32歳まで兵役が免除された。日本政府が国民の兵役義務を逃れようとした個人に対して、厳しい移民統制を行使する1908年[11]まで、33歳の誕生日まで海外に在留している日本人は徴兵制度を免れるこ

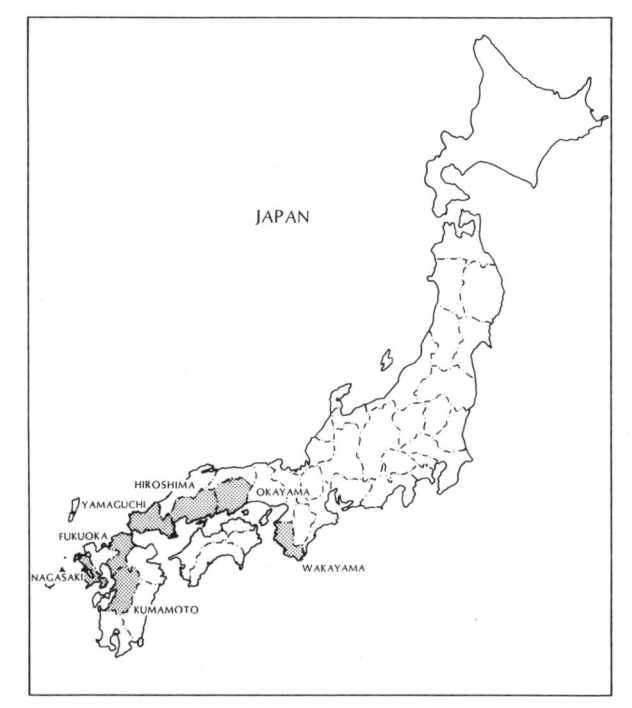

第1章 アジア系アメリカ移民における国際的背景　The International Context of Asian Emigration

Map 2. Major emigrant prefectures in Japan, late nineteenth and early twentieth centuries.
図1-2　19世紀末と20世紀初頭の日本における主な日系アメリカ移民の出身地域[13]
注：日本（JAPAN），広島（HIROSHIMA），岡山（OKAYAMA），山口（YAMAGUCHI），和歌山（WAKAYAMA），福岡（FUKUOKA），長崎（NAGASAKI），熊本（KUMAMOTO）

とができた。

　このような政治的、社会的、経済的変革により、移民に対する前提条件の一部が構築された。しかし、それらは日本から脱出する出移民の様式の主要因ではなかった[3]。中国人と同様に、1885年以後から先駆けて出国した日本人移民の大部分は、比較的に限定された地域からの出身者であった。彼らは決して最も貧困ではなかった日本の南西部の地域の出身であった。実際に、その地域は比較的温暖な気候に恵まれ、年に2回作物を栽培する二毛作が可能であり、そこは日本でも最も儲かるいくつかの作物ができる本場でもあった。本州では、広島県、山口県、岡山県、和歌山県から、九州では福岡県、熊本県、長崎県、佐賀県、鹿児島県から西半球に向けて大規模な移民集団

を送った（図1-2）。その移民集団の出身地は、最も厳しい災害を受けるわけでもなく、最も人口が密集しているわけでもなく、最も不毛な地域でもなかった。アメリカ人のロバート・ウォーカー・アーウィン（Robert Walker Irwin, ハワイ王国総領事[12]）は、その当時日本の外務大臣であった井上馨（Inoue Kaoru）と、貿易商である三井物産（Mitsui Bussan）の初代社長の益田孝（Masuda Takashi）との親密な人間関係を形成したことから、このような県が移民地域になっていった（*Hilary Conroy, 1972*）[4]。その頃よりも約15年も前に西半球に連れていかれた3つの弱小の日本人移民集団に降りかかった逆境のために、そのような交友関係が重要な意味をもった。

難破船による数人の船員達や外交使節団の一行とは別に、1868年と1869年にドイツ系の会社員であるアメリカ人のユージン・バン・リード（Eugene Van Reed）とオランダ人のエドワード・シュネル（Edward Schnell）[14]のそれぞれが、ハワイとグアム、ならびにカリフォルニア州で労働させるために数百人の日本人を日本から連れ出して、初めて日本人がアメリカに足を踏み入れた[5]。ハワイへ送られた149人の日本人はとても惨めに取り扱われたので、1869年の後半に日本政府はとても憤慨して、2人の使節者を派遣し、彼らのうち40人を日本に連れ戻した。このような不幸な出来事の結果、日本政府高官はすべての移民を全面的に禁止することを決定した。日本とハワイ間の友好関係は、1871年の修好通商条約により正常化された。その10年後の1881年にハワイ王であるカラカウア（Kalakaua）が、彼の世界周遊の途中で日本に立ち寄り、その他も含めて日本に対してハワイへの移民を要請したが、その成果は無かった。1882年と1883年に、それぞれ異なったハワイの2人の外交官が同様の目的で日本を訪問した。しかし、彼らの使節の任務は同様に失敗した。そうこうしている間にも、その他の国々も日本人労働者を要求したが、日本政府は1885年[15]までその禁止令を撤廃しなかった。1885年になり日本から官約移民（contract laborers, 契約移民[16]の一種）という公式な労働移民としてハワイへの渡航が始まった。アメリカ人であるがその当時ハワイ王国の総領事兼代理移民公使をしていたアーウィンと日本政府による官約移民として日本人の男女がハワイへ出国した。それと同時にアーウィンは三井物産と日本政府に対する海外顧問も務めた[6]。東京の日本政府は、そのような厳重なる移民の管理ができる場合に限り、海外への移民事業を許可することを決定した。ハワイと日本政府が共同管理したアーウィン協約（Irwin Convention）の基で、それは1894年まで効力があり、およそ2万9,000人もの日本

人が、3年契約で砂糖耕地で労働するために出国した。男性は当初月9ドル、女性は月6ドルが支給されていた。その後に彼らの賃金はそれぞれ月15ドル、9ドルへと上昇した。労働者は月に26日間働き、耕地で1日約10時間労働するか、あるいは砂糖工場で1日12時間労働した。ハワイまでの渡航費用、宿泊費、食料費、医療費、翻訳サービス費は、無料で支給されることになっていた。しかし、その耕作主はそのような出費を時どき支払わなかった。

　アーウィン自身は、初期における移民募集を担っていた。彼の友人であり山口県出身である井上馨と益田孝が移民募集をするように指示された日本の南西部地方で募集を行った。益田孝はさらに、三井物産の従業員をその地方に派遣して村から村へと移動して、その約4分の3を占めている農民が見込みがある移民として登録するようにアーウィンの代理人を支援した。砂糖耕作主は、農業の経験のある頑強な体を持つ若い男性のみを求めていた。さらにその移民集団には、25％以上の女性を含めないことを明記していた。移民募集人は、移民に行きたい人びとを探すことに問題は生じなかった。日本人は、地元を離れて一時的に近隣の村や県で仕事を求めて働く出稼ぎという長い伝統を持っていただけでなく、ハワイにおける月給は、日本での技術職人の稼ぎの約2倍、農民の稼ぎの約6倍にも達していた[7]。1885年から1894年にかけてハワイへ移民した日本人のうち、その44％はハワイに定住し、46％は日本に帰国し、3％がアメリカ本土へ移民し、7％がその間に死亡した。

　その10年間後の1894年には、アーウィンと日本政府は移民事業に熱意を示さなくなり、そのために同事業は民間企業に委託されることになった[17]。このような移民会社は厳しい一連の規則で事業を行うように管理されていた（Alan Moriyama, 1985）[18]。移民会社は熱望する移民に対して、渡航申し込み過程で、彼らの手助けとなるパスポートの取得、切符購入（船賃）、健康診断（身体検査）のための料金を請求した。いくつかの移民会社は、出航するまで移民を住まわせる波止場の近くの下宿屋も経営した。1894年から1908年にかけて約12万5,000人もの日本人、そのうちおよそ15％が女性であり、彼らの半分以上が広島県[19]、山口県、福岡県、熊本県からの出身者であり、移民会社を通じてハワイへ移民した。同じような時期に、追加の1万7,000人が、別途にハワイ諸島に自主的に移民していた[8]。

第4節　朝鮮人からのアメリカ移民のはじまり

　その当時の日本の状況では、移民募集者が日本人をまずハワイ、次いでアメリカ本土への移民に誘い出すことは容易であったが、朝鮮からの移民は、社会一般の混乱よりも、ある1人のアメリカ外交官がハワイの砂糖耕作主を進んで支援したことから始まった。李氏朝鮮の国王との友好により、その外交官の事業は好転した。李王朝の介入により移民は可能になったが、しかしながら1880年代における国際的な政治状況により、もしアメリカ合衆国が朝鮮に接近していなかったら、朝鮮からの移民は李王朝が介入してもその当時起こらなかっただろう。

　日本からの1592年（文禄の役）と1597年（慶長の役）の朝鮮出兵の後に、さらに1630年代に満州族による侵略に遭遇してから、李王朝は西洋の船舶が朝鮮近海に出現する1860年代まで約2世紀半の間、外国に対して鎖国政策を執った。朝鮮の沿岸砲台が、1866年に7隻のフランス船、5隻のアメリカ大型船、1875年に1隻の日本船を襲撃した。その次の1876年に、日本政府はその損害に対する補償を要求した。朝鮮は日本と江華条約（Treaty of Kanghwa, 日朝修好条規）を無理矢理に締結させられた。それは、先に中国と日本が西洋の帝国主義の列強と締結した不平等条約を手本としている条約であった。日本国民に対して、3つの開港の権利、実質的な朝鮮における外国貿易の完全管理、質屋の開業による金銭の貸与権、治外法権を譲渡した。その上に、何世紀にもわたり隠遁王国（Hermit Kingdom）と呼ばれた李王朝を支配していた中国の領主権を妨害するために、日本政府の強要により、李王朝も独立国として宣言しなければならなかった。

　1882年にアメリカ合衆国は、ロバート・W・シューフェルト提督（Adm. Robert W. Shufeldt）を派遣して、すでに朝鮮と日朝修好条規を締結した日本に次いで朝鮮とは第2番目の締結国となった。その後に朝鮮は大英帝国、ドイツ帝国、ロシア帝国、イタリアとフランスと短期間に修好通商条約を締結した。中国と日本との朝鮮の置かれた立場から、外国人の入国や獲得した特権により、朝鮮の宮廷ならびに朝鮮の支配階層である両班(ヤンバン)[20]の間で激しい派閥闘争が起こった。その一方で、東学（Tonghak）[21]として知られる融合宗教集団（その対抗としてキリスト教の西学（Sohak）がある）が、1860年代初期に人乃天思想により出現し、貧困が拡大した

第1章　アジア系アメリカ移民における国際的背景　The International Context of Asian Emigration　15

1880年代に多くの信徒を得た。当初は多くの没落した両班の親族らの末裔らが信奉者に加わっていたが、増大する不満を抱いていた農民らがその一員の活動に参加した。1892年から1894年にかけて、東学の信者らは、東学の創始者（すでに1864年に処刑されていた崔済愚(サイセイグ)）の死後の名誉回復と東学に対する迫害の中止を求める運動を展開した。李王朝がその運動を弾圧した時に、野火のように全国各地に波及した東学党の乱（甲午農民戦争）が勃発した。政府は最終的に清国の軍隊の助けによりその反乱を鎮圧した。

　日本政府も清国の軍隊の派遣に反応して、さらにより多くの軍隊の師団を朝鮮半島に派遣した。中国と日本の両国の軍隊駐留により、政治的ならびに軍事的支配権を巡り、朝鮮において隣国同士が争う戦場と化した。1894年から1895年にかけて朝鮮国土において、日清戦争（Sino-Japanese War）が起こった。その後さらに1904年から1905年にかけて日露戦争（Russo-Japanese War）が起こった。日本は両国に対する戦争に勝利し、朝鮮を日本の保護国とした。その後1910年に日本は日韓併合条約を締結し、日本の植民地として朝鮮の天然資源と人材を搾取する苛酷な条約を成立させた。

　そのような混乱した時期、アメリカ人の医療宣教師であるホーラス・N・アレン（Horace N. Allen）が1884年に朝鮮に到来し、皇后の親族である有力者の命を助けたことで、李王朝の国王である高宗（Kojong）の信頼を得た[9]。アレンと国王夫妻との友好関係により、それよりも早期の段階でフランス人のカトリック宣教師が迫害を受けたのとは好対照に、彼より後に来たアメリカ人のプロテスタントの宣教師たちは、比較的に自由に活動できた。その後、アメリカから多数のメソジスト派や長老派が、福音書を携えて布教活動をするためにやって来た。

　アレン自身は宣教師としては長く滞在しなかった。1890年に彼はソウルでアメリカ公使の事務官となり、その数年後に朝鮮駐在公使に任命された。彼は1905年まで公使として勤務した。その折に、彼はアメリカ合衆国と朝鮮政府ならびにアメリカ民間人と朝鮮当局との仲介者として活動した。彼は同国人のために、いくつかの有利な販売権や特権を獲得することに成功した。それには朝鮮において最も豊富な雲山金鉱の採掘権も含まれていた。

　1902年にアメリカ合衆国を訪問してから朝鮮に帰る途中、アレンはホノルルに滞在し、ハワイ砂糖耕作主組合（Hawaiian Sugar Planters' Association: HSPA）の要

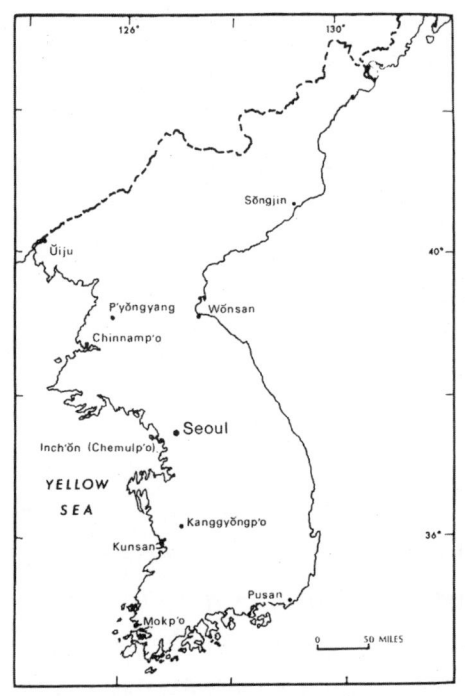

図1-3 デビッド・デシュラーが20世紀初頭に、朝鮮半島で設置した移民募集事務所のある都市
注：日本（JAPAN），黄海（YELLOW SEA），日本海・東海（SEA OF JAPAN[23]・EAST SEA），
ソウル（Seoul），釜山（Pusan），城津（Songjin），木浦（Mokpo），群山（Kunsan），江景浦
（Kanggyongpo），仁川（Inchon（Chemulpo）），珍南浦（Chinnampo），平壌（Pyongyang），
元山（Wonsan），義州（Uiju）

請により、その代表者と面会した（Wayne Patterson, 1988）。その当時、ハワイ諸島の約3分の2も占めている日本人の砂糖耕作労働者によって増大する紛争に遭遇していたハワイ砂糖耕作主組合は、朝鮮人労働者の募集に関心をもっていた。アレンがソウルに戻った時、大韓帝国の皇帝にその件を相談して朝鮮人の移民を許可するように説得した[22]。

　19世紀末期には、実際に数千人の朝鮮人がすでに海外で生活をしていた。その多くがロシアの沿岸地方や満州地方ならびに中国や日本に住んでいた。アジア大陸に移民していた朝鮮人は、政府の許可なしで、容易に朝鮮北部の国境を越えて移民していた。それ以前に、一因として朝鮮の北部地方に飢饉が蔓延していたが、アメリ

カ人の宣教師の説得で高宗が納得したことがより大きな影響力を与え、高宗はアレンの提案を受け入れて、朝鮮人のハワイへの移民を許可した。もはや日本人労働者を歓迎せず、それよりも朝鮮人労働者を求めているハワイ耕作主が、朝鮮の国際的な立場を応援してくれるであろうとアレンは説明した。皇帝は、アレンの友人の1人であり、日本と朝鮮で企業経営をしているデビッド・W・デシュラー（David W. Deshler）に移民を管轄する特権を与えた。

　デシュラーは、朝鮮に事務所を立ち上げ、多くの通訳と労働募集者を雇い、ハワイ砂糖耕作主組合が唯一の供託者となる銀行を開設した。この時期までに、アメリカ合衆国はハワイと条約を締結し、1900年にハワイ併合条約（Organic Act）を成立した後には、契約移民が違反となるアメリカの法律がハワイに適用された。このことにより、先駆者の日本人の移民とは違い、朝鮮人は前払い契約制度によって、ハワイ諸島へ移民することができなくなった。たとえ朝鮮からハワイに来たにも関わらず、熱望する朝鮮人移民はアメリカ領土に上陸する前に、生活保護者にならないことを証明しなければならなかった。デシュラーが銀行を開設したのも、まさにこのような障害を乗り越えるためであった。この銀行から朝鮮人に渡航費用を貸与し、そして到着した時に彼らは必要な所持金があることを証明した。

　多くの宣教師達が、礼拝に集まった人びとにキリスト教の島であるハワイへ移民することを勧めるまで、ほとんどの朝鮮人は労働募集者の誘いには応じなかった。宣教師が重要な役割を果たした結果、1902年12月から1905年5月まで朝鮮から移民した7,000人のうちおよそ40％はキリスト教への改宗者であった。さらに、中国人や日本人のように、地理的に特定地域からの移民とは異なり、朝鮮人移民は特に、デシュラーの代理店がとても熱心に取り組んだ港町やその周辺からの出身であった（図1-3）。その上に、朝鮮人は中国人や日本人のような農業の経験は少なかった。貧弱であるが残存している資料からは、彼らの大部分は、肉体労働者や元軍人、職人などであった。ハワイへ移民した7,000人の朝鮮人のうち、実際には約1,000人は朝鮮の地元に戻り、その他の1,000人はアメリカ本土に渡った[10]。

　朝鮮からの移民は、さまざまな理由により、わずか2年半しか継続しなかった。メキシコに連れて行かれた約1,000人の朝鮮人に対する待遇が非常に劣悪だったので、朝鮮政府としての大韓帝国はメキシコだけでなく、ハワイへの移民までも停止した。日露戦争が終結した後に、日本政府は高宗に対して、彼が創設した移民庁を

閉鎖するように圧力をかけた。日本政府はハワイの移民事業に関連して、ハワイに移民した日本人の労働環境の向上を要求して、自主的な労働運動に関わり始めていた。耕作主は、日本人以外の朝鮮人を含めた多国籍の非労働組合員を雇い入れる事業で埋め合わせていた。

朝鮮からの移民は、1905年に終了した。特に1907年から日本政府が、アメリカ合衆国政府と合意した日米紳士協定（Gentlemen's Agreement[24]）に基づき労働ビザの発行を中止した。

第5節　フィリピン人からのアメリカ移民のはじまり

その後ハワイの砂糖耕作主は、フィリピン人労働者の募集に向けた活動に集中していった。同時に、耕作労働者の供給に、ある単一の民族が優位を占めるのを防止するために、彼らはヨーロッパ系労働者も含めて、その他の国にも労働者の供給源を探し求め続けた。アメリカ政府は耕作主に対して、ハワイ諸島の人びとをアメリカ風にするために、ヨーロッパ人を募集することを強く勧めた。

スペインによる3世紀以上にもわたる植民地時代のフィリピンと、米西戦争後に講和条約の一部として1898年にフィリピン諸島を併合したアメリカ合衆国との特別な関係から、フィリピン人移民は特有の歴史を有していた。スペイン国王のフェリペ二世（Philip II）の名に由来するフィリピン諸島は、スペイン人により1560年代から最初の植民地化が始まった。スペイン人は約10年後には、フィリピン諸島全土にわたり名目上は占領した。カトリック教の司祭は、アジアの植民地におけるスペイン統治に重要な役割を果たした。19世紀後半になると、教養階層（*ilustrados*）と呼ばれている教育を受けた混血フィリピン人（mestizo）の上流階級は、スペイン統治への代表者派遣、より自由な言論と集会、重課税の軽減、フィリピン人の聖職者数の増大を求めるために、プロパガンダ運動（Propaganda Movement）として知られる改革運動を組織した。彼らは特にカトリック教会や修道士を所有する大土地所有者を襲撃した。反乱はカティプナン（Katipunan）と呼ばれる過激派による仕業であったが、その改革運動の指導者であるホセ・リサール（Jose Rizal）は反逆罪として逮捕されて1896年に処刑された。1年後の1897年にスペイン統治政府は、カティプ

ナンの指導者の1人であるエミリオ・アギナルド（Emilio Aguinaldo）の勢力と協定を結び、彼を香港に国外追放した。

その一方で、アメリカ合衆国は半球を隔てたキューバの反乱後を巡ってスペイン王国との米西戦争に突入した時、アメリカ太平洋艦隊の司令官であったジョージ・デューイ（Geroge Dewey）はマニラ湾に航行して、そこに停泊していたスペインの小艦隊を撃破した。そしてデューイは、アギナルドを香港からマニラに戻すようにも手配した。アギナルドは、1898年6月にフィリピンの独立を宣言して政府を樹立し、フィリピンで最も大きな島で首都のマニラがあるルソン島一帯を統治し始めた。しかし、米西戦争が終結した時に、敗戦国のスペイン軍はフィリピンを、フィリピン人ではなくアメリカ人に引きわたした。マニラを封鎖していたフィリピン軍は、その首都マニラに入ることすら許されなかった。

激しい議論の末に、連邦議会は最終的にはフィリピンを、アメリカ合衆国に併合して統治することを決定した。フィリピン人の民族主義者が新たな重荷を排除するために、数年間以上にわたりゲリラ戦争が引き続いて起こった[25]。しかし、一連の血にまみれた反乱の鎮圧作戦により最終的に彼らは征服された。戦争や病気、飢餓による死者は数十万人にも達した。今日ではこのような隠蔽された戦争の様相は、連邦議会の公文書記録によって再興することができるが、アメリカ合衆国の教科書において米比戦争（Philippine-American War）に関する情報はほんのわずかしか掲載されていない[11]。

アギナルドは、1901年に逮捕された。その戦闘は段階的に縮小していったが、ゲリラ戦闘に対する掃討作戦は数年以上も継続した。軍統治から文民統治に転換した時に、その官僚とともに数百人の理想に燃えたアメリカ人教師がやってきた。彼らの教師団は、友愛同化（benevolent assimilation）と政治的感化の政策に基づき、西洋文明をフィリピン人に授けることが目的であった[12]。

フィリピンにおける出来事にかなり関心を持っていたアメリカ人の団体の1つがハワイの耕作主であった（*Mary Dorita, 1975*）。ハワイにおける前任のアメリカ総領事であったウィリアム・ヘイウッド（William Haywood）は、ハワイ砂糖耕作主組合の代表者として、陸軍長官とフィリピン諸島局の責任者に会って、フィリピン人労働者のハワイへの移民の許可を得るために、1901年の初めに首都ワシントンに出かけた。しかし、その訪問では何の成果も得られなかった。5年後にフィリピン産

砂糖がハワイ産砂糖と対峙する競争により利害関係が出てきたために、ハワイ砂糖耕作主組合はホノルルの代理人を首都ワシントンに送り、フィリピン産砂糖に関税を課すことを要求した。その次に、ハワイ砂糖耕作主組合は別の代理人として、アルバート・F・ジュド（Albert F. Judd）を、ハワイでの耕作に対して300のフィリピン人家族を募集するためにマニラに派遣した。ジュドは1901年から1907年の間、フィリピン人を管理下に置いていたフィリピン弁務官からその許可を得る任務に成功した。しかし、半年かけても、ハワイへ移民することを希望する15人のフィリピン人をどうにか見いだしただけであった。1907年にはいくらか事態は好転して、150人のフィリピン人をハワイへ送った。わずかな成果により、1908年には労働者の募

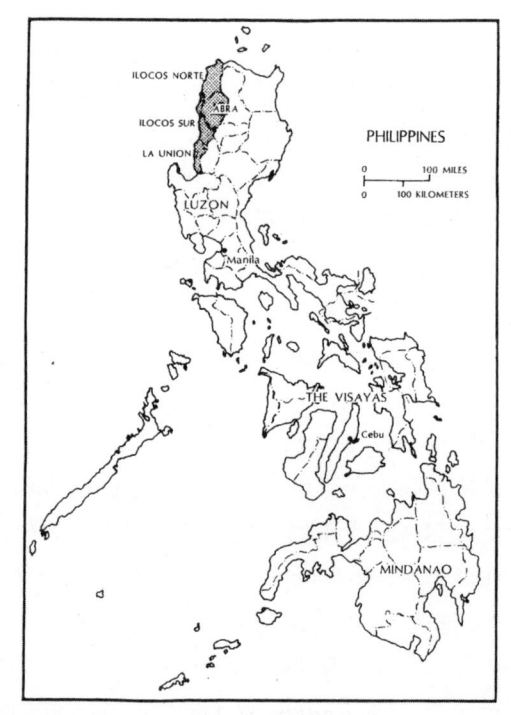

Map 4. Major emigrant provinces, the Philippines, early twentieth century

図1-4　フィリピンにおける20世紀初頭の主要な移民出身地
注：フィリピン（PHILIPPINES），ミンダナオ島（MINDANAO），ビサヤ地方（THE VISAYAS），ルソン島（LUZON），セブ（Cebu），マニラ（Manila），イロコス・ノルテ（ILOCOS NORTE），アブラ（ABRA），イロコス・スル（ILOCOS SUR），ラ・ウニオン（LA UNION）

集は中止された。しかし、日本人労働者の供給に関する日米紳士協定がハワイ砂糖耕作主に悪影響を及ぼすことが明らかになった後に、1909年からフィリピン労働者の募集は本格的に再開された[13]。より重大な事は、その頃日本人耕作労働者により引き起こされた長期にわたるストライキが、それより安心できる労働力資源を探すことは避けられないことを、ハワイ耕作主達に気がつかせたことであった。

　フィリピン人労働者は、例外的な法律上の身分によって、特に魅力的であった。フィリピン人はアメリカ国民として、アメリカ人のパスポートにより外国へ旅行できた。そのためにアジア人を排除するための当時の移民法や日米紳士協定は、フィリピン人には適用されなかった。ハワイの移民管轄局はこの事実を認識していたので、フィリピン人に対しては将来的にも現行法の適用を要望することを公言した。1910年の終わりまでに、4,000人以上のフィリピン人がハワイへ移民した。ハワイに移民したフィリピン人の人数は、1907年から1919年までに2万8,500人に、1920年から1924年までは2万9,200人に、1925年から1929年までに4万4,400人に、1930年から1935年までにおよそ2万人に達した。1920年の後半での移民の一時的な増加は、1924年の日本人移民の終止によるものであった[14]。

　このようなフィリピン人移民の流れを引き出すために、障害物を乗り越えなければならなかった。フィリピンにおいて、砂糖業界が必要とする労働力の喪失を憂慮して、ハワイ砂糖耕作主組合による労働者募集の活動を非難した。いくつかの地域の都会人らが、棒切れやこん棒を持って労働者の募集者を襲った。1915年にフィリピン議会は、フィリピン国外への就労のために労働者を募集する事業所に対して6,000ペソと、その活動を行っている各支所に対して500ペソを追徴課税する法律案を可決した。ハワイ準州の移民管轄局にとっては、フィリピン人は在留外国人ではなくそのために管轄外になるので、接触伝染病を持って到来したフィリピン人を国外に連れ戻すことはできないことが発覚して、ホノルルでも問題が表面化した。それでもハワイ砂糖耕作主組合は、耕作主が必要としている労働力を手に入れることを決断した。1915年にイロコス・ノルテ、イロコス・スル、ラ・ウニオン、セブ、ロムブロン、カピス、首都マニラの地域で労働者の募集を行うことができるように、ハワイ砂糖耕作主組合は必要な追徴課税の総額をすぐさま支払った（図1-4）。このような地域住民がいったん移民に慣れてくると、国外への移民の連鎖反応が継続するにつれて、労働者を募集する苦労は軽減した。

ハワイ砂糖耕作主組合が労働者を探し求めた地域から、ハワイへ移民した60％のフィリピン人は、イロカノ語を話す地域であるイロコス・ノルテ、イロコス・スル、ラ・ウニオン、アブラやパンガシナンからの出身者で、その他の30％はセブアノ語を話すセブ、ボホールやネグロス・オリエンタルからの出身者で構成されていることをある程度示唆している[15]。ルソン島の北西部の山間地域であるイロカノ語地域は、最も人口密度が高い地域の1つである。その沿岸地方の狭い平地は農作物を輸出する大規模な耕作には適していないので、昔から仕事を探して出稼ぎする伝統が育まれて、重労働する人びと自身が、その地域が生存のために当てにする主な天然資源となっていた。一方で、フィリピン諸島の中央に位置するセブアノ語地域には、スペイン人やアメリカ人による砂糖耕地が整備された。そのためにその住民達は砂糖耕作を熟知していた。フィリピン人は仕事がハワイだけに限らずアメリカ本土にもあることに気がついていたので、1920年代から1930年代にかけて約5万人以上がアメリカ本土に向けて移民し、その約3分の1がハワイからの再移民であった。

第6節　インド人からのアメリカ移民のはじまり

フィリピン人の移民地域の状況とは異なり、インド人の大半はインド北西部におけるパンジャブ（Punjab）地方から北アメリカに大量に移民した。その地域はそれまでの歴史のある期間は、インド亜大陸の穀倉地帯の1つとなっていた。しかしながら、ついに1849年大英帝国がパンジャブ人によって引き起こされた激しい反乱を鎮圧することによって、パンジャブ地方が大英帝国領に併合された後の変革を伴うことで、アメリカへの出移民を橋渡しする状況を生み出した[16]。

1862年の報告書では「パンジャブ地方の半分が未開拓である。ほとんど人の住めない非常に広大で荒廃した地域である。コミュニケーションは困難である。その資源の大部分は不十分にしか開発されていない」と記載された[17]。そのために新しい植民地の統治者が、道路、鉄道、用水路の建設を始めた。それらによって、特に換金作物が耕作できるように多くの地域を整備した。しかし、古い現物支払いの慣習に代えて、現金による土地課税を課したことで、多くの農民達の反動化を招いた。規定した施策ではその査定を低く見積もるも、徴収された総課税額が、パンジャブ

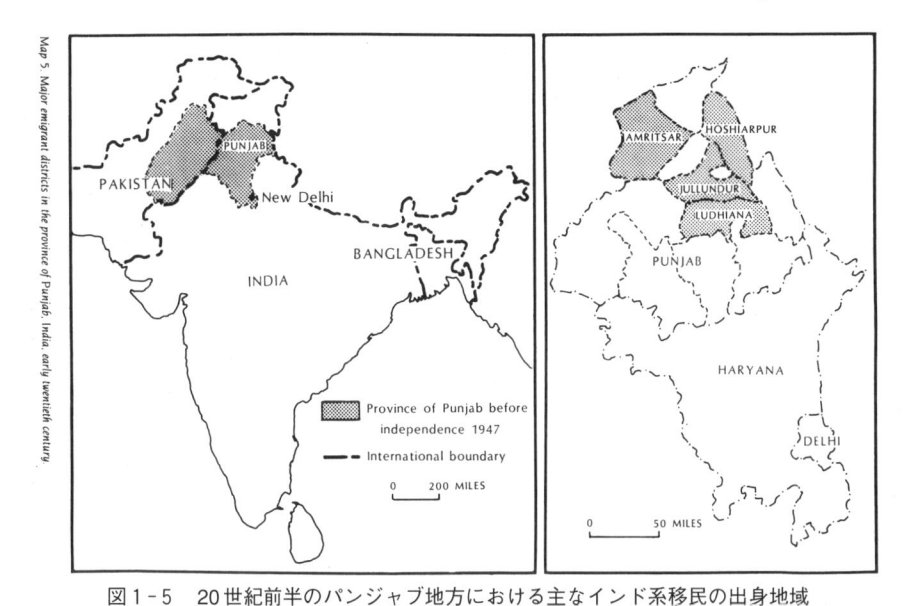

第1章 アジア系アメリカ移民における国際的背景　The International Context of Asian Emigration　23

図1-5　20世紀前半のパンジャブ地方における主なインド系移民の出身地域
注：インド（INDIA），バングラデシュ（BANGLADESH），パキスタン（PAKISTAN），パンジャブ（PUNJAB），ニューデリー（New Delhi），1947年独立前のパンジャブ地方（Province of Punjab before independence 1947），国際的国境線（international boundary），デリー（DELHI），ハリヤナ（HARYANA），パンジャブ（PUNJAB），ルディアナ（LUDHIANA），ジュルンダル（JULLUNDUR），ホシアルプル（HOSHIARPUR），アムリトサル（AMRITSAR）

地方の併合直前の1847年から1848年にかけての82万ポンドから3年後には106万ポンドへと上昇した。植民統治局がその新しいシステムによる悲惨な影響に気がついてから、1850年代には課税額を平均収穫量の約3分の1から4分の1に引き下げ、1860年代初頭には6分の1にまで引き下げた。

　1868年の小作人法（Tenant Bill）と1871年のパンジャブ土地課税法（Punjab Land Revenue）により、伝統的な小作人の権利を保護したにも関わらず、課税額が定められてしかも現金で支払わなければならなかったために、多くの農民にかかる負担は増大した。納税義務に対して現金を手に入れるために、土地を抵当に入れる人びとの数が増大して、早晩には多くの人が所有地を失った。そのために大土地所有者により一極集中し、小作人が増大し、土地喪失者の割合がより拡大する結果となった。非常に多くの人びとが出稼ぎ労働者となり、その他は大英帝国の統治軍

隊や警察隊に就職先を見いだした。大英帝国がその絶頂の時に世界中に植民地を伸ばして以来、パンジャブ人の軍隊や警察官は、しばしばその他の大英帝国領でその法律と秩序を守らせるために派遣された。このような状況により、パンジャブ地方の人びとは世界中に渡る労働者となり、自分たちの将来を遠く離れた異国で過ごすことを恐れなくなった。

　北アメリカに、そしてもちろん世界中のその他の地域にも移民した非常に多くのパンジャブ地方のシーク教徒[26]は、ジャランダル（Jullundur）、ホシアルプル（Hoshiarpur）、グルダスプル（Gurdaspur）、ルディアナ（Ludhiana）、フィロズプル（Ferozepur）やアムリトサル（Amritsar）からの出身者であった（図1-5）。なぜこのような現象が起こったのかという広範な研究は未だになされていない。適切な調査結果が得られるまでは、輸送経路、社会的ネットワーク、信頼できる交通手段、労働者募集の成果などの原因が提唱されるかもしれない。

　大英帝国に対する奉公の結果、すでに海外に移民しているパンジャブ人は別にして、パンジャブ地方の村民達も、甚だしい苦難も無く移民の手段を見いだすことができた。パンジャブ地方のシーク教徒の集団移民が始まった世紀の変わり目までに、インド北東部沿岸のベンガル地方のコルカタ（旧称カルカッタ）（Kolkata (Calcutta)）の湾口都市に彼らを連れていくと、近代的な輸送手段を活用できた。シーク教徒の宗教の聖地であるアムリトサルと1911年からインドの首都になっているニュー・デリーとを結ぶ大陸幹道路や大英帝国が建築した鉄道は、ジュルンダル、ルディアナの都市や上記の同様な地方を連結した。ホシアルプル、グルダスプル、フィロズプルからの出身者は、かなり容易に輸送手段を使えるようになった。ニュー・デリーからは、移民を熱望する出移民はコルカタまでの鉄道を使用することができた。そこから彼らは香港行きの汽船に乗り込むことができた。彼らは、マニラ、シンガポール、上海、横浜、バンクーバー、サンフランシスコやさらにオーストラリア、ニュージーランドや南アフリカの港湾を含めて、大英帝国の植民地から世界中の多くの地域への通行手段を手に入れることができた。

　香港がインド人移民における重要な中継点としておそらく機能していたことは、1920年代初期にアメリカ合衆国の労働統計局に勤務していたインド人のラジャニ・カンタ・ダス（Rajani Kanta Das）が収集した情報により部分的に裏付けられた。南北の太平洋沿岸部にわたり、およそ200人のインド人と200人のヨーロッパ系アメ

リカ人とカナダ人との個別面談や、その他400人のインド人との団体面接をしたダスによれば、アメリカに移民する前に彼らの多くは、香港、上海、その他の極東にて大英帝国のために働いていた[18]。

　大英帝国はパンジャブ地方を鎮圧した後で、その地方の屈強な多くの男性を植民地の大英帝国の軍隊や警察隊に徴集していたので、そのような職業の経験を得ることが可能となった。インド国内でさえも、シーク教徒の軍隊が、インド駐留大英帝国軍の常駐地があるどの地域でも実際に見かけられた。世紀の変わり目には、シーク教徒の軍隊や警察隊だけでなく、民間雇用の護衛や夜警も、ターバンやあごひげで見分けがつき、例えば香港などのインド国外の大英帝国領においても、同じような風景が見られた。香港のような島々からなる都市においても、宗教的ならびに社会的に必要であり役に立つグルドワーラー（gurdwara）と呼ばれるシーク教徒の寺院を建設した。通行するシーク教徒の渡航者であれば、その寺院で一時的な宿泊や食事ができたので、時どき出航までに1か月間以上も待たされるので、シーク教徒の移民にはその寺院は欠かせない施設となった。

　インドから北アメリカまでの行程にはより長い距離があり、より複雑であっただけでなく、旅費自体もより高価であった。それは中国人や日本人、朝鮮人の移民の出発点から北アメリカまでの旅費のおよそ2倍に相当した。その結果として、パンジャブ地方のシーク教徒の移民は、他の移民集団と比較して、その旅費の貸付金が必要条件となった。いかに必要とされる資金を獲得したかは、貯蓄したり、その他金貸しに家族の土地を抵当に入れたり、さらに親類から借金をしたりなどの出来事の証言に基づいた。そのもっと後に彼らは、兄弟や親類に対してすでに前払いした切符を外国から送ったようである（Joan Jensen, 1988）。そのような手段が典型的であることは、パンジャブ地方の多くのシーク教徒は賃金を所得して、そこからどのように現金や貯蓄を処理するのかを知っていた事実から分かる。その上、納税するために土地を抵当に入れることが流行っていたとすると、志願する移民達やその家族らは、おそらく彼らの資産にも関わらず、その運賃のために借金することをためらうことは少なかったのであろう。やはり、収入を吸い上げる納税と違い、彼らにとって移民は投資であった。

　他の4か国とも実情は同様であるが、移民仲介者は、パンジャブ地方における移民事業の展開も困難であった。カナダの王立委員会（royal commission[27]）が1908年

に刊行した報告書によれば、インド人を積極的に移民に勧誘する3つのタイプの人びとがいた[19]。第1に、汽船の会社は最低料金の三等船席が乗客で一杯になることを望んだ。第2に、鉄道会社への労働者請負人は、労働者を望んだ。第3に、インド人移民の先駆者達は、自分らの同郷人を北アメリカに連れてきて、彼らを雇用主に人材派遣することにより、利益を得る機会と捉えた。最初の第1と第2の人びとは、村々に広告を配布したり、一方で、第3の人びとは故郷へ手紙を出したりした。パンジャブ地方のシーク教徒は、海外での渡航や仕事や在住の十分な経験があったために、このような仲介者からの移民を誘惑する美声に、最も安易によい反応を示しやすい人びとであったことは驚くに当たらない。カナダの鉄道会社が世紀の変わり目に、最も熱心に働き手を捜していた企業体であったために、カナダがパンジャブ地方のシーク教徒の目的地の1つとなった。カナダ政府は、当初中国人移民1人当たり500ドルの人頭税を課していたが、それによってかなりの中国人の移民数を減少させたために、雇用主が日本とインドからの労働者の勧誘に関心を持ち始めたので、1904年からカナダの会社は進んで彼らの移民に対する広告宣伝を次第に拡大していった。

　カナダにおける経済的好機に関する宣伝活動が拡大した結果、そのほとんどがパンジャブ地方のシーク教徒であるインド人がブリティッシュ・コロンビアに移民する数が、1904年の258人から、1906年の約1,500人に1907年には2,000人以上へと増大していった。しかし、インド人のカナダへの移民は、つかの間のものであった。ターバンの風潮に対する不安が広がるに連れて、カナダ政府はその流入を食い止める政策を探った。しかしながら、大英帝国の一部にいる人びとは、自由に大英帝国のその他の国々に移動できるために、インドもカナダも大英帝国の一部であるという事実に問題を有していた。見いだした解決策は、1908年に公布された2つの枢密院令[28]（Orders-in-Council）に含まれていた。その1つの策は、入国する移民に対して、以前の25ドル課税の代わりに、200ドルを所持していることを要求した。もう一方の策は、インド本国から移民する場合に、インド本国からの直行的旅程（continuous journey）以外による入国の移民を禁止した。その当時は、インドから直行的にカナダの湾港に行く汽船サービスはなかったので、この法令によりインド人移民の入国は劇的に減少した。1907年の2,000人以上もの移民数と比較すると、1908年の移民数はその約10分の1にまで低下した。

カナダの新しい規則が有効になってくると、その歓迎がとても友好的とはいえなくても、インド人移民はアメリカ合衆国に次第に向かうようになった。1907年9月にヨーロッパ系アメリカ人労働者の600人が、ワシントン州のベリングハムにおける製材所でインド人が雇用されているのに抗議して、約200人のヒンドゥー教徒をそこから退去させた[20]。太平洋沿岸のアメリカ北西部にて、遭遇したアメリカ人の敵意により、インド人はより南部のカリフォルニア州に押しやられた。その当時のインド人のアメリカ合衆国への移民数のピークの年は、1907年から1910年にかけてであり、インド人の排斥が1917年に法的に課された。

第7節　アジア系アメリカ移民のはじまり

アジア人のハワイやアメリカ合衆国に向けた移民は、時々ヨーロッパの拡張（expansion of Europe）と呼ばれる大きな歴史的過程の一側面を示している。何世紀にもわたり、ヨーロッパからの植民地開拓者、資本家、軍人、宣教師達は、土地、利益、権力、魂を捜し求めて、地球中を駆け巡った。アメリカ合衆国がこの企てに参加した時、米国拡張主義（manifest destiny[29]）の一部としてそれらを正当化した。しかし、多くの地域では、有色人種の犠牲なしでは、白人はそれらの目標を成就することはできなかった。その地域の人口では、必要とする労働力が提供されない時、ヨーロッパ人やアメリカ人は、他の国々から労働者を連れ出した。

大英帝国の所業により遠回しに、中国とインドにおいてカリフォルニアやブリティッシュ・コロンビアに向けた移民の潮流が始まり、一方で、アメリカ人の計略により、日本、朝鮮、フィリピンからハワイやアメリカ太平洋沿岸に向けた人びとの流出が助長された。ヨーロッパ系アメリカ人が求めていたのは、彼らの肉体労働であったので、太平洋の反対側から招き入れたアジア人のほとんどは、妻、両親、子供達を持たない肉体労働の最適年齢である若い労働者であった。彼らは虐待や中傷をされ、その労働は賛美されることも無く、このような男性労働者は、アメリカ西部の開拓を支援する欠かせない労働力となった。

注

1 ハワイは、1810年から1893年までハワイ王国に統一され、1894年から1900年まで共和国が成立し、1900年から1959年までアメリカ合衆国準州となった。1959年に50番目の州に昇格した。
2 1830年代に中国人の船乗りや行商人がニューヨークに出没していた（引用年表297頁）。
3 中国の南東海岸沖の台湾海峡に存在する多数の島から構成される列島である。
4 伝統的な帯板のある角型の帆で、平底で船尾が高い中国様式の海船である。
5 中国では明王朝時代の永楽帝は、その宦官の中でイスラム教徒の鄭和（1371～1434年頃）に船団を率いさせ、1405年から33年まで7回に分けて、東南アジア、インド、そして北アフリカにまで航海させた。
6 1600年代に中国人とフィリピン人がマニラからのガレオン船でメキシコに到来していた（引用年表297頁）。
7 唐王朝は714年に貿易港として広州に最初に設置された市舶司（しはくし）は、唐王朝から明代の間の海上貿易を所管した。北宋王朝は泉州に1087年に貿易官庁である市舶司を設置した。
8 1844年にアメリカと中国が初の望厦条約（ぼうか）を締結した（引用年表297頁）。
9 1860年日本は外交使節団（万延遣外使節）をアメリカ合衆国に初めて派遣した（引用年表297頁）。
10 1873（明治6）年に地租改正を実施し、全国の土地の地価を定めて地券を発行して、その地価の3％を地租として現金で納めさせた。
11 日米紳士協定が締結され、アメリカ移民は日本政府により自主的管理された。この協定により日本人労働者には旅券の発行が停止された。その他の一般観光客、学生および米国既在留者の家族の移民は発行された。
12 アーウィンはアメリカ独立宣言に署名した1人であるベンジャミン・フランクリンの直系5代目の子孫で、日本人女性の武智イキと結婚して、これが日米間初の正式な国際結婚と言われている。
13 1899年から1937年までの出移民統計では、第1位広島県が96,181人、第2位沖縄県が67,650人で、第3位熊本県が67,323人であった（石川友紀「移民研究」琉球大学移民研究センター、11-30、2005）。
14 1869年兄のJ.H.シュネル（John Henry Schnell）が数十人の日本人を若松茶絹コロニー（Wakamatu Tea and Silk Colony）の設立のためにカリフォルニアに連れ出した（引用年表298頁）。
15 1885年に日本ハワイ労働移民条約が締結された。
16 日本政府による斡旋下の官約移民（1885～1894年）、日本の民間会社による私約移民（1894～1900年）、1900年にハワイがアメリカ合衆国に併合後に私約移民が禁止され、自由移民に移行した。
17 移民会社は1917年海外興業株式会社に統一され、1921年に内務省社会局、1929年に拓務省

が設置された。

18 アラン・T・モリヤマ（金子幸子共訳）『日米移民史学―日本・ハワイ・アメリカ』PMC出版、1988年。
19 広島県『広島県移住史　通史編』第一法規出版、1993年。
20 高麗・李氏朝鮮の四階級の最上位に位置する封建的な身分階級で、文官（東班）と武官（西班）の総称である。唯一科挙で官職に就くことができ、婚姻も両班間に限るなど排他的な特権階層を形成した。
21 1860年崔済愚（さいせいぐ）（1824～1864年）が唱えた朝鮮の民間新興宗教である。彼は没落した両班出身で、李王朝政府は社会不安に陥れるとして1864年に崔済愚を処刑した。
22 1903年に朝鮮人労働者の一団が初めてハワイへ到来した（引用年表300頁）。
23 1992年の国連地名標準化会議から、韓国と北朝鮮は日本海（SEA OF JAPAN）に対して、東海（EAST SEA）の併記あるいは名称変更を要求している。
24 日米紳士協定とも呼ばれ、1907年11月から1908年2月にかけて日米両国で交わされた覚え書きで、アメリカへの日本人移民を制限した。日露戦争（1904～1905年）後、日本人労働者の渡米が激増し、1924（大正13）年排日の移民法が成立して、その協定は破棄された。
25 1899年から、アメリカ合衆国とフィリピンの間で米比戦争（Philippine-American War）が起き、ゲリラ戦が1913年まで継続した。
26 16世紀初め、インド北西部のパンジャブ地方に興った宗教である。開祖ナーナク（Nanak、1469～1538年）が啓示を受けて布教を開始した。ヒンドゥー教の一派であるがイスラム教の強い影響を受けて、唯一永遠の神を強調して偶像崇拝を排し、カーストの差別を否定して人間の平等を説いた。
27 首相の指名により国王が設置する委員会で、現行法や社会、教育などの問題点と改善策を答申する。
28 大英帝国の国王が枢密院に諮って出す勅令であり法律的効果を持つ。
29 19世紀中頃以降に支持されたアメリカの拡張政策を支持する主義で、領土を北アメリカ全体に拡大し、その政治的・社会的・経済的影響力をさらに拡大強化することを正当化した。

参考文献（Notes and References）

1) The institutional mechanisms that facilitated the Chinese diaspora are described in greatest detail in Robert Irick, *Ch'ing Policy toward the Coolie Trade, 1847-1878* (San Francisco: Chinese Materials Center, 1982), and Sing-wu Wang, *The Organization of Chinese Emigration, 1848-1888* (San Francisco: Chinese Materials Center, 1978). Among the vast literature on the Chinese in Southeast Asia, Victor Purcell, *The Chinese in Southeast Asia*, 2d ed. (London: Oxford University Press, 1965), though outdated, is still the most comprehensive survey.

2) The next six paragraphs are condensed from my study, *This Bittersweet Soil: The Chinese in*

California Agriculture, 1860-1910 (Berkeley and Los Angeles: University of California Press, 1986), 1-31. For Chinese emigration to the United States, see also Robert G. Lee, "The Origins of Chinese Immigration to the United States, 1848-1882," in *The Life, Influence and the Role of the Chinese in the United States, 1776-1960*, ed. Chinese Historical Society of America (San Francisco: Chinese Historical Society of America, 1976), 183-92; June Mei, "Socioeconomic Origins of Emigration: Guangdong to California, 1850-1882," *Modern China* 5 (1979): 473-501; and Zo Kil Young, *Chinese Emigration into the United States, 1850-1880* (New York: Arno Press, 1979).

3) Circumstances that made the initial Japanese exodus possible are recounted in Hilary F. Conroy, *The Japanese Frontier in Hawaii, 1868-1898* (Berkeley and Los Angeles: University of California Press, 1953), and Yasui Wakatsuki, "Japanese Emigration to the United States, 1866-1924," in *Perspectives in American History* 12 (1979): 389-516.

4) Yukiko Irwin and Hilary Conroy, "R. W. Irwin and Systematic Immigration to Hawaii," in *East Across the Pacific: Historical and Sociological Studies of Japanese Immigration and Assimilation*, ed. Hilary Conroy and Scott Miyakawa (Santa Barbara: ABC-Clio Press, 1972), 40-55.

5) For details, see Conroy, *Japanese Frontier*, 15-43.

6) Ibid., 65-80.

7) Alan Takeo Moriyama, *Imingaisha: Japanese Emigration Companies and Hawaii* (Honolulu: University of Hawaii Press, 1985), 13-24.

8) Ibid., 43-88.

9) The short-lived Korean emigration is covered in Wayne K. Patterson, *The Korean Frontier in America: Immigration to Hawaii, 1896-1910* (Honolulu: University of Hawaii Press, 1988), on which I rely for the next six paragraphs.

10) Ibid., 103-5.

11) U.S. Congress, Senate, *Charges of Cruelty in the Philippines*, Senate doc. 205, 57th Cong., 1st sess. (1902), and *Hearings on Affairs in the Philippine Islands before the Senate Committee on the Philippines*, Senate doc. 331, 3 vols., 57th Cong., 1st sess. (1902). A handy selection of testimony from these hearings is Henry F. Graff, ed., *American Imperialism and the Philippine Insurrection* (Boston: Little, Brown, 1969).

12) Stuart Creighton Miller, *Benevolent Assimilation: The American Conquest of the Philippines, 1899-1903* (New Haven: Yale University Press, 1982), is a good recent study of American policy in the Philippines.

13) Mary Dorita, *Filipino Immigration to Hawaii* (San Francisco: R & E Research Associates, 1975), 3-11, 16-17. See also Marvelino A. Foronda, Jr., "America Is in the Heart: Ilokano Immigration to the United States, 1906-1930," *Bulletin of the American Historical Collection*

4 (1976): 46-73.
14) Figures are computed from Bruno Lasker, *Filipino Immigration to Continental United States and to Hawaii* (1931; reprint, New York: Arno Press, 1969), 347-53.
15) Ibid., 354-55.
16) There is as yet no good study of Punjabi emigration based on Indian sources, but Sucheta Mazumdar, "Colonial Impact and Punjabi Emigration to the United States," in *Labor Immigration under Capitalism: Asian Workers in the United States before World War II*, ed. Lucie Cheng and Edna Bonacich (Berkeley and Los Angeles : University of California Press, 1984), 316-36, and Joan Jensen, *Passage from India: Asian Indian Immigrants in North America* (New Haven: Yale University Press, 1988), survey the global context of Punjabi emigration. John L. Gonzales, Jr., "Asian Indian Immigration Patterns: The Origins of the Sikh Community in California," *International Migration Review* 20 (1986): 40-54, and Bruce La Brack, *The Sikhs of Northern California, 1904-1975* (New York: AMS Press, 1988), 52-167, describe the several phases of Asian Indian immigration.
17) Romesh Dutt, *The Economic History of India in the Victorian Age*, vol. 2 (1904; reprint, New York: Augustus M. Kelley, 1969), 276.
18) Rajani Kanta Das, *Hindustani Workers on the Pacific Coast* (Berlin: de Gruyter, 1923), 3-4.
19) W. L. MacKenzie King, *Report of the Royal Commission Appointed to Inquire into the Methods by Which Oriental Labourers Have Been Induced to Come to Canada* (Ottawa: Government Printing Bureau, 1908).
20) Gerald N. Hallberg, "Bellingham, Washington's Anti-Hindu Riot," *Journal of the West* 12 (1973): 163-75.

第2章

アジア系アメリカ移民の初期の光と陰 — 1840から1930年代まで
Immigration and Livelihood, 1840s to 1930s

第1節　アジア系アメリカ移民の幕開け

　アジア系移民は、主として生活費を稼ぐためにアメリカ合衆国にわたった。アメリカの資本主義経済下で経営している起業家は利益を最大限に拡大できるように、見いだせる最も格安な労働力を求めていたので、アジア系移民はそのような仕事を手に入れることができた。しかしながら、アジア系移民と競合することを恐れているヨーロッパ系アメリカ人の労働者や人種差別の偏見からアジア系移民に対して敵愾心を持っているすべての階級にわたる移民排斥主義者（nativist）達は、アジア系移民の排斥運動を扇動した。朝鮮人を除いて、各移民集団の構成員は排斥されるまでのほんの20から30年間は、無制限になんとか入国できていた。
　主要な5か国のアジア系移民集団における職業の歴史には多くの類似点があったが、相違点も存在していた。中国人が移民してきた1850年代の初頭は、ハワイとカリフォルニアが最前線の地域であった。日本人が移民してきた1880年代から、中国人は急速な経済的変革の影響を被ることになった。インド人や朝鮮人、フィリピン人が移民してきた20世紀初頭までには、資本主義経済の状況が成熟状態になっていた。1850年代から1860年代にかけて、ヨーロッパ系アメリカ人の労働力がカリフォルニア州で欠乏していれば、中国人はさまざまな種類の職業から仕事を選択できた。しかし、1869年に初めての大陸横断鉄道が開通した後には、ますます多くのヨーロッパ系アメリカ人が太平洋沿岸に住み着いてくると、彼ら自身がより良い職業を求めるようになった。差別的な法律や税金、排斥運動ならびに団体やその結果として労働組合に加入している仕事からも有色人種を排除するなどのさまざまな手段を用いて、彼らより後からやってくる中国人や他のアジア人を、ますます安価で下賤な

仕事に限定した。

　アメリカ新大陸に足を踏み入れた最初のアジア人は、マニラからガレオン船（galleon）[1]で交易のためにやってきた。フィリピン人と中国人の船員や乗務員は、1565年から1815年までマニラとメキシコのアカプルコの間を、中国製の贅沢品の積み荷を運搬する特別に建造された船に雇用されていた。16世紀後半には多くのフィリピン人がアカプルコに移民していたらしく、一方で、いくらかの中国人の商人が17世紀までにメキシコシティで店舗を出していたらしい。ニューオリンズから南に約30マイルにあるルイジアナのバラタリア湾の湿地帯に、1760年代に見かけられたマニラ人として知られていたフィリピン人は、マニラからのガレオン船で働いていた船員の子孫であった（*Maria E. Espina, Fred Cordova, 1983*）[1)]。

第2節　ハワイから本格的に始まるアジア系アメリカ移民

　ハワイへ移民した最も初期の中国人に関することから歴史的記録がより明確となる。ブリティシュ・コロンビアにおけるヌートカ湾で船の建造のために、大英帝国の船長によって連れてこられた数人の中国人の職人が、1789年に中央太平洋諸島に上陸した。それはジェームス・クック（James Cook）船長が、初めて1778年ハワイ諸島に上陸してサンドウィチ諸島（ハワイの旧称）と命名してからほんの11年後のことであった。まもなく中国貿易に従事していた船がハワイの港湾を求め始めて、ハワイ諸島に豊富に茂っている白檀材を中国で売るために採取した。そのような理由で、白檀材の存在がよく知られていた時代には、中国人はハワイ諸島のことを白檀山（Sandalwood Mountains）を意味する檀香山（Tanxiangshan, Tanheungsan）と呼んでいた。

　ハワイに当分の間居住していた最初の頃の中国人は、砂糖製造の技術を持っていた。最初にアメリカ人により砂糖耕作が1835年に開始されたよりもかなり以前から、中国人の砂糖職人（sugar master）は、白檀材の貿易に従事している船に乗り込み、1802年[2]までに、煮詰め鍋や砂糖製造のための道具一式とともにハワイに上陸していたと伝えられている（*Tin-Yuke Char, 1975*）[2)]。広東地方は、中国の主要な砂糖生産の1つの地域であるので、中国人がそのような砂糖生産をしたことは驚くに当たら

ない。1830年代までに、マウイ島とハワイ島においていくつかの中国人の砂糖工場が稼働していた。少なくとも半ダースの中国人の砂糖職人や彼らの粉砕機が1840年代に稼働していた。最も早期に把握できる中国人集団は、1852年に福建地方のアモイから195人の契約労働者がハワイに到着して、ハワイ王国における抜本的な構造改革に応じることができた。

耕地が整備された当初は、その経営者はハワイ人の労働者に頼っていたが、多くの土着の先住民は最低限必要な生活の糧の土地は保持していたので、ハワイの先住民は、サトウキビの栽培に必要となる厳しい労働管理体制に進んで順応しなかった。それより重要なことは、土着の先住民の人口割合が急速に低下したことであった。その頃の1860年の先住民人口が、多くてもジェームス・クック船長が現れた1778年当時の約5分の1にまで低下した。このような人口の低落にはさまざまな原因があった。多くのハワイ人が、アメリカ人やヨーロッパ人の持ち込んだ伝染病に対する免疫がなかったので、それらの病気により死亡したり、その一方で、白檀材を伐採するために山に登り、風邪にかかり、厳しい気候にさらされて死亡した。特にハワイ国王に対してアメリカ人の相談役が、新しいシステムによる土地保有権を熱心に勧めたので、ハワイ諸島に経済の市場原理が導入され、伝統的な生活の糧であった土地保有権が奪われる先住民が増大したことにもよった。

土地権利の移転が急速に拡大した（*Edward D. Beechert, 1983*）[3]。1840年代当初にハワイ国王は欧米人に対して、非公式に土地を譲渡していた。その後に彼らとは公式に貸借契約をした。最終的には彼らが土地を無条件に購入することを許可した。その変革は1848年のグレート・マヘレ（Great Mahele）とも呼ばれる土地再分配法で頂点に達した。それまでは土地は共同所有されていたが、その後は売買が可能となった。このことにより、より多くの使節団や起業家が砂糖耕作のために広大な土地を得ることができるようになった。

しかし、サトウキビの栽培は非常に労働集約的であるので、その耕作を具体化する前に、十分に信頼できる労働力の供給を確保しなければならなかった。この目的のために1850年にいくつかの法律が成立した。1850年に、ハワイ人がその他の地域から来た人びとと同様に、カリフォルニアのゴールドラッシュに参加しようとしたので、彼らが許可なしにハワイから出国することを禁じる法律を制定した。その他の法律により、彼らが外国行きの船に船員として契約して雇われることも禁じられ

た。最終的には、主従統治法（Act for the Governance of Masters and Servants）により、見習いや契約労働者をどのように取り扱うべきかを明確に規定した。その一方で、それを履行させるために、罰則規定を伴う法律的ならびに行政的な仕組みが策定された。さらに1850年には、王立ハワイ農業協会（Royal Hawaiian Agricultural Society）が、農地の拡張のために必要とする労働力を確保する目的で効力を発揮した。それは1864年に耕作主団体（Planters' Society）と移民庁（Bureau of Immigration）に継承された。

第3節　中国人からのハワイ移民

　当初はのんびりしていたが、サトウキビ畑などが拡大するにつれて、ハワイ人の人口が減少したので、まず中国人労働者を導入する試みが行われた。1852年にやって来たその移民集団は5年契約であった。彼ら各自に、無料の乗船券と食費や宿泊費を含めて月に3ドルが支給された。1865年までの間は、もはや中国人労働者を以前と同じように契約して移民させることは少なかったが、その間は手に余るくらい自由に移民が毎年入国して来た。アメリカ南北戦争（American Civil War, 1861-1865年）の間、急速なる物価の上昇により、ハワイの砂糖生産量が600トン以下から約9,000トンへと著しく引き上げられた状況による影響から、契約労働者の移民が再び企てられた。1865年の移民には月に8ドルならびに各自に2着の作業着、1着の暖房着、1足の靴、それぞれ1つずつの竹製のぼうし、マット、枕、毛布が支給された。ハワイ産の砂糖がアメリカ本土に輸出する時に免税となる互恵条約（Reciprocity Treaty）が調停された1876年以後に移民数の急増が起こった。砂糖の生産量は、1880年に3万2,000トン、1890年に13万トン、1900年に30万トン、1910年に50万トン以上に拡大した（*Ronald Takaki, 1983*）[4]。1875年にはわずか151人の中国人が移民したのに対して、1876年には1,283人も移民した。その次の10年間では、平均毎年2,000人以上が移民した。そのほとんどは契約労働者として移民したが、中には自費で移民している者もいた。総計でおよそ5万人もの中国人が、1852年から19世紀末までにハワイの地に足を踏み入れた。

　中国人労働者が増えるにつれて、ハワイのさまざまな団体が中国人のあら探しを

するようになった。耕作主は中国人を申し分のない労働者と考えていたが、彼らの契約が切れた後に、ほとんどの中国人が再契約に同意しなかった状況が問題だと見なした。耕作の現場監督者（luna）が虐待をして、労働環境も非常に劣悪であったために、中国人はできるだけ早目に砂糖耕作を辞めた。ホノルルやヒロの都市で行商人や小売商になったり、一方では、独立して自作あるいは小作人として米作農業（rice farming）や野菜造りに転向した。数十年後には、ハワイ経済において、稲作が第2番目に重要な収入源となり、中国人がその中心的な耕作者になった[5]。稲作の作付面積は、1875年の約1,000エーカーから1890年におよそ7,500エーカー、1900年までに9,000エーカー以上に拡大した。そのハワイ産の多くの穀物が、カリフォルニア州における中国人に食料を供給するために輸送された。

　一方では、自分たちの福利のために闘う宣教師や政治家だけでなく、ハワイの先住民までも、増大する中国人の存在がハワイ人の生活を脅かすと考えた（*Edward C. Lydon, 1975*）。中国人は、たとえばハンセン病や天然痘などの恐ろしい伝染病や、アヘン服用や賭博などの不道徳な習慣を招来すると非難された。何人かの中国人男性は、ハワイ人の女性と結婚したり同棲していたが、彼らはハワイ諸島の人口減少を補充する望ましい配偶者であるとは非難者から認められなかった。モルモン教の宣教師から政治家に転身し、中国人移民の反対者であるウォルター・マレイ・ギブソン（Walter Murray Gibson）が、カラカウア国王の下で、1882年に外務大臣と首相を兼務した時から、次々と中国人の移民を制限する規則を公布し、それらは結局1866年に最終的に止まった。中国人の移民の流れが止まる前に、ギブソンは日本人による移民の供給が用意されていることを明言していたので、耕作主は抗議をしなかった[6]。ハワイ人は、ハワイ王国を再生するために、日本人はより共存できる同族（cognate）であると見なしたので、ハワイ人もまたそのような変革を望んだ。

第4節　ゴールドラッシュでアメリカ本土に向かう中国人アメリカ移民

　ゴールドラッシュのために、ハワイよりもカリフォルニアにかなり多くの中国人が上陸した[3]。1852年当時ハワイに中国人の契約労働者が、最初に200人程度上陸したが、一方でシエラ・ネバダの山麓にある金鉱に向かう途上で、2万人以上の中国

人がサンフランシスコの税関を通過していた。1853年には減少して5,000人以下の中国人が上陸した。その原因の1つには、カリフォルニア州政府が非アメリカ人の採掘者の収入をかなり縮小する外国人採掘課税（Foreign Miners' Tax）を課しただけでなく、それまでにオーストラリアで金鉱が発見されたニュースが広東地方に伝わったために、数千人が東方の代わりに南方に向かうようになったからでもあった。しかし、1854年には1万6,000人以上の中国人がアメリカに上陸した。次の10年間は、カリフォルニア州への中国人の到来者数は、年によって2,000人から9,000人までの間で変動した。1867年から1870年にかけて、西部の大陸横断鉄道を建設しているセントラル・パシフィック鉄道会社（Central Pacific Railroad Company）が行った労働者募集にも応じて、約4万人の中国人がその地方に殺到した。

　カリフォルニアにて初期の移民における金に対する特別な価値観が、このような時代に世界中に多く移民した中国人共通の民族性を反映していた。最近に至るまで、中国人はサンフランシスコを旧金山（Jiujinshan, Gaogamsan「旧金山 the Old Gold Mountain」）と呼び、その一方で、オーストラリアのメルボルンは新金山（Xinjinshan, Sungamsan「新金山 the New Gold Mountain」）として知られていた。いくつかの統計資料も、中国系アメリカ人の歴史における金の重要性を示している。1860年における国勢調査員は、アメリカ本土にいる中国人のほぼ全員が、カリフォルニア州で生計を立てたことを報告している。カリフォルニア州では、世紀の変わり目まで在米中国人の人口の過半数を占め続けていた。採掘地域においてカリフォルニア州に占める中国人全体に対する割合は、1870年には78％、1880年には71％、1890年には67％、1900年には51％となった[7]。1850年代の後半までに採鉱現場からほとんど立ち去った自営の白人探鉱者とは異なり、相当な数の中国人が1880年代までそこに留まった。

　表層の金鉱床がすでに枯渇した1860年には、仕事が分散したが、採掘地域では中国人の少なくとも85％が依然として、金を求めて砂利を選鉱鍋で洗ったり、あるいは掘り返していた。その10年後の1870年でも、中国人の65％が同様な作業を行い、1880年では中国人の59％が金を期待して根気強く試掘を継続していた。1890年の国勢調査の報告記録が火事で焼失したので、その当時どれくらいの中国人が従事していたかに関する算定は不可能であるが、1900年の国勢調査員は、その年の中国人の鉱夫がカリフォルニア州に2,000人以上いたと算定した。その年の全体の中国人移民

の人口は、アメリカ本土全体で8万9,863人の中国人が、カリフォルニア州には4万5,753人の中国人がいた。

　貴金属を獲得するために、砂鉱採鉱、水力採鉱、深軸採鉱あるいは水晶採鉱という3つの主な手段が用いられた。大部分の中国人は、砂鉱採鉱権のみで採掘していた。表層の鉱床が豊富であった初期の年代では、中国人を含めた多くの採鉱者達は、選鉱鍋より複雑な他の道具は使用していなかった。その選鉱鍋の端から軽い土壌を洗い流しながら、金を底に沈殿させるようにぐるぐるかき混ぜて、ほんの少しの金を含んだ土壌を確保した。より巧妙な装置は、水を流しながら砂金などの重金属を揺すって分離する選鉱器あるいは揺汰器であった。それは、選鉱器に砂鉱捕集溝（riffles）と呼ばれる滑り止めの溝を底に留め具で固定して取り付けた木製の箱であった。金が含まれる土壌（Pay dirt）をその箱に入れて水を流して、前後に揺り動かした。そのような振動により、重い砂金や金塊をその他の土壌と分離した。水がその土壌に流れ込むことで、金を箱底の滑り止めの溝により捕らえた。その一方で金を含まない土壌は開口部から流れ出した。その他の装置として、固定式の長い選鉱器である砂金選別用の長樋を用いた。持続的に水流がその上を流れるようにある角度で固定することで、最小限の労働力でもって多量の土砂を処理することができた。滑り止めの溝が付いて開口している連続した細長い箱形の流し樋は、長桶から改良され、より効果的に作動するのには多量の水を必要とした。

　中国人の採鉱者達は、上記のすべての装置を使用して、さらに彼ら自身の道具も持ち込んだ。その最も特有な装置は、中国で農民が使用していたのと類似している水車であった。小川や川から水をすくう桶を持ち上げて、水車はゆっくりと回りながら、桶の水を空にしては、水をくむ必要がある箇所で桶に水をすくった。採掘のために川底を露出するのに、中国人は小さな支流や小川から水流の方向を変える突堤を造る技能もあった。どうも中国人は長い時間水の中で立っているのは好まなかったようで、1850年代初期におそらく彼らはそのような巧妙な仕掛けに頼った（J. D. Borthwick, 1857）。中国人の採掘方法は、ヨーロッパ系アメリカ人の採掘者がショベルを大地に力強く打ちつける代わりに、砂金を含む砂利をはがすようにかきむしるスクラッチ（scratching）に類似していた[8]。

　ほんの少数の中国人のみが、水力採鉱を試みた。鉱石を含んだ丘陵の斜面に対してその土砂を洗い流すために、強力な水の噴流を発射するこの方法には、かなりの

資金を要することが、少人数のみが使用することになった最も大きな原因であろう。中国人の採鉱者はたびたび暴力にさらされたので、そのような大きな装置に投資することはまさしくとても危険であった。水力採鉱に携わる人は、主としてカリフォルニア州の北西部のシスキューやトリニティ山脈などのいくぶん人里離れた地域で採掘を行った。

　貴金属の鉱脈を含んだ鉱山に、中国人が従事してトンネルを掘り進める水晶採鉱に関する資料には、対立していた情報がある。世界中で最も熟練した深軸採鉱の操作者であるコーンウォル（Cornwall）の出身者を特に導入していたヨーロッパ系アメリカ人の採鉱者の組織が、会社が中国人を雇用することを阻止していたので、そのように金を採掘する採鉱会社が中国人を雇用することはできなかったことを示唆する資料があった。その他の資料では、1860年代の後半からかなりの中国人の採鉱者が会社で働いていたが、その採掘方法には言及されておらず、完全に枯渇するまで中国人は採掘権を活用することができなかったことが示されている。

　中国人の中に多くの採掘者がいたので、その他の中国人は生活のために何を職業とすべきかについて影響を受けた。採掘者集団が集まる所はどこでも、中国人の商人達は彼らに食料を供給する店を開いて、社会的ならびに気晴らしの欲求の注文に対応した[9]。商人は中国料理のために必要な種々の原材料を輸入した。中国の輸出輸入の商社の積み荷の送り状には、1850年代初期のサンフランシスコの税関で、米、めん類、豆、ヤムイモ、砂糖、茶、食用酢、ピーナッツ油、乾燥野菜、たけのこ、乾燥キノコ、ショウガ、保存卵、砂糖菓子、ソーセージ、塩漬け魚、乾燥小エビ、カキ、乾燥豆乳、乾燥ならびに新鮮果物などが記載されていた。中国人移民の食事には、地域の中国人の造園業者による市場向け野菜や、中国人農家により飼育された豚、カモ、鶏からの肉や、中国人の漁民が捕らえた魚などが供給された。時たま、中国人移民は、ヨーロッパ系アメリカ人の肉屋から購入した新鮮牛肉だけでなく、アメリカ製のイワシやハムの缶詰も食べた。

　加えて、中国人の採鉱者はアメリカの皮製のブーツを装着することを早期から取り入れていたが、商人達は中国製の織物や着物も持ち込んだ。そのうちに、いく人かの中国人労働者は、だぶだぶの中国からの綿製のズボンよりも耐久性のあるジーパンを好んで身につけるようになった。彼らを撮影した多くの写真が示すように、田舎で働く中国人男性は輸入した円錐形の竹製帽子を被りつづけていたが、彼らが

気に入ったアメリカ製の装飾はフェルト製の帽子であった。

　商人達は、中国人の移民達が彼らの物質文化に必要であり、すべてのお馴染みの商品に取り囲まれることができるようにした。わら紙、中国製インクや筆は、マッチ、爆竹、ハワイ産の白檀材で作られた木製の神像、洗面器、鉢、平鍋、中国型の秤や度量器、勢揃いした薬草と同様に、太平洋を横断してやっとたどり着いた。アヘンは初期の間は制限もなく輸入されていたが、中国人だけが使用する娯楽の薬剤ではなかった。ほとんどの中国人商店には、たとえどのような田舎の山間地域であろうとも、アメリカ製のタバコやウイスキーも貯蔵していた。

　商人達は、田舎や小都市ではわずか中国人の人口の3％を占めるだけであるが、そのような重要な役割を果たして、共同体の中で最も裕福となり、最も重要な指導者になった。一方、都市中心部が大きいほど、商人の数が増大した。サンフランシスコでは、賭博者や売春宿主、その他の下層の興行主を数に入れなくても、商人の人数は実入りのよい被雇用者数の約1割に相当していた。

第5節　中国人アメリカ移民を雇用する大陸横断鉄道の建設

　中国人の採掘者と商人に影響を与えたもう1つの事業の展開は、初めての大陸横断鉄道の西半分の建設であった。その事業によりピーク時には、その多くの前職が採掘者であった1万人以上の中国人労働者が雇用された[10]。実際に、中国人労働者を募集する鉄道会社の成果が上がることで、大量の中国人をようやく鉱山から引き離す弾みをもたらした。中国人の商人達が一方では中国人を仲間に引き入れて、その仕事の斡旋ごとに手数料を請求して、彼らの何もかもを供給する労働者募集の請負に従事していたので、その建設事業から稼いだ。

　大陸横断鉄道の建設は1840年代より提案されていたが、1861年からのアメリカ南北戦争により、その建設を実現する議案がついに1862年に成立するよう議会に拍車がかかった。民間企業がそのような重要な事業にも融資できるように、連邦政府は鉄道会社のために公債を発行して、公有地を鉄道会社に譲与した。鉄道会社は、必要な資金が調達するためにその土地を売却することにした。譲与される土地の量は、敷かれる鉄道路線の距離や横断する地形的な敷設の困難度に依存した。ユニオン・

パシフィック鉄道会社（Union Pacific Railroad Company）は、ミズーリ川より西方に向けて鉄道建設の契約をした一方、サクラメントの４大商人で形成されたセントラル・パシフィック鉄道会社（Central Pacific Railroad Company）は、サクラメントから東方に向けて鉄道を建設する契約をした。安いアイルランド人移民労働者（Irish immigrant labor）を用いて広大な平野を１日１マイル敷設できたユニオン・パシフィック鉄道会社と異なり、セントラル・パシフィック鉄道会社はいくつかの高い山脈を越えならければならず、さらに当時のカリフォルニア州は国内で最も高い賃金であった状況を解決しなければならなかった。

　中国人労働者は最初に1865年からの試みで鉄道の勾配をゆるやかにするために雇用されて、その年の終わりには、その数は約3,000人に達した。中国人の身体の体力から懐疑的な態度を示されていたにも関わらず、中国人はまもなく鉄道会社の建設労働者集団の中核となり、熟練を要しない仕事だけでなく、その上にかなり高度で危険を伴う仕事などの大半の労働も提供した。しかしながら、中国人が従事した仕事の特質にも関わらず、すべての中国人には同額の賃金が支給されていたが、それはヨーロッパ系アメリカ人の熟練労働者が受け取った金額よりもかなり少額であった。

　中国人労働者が最初に直面した鉄道敷設上の本当の試練は、そこから迂回することは不可能であるホーン岬（Cape Horn）と呼ばれていた巨大な岩盤の露出に出くわした時であった。このような堅固な花崗岩の岩盤壁に岩棚を刻み出すために、中国人はその岩壁の頂上から枝編みのバスケットの中に入って縄で降ろされた。彼らはこのように釣り下げられながら、花崗岩にノミで穴を刻んで黒色火薬を装填した。その火薬が爆発する前に、その他の仲間が彼らを引き上げた。爆破までに引き上げられなかった者は爆発で死亡した。

　その線路が高いシエラ山脈に登るにつれて、わずか３マイルを掘り起こして切り開くのに300人の中国人男性でひと月の日数がたびたびかかった。鉄道の軌道を切り開いて平坦にするのにもより多くの労力を要した。中国人労働者が山間部の頂上に近づくにつれて、強固な花崗岩を粉砕してトンネルを掘るのがほとんど不可能な作業に着手した。かなり先に進む前に、冬が到来して雪が降った。それにも関わらず、その会社は競争相手が平原を素早く進んで、より多くの土地が譲与されているのを意識していたので、そのまま推し進めることを決定した。1866年の冬季には、

24時間ぶっ通しで何千人もの中国人は雪に埋もれながらも作業をした。このように切り開いたその経路を平坦にするだけで、その年の夏と秋のすべての時間がかかった。しかし、線路が敷設できる前に、厳しい降雪を伴う冬がふたたび到来した。セントラル・パシフィック鉄道会社の技術者の1人が数年後に認めたように、多くの優秀な男性すなわち中国人が1867年の苛酷な冬季の間に命を失った[11]。雪崩によって埋まった死体は、次の春になるまで掘り起こすことさえできなかった。線路がひとたびシエラ山脈の東側の斜面を下ると、2つの大陸横断鉄道が、ユタ州のプロモントリー・ポイント（Promontory Point）で1869年に連結されるまで、中国人労働者達はネバダ州とユタ州の暑く乾燥した台地を横切れるように鉄道の敷設を速めた。中国人の英雄的な功績にも関わらず、アメリカ合衆国初の大陸横断鉄道の完成を記念する歓喜に満ちた式典に彼らが招かれることはなかった。その当時の最も顕著な技術的功績の1つとして紹介されたのみであった。

　しかし、その鉄道は技術的な奇跡以上のものをもたらした。アメリカ西部、特にカリフォルニア州を一変させた。その完成前までは、カリフォルニア州は地理的にも他の地域から隔離されている状態であった。移住者はほろ馬車隊で来なければならなかった上に、一方で、アメリカ合衆国東部からの工業製品は、南アメリカの南端を回って船で輸送されていた。カリフォルニア州の輸出物は、1860年代から1880年代までは主に小麦であったが、同じように南アメリカの南周りで長距離となる大西洋沿岸地帯から大英帝国の湾港まで輸送された。大陸横断鉄道の旅客や運送料金がとても高価でその利用が制限されたので、その充分な効果をその完成後10年間以上も得ることはできなかった。1880年代の中頃に、第2番目の大陸横断鉄道が敷設された後に、2つの横断鉄道間で熾烈な値下げ競争が起こった。運賃がとても安価になったので、たとえ移住ではなくても、その当時は少なくとも観光のためにも、カリフォルニア州に向けて多くの人びとがその列車に乗った。

　鉄道建設に融資した手法も、さらにカリフォルニア州の発展に寄与した。鉄道会社は、連邦政府から譲与された合計すると約900万から1,100万エーカーにも達する土地のほとんどを売却すると思われていた。しかし、鉄道会社は、それどころか投機のためにその土地を保有し続けて決してそのように売却しなかった。土地の値段がとても高価となったので、カリフォルニア州の移住者達は土地をほとんど購入することができなかった。彼らは一方で鉄道会社を非難し、他方で、彼らの苦境のた

めに中国人を咎めた。彼らの観点は、中国人の低賃金の労働力を活用することに対してではなく、広大な敷地を所有する地主が手頃な値段で土地を分画して、小地所の売却を余儀なくさせるためであった（Varden Fuller, 1940）[12]。しかし、鉄道会社の権力を打ち破るほど憤慨した市民はほとんどいなかった。莫大な経済的資産を持って、鉄道会社は州政府の政策を十数年間も制御していた。

　皮肉にも、中国人にとって横断鉄道の完成は好ましくない結果を及ぼした。鉄道会社は、保持作業のために数百人の中国人だけを再雇用をして、残りの者を解雇した。そのために即座におよそ1万人もの中国人が失業に追い込まれた。かつての中国人の従業員は、カリフォルニア州に戻るための列車に無料で乗ることさえ許されなかった。それどころか彼らのほとんどは一般労働者や出稼ぎ農業労働者として、どこでも仕事を探し回りながら、彼らは小集団となって西に向かって徒歩でさまよい歩いた。しかし、より多くのヨーロッパ系アメリカ人がカリフォルニア州に出現するようになって、彼らは仕事上で中国人と競合するようになった。彼らの敵意が、反中国人活動をあおり立てることに繋がった。

第6節　中国人アメリカ移民の鉄道建設から職業の選択

1）農場における農業労働者として

　1870年代当時のカリフォルニア州は世界でも有数の小麦生産地の1つであったので、鉄道建設から解雇された中国人労働者は、農業の仕事にありつけた。その大部分は、世界の小麦市場の中心地であったリバプールへ向けて輸出された。雨の少ないカリフォルニア州の長い夏は、天然の利点であり、小麦を船倉に船積みする前に完全に乾燥させることができるので、南アメリカ沿岸からマゼンラン海峡を通過してホーン岬を回り、南北の大西洋を通じてリバプールまでの長い航行の間にかびが生えなかった。リバプールまで運ぶことで、そこでは優良な品質としてより割高になった。中国人は小麦の刈り取りの手伝いだけでなく、その他の種々の穀物の耕作や収穫、荷造りの仕事を見いだした。

　中国人を雇うことが便利であると気づくと、農場主は中国人労働者を歓迎した。季節労働者として個別に雇う代わりに、農場主達は簡便に中国人集団の代表者や労

働者請負人と、多くの男性労働者に対する定められた日時と場所、特定の仕事に対する支払い総額を取り決めることを協議できた。さらに中国人は自分達で寄宿して、自分らのテントすらも調達したり、星月夜の下で寝た。それぞれの男性集団で、自分たちが料理する方法を選んだり、あるいは共同で料理の手間賃を支払った。ある請負人は現地の商人となり、各自に仕事を世話するわずかな手数料を請求しながら、彼らの食料品などをその集団に売ることで相当な利益をあげた。

しかし、収穫作業のみが中国人が従事した農作業の種類ではなかった。ワシントン州のヤキマ・バリー、オレゴン州のフッド川流域におけるより小さな沿岸部の盆地や平地、ロッキー山脈の西側のその他の州における耕作に適した地域だけでなく、カリフォルニア州の広大なセントラル・バリーにおいて、中国人は土地を借りて小作人となった。中国人の多くは、野菜や苺、その他の果物、落葉樹の果実、木の実の労働集約的な栽培に専門特化した。サクラメント川とサンジャシント川との間の流域は、カリフォルニア州で最も肥沃である農業地域の1つとして開拓された湿地帯であり、中国人の小作人農家は、ポテト、タマネギ、アスパラガスを栽培した。もっと大きな土地を借りて、初めの頃は排水して、溝を掘り、鋤で草を引き抜くことなどを手伝っていた。その他の中国人は、ヨーロッパ系アメリカ人の農家だけでなく、彼らの仲間が生産した作物を売るような仲買人となった。さらにその他の中国人は、農家相手の料理人として、地主農家の家族やそこで雇われた労働者に料理を出す仕事をした。

2）都市部における洗濯屋として

太平洋沿岸の大都市であるサンフランシスコでの中国人の生活はまったく異なっていた。そこで何千もの中国人の職人や工場労働者が生活していた。1870年代と1880年代初頭に、そこで雇用されて収入が得られる中国人労働者の約5分の2は製造業に勤めていた。混み合い、明かりが乏しく換気が悪い低賃金の工場や製作所で、中国人労働者は靴、ブーツ、スリッパ、オーバーオール、シャツ、下着類、毛布、タバコ、南京袋、ブラシ、その他多くの製品を作った。太平洋沿岸でそれ以外の都市では、中国人はいくつか新設されたばかりの製造工場にも勤めていたが、まだ非常に少人数のみであった。サクラメントやストックトン、メリースビル、ポートランド、シアトルなどの地域が工場地帯に発展する前に、中国人に対する反感や反動

の結果から、彼らはすでに軽工業から追い出されていた。1880年代の後半において中国人が生産する商品に対する排斥により、その市場から彼らは事実上駆逐された。

中国系アメリカ移民の歴史にとって特別な重要性を獲得した1つの職業は、洗濯業であった[13]。非常に多くの中国人が結局は洗濯屋になった。衣服を洗濯するのが中国の伝統的な男性の職業であったからではなく、そこにはほんど女性がいなかったからである。ゴールドラッシュのカリフォルニアでは、いかなる民族出身の洗濯女も実際にいなかった。洗濯屋の不足が著しかったので、シャツを洗濯してアイロンをかけるために、1850年代初期には途方もない価格ではるばるサンフランシスコからホノルルへシャツが送られていた。

サンフランシスコに現れた最初の中国人の洗濯屋は、ワォ・リィ（Wah Lee）であり、1851年にデュポント通り（現在のグラント・アベニュー）とワシントン通りの交差点で、「洗濯とアイロンします（Wash'ng and Iron'ng）」という看板をかけていた（Paul C. P. Siu, 1987）[14]。1860年までに、カリフォルニア州で890もの中国人の洗濯屋があり、その州で雇用されている中国人の2.6％を占めた。1870年までに有給で雇用されている人の6％を占めるおよそ3,000人の中国人が生計のために洗濯してアイロンをかけていた。もう10年後には、その数はその州の中国人労働者の7.3％を占める約5,000人以上にも増加した。世紀変わり目でも、1880年代初期から中国人の全米人口が、そのピークから劇的に減少しているにも関わらず、カリフォルニア州で有給の中国人労働者の11％に相当するおよそ4,800人もの洗濯屋がいた。

洗濯屋がカリフォルニアで大きな影響があっただけでなく、アメリカ合衆国のその他の地域でも洗濯業は、より重要であった。それで洗濯屋は、中国人がアメリカ大陸の東部に移住することを可能にした4つの先駆的職業のうちの1つであった。金の採掘が中国人をアメリカ北西岸やロッキー山脈やグレートプレーンの北部に連なる州に引きつけて、そして鉄道建設により、中国人が初めてネバダ州やユタ州、その後にアリゾナ州、ニューメキシコ州やテキサス州に立ち入ることになった。それゆえに洗濯屋や料理屋を開店することで、アメリカ中西部や大西洋沿岸の町や都市にまで、中国人でも利益のあがる市場分野のすき間を見いだすことができた。中国人の洗濯屋は、需要がたくさんあるサービスを供給することで、移住するところではどこでも生き延びる方法を見いだした。

シカゴで洗濯屋がどのように発展したかについては、1872年に最初の中国人の洗

濯屋がシカゴに開業した（Paul C. P. Siu, 1987）。その8年後そこには67の洗濯屋があり、1883年には199の洗濯屋、その10年後には313の洗濯屋になった。1918年の523の洗濯屋でそのピークを迎え、その後には洗濯屋の数は減少した。その数の増加よりも重要なことは、中国人の洗濯屋を利用する人種や地域がさまざまに広がってきたことである。最初は、洗濯屋は商業地域の中心部の周辺に限定されていたが、まもなく郊外の住宅区域にまで開業するようになった。事務職のサラリーマンで子供がいる結婚した若い夫婦や、下宿生活をしている独身の男女が、洗濯屋の2つの主なお得意様であった。それと比較すると単一家族の居住地域では、あまり洗濯屋は存在していなかった。新しく移民してきたヨーロッパ系移民に占められている工業地帯に、多少の洗濯屋が見かけられた。

　洗濯屋は、それによって生計を頼る者を支えたり、あるいは危険に陥れることがあった。その一方で、衣服を洗浄してアイロンをかけることは、アメリカ社会が1880年代以降に移民してくる中国人に許した数少ない職業の1つであった。他方で、ある中国人が次のように述べた。「洗濯屋の地位は低く、引き続き競合する恐れがないので、白人のお客らが洗濯屋に対してお偉いさんぶって振る舞えるように心がけていた。もしそのように考えることをやめたら、汚れた衣服を洗う人とその命令に応じる人との間に本当に大きな溝ができてしまう。洗濯屋として、自分は下層民族の一員として適材適所された経済的階層における社会的地位に従っている身分を占めていた。」[15]

　洗濯屋はまさしく下層の職業として見なされていたので、それで生計を立てていた人は、まったく多数派の社会から隔離されて従属していた。中国人の洗濯屋は、主に白人居住地の近隣に位置していたが、洗濯屋の居住者は非社交的な生活をしていた。洗濯の仕事や社会的な需要がたくさんあった時のみ、戸口に来た人びとと面会した。洗濯物の配達会社の仲介者が、洗濯物の注文を取って配達するために定期的に訪問していた。食品荷馬車（food wagon）の御者が、調理済みの料理、新鮮食品、必需食品を彼らに運んできた。仕立屋が、月賦で購入できるオーダーメイドの仕立てのために、洗濯屋に寸法を測りに来た。宝石屋が、洗濯屋に金時計やダイヤモンドの指輪を売りに来た。その2つは、中国人の洗濯屋をおしゃれに見せる派手な買物であった。時によっては、売春婦が洗濯屋にセックスの欲求がないかとひょっこり立ち寄った。ほとんどの中国人の洗濯屋は日曜日の午後のみ店を離れて、チ

ャイナタウンで食べたり、賭け事をしたり、友人を訪ねた。

3）アジア系料理店として

　料理店も同様に、中国人のお客だけに依存していなかったので、同郷の中国人がわずかしかいない地域でも定住して生計を立てることが可能となった。ゴールドラッシュ当時のカリフォルニアでは、男性ばかりでほとんど女性はいなかったので、どのような国籍である男性でも、他人に調理して食べさせる仕事は、比較的生計を立てやすいことに気づいた。他の多くの職業と比較して、料理することでより確実に収入を得ることを、機敏な少人数の中国人は素早く悟った。そのうちに、何千人もの中国人が料理人として、アメリカ西部の全地域において、個人宅、農家、ホテル、レストランなどで働いた。19世紀後半には、中国人は料理店を開店するために、西部以外の地域へ移住を開始した。比較的大きな町や都市での開店では、中華料理のみを提供し、ウェイターや後片付け係として同郷の中国人のみを雇った。しかし、より小さな地域では、中国風のスペアリブ、甘露煮、酢豚、焼飯、五目焼きそばだけでなく、アメリカ風のビーフシチュー、ポークチョップ、鶏の唐揚げを盛りつけたり、手伝いとしてヨーロッパ系アメリカ人のウェートレスを当てにした。

　中国人に共通する起業家の1つの特徴は、採鉱業、食料雑貨店、洗濯屋、料理店を、かなり多くの中国人自身が占有して働いていたことであった。しばしば不平等ではあるが、連れ合いも仕事をしていた。中国人男性達は血縁関係でしばしば結びつき同じ敷地内で生活している事実からも、このような職業内ではどのような争いごとが労使間で生じても調整できた。近接した居住地域で仲良くやっていくことができることは、極めて大切なことであった。多数派社会（larger society）から冷遇されたと彼ら自身が感じていた場合には、民族的閉鎖（ethnic confinement）が重要な生存機序になった。

　中国人やその後に移民してきた他のアジア系の移民集団は、アメリカ資本主義の特性のために、彼らを保護する市場のすき間を捜すことができた。19世紀末期に、吸収合併や新しい産業部門の成長により、企業が次第に巨大で少数独占になるに従い、独立した職業人達はますます生き延びるのが困難となったことに気づいた。しかしながら、このような発展は、決してすべての領域に行きわたる現象ではなかった。経済的に未発達な領域では、常に小さな起業が活躍できるかなりの余地が残さ

れていた。企業組織によりまだ需要が満たされていないので、中国人の洗濯屋は1950年代まで、料理店は今日まで継続している。

第7節　日本人アメリカ移民によるハワイの砂糖産業

　世紀の変わり目から台頭してきた資本主義の社会構造は、工業だけでなく、農業にも影響を与えた。輸出市場に向けた特有な作物の大規模な生産と相場の発展において、ハワイとカリフォルニアはその群を抜いていた。1880年代までに辺境の地域はもはやなく、大部分はまさしく両者の経済的基盤となる農業関連産業の必要性からその地域への移民が意図された。しかし、ハワイとカリフォルニアは1つの重要な点で異なる。それは、ハワイ経済は砂糖という1つの作物に基づいており、5つの大会社によって独占されていた。一方、カリフォルニアの経済は土地所有権の様式や作物市場だけでなく、どのような作物が栽培されているかの観点からもより多様に異なっていた。しかしながら、当初はアメリカ合衆国の東部からとそれより少ない程度であるが、大英帝国からも両地方を発展させる資本が流入していた。

　互恵条約（Reciprocity Treaty）[4]が調印された1876年から、マッキンリー関税（McKinley[5] tariff）によりハワイ産砂糖の非関税が撤廃されてアメリカ本土での生産者の保護を回復した1891年までの間は、ハワイにおける砂糖生産が急速に拡大した。互恵条約と同じように重要なことは、ハワイ産砂糖の急速な発展には、新しいアジア系労働者の移民である日本人労働者が欠かせなかったことである[16]。新しい日本人移民は、まもなくハワイ先住民や中国人よりその人数が上回るようになり、その頃までに耕作労働力の大黒柱になっていた。ハワイ人や混血ハワイ人がそれまではその労働者の大部分を構成していたが、その数はしだいに減少していった。一方で、中国人は中国本土とアメリカ西海岸から移住していたが、契約終了後に耕地を離れる中国人をこのような移民によりかろうじて補充していた。このようにして、もしハワイの砂糖産業が互恵条約により授与された優遇税制を活用しようとするのならば、新しい労働者の供給を見いださなければならなかった。

1）日本人によるハワイ移民の到来

　日本人の到来が始まるまでにハワイの歴史家が名づける産業耕作（industrial plantations）において通商砂糖産業が集結していた。すなわち、より効率的で大規模な耕作方式となり、1エーカー当たりの砂糖生産率をちょうど1895年の6,500ポンドから、1900年の約8,700ポンドにまで高めることができた。このような耕地に移入する日本人労働者は中国人労働者よりも多く組織化された。アーウィン協定により各日本人労働者は日本を離れる前に、どの耕地に配属されるのかを指定する契約をしていた。最初の2船を除いて、すべての日本人移民は、日本船籍の船でハワイまで渡航した。家族構成員を離ればなれにされないで、たいてい同じ出身地からの人びととは結局同じ耕地に移民した。

　アーウィンが労働者の移民を統轄するのを止めた後は、民間の移民会社がそれを引き継いだ。政府の厳密な管理より劣って、1894年から1908年までは民間の移民会社が対応していた。その代理人は耕作主が希望する労働者数や契約の条項だけでなく、1人当たりハワイ島に連れて来たことに対して民間の移民会社が受け取る報酬（1890年代では30ドル）を耕作主と交渉した。1900年ハワイ併合法（Organic Law）の実施により正式にハワイがアメリカ合衆国に併合[6]された後、契約労働者の移民は違法となった。その後の渡航者は、指定の契約を受けていない自由移民となり、各自は最低50ドルの所持金を証明しなければならなかった。

　さらに、日本船籍がもはや横浜とホノルル間の航路を独占できなくなった。日本艦隊が日清戦争（1894～1895年）の間はハワイに係留していた。そのことにより、それまでアメリカ合衆国への中国人移民が主な利用客であったパシフィック・メイル蒸気船会社（Pacific Mail Steamship Company）と西洋東洋蒸気船会社（Occidental and Oriental Steamship Company）などのアメリカ運送会社は、日本人の3等船室の客船の分野に進出する機会を得た。1890年代の後半から、アメリカ船籍はハワイやアメリカ合衆国本土に向かう日本人乗客の輸送に優位を占めるようになった。1895年にハワイ砂糖耕作主組合に転換した耕作労働者供給会社（Planters' Labor and Supply Company）の代表者や1900年には連邦移民局に転換した移民局の当局者の意向に沿いながら、移民代理会社は各移民の輸送に応じた。検閲官、医師、通訳などのすべてが、上陸するまでの過程に関与した。耕地に配置される前に、労働者各自はホノルルの日本領事館に登録をしなければならなかった。オアフ島での耕作を

希望する日本人は、そこまではそれ以上の面倒もなく輸送された。一方で、その他の島を目指している人は、彼らの旅の最終航路としてハワイ諸島間の汽船に再乗船しなければならなかった。

2) ハワイ移民による農業の光と陰

　耕作における生活は、原始的な状態のままであった。ほとんどの耕地において、ざまざまな出身国からなる労働者は、異なったキャンプ場に分散していた。独身の男性は、宿泊所の中では地面より数フィート高い木製の棚板で寝ていた。家族にはそれらを利用できる小屋が割り当てられた。そのような個別の小屋がない耕地では、家族は、防音的なプライバシーの保護もなく、垂木(たるき)まで単に延ばした仕切り壁で区切った部屋に押し込められていた。泣きじゃくる赤ん坊を抱えた女性は、ときどき小屋から出て離れるように申し渡された。彼女らは、他人が寝られるように、サトウキビ畑で一夜を過ごさねばならなかった。キャンプ場では通例、特に給水はしばしば不衛生であった。移民の初期においては、料理や娯楽のための施設さえ利用できなかった。労働者が労働条件の改善を求めて、繰り返し労働停止やストライキに参加して、彼らの職場放棄の悪化を耕作主に心配させるようになった後に、やっとこれらの施設が整備された。

　耕作労働は、厳しく管理され、かつ不快な状況であった。キャンプ場では毎朝午前5時の警笛で目覚めさせられた。短時間の朝食の後に労働者は集団に別れて、各々は現場監督（luna）に導かれて、午前5時半には耕地に向けて出発した。しばしばこれらの現場監督は馬の背に乗って、各生産過程を監督した。その何人かの現場監督は残酷なので非常に評判が悪かった。現場監督は、規律を保持して生産に遅れずについて行かせるために、労働者をののしっただけでなく、場合によっては殴ったり蹴ったりした。彼らは労働者が耕地で会話することも許さず、雑草をくわで耕す間も手足を伸ばすことさえ許さなかった。

　サトウキビの発育周期のさまざまな時期に、労働者は耕地や製糖工場でさまざまな仕事に従事した。サトウキビを植える準備のために耕地を鋤で耕して開墾した。サトウキビを植えて水をかけて、その他の方法でも育つように世話をした。雑草を取り除くために、サトウキビの列の間の地面を鋤いた。水の灌漑とサトウキビの養育のために排水溝を掘った。サトウキビの茎の高さが12フィートになり、刈り取っ

第2章 アジア系アメリカ移民の初期の光と陰－1840から1930年代まで Immigration and Livelihood, 1840s to 1930s

て収穫する前に、茎から枯葉を取り去った。一方で、通行が可能な単線で走行する荷車や運搬車の上に、サトウキビの茎を積み込んだ。それらを工場まで積み荷を運び降ろした。その汁を抽出するために、サトウキビの茎を破砕機に入れ込んだ。糖蜜を作るためにその汁を煮立てた。濃いシロップを乾燥させてきめの粗い茶色の砂糖にした。湿った茶色の塊を、乾燥した白色の砂糖粒に変化させる最終の過程は、ハワイ以外のどこかで、通常はしばしばアメリカ本土の精糖所で実施された。サトウキビの葉は小さな鋭い剛毛があるので、耕作労働者はたとえ高温多湿下の作業であっても、仕事中は手や体を保護するために、衣服を何層にも重ねて着ていた。収穫時のほこりもすさまじいので、鼻や気管をふさいでいた。そのような苛酷な労働条件であれば、もしそこを辞めるのに十分な資金を貯めたならば、その当時の耕作労働者は自分たちの契約を更新することや、耕作に留まることを希望しないことはなんら不思議なことではなかった。

　1900年のハワイ併合法によりハワイがアメリカ合衆国に併合されて、ハワイにおけるすべての契約は無効となった時に、アメリカ本土からの労働者の募集人が、出入国の港町において日本人の下宿屋の大家と図りながら、日本人労働者をより高額な賃金を目当てにして引き抜くためにハワイへ押しかけてきた[7]。アメリカ合衆国太平洋北西沿岸やカリフォルニア州の鉄道会社、製材所、農場主達はすべて、日本人労働者を求めていた。その募集人は第3章で示すように、1882年以降アメリカ合衆国では中国人排斥法が実施されていたため、中国人を誘うことを試みなかった。1902年の初頭から1906年末にかけて、およそ3万4,000人もの日本人が、アメリカ合衆国西海岸の港に向けてハワイ諸島から離れた。このような流出を抑えるために、ハワイの耕作主は準州政府に働きかけて、各募集人には500ドルの許可料を支払うことを求める法律を1905年に首尾よく成立させた。その2年後に、セオドア・ルーズベルト（Theodore Roosevelt）大統領は、日本人がハワイ、メキシコ、カナダから、アメリカ本土に再移民するためのパスポートを所有することを禁止する大統領行政命令を発令した。その結果として、日本人のアメリカ合衆国本土への大量出国は、かなり少なくなった。それから1910年代まで、ハワイから出国する大勢の日本人は日本の本国に向かい、アメリカ合衆国本土には向かわなくなった。

第8節　ハワイから西海岸に向かうアジア系アメリカ移民

　朝鮮人やフィリピン人の耕作労働者の生活は、日本人の場合とそれほど違わなかった。1880年には平均わずか400エーカー以上から1900年には約2,500エーカー、1930年までには約5,300エーカー以上へと、その耕地の大きさは確実に増大しながら、1920年代後半までに、フィリピン人は、耕作労働者として最も多い民族集団になった。耕地の大きさが増大するにつれて、居住環境、娯楽施設、衛生設備が改善されるようになった。耕作主や経営者達はそれまでに厳しい取扱いよりも小さな親切の方が、労働者をよりよく統制し保持できることを学んでいた。

　アメリカ合衆国西海岸における日本人、朝鮮人、インド人、フィリピン人移民は、同じような農作業をした。しかし、ハワイの耕作とアメリカ本土の農業関連産業が、異なって組織化されていたので、ハワイ諸島とアメリカ本土におけるアジア人農業労働者の生活は、1つの根本的な点で異なっていた。ハワイの耕作労働者は1つの耕地に居残っていたが、アメリカ本土の農業労働者は作物に応じて移動していた。アメリカ西海岸では非常にさまざまな作物が育ち、実際に毎月のように何らかの作物を収穫していたが、その各収穫期間はわずか2週間から6週間しか継続しなかった。それが過ぎると、農業労働者は移り住まねばならず、移民労働者は常に仕事を求めていた。多くの点で移住労働者の生活はハワイの耕作労働者の生活より厳しいにも関わらず、アメリカ本土では、いわゆる農業での成功のはしごを駆け上るためのよりよい機会が提供された。それによって労働者は小作人として農地を賃貸して、いつかは農地の地主として土地を購入するのに十分なお金を貯めた。特に日本人労働者は、このような立身出世できる分野に強い感心をもっていた[17]。

1) 日本人アメリカ移民の農業労働者

　アメリカ合衆国西部における特産物の生産が急速に発展したので、日本人移民も利益を受けることができた事実が、移民統計に示されている。日本人は1908年以前までに、ハワイには15万人以上も上陸しているのに比較して、アメリカ本土にはわずか5万5,000人のみしか移民していなかった。しかし、1908年から1924年にかけてハワイ諸島には4万8,000人が移民したのに対して、アメリカ西海岸の港町には12

万人以上も移民して来た。日本人が移民農業労働者として最初にカリフォルニア州に入ったのは1888年であった。その当時は、サンフランシスコの北部に位置するソラーノ地方のヴァカ・バリーで数十人の学生達が夏休みの間に作物を収穫していただけだった。2年後の1890年から、数百人の日本人がブドウ採集者としてサンウォーキン流域のフレズノ地方に入った。このようなささやかな始まりから、日本人の農業労働者達は、アメリカ西海岸から南西部そして中山間部の州に至るまで行ったり来たりしてその他の大きな農業地域をようやくみつけたのである。20世紀の初めの数年は、カリフォルニア州の日本人のうち、少なくとも3分の2の約1万6,000人が農業労働者として生計を立てていた[18]。移民様式の変化の結果として、次の10年間もそのような人数が維持された。日米紳士協定により、さらなる男性労働者の移民の流入は打ち切られたが、移民達は法律の抜け穴を見つけて、日本の親戚から招集された者である「呼び寄せ（yobiyose）」として知られる花嫁や若い親類を送り込んでもらい、彼らは到着するや夫あるいは年長の親戚のために働いた。

　賃金を貯蓄したり、資産を貯め込んで、多くの移民達は、共同して土地を賃貸するのに必要な資金を苦労してかき集めた。たいていは小区画の土地にはイチゴを育て、中区画の土地にはトマト、セロリやタマネギの作物を植え、ほかの様々な野菜や果物も植え、むしろ広大な土地でも縦列に開墾して穀物を栽培した。カリフォルニア州で最初の外国人土地法（alien land law）が成立した1913年までに、6,000人以上の日本人が小作人になっていた。その人数はその後の4年間で8,000人にも増加した。日本人の小作人の増大は、さらにオレゴン州やワシントン州でも同様に顕著になり、それより少ない程度でその他の西部の州においても増大した。ユタ州やコロラド州では、多くの日本人は請負でサトウダイコンを生産し収穫した。カリフォルニア州で土地を購入した日本人農家は、ブドウ栽培を専門にする傾向があった。そのために1919年に禁酒法が実施された時には、彼らの資金繰りが困難となった。

　アメリカ合衆国西部にいる日本人移民の農業生産力は、アメリカ合衆国が最後に第1次世界大戦（World War I）に参戦した1917年に頂点に達した。それは食料の米国内需要が非常に高まると同時に、男性市民が農業から軍隊にかりだされたからである。その年にはカリフォルニア州の日本人が、その州のセロリ、アスパラガス、タマネギ、トマト、小果実類、カンタロープ（cantaloupe）[8]の出来高の約90％を産出した。さらに花卉栽培の70％以上、種子類の50％、サトウダイコンの45％、葉

野菜の40％、ブドウの35％を産出した[19]。

2) その他のアジア系アメリカ移民

　朝鮮人やインド人の小作人は、日本人より単に人数がかなり少なかったために、あまり目立っていなかった[20]。どこにでも見かけた日本人とは異なり、朝鮮人の小作人は、ほとんどリードリやディヌーバの町の周辺のサンウォーキン流域で働き、そこで落葉樹の果実栽培を専門にした。サクラメント・サンウォーキン流域では、畝作作物（row crop）を栽培した。サクラメント流域の上流では米作をした。ごく少数の朝鮮人もまたコロラド州やユタ州では請負によりサトウダイコンを栽培した。少人数の小作人は、あちこちに散在していたが、大部分は南カリフォルニアのインペリアル・バリーやコーチェラ・バリーに集合していた。そこでの灌漑事業により、砂漠状の土地が耕作可能になった後に、綿花、カンタロープ、冬レタスを栽培した。

　フィリピン人はアメリカ西海岸に沿って、1920年代にはアジア系農業労働者のうちで最も多い民族となったが、移民した時期に関連する要因により、うまく農業で成功のはしごを駆け上れなかった[21]。第1に、さまざまな外国人土地法が、大勢のフィリピン人が移民した時までに成立していた。中国人、日本人、朝鮮人、インド人は、外国人の両親として自分達が所有していたどのような土地の権利も授けることができたアメリカ生まれの子供がいたおかげにより、あるいは彼らに土地を貸し出し続けてくれる土地所有者と早期から形成していた人間関係を当てにすることによって、引き続き農業をする方法を見いだした。しかし、新しく移民したフィリピン人には、そのような抜け道を活用することはできなかった。第2に、第1次世界大戦の間における農産業の隆盛に引き続き1920年代早期には、農産物の価格が著明に下落し続けていた。そのためにたとえ法律的な障害物が無かったとしても、その時期にフィリピン人は小作人や土地所有した地主農家になるのは大変困難であることを自覚した。最後にフィリピン人が移民した時期までは、ヨーロッパ系アメリカ人の優越性が保持されて、有色人種にも土地を保有できる機序が法的に不備のない状態になるのは、半世紀以上も後のことであった。手短に言えば1920年代までに、中国人や日本人自身が開拓したような経済的適所を見いだすことは非常に困難であった。

　金鉱採掘と鉄道建設という何万人もの中国人の生活を支えていた2つの屋外労働

の職業は、遅れて移民してきたアジア系移民集団の生活にほんの少し寄与しただけであった。さらにそれ以上に遅れて移民した集団は、それ以前に中国人が迎えられていた経済よりもかなり発展した経済に参入したからであった。日本人が移民してきた1880年代後半から1890年代前半までに、カリフォルニア州やアメリカ北西部、南北ダコタ州におけるゴールドラッシュは終わっていた。しかしながら、数千人の日本人や数十人の朝鮮人達は、採掘会社における肉体労働者として働いていた[22]。鉄道に関しては、その頃には鉄道路線はすでに完成していた。建設された鉄道を保守するための鉄道の敷設に対する労働力の需要はその当時それほど高くなかった。それで、1万2,000人以上の日本人と少数の朝鮮人とインド人は、保線作業員として働いていた[23]。

3) 農業以外の職業の選択とアジア系アメリカ移民

　採掘とは異なり、漁業はその資源が枯渇しにくい魚釣産業であった。魚だけでなくエビやアワビを捕獲し、それらを干して中国まで輸出していたアメリカ西海岸の漁師の草分けであった中国人の足跡に従いながら、多くの日本人は南はカリフォルニア半島、北はアラスカまで、はるばると小規模な船隊を操業した。そうしている間に、何千もの日本人やフィリピン人は、一部の中国人と共に毎年夏になるとオレゴン州、ワシントン州、ブリティッシュ・コロンビア州、アラスカ州におけるサケ缶詰工場で働いた[24]。

　都会や町において、さまざまなアジア系移民集団における職業の歴史には、類似点と相違点とが混在していた。多くの日本人は、ちょうど中国人がしたのと同じように、家庭の使用人として労働市場に参入してきた。実際に、日本人は当初は低賃金に甘んじることで、中国人に対抗して成功をおさめてきた。そこには、3種類の日本人の家内労働があった。第1に、定時制の学校に通いながら、家事手伝いとして働く貧困家族の出身の若い男子学生には、わずかばかりの週給や月給の他に部屋と机が通常無料で割り当てられていた。第2に、日本人が賄っている下宿屋で生活しながら、日当による日雇い労働者として、部屋の掃除、窓ふき、食事の準備、洗濯とアイロンがけ、中庭や庭園の手入れをした。第3の家内労働者では、レストランや日本人経営の会社で長期間の雇用を見いだして、雇用主が要求することは何でも遂行した。20世紀の初頭の10年間までに、アメリカ合衆国の移民委員会は、アメ

リカ西部では1万2,000人から1万5,000人の日本人が、家内労働で生計を立てていたと推定した[25]。

フィリピン人少年と男性も、家庭の使用人として事務所やその他の施設の掃除夫として、ホテルのベルボーイやドアマンとして、レストランやその他の食堂のウエイターやコックとして、進んで雇われていた。しかし、朝鮮人やインド人は、その理由は研究されていなかったが、生計を立てるために家内労働を当てにすることはほとんどなかった。

サンフランシスコにおいて、四半世紀もの間にわたり製造業を活発に遂行した中国人とは異なり、一部の日本人やそれよりも少ない朝鮮人、インド人、フィリピン人移民のみが、中国人のように製造した。1886年にヨーロッパ系アメリカ人は、中国製品に対して不買運動を仕掛けて、より広範な市場を求めて製造業から中国人を閉め出した。それ以後は、アジア系の起業家は、民族風の食料品の製造に限定した。中国人や日本人は、しょうゆ、豆腐を製造し、もやしを栽培した。日本人は、薄いスープや他の料理に風味をつけるための豆製の調味料である味噌や魚でかまぼこを作った。朝鮮人は、辛いとうもろこし漬けの野菜であるキムチを作った。

中国人のように、多くの日本人も、仲間の移民達に対して食材を、ヨーロッパ系アメリカ人に対して、漆器のような骨董品や美術品、瀬戸物、日傘、うちわ、掛け軸、お茶、絹織物を輸入する商人になった。日本人商人の特別なグループは、ニューヨークにおいて絹の輸入業者となり、日本とアメリカ合衆国間における絹貿易を占有するために数十年にわたり猛烈に商売した。その起業の先駆者は1876年にニューヨークにおいてこの新規分野に進出した（*Scott Miyakawa*）。それは、日本領事館がニューヨークに設置されてわずか4年後であった。その当時は、アメリカ合衆国に輸入される日本製のすべての絹はヨーロッパを経由し、日本製の絹の輸出がヨーロッパの商人の手に握られていた。日本人の商人が、ニューヨークの最大の絹貿易事業者に持参した日本で編んだ絹糸のサンプルを提示した時、その絹糸はアメリカで使用している敏速な機械の使用には、強度が十分でなくサイズに一定の規格がないと日本人商人には告げられた。製品の著しい質的向上だけでなく、数年間の努力だけで、日本の絹商人は、日本からアメリカへの直接に貿易を確立することに成功した。そのうちに絹は、日米の2国間の貿易における最も重要な価値のある製品となった[26]。

さまざまな理由により、ほとんどの朝鮮人とインド人やフィリピン人はたいていアメリカ合衆国では交易商人にはならなかった。その中で最も早期にアメリカ合衆国に移民した朝鮮人は、薬用の根菜である朝鮮人参の交易商人であったが、朝鮮からハワイへ大量の移民があったわずかな期間には、交易商売の経歴のある朝鮮人はほとんど移民しなかった。1905年に日本政府は、朝鮮を保護領下に置くことを宣言し、特に1910年に朝鮮を併合した後に、日本政府は朝鮮人が輸出入の交易業に従事する権利を剥奪した。さらに朝鮮人は言うまでもなく、小さな移民共同体に対して出来合いの民族市場さえも存在していなかった。もちろん商売に転じたハワイの朝鮮人達は、下宿や風呂屋を管理したり、中古の家具や衣服の商店を経営した。

なぜインド人移民集団が、交易商人にならなかったのかという理由を指摘している研究は未だにない。おそらく1つの理由としては、彼らのほとんどはジャート (Jats) であり、農民カーストの一員の生い立ちであったからであろう。インドのカースト制度は、さまざまな階級がどのような仕事に従事するかを規定していたので、インド人達は彼らの先祖に由来する以外の仕事に従事することはほとんどなかった。シーク教徒は別の宗教徒として、ヒンドゥー教 (Hinduism) の信条に賛同せず、カースト制度には理論的に外れているにも関わらず、ヒンドゥー教義に基づきながら、ヒンドゥー教徒や非ヒンドゥー教徒にも一様に影響を与えているある特定の広範囲に及ぶ文化的規範を遵守した。

フィリピン人の場合には、アメリカ合衆国でなぜ商売することがほとんどなかったのかに対する回答が歴史的に実証される。スペインの植民地時代から、フィリピンにおける小売交易商は中国人の華僑商人の手に握られていたので、土着のフィリピン人は、ほとんど交易商を体験することはなかった。そのような交易商をするようなフィリピン女性はいたが、男性はいなかった。アメリカ合衆国において、フィリピン男性は、葉巻売り露店商、キャンディ屋台、理髪店などのほんの小規模な経営をしただけだった。ハワイで彼らは、理髪師、仕立屋、食料雑貨商、フィリピン製の消費財の輸入業者になった。

第9節　アジア系とその他のアメリカ移民

　さまざまに異なる移民集団が持ち込んだ文化的因習や移民時期とはまったく別に、アメリカ合衆国における地域的な経済状況の違いによっても、各自がアメリカ社会に溶け込む方法もまた大きな影響を受けた。19世紀後半から20世紀初頭までは、何百万人ものヨーロッパ系移民は、東部と北西部の都市において成長過程にある鉄鋼産業、化学産業や電気関連産業に職業を見いだす一方で、何十万人ものアジア系アメリカ移民は、アメリカ西部の農場、果樹園、家庭内、洗濯屋、レストランにて働いた。ヨーロッパ系移民による産業労働者の新たな各集団は、当初は経済的な市場の開拓を経験したが、時が過ぎるに連れて、彼らのほとんどは労働組合を結成することで生活を維持する手段を確保するようにやり繰りした。それに反して、農業やサービス業における賃金労働者は、彼らの民族的由来に関わらず、その仕事が季節的、移動的、一時的であるため、労働組合を組織化することは非常に困難であった。今日に至るまで、そのほとんどが有色人種あるいは女性である農業やサービス業の労働者は、組合に属さないで行き詰まっている仕事に取り込まれ続けた。第5章で見られるように、皮肉にも、たとえアジア系移民労働者が労働組合を組織化しようとした時ですら、全米組織への加盟の請願書は却下された。

　しかしながら、経済因子だけでは、初期のアジア系アメリカ移民が遭遇した障害を完全には説明できない。19世紀からますます顕著となり、アジア人に対してさらに明確に境界を定めようになった社会的、政治的、法律的な障壁も、彼らの生活する世界とそれ以外を区別するのに際だった役割を果たした。そのような理由により、中国人は初期には非常に広範な地域にわたり、多くの経済部門に仕事を見いだしたが、結局は都市の少数民族の居住地に引き込まなければならなかった。その後から来たほとんどの移民集団も同様に、労働市場の最も下層に追いやられていることを自覚した。手短に言えば、民族差別により、一方では、アジア系移民はヨーロッパ系移民の歴史的経緯と隔てられているのであり、他方では、そのために奴隷化されたアフリカ人（Africans）、追い払われたアメリカ先住民（Native Americans）やメキシコ系アメリカ人（Mexican Americans）の歴史的経緯と類似しているのである。

第2章 アジア系アメリカ移民の初期の光と陰―1840から1930年代まで Immigration and Livelihood, 1840s to 1930s

注

1　1600年代に中国人とフィリピン人がマニラからのガレオン船でメキシコに到来していた（引用年表297頁）。ガレオン船は15から17世紀にかけて、スペインで軍船や貿易船として用いられた大型帆船である。
2　ラナイ島で砂糖生産が始まる。
3　1848年にカリフォルニアで金鉱が発見され、中国人が移民を始めた（引用年表297頁）。
4　この条約によりハワイからの農産物は無関税で米国に輸出できることになった。
5　マッキンリー（1843-1901）は米国第25代大統領（1897-1901）として米西戦争を行い、フィリピン、プエルトリコ、グアム、ハワイを併合した。
6　1898年にアメリカ合衆国はハワイとフィリピン諸島を併合した（引用年表300頁）。
7　日本人耕作労働者が1900年からアメリカ本土に到来し始めた（引用年表300頁）。
8　主としてヨーロッパ産のマスクメロンの一種である。

参考文献（Notes and References）

1) Marina E. Espina, as reported in Fred Cordova, *Filipinos: Forgotten Asian Americans* (Seattle: Demonstration Project for Asian Americans, 1983), 1-7.
2) Tin-Yuke Char, *The Sandalwood Mountains: Readings and Stories of the Early Chinese Immigrants in Hawaii* (Honolulu: University of Hawaii Press, 1975), 54-57, discusses the first Chinese sugarmakers in Hawaii.
3) The best quick overview of changes in Hawaii's land tenure system is Edward D. Beechert, *Working in Hawaii: A Labor History* (Honolulu: University of Hawaii Press, 1983), 1-4, 29-34.
4) Ronald Takaki, *Pau Hana: Plantation Life and Labor in Hawaii* (Honolulu: University of Hawaii Press, 1983), 19.
5) John Wesley Coulter and Chee Kwon Chun, *Chinese Rice Farmers in Hawaii* (Honolulu: University of Hawaii Research Bulletin no. 16, 1937), 9.
6) Edward C. Lydon, *The Anti-Chinese Movement in the Hawaiian Kingdom, 1852-1886* (San Francisco: R & E Research Associates, 1975).
7) The statistics come from my article "Chinese Livelihood in Rural California: The Impact of Economic Change, 1860-1880," *Pacific Historical Review* 53 (1984): 299-306, and from my *This Bittersweet Soil*, 48-49.
8) The activities of Chinese miners are recorded in J. D. Borthwick, *Three Years in California* [1851-1854], 1st ed. (Edinburgh and London: W. Blackwood and Sons, 1857), 117-19; David V. DuFault, "The Chinese in the Mining Camps of California: 1848-1870," *Historical Society of Southern California Quarterly* 41 (1959): 155-70; and Ping Chiu, *Chinese Labor in California, 1850-1880: An Economic Study* (Madison: State Historical Society of Wisconsin,

1967), 10-39.

9) Despite their importance, no in-depth study of Chinese merchants has been done. A few large businesses are described in Eve Armentrout Ma, "The Big Business Ventures of Chinese in North America, 1850-1930," in *The Chinese American Experience*, ed. Genny Lim (San Francisco: Chinese Historical Society of America and Chinese Culture Foundation, 1984), 101-12. My discussion of merchants and the goods they imported is based on my examination of extant account books of Chinese stores held at the Bancroft Library, University of California, Berkeley.

10) Alexander Saxton, "The Army of Canton in the High Sierra," *Pacifc Historical Review* 35 (1966): 141-52, and Chiu, *Chinese Labor*, 40-51, provide the information for the next four paragraphs.

11) Testimony by James Strobridge in U.S. Congress, Senate, Pacific Railway Commission, *Report and Testimony Taken*, 50th Cong., 1st sess. (1888), Senate exec. doc. 51, vol. 6, 3150, as quoted in Saxton, "The Army of Canton," 148.

12) Varden Fuller, "The Supply of Agricultural Labor as a Factor in the Evolution of Farm Organization in California," in U.S. Congress, Senate, Committee on Education and Labor, *Hearings Pursuant to Senate Resolution 266, Exhibit 8762-A*, 76th Cong., 3d sess. (1940), 19777-898. For a critique of Fuller's thesis, see my *This Bittersweet Soil*, 273-80. The brief description of how Chinese participated in California's agricultural development is condensed from *This Bittersweet Soil*.

13) Paul P. C. Siu, *The Chinese Laundryman: A Study in Social Isolation* (New York: New York University Press, 1987), is a classic study of how Chinese entered the laundry business in Chicago. Information from this source and from Paul M. Ong, "An Ethnic Trade: The Chinese Laundries in Early California," *Journal of Ethnic Studies* 8 (1981) : 95-113, form the basis for the next five paragraphs. The numbers for Chinese laundrymen in California come from my *This Bittersweet Soil*, 54-55, 62-63, 68-69, 74-75.

14) Siu, *Chinese Laundryman*, 46.

15) Ibid., 21.

16) On Japanese plantation workers and plantation life in general, see Takaki, *Pau Hana*; Beechert, *Working in Hawaii*; Moriyama, *Imingaisha*; and United Japanese Society of Hawaii, *A History of Japanese in Hawaii* (Honolulu: United Japanese Society of Hawaii, 1971). The next nine paragraphs rely on these sources.

17) Virtually every study of Japanese Americans discusses their farming activities. The most succinct accounts of Japanese contributions to California agriculture are Masakazu Iwata, "The Japanese Immigrants in California Agriculture," *Agricultural History* 36 (1962) : 25-37, and Adon Poli and Warren M. Engstrand, "Japanese Agriculture on the Pacific Coast," *Journal*

of Land and Public Utility Economics 21 (1945) : 352-64.
18) My tallies from the manuscript schedules of the 1910 U.S. Census of Population for the state of California are corroborated by Zaibei Nihonjinkai, *Zaibei nihonjinshi* (A History of the Japanese in America) (San Francisco: Zaibei Nihonjinkai, 1940), 182.
19) Japanese Agricultural Association, *The Japanese Farmers in California* (San Francisco: Japanese Agricultural Association, 1918), chart on ii.
20) Korean farming and other economic activities are described in Bong-Youn Choy, *Koreans in America* (Chicago: Nelson-Hall, 1979), 123-40, and Hyung June Moon, "The Korean Immigrants in America: The Quest for Identity in the Formative Years, 1903-1918" (Ph.D. diss., University of Nevada, Reno, 1976), 99-131, 169-217. Asian Indian employment is discussed in Das, *Hindustani Workers*; Sucheta Mazumdar, "Punjabi Agricultural Workers in California, 1905-1945," in *Labor Immigration under Capitalism*, ed. Cheng and Bonacich, 549-78, and Jensen, *Passage from India*, 28-40. Asian Indian reaction to the alien land laws is discussed in Karen Leonard, "The Pahkar Singh Murder Case," *Amerasia Journal* 11, no. 1 (1984): 75-88, and her "Punjabi Farmers and California's Alien Land Laws," *Agricultural History* 59 (1985) : 549-61.
21) There is as yet no good study of Filipino livelihood; Lasker, *Filipino Immigration*, is still the main work available.
22) Yuji Ichioka, "Asian Immigrant Coal Miners and the United Mine Workers of America: Race and Class at Rock Springs, Wyoming, 1907," *Amerasia Journal* 6, no. 1 (1979) : 1-24.
23) Yuji Ichioka, "Japanese Immigrant Labor Contractors and the Northern Pacific and the Great Northern Railroad Companies, 1898-1907," *Labor History* 21 (1980): 325-50.
24) Eve Armentrout Ma, "Chinese in California's Fishing Industry, 1850-1941," *California History* 60 (1981), 142-57, and Jack Masson and Donald Guimary, "Asian Labor Contractors in the Alaskan Canned Salmon Industry, 1880-1937," *Labor History* 22 (1981): 377-97.
25) U. S. Congress, Senate, Immigration Commission, *Reports of the Immigration Commission*: *Immigrants in Industries*, part 25, in 3 vols., "Japanese and Other Immigrant Races in the Pacific Coast and Rocky Mountain States," 61st Cong., 2d sess. (1911), Senate doc. 633, contain extensive statistics on the occupational distribution of Japanese and Asian Indian immigrants. On Japanese, see also H. A. Millis, *The Japanese Problem in the United States* (New York: Macmillan, 1915) ; Yamato Ichihashi, *Japanese in the United States* (1932; reprint, New York: Arno Press, 1969) ; and Yuji Ichioka, *The Issei: The World of the First Generation Japanese Immigrants, 1885-1924* (New York: Free Press, 1988) , 57-175.
26) Scott Miyakawa, "Early New York Issei Founders of Japanese American Trade," in *East across the Pacific*, ed. Conroy and Miyakawa, 156-86.

第3章

アジア系アメリカ移民に対する敵対と衝突
Hostility and Conflict

第1節　アジア系アメリカ移民とアメリカ社会の亀裂

　アメリカ大地におけるアジア人の存在により、いくつかの際だったアメリカ社会の根底における亀裂が目立った。アメリカ合衆国において少人数のアジア人がその他の点で正当に認められたことよりも、アメリカ社会における亀裂によりアジア系アメリカ移民の歴史がさらに重大な出来事になった。初期のアジア系アメリカ移民の時期には、アジア人の労働力で獲得できそうな投資利益のためにアジア系移民が促進される一方で、アジア系移民を脅威と感じたその他の集団はアジア人を排斥しようと奮闘した。しかし、アジア系移民を求める人もそうでない人も、ある点では意見が一致していた。土地を切望したヨーロッパ系アメリカ人が追い払ったハワイ、アラスカ、アメリカ本土の先住民のように、アメリカの新世界で奴隷として重労働を宿命づけられたアフリカ人のように、征服されて服従させられたメキシコ人のように、アジア人は下層民族（inferior races）の一員と見なされた。西洋世界において有色人種に対する否定的な認識には長い歴史があった。皮膚の色に対する偏見が、アジア人が移民し始めた時までに、ヨーロッパ系アメリカ人の間にそのような心情や精神の習性を引き起こしたので、ヨーロッパ系アメリカ人がアジア人に対する敵対行為、つまりアジアの本国からの入国を完全に食い止めようとするだけでなく、アメリカ合衆国のいくつかの分野からアジア人を排除する行動を正当化するのは困難ではなかった。

　アジア系アメリカ移民に対する敵対行為は、7つに分類できるかもしれない。偏見、経済的差別、政治的権利の剥奪、肉体的暴力、移民排除、社会的隔離、収容である[1]。最初の6つの敵対行為の分類は本章で取り扱う。一方で、第2次世界大戦に

おける11万2,000人の日系人の収容は第7章で論じる。

第2節　アジア系アメリカ移民に対する偏見

1）中国人アメリカ移民に対する偏見

　中国人が最初に移民したので、彼らに対する偏見が一番明瞭に形成されて長く存続している。中国人に対して好意的でない見方は、中国人がアメリカの大地に初めて足を踏み入れる以前から引き起こされていたとされている。19世紀の間ほとんどのアメリカ人は、中国は過去に偉大な文明があったことは認識していたが、その当時までにかなり退廃した文明の状態に陥っていることも認識していた。アメリカ人から見れば、中国人は、飢餓した大衆、重荷となる畜生、腐敗した異教徒、アヘン中毒者にすぎなかった。中国において欲求不満を経験した3タイプのアメリカ人集団が、アメリカ合衆国において中国人に不利な印象を広めることを助長した（*Stuart Creighton Miller, 1969*）。その3タイプのアメリカ人集団は、中国宮廷による手の込んだ外交儀礼に憤慨している外交家達、自由貿易に対して設置された制限に怒る商人達、中国人にキリスト教の改宗が進まないことに手をこまねいている宣教師達であった。個人的な手紙や報告書、刊行物、大衆演説を通じて、彼らはアメリカ人の大衆に向けて中国人に対する否定的あるいはよくても両面価値の見地を流布した[2]。

　中国人の下層階級が移民することで、まもなく多くのヨーロッパ系アメリカ人が抱いた優越感を阻害することを助長した。しかし、興味深いことに、中国人の存在に対して広がった恐怖や嫌悪が、逆に多くのヨーロッパ系アメリカ人の興味をそそるとても珍奇な趣向を生んだ。その中国人に対する珍奇な印象は、中国人の風変わりな外見にその一部が基づいた。しかし、彼らの外観がより多くの興味を引いた一方で、不利益も及ぼした。中国人の弁髪（queues）は、清朝の支配者から強要されており、それ自体では害を及ばさないけれども、たとえば1870年に議会で成立したサンフランシスコの条例により、刑務所の看守は中国人男性の弁髪を断髪する権限を与えられた。中国人にとって幸いなことに、市長がそれに対する拒否権を行使したので、その条例は実施されなかった[1]。

2）アジア系アメリカ移民に関する偏見

　その他のアジア系移民集団の中で、先駆者の中国人の外観が論争を引き起こしたことを日本人は最も意識していたようで、それとは反対の印象を与えるように熱心に努めた。日本人の男性は、船のタラップを西洋風の衣服で降りてきた。到着した写真花嫁（picture brides）は、身につけた着物や下駄をさっそく、その夫により仕立屋や靴屋でヴィクトリア風の衣服や靴が調達されて取り替えられた。なんら気にもかけず、伝統的な衣装を取り替えた日本人とは異なり、インドのパンジャブ地方のシーク教徒達は、宗教上の理由からその一部を存続する以外に選択肢を持たなかった。シーク教徒の男性は、断髪しないことが5つの信仰上の必要条件の1つであるので、ターバンを巻いておかねばならなかった。その結果として、ぼろ切れ頭（ragheads）と呼ばれる蔑称を辛抱しなければならなかった。

第3節　アジア系アメリカ移民に対する経済的差別

1）中国人アメリカ移民に対する経済的差別

　そのような個人的ないやがらせよりも深刻なことは、移民の稼ぎに食い込んでくる法律であった[3]。理論的にはすべての外国人に適用されるものの、主に中国人に対して強要された外国人採掘課税（Foreign Miners' Tax）が1850年に制定され、さらに1852年に改正された。より問題となるのは、課税そのものよりも、それを徴収する手段であった。その徴収者は、その徴収額の一部をもらい受けたので、同一の区画の土地に対して以前よりも多く支払うようにしばしば脅迫されたあわれな中国人の採掘者であろうとも容赦なく徴収した。詐欺師も中国人を餌食とした。さらに悪いことに、ヨーロッパ系アメリカ人の採掘者が、中国人はなんら防御手段を持っていないことを悟るやいなや、中国人を良質な採掘権から締め出すことにも良心の呵責を示さなかった。中国人に対する攻撃や略奪が頻繁となったので、プレーサビル・アメリカン（Placerville American）の報道記者が1857年に、「役立たずの白人無法者が、悦楽あるいは利益のために中国人を虐待することを欲した時にはいつでも、重荷となる外人採掘課税を3から4倍以上も支払いを強要すること、偽造の採掘許可証の支給やそれを剥奪すること、金銭を強奪すること、言論の抑圧、むち打ちや略奪に対し

て中国人を保護するべきである」と報道することに駆り立てられた[4]。

中国人の洗濯屋は、都市中心部では差別されて孤立しているようであった。サンフランシスコの監査委員会は1870年に洗濯屋は、3か月ごとに配送荷馬車の馬1頭あたり2ドル、2頭あたり4ドル、馬を使用しない場合は15ドルを支払う義務を決定した。文面では表面的には差別していないけれども、馬を使用しないのは中国人であるので、その法律の意図は中国人を差別することであった。1873年から1884年の間に監査委員会は、中国人の洗濯屋の普及を制限するために、14もの個別の条例を成立させた。中国人のそれらに対する挑戦については第5章で述べる。

2) アジア系アメリカ移民に対する経済的差別

中国人、日本人、朝鮮人、インド人移民達が農業分野で生計を立てる経済的能力は、1913年にカリフォルニア州で最初に成立した外国人土地法（alien land law）によって悪影響を受けた。その法律により、彼らはもはや農地を購入することができず、あるいは3年以上にわたり土地を賃貸することができなくなった。しかし、最大限の食料生産の米国内需要が発生した第1次世界大戦の間は、地方検事が厳しく取り締まることはなかったので、その法律はほとんど実効性がなかった。しかし、一旦その大戦が終結すると、反日本人グループが1913年の外国人土地法における法律の抜け穴を塞ぐ新たな組織的活動を仕掛けた。カリフォルニア州の有権者は1920年の州の住民投票で、アジアからの在留外国人に対して農地を賃貸する能力を完全に止めさせるような州民発案（initiative）を支持した。その条例により、それまでアジア系移民は50％以上の株を所有する会社を通じてあるいはアメリカで生まれでそれゆえに市民権を有する未成年の子供の名前を用いて所有していたが、そのように土地を取得することも禁止した。1923年の外国人土地法の修正法では、たとえその取り決めにより厳密には土地から合法的な利益を実際に生じなくても、外国人農民が労賃と引き換えに穀物を植えつけて栽培する土地所有者との小作人契約そのものを違法とした[5]。

カリフォルニア州の前例に引き続き、アリゾナ州で1917年、ワシントン州とルイジアナ州で1921年、ニューメキシコ州で1922年、アイダホ州、モンタナ州とオレゴン州で1923年、カンザス州で1925年に、同様な条例が成立した（Dudley McGovney, 1947）[6]。カンザス州ではアジア人はほとんどいなかったが、同じように外国生まれ

のスコットランド系地主がグレートプレーンで土地所有や土地賃貸が広範囲に存在していたのに対応して、その州条例はおそらく成立したのだろう。その後、第2次世界大戦（World War II）中ほとんどのアメリカ西海岸の日本人が強制収容所に収容されている間に、ユタ州、ワイオミング州、アーカンソー州でもたいてい予防策として外国人土地法を成立させた。そのような州の議会は明らかに、いかなる日本人も大戦が終了後に、そこに容易に定住することができる考えを持たれることを望まなかったのである。

第4節　アジア系アメリカ移民に対する政治的権利の剥奪

　アジア系アメリカ移民達に対しては帰化権が拒否されていたので、選挙権もなくその結果として政治力もなかったため、このようなさまざまな経済的制裁が可能となった。市民権を獲得した後に、選挙過程に関わることができたヨーロッパ系移民とは対照的に、アジア系移民は政治家に自らの要望に耳を傾けるように働きかけることはできなかった。個人や政治団体に投票することができなかったアジア人は、いかなる政治的発言権も持てなかった。自由な白人以外のどの人に対しても帰化権が拒否されることが最初の憲法に明記された。その後1870年には、南北戦争後の再統合期に改革の一環として、新たな帰化法の制定により、アフリカ出身者あるいはその子孫には帰化権が拡大された。1866年に市民権法（Civil Rights bill）が創設された時に、中国人に対する帰化権の問題が議論された。マサチューセッツ選出の上院議員のチャールズ・サムナー（Charles Sumner）は、「皮膚の色で、投票権を剥奪すべきでない」と述べたが[7]、中国人に帰化権を与えることに対する反対が非常に多かったので、最終的には彼らはそれには含まれなかった（第5章第5節3)参照）。
　しかし、1870年代の帰化権の請願が地方裁判所で司法審査されてから、その法律は出身国に応じて一律に適用されたわけではなかった。例えば、1878年にニューヨークでは15人の中国人が市民権を取得して、彼らを取材した新聞記者が、彼らの友人の1人は早くも1873年のころには市民権を獲得して、しかも陪審員として奉仕して、ヨーロッパあるいはアメリカにおいて裁決することができた初めての中国人であると報告している[8]。1878年にカリフォルニア州の連邦巡回控訴裁判所がアー・

ユプ（*Ah Yup*, 阿亜）の提訴で中国人は市民権を取得する資格がないとした判決するまでは、その他数十人の中国人が同様に市民権をうまく獲得できた。連邦最高裁判所が、1922年のオザワ対米国の判例（*Ozawa v. United States*, 小沢（孝雄））と1923年の米国対バガト・シン・ティンドの判例（*United States v. Bhagat Singh Thind*）で、明白にそれぞれの市民権を剥奪することを裁定するまでは、一握りの日本人やインド人も同様になんとか帰化することができた。

　中国人が被った一様に厳しい政治的な社会的不利から、彼らのほとんどが住んでいたカリフォルニア州では、1850年州に編入してから最初の約10年間は、黒人、白人と黒人の混血児、インディアンでも同様に、裁判所での証言が認められなかった。その禁止の由来は1850年の刑事訴訟手続法（Criminal Proceeding Act）に明記されている。その翌年の1851年には、民事訴訟手続法にも同様に拡大された。1853年末にジョージ・ホール（George Hall）の1判例に、中国人に対する殺人に有罪の判決が下されたが、1854年にカリフォルニア州最高裁判所は、中国人の目撃者による証言に基づいているという理由から、彼の有罪の判決を取り消した。その裁判長は、インディアン先住民は、元はアジア大陸からアラスカにベーリング海峡を横切ってきたので、彼らは本来ならば「アジア人種（Asiatics）」であると裁定した。それ以来、インディアンの証言を締め出した1850年法が、「すべての蒙古人種（the whole of the Mongolian race）」にも適用された。その州民事訴訟手続条例は、1863年には修正されて黒人の証言は認可されたが、中国人の証言の差し止めは、同年1863年の条令集に記載されていた。1872年にやっと、州議会が民事訴訟手続条例を憲法第14条修正に適用するように改正した時、中国人の証言の差し止め条項は秘かに民事訴訟手続条例から除外された。このように修正した後ですら、中国人による犯罪以外には、中国人からの証言は実際には受け入れられなかった（*Hudson Janisch*）[9]。

第5節　アジア系アメリカ移民に対する肉体的暴力

1）中国人アメリカ移民に対する肉体的暴力

　中国人は政治的権利や法的保護を剥奪されたので、度重なる暴力的行為を被った[10]。アジア系アメリカ移民に対する暴力は、次の3つのパターンに分かれた。その1つ目

は再起不能な傷害や残酷な殺人、その2つ目はチャイナタウンに対する突発的な攻撃やたいていは放火による破壊、その3つ目はすべての排斥が暴力沙汰ではないが、組織的反対運動による都市や地域からのアジア人の追い出しであった。

アジア人に対する暴力は1850年代初頭から表面化して、その対象が中国人の採掘者に向かった。中国人採掘者への傷害や殺人に関するすべての正確な記録は存在していないが、1862年のカリフォルニア州議会の委員会に、ヨーロッパ系アメリカ人により虐殺されたとわかる88人の中国人のリストが報告されたことが明記されていた。その内の11人は、外国人採掘課税の徴収者により殺害されていた。「カリフォルニア州における中国人に対して邪悪で非道な行為をする大規模な組織がある。それにより、地球上で最も野蛮な国家という恥辱を与えていることは周知の事実である」と委員会はその報告書で結論づけた[11]。

最も早期に記録されている中国人の共同体に対する突発的な暴動の事件は、ロサンゼルスで1871年に発生した[12]。いわゆる黒ん坊裏通りに位置するチャイナタウンにおいて、中国人女性の奪い合いによる2つの派閥の内紛が起こった騒動から始まった（*William Locklear, 1960*）。10月24日の夕方早め頃に、警察官はその近くで発砲音を聞き、現場捜査に駆けつけた。その警察官がチャイナタウン方面に近づいた時、銃が彼に向かって発砲され、そこで警察官は助けを求めた。まもなく大勢の群衆が集まった。そうしている間に、その中国人は避難するために中国人居住地に逃げ隠れた。その群衆の1人の男性が、6連発銃を振り回しながら、その他数人があとに続いて、多くの中国人が隠れている煉瓦造りの建物の屋根に登った。彼らは壁に穴をあけて、内部に向かって発砲し始めた。逃げ込もうとした中国人は、冷酷にも撃ち殺された。その他の中国人は通りに引きずり出されて、つり下げられて絞殺された。暴徒は家屋をぶち壊し、恐怖におびえた中国人を引きずり出して、リンチする前に殴り、蹴り上げた。金や貴重品を捜し求めながら、中国人の家屋を略奪した。苛立つ多くの男性は、中国人の薬草商人のはめた指輪を取り上げるために、指を切断した。暴動を鎮圧するために、保安官と25人の保安官代理志願者らが午後9時30分に到着する時には、暴徒はすでに消え去り始めていた。保安官は15人の中国人が絞首され、4人が銃殺され、2人が負傷したことを発見した。暴徒の内の8人の男性に有罪の判決が下され、その犯罪行為のために刑務所へ送致されるも、1年後には全員が釈放された。

サクラメント・バリーの小都市であるチコとその多くの周辺地域において、1877年の初めに反中国人の暴動が発生した。最初は開拓先駆者の地主であり中国人を雇用しているジョン・ビドウェル（John Bidwell）が所有していた石鹸工場が火事に見舞われた。その次には放火犯が、農場の一部を中国人に賃貸していた1人の未亡人の小屋に火をかけて、彼女の馬6頭が焼死した。その火災により、中国人の小作人が住んでいた掘っ立て小屋も焼失した。数週間後には、ノルドの近隣の町における何人かの中国人の家屋やチコ・クリークの中国人の洗濯屋も放火された。放火犯は、チコのチャイナタウン全体も焼き払おうとしたが失敗した。このような暴力が突発して、ヨーロッパ系アメリカ人の暴動者達が中国人の4人を縛り上げて、灯油を浴びせて、火をつけて殺害するまでに至った。さらに逃げようとしたその他2人の中国人が負傷した。その犯罪で逮捕された容疑者に対する裁判を通じて、その加害者達は白人至上主義者組織の白色人種結社（Order of Caucasians）の一派であり、労働組合の組合員であることが明らかになった。その容疑者は有罪と刑期が宣告されたが、その全員がその刑期よりも短い期間で仮釈放された[13]。

中国人に対する暴力の勃発は、1880年代からさらに頻繁に組織化された。最も有名な事件が2つあり、1885年9月ワイオミング準州のロック・スプリング（Rock Springs）と、1885年10月から1886年2月にかけてワシントン準州のシアトル（Seattle）で起こり、そのために連邦政府の軍隊を投入することになったので広く公表された。ロック・スプリングにおいて、石灰採掘会社で雇用された600人以上の中国人が、しばらくの間ヨーロッパ系アメリカ人と一緒に穏やかに働いていた（*Paul Crane, Alfred Larson, 1940; Shih-shan H. Tsai, 1983*）[14]。しかしながら、中国人が、ヨーロッパ系アメリカ人とより多くの賃金を要求して行動を共にすることを拒否した時、白人の敵対の標的になった。1985年9月2日に暴徒が集合し、中国人の労働者に向かって行進して、すべての逃げ道を塞ぎ、非武装で無防備の中国人の労働者に向かって発砲した。中国人が慌てふためいて逃げ回る間に、何人かのヨーロッパ系アメリカ人が中国人を撃ち倒し、その他の人は中国人を傷つける前に、彼らが所持する貴重品を捜し求めた。その一方でさらに、その他の人が中国人の小屋に火をかけた。夕暮れまでに、石炭会社の所有する馬と中国人が所有していた79棟の小屋すべてが、放火により焼失した。その間暴徒は、何人かの中国人の死体ならびに傷つきながらも生き残った中国人を、その火の中に投げ入れた。全部で28人の中

国人が殺されて、15人が傷害を受けた。その中の何人かの中国人は、実際にその傷のために死亡した。

　550人以上の中国人が、なんとか無事に逃げることができた。それはその近くの鉄道会社が、グリーン・リバーの町に向かっている脱落者達を、列車に拾い上げるように車掌に電報を打って知らせたからである。彼らの生存者たちは、連邦政府の軍隊が保護するために到着したエバンストンに9月5日までに集合していた。その4日後に、軍隊は中国人を護送して、ロック・スプリングへ戻った。そこで石炭会社は、中国人に衣服や必需品を貸して、避難場所として多くの荷馬車を提供して、中国人を再雇用した。

　中国人らは、全体で14万7,000ドル以上の損害を被った。その地域で裁判を受けることが不可能であることは明らかなので、中国人の外交官は、このような不法行為を調査して猛烈に抗議したが、アメリカ合衆国の国務長官は、連邦政府が準州で発生した出来事に対して責任を持つことを拒否した。それにも関わらず、グローバー・クリーブランド（Grover Cleveland）大統領は、「単に寛大さと同情心の感情」から議会に対して、中国人を補償するために15万ドルの予算配分を要請した。議会はそれを了承したが、そのような事業は将来の補償に対する前例として解釈すべきでないと明言した。

　ワシントン準州における反中国人活動はより長期間引き続いたが、流血の惨事に至ることは少なかった（Jules Karlin, 1954）[15]。1885年の秋にイサクア・バリーにおいて、何人かの中国人のホップ採取者をテントで寝ている間に殺害した容疑で数人の男性が起訴され、逮捕された事件に対応して、シアトルで開催された反中国人的な議会は、すべての中国人はタコマとシアトルから11月1日までに立ち去ることを要望する政策を発した。2つの委員会を組織して、その委員が中国人達の家を個別に訪問して、その最終期限が迫っていることを伝えた。

　その最終期限が到来したが、何事も起こらなかった。中国人はタコマとシアトルに居残った。しかし、激しい暴風雨を伴った11月3日にタコマの約500人の住人達が、タコマから600人以上もの中国人を強制的に退去させて、北太平洋鉄道の駅であるレイク・ビューに連れて行き、そこで夜中に住み家もなく寒空の下に放り出した。そのため厳しい気候にさらされた2人の男性が死亡し、その苦難の結果1人の女性が精神異常をきたした。その難民は鉄道によって救助されて、ポートランドに

輸送された。その2日後にタコマのチャイナタウンは焼き払われた。

　その一方で、シアトルで暴動が起こることを心配するシアトルのある市民達が、約80人の男性で構成された市内護衛隊を組織した。クリーブランド大統領はアメリカ北西部沿岸の事件を知らされた後、条約による中国人の権利を尊重することを国民に要望する声明文を公表した。大統領は、第14歩兵師団の一部をシアトルに派遣したが、何ら事件が発生しないうちに、その軍隊は立ち去った。

　その次の年の1886年2月7日の日曜日になってようやく反中国人暴徒が集結して、チャイナタウンまで行進して、約350人の中国人を荷馬車に積み込み、波止場まで連れて行った。その日にサンフランシスコからシアトルに到着する予定の蒸気船であるクイーン号（*Queen*）に、彼らを乗船させて追い出そうとした。しかしながら、クイーン号の船長は、運賃が支払われない限り、誰も乗船することを拒んだ。それゆえに反中国人集団は、彼ら自身の間から、約100人の中国人の運賃を支払うのに十分なお金を集めた。地方裁判所が人身保護令状をすでに発令していたので、次の日の午前に裁判所で中国人の権利が通告され、裁判長に対して本当に退去する希望があることを宣誓する必要があり、それまではクイーン号は出航できなかった。

　このような一連の事件が発生すると、ワシントン準州の知事は、住民に対して暴動を止めて解散するように要望する声明を発した。知事は、アメリカ合衆国陸軍長官にも電報を打った。その緊張状態にあった日曜日の間は、シアトルライフル協会や士官大学による小派遣隊から構成された市内護衛隊は、より大勢の暴徒を近寄らせなかった。彼らは4方面から護衛して中国人を行進させてチャイナタウンに戻すことに成功した。中国人が裁判所の出頭で措置された次の日に、市内護衛隊はシアトルから退去したい中国人を波止場のクイーン号まで護送して、そうでない中国人をチャイナタウンの家まで戻した。群衆がうろつき回っている時、知事は午後7時から午前6時まで夜間取り締まり令を課す戒厳令を発した。連邦政府の軍隊はやっと2月10日に到着した。その状況ではさらなる暴動は発生しなかったが、その後数か月間は緊張状態が続いた。

　十分には記録されていないが、1880年代の中頃アメリカ西部でその他に数十の反中国人暴動が発生した。カリフォルニア州以外での事件は、アイダホ準州におけるスネーク・リバー峡谷、コロラド州のデンバー、オレゴン州のポートランド、そしてワシントン準州におけるスクウォー流域、コール・クリーク、ブラック・ダイア

モンド、タコマ、ピュアラップで発生した。1885年2月カリフォルニア州では、地域住民が中国人をフンボルト地方から追い払った。11月にサンフランシスコのチャイナタウンではいくつかの建物が放火され、13人の中国人が殺害された。新聞の報道によれば、次の年の1886年1月には、中国人はレディングとレッド・ブラフから強制的に退去させられた。2月にはシェリダン、ウィートランド、メアリーズビル、サン・ジョセ、ゴールド・ラン、アロヨ・グランデから追放された。3月にはソノラ、サン・パブロ、ダッチ・フラット、リンカーン、ニコラウスから追放された。さらに1886年には、暴徒が、1月にはプレーサビル、2月にはレディングとチコ、3月にはイレカ、ソーヤーズ・バー、ホルソン、6月にはトラッキー、8月にはレッド・ブラフ、10月にはロサンゼルスとノース・サン・ファンにおけるチャイナタウンの放火もした[16]。1893年には第2次暴動が派生し、中国人をセルマ、ビセーリア、フレズノ、サンウォーキーン流域のベーカーズフィールドから、そして南カリフォルニアのパサデナ、レッドランズ、リバーサイド、サン・バーナディーノから追放した[17]。

2) アジア系アメリカ移民に対する肉体的暴力

　中国人から遅れて移民してきたアジア人も同様に暴力行為を受けた[2]。日本人に対する襲撃は、1906年のサンフランシスコ大地震と火災による被害の調査をした東京帝国大学から来た有名な地震学者も含めたその多くの日本人科学者に、少年達が石を投げ込んだ時から始まった。その夏の後半に19人の日本人移民は、セオドア・ルーズベルト大統領が派遣した調査官に対して、肉体的な暴力を受けていたという苦情を申し立てた。その後1906年10月に、デモ隊がサンフランシスコの数か所の日本人レストランの窓ガラスを粉砕した[18]。

　20世紀初頭におけるアジア人排斥の被害者のほとんどは、農業労働者であった。1908年初めに、チコより30数マイル南のライブ・オークにおける約100人のインド人農業労働者が、暴徒により小屋から追い出されて放火された。その襲撃者らは、さらにインド人から2,500ドルを略奪した。カリフォルニア州知事が地方検事にその事件の調査を依頼した際に、地方検事は、インド人らが何匹かの鶏を盗み、下品にも身体を露出したと申し立てられたので、その落度はインド人側に帰すると主張した[19]。

　アメリカ本土における少数の朝鮮人の農業労働者でさえもまた敵対行為に遭遇し

た。1909年に小さな事件が起こったが、1913年に起こった事件は特に注目に値する。1913年6月にロサンゼルスから南東に約100マイルのリバーサイド地域のヘメットにおける果樹園主が、15人の朝鮮人を果樹採取者として雇用するために、リバーサイド朝鮮人労働者斡旋所と契約していた (Hyung June Moon, 1913)。その朝鮮人が列車から降りた時、失業中の数百人のヨーロッパ系アメリカ人に見つけられて、すぐさま取り囲まれた。その群衆の代表者から、もし直ちにここから立ち去らないなら、肉体的危害を加えると朝鮮人は脅迫された。そのような予期せぬ応対を受けておびえて、朝鮮人達は次の列車に乗って立ち去った。

　この事件が広く新聞に報道された。首都ワシントンの日本大使がこのニュースを受け取ると、国務省に対して抗議を申し出た。その結果国務長官は、司法省に対してその事件の調査を依頼した。しかし、日本大使の行動は逆に朝鮮人を怒らせ、たとえその3年前に朝鮮は日本により併合されていても、日本人の被統治者として処分されることを拒否した。大韓人国民会（Korean National Association）は、国務省に対して朝鮮人は自らが責任を果たすべきであり、日本からの救済をあてにしないと明言する電報を打った。国務長官は日本の感情を害することを望まないので、朝鮮人からの電報に対して直ちに反応しなかった。その代わりに、その調査は中止することになると米国連合通信社（Associated Press: AP）に声明を提出した。国務長官は、朝鮮人は日本人の被統治者ではなく、日本によって併合される前に、自らは生まれ故郷を出国していたことを朝鮮人達は国務長官に通達していたことにも言及した[20]。

　数年後に日本人農業労働者自身が、立ち退きの犠牲者となった。1921年の夏に、サンウォーキーン・バリーの都市であるトゥーロックにおける商工会議所（Chamber of Commerce）と米国在郷軍人会（American Legion）の支部は、日本人を雇用する地主に対して非難をするヨーロッパ系アメリカ人労働者の要請に賛成の決議案を可決した（Yuji Ichioka, 1976）。ある夜に約50人から60人の武装したヨーロッパ系アメリカ人が、日本人商店を取り囲こみ、その中に無理やり入り込み、その内部で寝ていた18人の日本人農業労働者をたたき起こした。彼らはその日本人男性をトラックに乗せて、鉄道線路まで連れていき、真夜中にそこに降ろした。日本人がもしあえて戻ろうとするならば、リンチにかけると日本人は告げられた。その同日の夕方遅くにも、その暴徒は、作業員の小屋を急襲し、3人の日本人の農業経営者を襲撃し、

40人以上の日本人労働者をたたき起こし、同様に強制的に町から退去させた。

　サンフランシスコの日本総領事は、その事件の勃発を知ると直ちに、カリフォルニア州知事に対してその事件の捜査を要求した。その一方で、日本総領事は、在米日本人会（Japanese Association of America）の2人の代表者を、独自の調査をするために派遣した。その暴徒がその店に押し入った直後に、農業労働者の1人が在米日本人会支部長に電話し、その支部長がその後に警察を呼んだことを彼らの調査で明らかにした。しかし、たとえその晩は2人の警察官が当番であっても、警察署のだれもその呼び出しに応じなかった。このことから調査員は、その事件の時間より前にその警察官へ内密に情報が知らされて、故意にその決定的な時間に席を外していたことを疑った。結局6人の男性が逮捕されたが、翌1922年4月まで裁判がされなかった。証人として務めていたかもしれない日本人移民農業労働者が、その時までに全員がその地域から立ち去っていた。6人の被告人は全員が無罪となった[21]。

　最後に残る主要なアジア人に対する一連の暴力は、フィリピン人に向かった（*Emory Bogardus, Howard De Witt, 1976*）[22]。フィリピン人を追い出す最初の企ては、1928年ワシントン州のヤキマ・バリーで発生したが、最も有名な事件は1930年の夏に発生した。その時、約500人の欲求不満のヨーロッパ系アメリカ人の若者が、フィリピン人を客相手にちょうど開業していたパームビーチにある新しいタクシー・ダンスホール（taxi-dance halls）を取り囲んだ。そのホールは、何千人ものフィリピン人やメキシコ人がそのすべてを収穫している中央カリフォルニア沿岸に沿った有名なリンゴ農園のあるワトソンビルから数マイルの道沿いに位置していた。その数日後に約400人の暴徒が、北モンテレーフィリピンクラブ（Northern Monterey Filipino Club）を襲撃し、フィリピン人の数十人を傷害し、1人を殺害した。その殺害されたフィリピン人は、22歳のレタス採集者で、町はずれの小屋に隠れていたところを銃殺された。保安官と数十人の代理保安官は、襲撃が終わりになってから暴動を収めた。7人の容疑者が逮捕されたが、だれも起訴されなかった。

3) アジア系アメリカ移民に対する暴力の原因

　アジア系移民が経験した暴力の原因を助長する数点の要因について解説する。そのような暴動をあおった人種差別や外国人排斥主義とはまったく別にして、その勃発はヨーロッパ系アメリカ人の労働者が自らの問題を責任転嫁する行動から引き起

こされた。それは経済的危機の時期に発生する傾向のある出来事と必ずしも同時に起こるわけではない。1873年に不景気の影響がついにカリフォルニア州にまで達したが、カリフォルニア州の一連の放火は1877年に一斉に発生した。同様に1885年後半から1886年末まであちこちで出没したほとんどの暴動は、1886年における苦しめられた産業革命に対するアメリカ西部の示威運動として知られている。南カリフォルニアでの1893年の暴動も、国民経済の低迷の時期に発生した。もちろん1930年のワトソンビルの暴動は、大恐慌が深刻な時期に発生した。

　しかし、このような暴力的な出来事が、単に自然発生したと推測するのは誤りであろう。それらは実際に、反中国人活動さらにひいては他の反アジア人活動の拡大過程（growth sequence）と呼称される必須の要因となった（*Alexander Saxton*）。当初はあたかも浮浪者達に対する特発的な襲撃が発生したが、その次に裁判にかけられるのと同時に暴力で逮捕された加害者達を支援する法的権利の弁護集団が形成された。その後にその犯人にいかなる刑罰が課せられようとも、それに対して抗議する集会が開催された。その集会により刺激された感情の高ぶりに乗じて、襲撃されたいかなるアジア人達も地域からの排除することを目標として求める政治的組織集団が出現してきた。1867年のサンフランシスコで最初にこのような傾向が定まったが、たとえヨーロッパ系アメリカ人の敵対の対象が新しく出現した各集団に変化しても、その基本的な傾向はその後も影響を受けなかった[23]。

　より法律を遵守する市民達は用いた暴力手段を時々非難したが、彼らは最も騒がしい団体が信奉する目標を支持していたので、最終的にはそのような活動に共鳴して黙認をした。19世紀末までに有色人種の劣等性に関する精巧で科学的な解釈と少数民族に分際をわきまえさせる信念が広く受け入れられ、アジア人だけでなく、その他の有色人種を差別して搾取するように取り扱う思想的根拠に正当性を与えた。アングロサクソン人の純血性を保つために、民族間の混血を容認すべきでないことが主張されていた。それゆえ暴力の勃発は、2つの作用をもたらした。彼らは、すぐさまアジア人を追い出すために威圧手段を取った。そしてたとえ排斥する法律が成立していても、相当な数の不快な異民族が残存する事実に対して欲求不満を示した。

第6節　アジア系アメリカ移民に対する社会的排斥

アジア人を排斥する企ては、1855年にカリフォルニア州から始まった。1855年にカリフォルニア州議会は、そのために市民権を得られなかったカリフォルニア州への移民に対して50ドルの人頭税を徴収することを議決した。それ以後に締め出される中国人あるいは蒙古人種の人びとをあからさまに告発する条例が3年後の1858年に成立した。その他1862年には、仕事のない白人労働者を中国人の下層労働者との生存競争から保護するために策定された条例に、中国人1人当たりに公安税（police tax）として月づき2.5ドルを課す規定を設けた。犯罪や風紀を乱す蒙古人、中国人と日本人の女性、あるいは奴隷として下層労働者を、移民させることを防ぐことに向けた2つの条例が1870年に成立した。上級裁判所で審理されると、それらすべての条例は違憲であると判決されたため、このような条例は大きな影響を与えなかった。

1）中国人アメリカ移民に対する社会的排斥

カリフォルニア州のような州では、移民を抑制することができなかった1つの理由には、連邦最高裁判所が、連邦政府だけがいくらか制限できるものの、移民は国際貿易の方式であると判決していたからであった。州政府の社会的限界を認識すると、反中国人の勢力は連邦政府により排斥の法律を成立させることに関心を向けた。その過程の1つの障壁は、1868年のバーリンゲーム条約（Burlingame Treaty）であった。それはアメリカ合衆国と中国との2つの調印国間で市民が居住地を変更する、すなわち移民の権利を認めていた。

しかし、1875年に連邦議会では、中国人、日本人などの蒙古人の契約労働者と、売春のための女性と重罪犯人の移民を禁止するページ法（Page Law）が成立した[24]。この法律によって中国人の男性ではなく女性の移民が減少した（*Geroge Peffer, 1986*）[24]。そのためにアメリカ合衆国は、中国に対して完全には中国人移民を禁止しないが、一方的に移民を制限をすることを認める新しい条約を1880年に締結した。この条約により、連邦議会は1882年に中国人排斥法（Chinese Exclusion Law）を成立させる手段を得た。その法律は中国人労働者の移民を10年間にわたり一時

的に停止した[3]。しかしそれは、中国人の交易商人、学生、教師、外交官、旅行者をその禁止の対象から除外した[25]。このような除外された階層は、中国政府から発行された証明書や中国におけるアメリカ領事の署名の提示、あるいは法廷での口頭の証言に基づくことで入国することができた。しかし、アメリカ合衆国の移民法での一時的入国許可（Parole）の証拠物件は、数々の問題を引き起こしたので、1882年の中国人排斥法を改正した1884年の修正法では、アメリカ合衆国に上陸することを望むすべての非重労働者の中国人に対して唯一となる公的許可証の呈示を求めた。

そのような締め付けがさらに1888年9月から強化された。その時に連邦議会は、もし中国人労働者が少なくとも1,000ドルの資産を所有するか、あるいはアメリカに妻がいる場合に限り、出国してもアメリカに再入国することを許可する法律を承認した。このような最後に残った法律の抜け穴さえもわずか3週間後には閉じられた。その時に連邦議会は、中国がその年以前に締結していた条約をおそらく批准しないという風評から議決して、中国人労働者がいったんアメリカ合衆国を離れたら絶対に再入国できないというスコット法（Scott Act）を1888年に成立させた。直ちに施行されたスコット法により、取得の証明証を所持していた約2万人の中国人労働者は、その中には太平洋を横断途中の600人も含まれていたが、再入国の権利を失った。これらの中国人労働者がアメリカの沿岸に到着した時に、上陸を拒否された。中国人排斥法は1892年からさらに1902年に延長された[4]。最終的には1904年にそれは無期限とされた。中国人は、ハワイ、フィリピン、プエルトリコの新しく獲得した領土でも排斥された。

2) アジア系アメリカ移民に対する社会的排斥

アメリカ合衆国は太平洋海域で軍事的脅威を増している日本に敵意を抱かせないように配慮していたので、日本人を締め出す企ては、中国人とは違った方法をとった[26]。日本の顔を立てる策略のために、明らかに日本人を告発して日本人移民に影響を及ぼす法律にはしなかった。このようにして1907年に、日本政府が日本人労働者に旅券発給を停止する日米紳士協定（Gentlemen's Agreement）に日本政府は同意した。さらに、ハワイ、メキシコ、カナダに向かうパスポートを所持している日本人労働者が、アメリカ本土に再移民することを禁止するセオドア・ルーズベルト（Theodore Roosevelt）大統領が署名した大統領行政命令第589号の発令に対して、

日本政府は異議を唱えることをしなかった。その後1920年に、それまで論争の的になっていた写真花嫁への旅券を発給しないことも日本政府はもう一度不本意ながら黙認した。市民権を得る資格がない外国人の入国権を締め出す1924年の移民法改正により、実際には日本人の移民が停止した。

　日本政府の植民地政策ですでに朝鮮人の移民は阻止されていたので、アメリカ政府は朝鮮人を排斥する必要はなかった。それにも関わらず最後には、推定で500人の朝鮮人の民族主義者らが、1910年から1924年にかけて朝鮮を脱国してアメリカ合衆国に何とか上陸した（Bong-Youn Choy）。その朝鮮人の多くは、最初にロシア、満州、中国、ヨーロッパにわたり、その後にアメリカ沿岸に出没するようになり、政治的難民としてパスポートなしで入国することを請願した[27]。しかし、1924年に成立した移民法は非常に厳しいので、このようなわずかな国籍離脱者の入国も停止した。

　インド人は人種や民族的見地が不明確であるので、彼らを排除するためには、特異な地理的基準を使用しなければならなかった。人類学者は、インド亜大陸のいくつかの先住民をアーリア人として分類したが、アーリア人がコーカサス人なのか、コーカサス人のみが白人に関係しているのかは定かではなかった。1910年から1917年にかけて、移民局はインド人の移民数を入国管理によって最小限に抑えようとしたが、1917年の移民法における条項により、最終的にインド人の入国を阻止できた。紅海から地中海、エーゲ海、黒海、そしてコーカサス山脈から、カスピ海、ウラル川に沿ってウラル山脈まで達する架空の境界線が引かれた。その境界線よりも東に住むすべての住人は、移民禁止地帯（Barred Zone）として呼ばれるようになり、それ以後の入国が拒否された。もちろん排斥人種の中にインド人は含まれた[28]。

　フィリピン人の移民の制限には、かなり巧妙な手段が用いられた。フィリピン人は、アメリカ合衆国の被保護国者であったので、海外に住む同国人と呼ばれており、彼らは外国人でも市民でもなかった。彼らを排斥するために、彼らの身分を変更する必要があった。従って1930年代の初期に、政府の費用でフィリピン人を本国に送還することが不成功となった後に、フィリピン人の排斥を求める人は、フィリピンの独立を支援する人と共同した。その結果、1934年にタイディングス・マクダフィー法（Tydings-Mcduffie Act）[5]が成立した。その法律の主要な条項には、1つの小条

項で1年間ごとにフィリピン人の移民を50人ずつ減少させながら、フィリピンの独立を得るという条件が記載されていた[29]。

第7節　アジア系アメリカ移民に対する社会的隔離

　排斥主義者にとって非常に残念であったのは、数多くの中国人、日本人、フィリピン人、小集団だが目立つインド人、四散している一握りの朝鮮人は、外国人排斥法が実施された後でさえも、アメリカ合衆国に留まっていたことである。アジア人の存在により引き起こされる社会的混合"contamination"を最小限にして、その存在を目立たなくするように、反アジア人勢力は、頑固にも立ち去ることを拒否しているこれらの移民達を、閉じ込める別の方法を見いださなければならなかった。彼らは、種々の社会的隔離によってそのように閉じ込めた。

1）アジア系アメリカ移民に対する社会的隔離

　サンフランシスコでの中国人の売春婦が、社会から市外となる限定された地区に退去させられた最初のアジア人であった。サンフランシスコ当局は、1854年には彼女らの存在に職務上留意していた。その年末には大陪審（grand jury）[6]が告発して、刑事裁判所（Court of Sessions）が中国人の売春宿を経営していた数人の女将に有罪を宣告した。しかしながら、各女将に対して1,000ドルの罰金を課した後、裁判官は、被告人に裁判所が今後に規定する特定の境界線の外に立ち退く代案を選択するように要望した[30]。

　残存している資料には、その女将達がその意見に従ったかどうかは記録されていない。しかし、中国人の売春宿を目立たない地区に立ち退かす意見は、消滅していなかった。1861年に市警察署長が初めて14人の売春婦を逮捕した。その後に釈放する前に、他の地区を捜すように翻訳した勧告書を手渡した。それに対して彼女らはワシントン通りよりも引き離れた地区に立ち去ることを誓約した[31]。少なくとも一時的にはこの効果は持続した。しかし、下宿屋が自分たちの不動産を売春宿に賃貸した方が儲かることに気づいていたので、売春婦達はまもなく元に戻って来た。1886年に任命された衛生局が、中国人の売春婦は市外に立ち去ることをもう一度勧告し

た。それ以後は明らかに、売春婦達は衛生局や警察本部長から承認された地区の建物を借用することに同意した。完全なる退去でなくとも、このように閉じ込める状態を達成した。

中国人の売春婦を分離した成果から、まもなくすべての中国人を隔離する要望が広まっていった。そのような隔離を合法化する機会が1879年にやって来た[7]。その時カリフォルニア州議会は州内に属するすべての都市や町において、中国人をその地域から退去させることを義務化した条例を成立した。中国人にとって幸運にも、カリフォルニア州の連邦巡回控訴裁判所は、その他の差別的な条例は合憲と裁定したが、隔離を命ずる条例はそれと同時に違憲と裁定した。その理由はその条例が中国人に対して、憲法修正第14条[8]により保証される法律の平等な保護を否定して、その他にバーリンゲーム条約の条項違反であるとしたからである。サンフランシスコのチャイナタウンから中国人を市外に退去させるもう1つの1890年の企ても、憲法違反の理由で失敗した。

憲法上の障壁にも関わらず、サンフランシスコ当局は、中国人を閉じ込めあるいは退去させる努力を放棄しなかった。サンフランシスコにおけるペストによる死亡が報告された世紀の変わり目に、予期せぬ機会が到来した。ペストは1894年に広州や香港で発生していた（*Joan Trauner, 1978, Charles McClain, 1988*）[32]。1896年末に、サンフランシスコの衛生局は、すべての入国者は医学的に検疫されなければならないと決定した。しかしながら、サンフランシスコ当局により、上海、香港、横浜、神戸の湾港はすでに汚染されたと認定されたので、中国人と日本人は、検疫のために選び出され隔離された。1896年にホノルルのチャイナタウンでその恐れられた病気の2事例が明らかにされた時、彼らに対する恐怖が募った。ハワイの衛生局は4,500人の中国人を隔離の仮設小屋に退去させて、チャイナタウンを焼却して地中に埋葬することを指令した。もし強烈な反中国人感情がハワイで長年にわたり潜在していた事実がなければ、そのような冷酷な手段は取られなかったかもしれなかった。

サンフランシスコにおいて、1900年3月初旬中国人の死体の病理解剖により、その死体のリンパ節の肥大が確認された。検死官はその男性はペストで死亡したと推定した。市当局はすぐさまにチャイナタウンを遮断し、その地域へ出入りする交通機関を検閲する門衛を設置して、家々を検疫して回った。中国人と日本人は、連邦機関の隔離病院である連邦船員病院（Marine Hospital Service）の衛生局長が発行す

る証明書がなければ、カリフォルニア州外へ出ることは禁止された。中国人人口の4分の1を占めている人口密度なので、火事の広がりを防止することは不可能なため、ホノルルで用いた焼却の手段をサンフランシスコで講じることはできなかった。それに代えて、チャイナタウンのすべての家に、屋根裏部屋から地下室まで石灰が振りまかれた。排水溝や下水道は、二酸化硫黄と昇汞水で消毒した。裁判所が感染の隔離を判定された後にのみ、チャイナタウン周囲の防疫線が解除された。

リンパ腺腫脹を伴ったペストによる出来事は、市衛生当局がアジア人をサンフランシスコ市内から退去させる企てを引き起こした[9]。しかしながら、居住地を隔離することは法律になかったけれども、それにも関わらずヨーロッパ系アメリカ人は、明瞭には区切られていないが、当然と見なされる境界の外に出してあえて解決しようとするならば、暴力を用いて威嚇することでアジア人を閉じ込めることを成し遂げた[10]。より重大なことは、下宿屋がアジア人に対してスラム街以外ではどのような家屋を貸すことをも拒否して、さらに不動産屋が最も不快な地域以外にはどのような物件もアジア人に売却することを断った。このような人種隔離がより顕著になっていたので、大勢の日本人、朝鮮人、インド人、フィリピン人が移民する時までに、州、都市、地域当局が、アジア人の居住地を特定する条例を成立させる必要性はなかった。

2）アジア系アメリカ移民に対する分離教育

アジア系アメリカ移民や彼らの子供を社会的に分離することを望む人達は、公立学校制度内でより成果をあげた。カリフォルニア州のアフリカ系アメリカ人は、どこでも分離学校（school segregation）に対して闘争を仕掛けた（*Charles Wollenberg, 1976*）[33]。45人のアフリカ系アメリカ人の子供に対する有色人種学校（colored school）がサンランシスコに1854年に設立されたが、1860年代になると、アフリカ系アメリカ人の両親達は分離学校に抗議することを決意した。彼らはその事例を、カリフォルニア州最高裁判所に訴えた。1874年に黒人は教育を受ける権利があるけれど、統合教育をしなければならない理由はないと判決された。黒人の子供は、分離教育が利用できない地域でのみ白人のための学校に通学することができた。

(1) 中国系アメリカ移民に対する分離教育

　黒人の扱われ方に合わせて、1859年サンフランシスコに中国人の子供に対する分離学校が開設された (Victor Low, 1982)。しかし、入学者が少なく、1年後には夜間学校に転換した。その後1871年には、教育委員会の教育長が夜間学校すらも閉じた。その後は中国系人の子供が利用できる教育は、どこで生まれようとも、両親が雇う家庭教師あるいはチャイナタウンで活動している新教徒の宣教師が教える少数の英語教室と聖書教室で受けるしかなかった。

　このような教育状況は1884年まで続いた。ジョセフ・テープ (Joseph Tape) とメリー・テープ (Mary Tape) は、彼らの娘であるメイミイ (Mamie) の公立学校における教育権を教育委員会が拒否したことを裁判所に異議申し立てた。教育委員会の教育長は、不本意ながらも譲歩して、新しい「東洋人学校 (Oriental School)」を建設する資金を州議会に要求し、1885年にそれを開校した[34]。サンフランシスコならびにリオ・ビスタ、アイルトン、ウォルナット・グルーブ、コートランドの4つのサクラメント-サンウォーキーン流域では、1930年代まで中国人の子供に分離学校は勝手な都合で継続された。

　カリフォルニア州は、中国人の子供に対して統合学校を求める闘争をした唯一の州ではなかった。20世紀初期までに数百人の中国人が暮らすミシシッピ川流域において、有色人種に対する公立学校は、実際に田舎ではほとんどなく、都会の中心部では非常に不足していた。公立学校に通学したい中国人の子供は、黒人少年のために設置された学校に行くしかなかった (James Loewen, 1971)[35]。しかし、わずか数家族の中国人しかいない少数の小都市では、一握りの中国人の子供は場合によっては白人の学校に入学が許可された。1924年に、ローズデール (Rosedale) の教育長は、その都市で有名な中国人の交易商人であったゴング・ラム (Gong Lum) に対して、白人学校にこっそり通学していた長女のマルタ・ラム (Martha Lum) はもはやそこに通学することはできないと告げた。それに反応して、彼女の父親は、白人の弁護士を雇うことでうまく論争して、地区上級判決である連邦巡回控訴裁判所は、中国人のための学校が創設されていなかったので、彼女の平等な教育権に応じていないと判決した。教育委員会当局は、その判決をミシシッピ州最高裁判所に上告したが、その最高裁判所はその判決を逆転した。中国人は白人ではないので、有色人種に区別化しなければならないと裁判所は見解した。裁判所の見解では、有色人種

の子供のための学校には通学できるので、マルタ・ラムは教育権自体を拒否されていないと判決した。

　ラムの弁護士は、その後にその判例を連邦最高裁判所へ上告した。連邦最高裁判所は、ミシシッピ州最高裁判所の判決を支持して、コーカサス人種のみに対応する白人学校を保護することが、今まで通りミシシッピ州の立法者の政策であったことを肯定した[36]。しかし、おそらく裁判長は、そのような施策は憲法修正第14条に違反していることを認識していたので、プレッシー対ファーガソンの判例（*Plessy v. Ferguson*）を引用して、白人と有色人種に同等の教育機関が提供されている時には、白人とは分離している公立学校を割り当てされている有色人種の中で、州政府による学校編成があろうとも、中国人家系でアメリカ合衆国にて生まれた市民ならば、法律の下における平等の保護が否定されていないと解釈した[37]。中国人の子供は、ミシシッピ州では1950年まで白人学校に入学できなかった。もちろん、その後も実際には至る所でさまざまな形態で分離は継続したが、法律に基づく南部の分離学校が終了するまでには、より数年の期間を要した。

(2) 日系アメリカ移民に対する分離教育

　日本人学生の体験は、中国人のそれとはまったく異なっていることが判明した。その1つには、初期の日本人学生の多くは、児童ではなく青年であった。明治維新後の文明開化の試みの一貫として、日本政府が数百人もの有望な若者を、西洋科学、軍事技術、事業経営や社会統制やその他の近代化の分野を学ぶために、奨学金でヨーロッパやアメリカ合衆国に派遣していた。アメリカ合衆国においても、そのような日本の国費留学生が、ニューイングランドから中部大西洋沿岸にかけていくつかの名門大学に通学していた。

　政府の奨学金がないより不運な生徒までも、アメリカの教育を受けることが期待できた。彼らはおもに家事の使用人として働いてその学費を稼ぐスクールボーイ（school boys）として入国した。15歳から25歳までに及んでいる貧乏学生のほとんどは、大西洋沿岸ではなく太平洋沿岸にやっとその活路を見いだした。1885年初期に、サンフランシスコには、概算すると300人もの留学生が住んでいた（*Yuji Ichioka*）[38] [11]。世紀の変わり目に多くの砂糖耕作労働者がハワイからアメリカ本土に移民した時、大部分の日本人が集まるアメリカ本土で人気のある2つの行き先で

あるカリフォルニア州とワシントン州に留学生もその数の大半を占めていた。1882年から1890年にかけて、日本政府は留学生に対して1,500人以上の旅券を発行し、その発行されたおよそ44％はアメリカ合衆国への旅券であった。

　結局は日本人学生の存在もサンランシスコ当局の注目を引いた (*Roger Dainels*)[39]。1905年に、サンフランシスコの教育委員会は、公立学校にいる日系人と朝鮮系人の学生に対して、中国人を教育している東洋人学校（Oriental School）に転校することを命じた。この決定の報道が、日本の東京において激しい抗議を巻き起こした。日露戦争（Russo-Japanese War）で示威されたような新たな軍事力のある日本に不快感を与えることを大いに懸念して、セオドア・ルーズベルト大統領はサンフランシスコへ商務労働長官をその状況の調査に派遣した。その長官は20数校の公立学校に、わずか93人の学生が分散して在校し、教育委員会が主張しているほど適齢を過ぎた学生がいなかったことを見いだした。商務労働長官は教育委員会に対してその決定の撤回を説得したが、教育委員会はそれを拒否した。その後すぐにルーズベルト大統領は、司法長官にサンフランシスコの教育委員会に対する行政訴訟に着手することを依頼した。

　そうしている間にサンフランシスコ市民の関心は、本質的には教育の問題ではなくて、むしろ移民問題であると認識したので、ルーズベルト大統領は市当局者達を協議のために首都ワシントンに招いた。ようやく彼らは、ある和解が成立した。すなわち、教育委員会が異存なく公立学校に通っている日系人学生を白人学校に入学させる代わりに、連邦政府は日本政府に対して、労働者に対する旅券の発行を中止するように説得することにした。

(3) アジア系アメリカ移民に対する分離教育
　中国系人や日系人の生徒に比較して、第2次世界大戦前までは、朝鮮系人やフィリピン系人の生徒はその割に少人数であったので、彼らの学校入学はかつてほど政治的問題にはならなかった。今までどの学者もより正確にその問題性を調査していなかった。インド系人に関しては第2次世界大戦前まで、インド人女性は実際には移民していなかったので、アメリカ合衆国に子供はほとんどいなかった。インペリアル・バリーにおけるインド人男性達のみが子供を持った。彼らはメキシコ人女性と結婚し、混血児を産み、彼らはメキシコ系人の子供のための学校に入学した。

アジア人の子供達が統合学校あるいは分離学校に通学しても、彼らはアメリカ本土では白人の教師によって教育を受けて、母国の伝統文化の情報を含まない教科書で学んだ。アジア系人の数人の教師が、ハワイの学校では雇用されたが、そこでも教師の主な関心は、英米人の価値感、行動様式、会話様式を教え込むことであった。家や遊び場では、混成英語を話している学生は、もし高学年に進学することを望むならば、標準英語を習得しなければならなかった。彼らがどこでも受ける陰口は、祖先は下層階級であり非力な人びとであるというものだった。彼らはアメリカナイズすることによってのみより良い人生を期待できた。

3）アジア系アメリカ移民に対する結婚差別

　もう1つのアジア系アメリカ移民に課した社会的隔離の様式は、異人種間の結婚の禁止であった。1661年に黒人と白人の結婚を禁止するために、メリーランドの英国植民地でアメリカ合衆国の歴史上初めて反人種間混血法（antimiscegenation law）が成立した。早晩にアメリカ合衆国の38州で、法令全集にそのような条令を持った。中国人と白人との結婚の合法性の疑問が、カリフォルニア州の第2次憲法制定会議で巻き上がった。中国人あるいは3世代前からの黒人から伝来して、中国人、黒人、白黒混血（mulattoes）や混血の人と白人の間の一切の結婚を禁止する法律が、最終的に1880年の民法典第69項で具体化された。それは中国人という用語を蒙古人に置き換えて、結婚許可証の発行を規制した。しかし、反人種間混血を取り扱う民法典第60項は、中国人に適用できるように変更されなかった。このような2つの矛盾する民法典の条項が1905年まで併存していた。日露戦争に日本が勝利した年である1905年に、新しい黄禍（yellow peril）である日本人に対して、カリフォルニア州の立法者は、ついに民法典第60項を改正して、白人と蒙古人種との結婚を禁止した。

　その当時は、中国人、日本人、朝鮮人も特にあえて白人と結婚する気はなかったので、そのような状況は障壁にもならず、その他と比べるとほとんど影響を与えなかった。反人種間混血法で最も不自由な思いをしたアジア系アメリカ移民は、フィリピン人であり、その多くが主にメラヨ・ポリネシアン人、スペイン人、中国人やその混血であった。反フィリピン人の唱道者が、白人女性やメキシコ人女性の連れを求めにフィリピン人がタクシー・ダンスホールに通っている風潮に大衆の注目を

集めた1920年代末に、新しい混血に対する気がかりが次第に感情的になった。このようなクラブでは、客がチケット束を購入し、ホステスがその男性と1度ダンスするたびに1枚チケットをはぎ取った。1ダンス10セント (ten cents a dance) という歌詞が生まれた。

このような方法で知り合ったある男女は、結婚することを望んだ。フィリピン人の正確な人種区分が未解決の問題であったので、フィリピン人男性と白人女性に対する結婚許可証を、ある役場では発行されたり、別の役場ではそれを拒否されていた。郡議会では1921年にフィリピン人は蒙古人種ではないと結論を下していたので、ロサンゼルス郡はそのような結婚を承認していた (*Megumi Dick Osumi, 1982*)[40]。カリフォルニア州の司法長官を含めた反フィリピン人の集団や個人は、ついにロサンゼルス郡当局に対してそのような承認を強制的に終了させるために訴訟を起こした。1930年に州上級裁判所は、ロサンゼルス郡当局に対して、フィリピン人男性のトニー・モレノ (Tony Moreno) と白人女性のルビー・ロビンソン (Ruby Robinson) に結婚許可証を発行することを禁止した。このように禁止されたので、その郡担当者はそれ以後フィリピン人と白人との結婚許可証の発行を停止した。

しかし、フィリピン人達はそのような判定が継続することに我慢できなかった。1931年に彼らが提訴した4つの判例が、郡上級裁判所に上訴された。そこで裁判長は、フィリピン人は蒙古人種ではないと考えて、フィリピン人と白人の結婚は、民法典第60項と第69項に抵触しないと判決した。反フィリピン人の組織に後押しされて、ロサンゼルス郡当局はこれらの判例のなかで、サルバドール・ロルダン対ロサンゼルス郡 (*Salvador Roldan v. L. A. Country*) の判例を上訴した。上訴裁判所によって、19世紀の人類学者の膨大な業績の解釈に基づき、1933年に多数派意見の判決が下された。その当時最も影響力ある論者が、コーカサス人（白）、蒙古人（黄）、エチオピア人（黒）、アメリカ先住民（赤）、マレー人（茶、フィリピン人はこれに属す）と人類を5つの人種に分類しているので、蒙古人とマレー人は明らかに同人種ではないと判決した。このようにして、サルバドール・ロルダンとマジョリ・ロジャーズ (Marjorie Rogers) の男女は結婚することができた。

裁判における敗訴にくじけないで、反フィリピン人の勢力は、議会を通じた改正の手段にねらいをつけて、フィリピン人と白人との結婚も含めた反人種間混血法を容認する民法典第60項と第69項の修正案を満場一致で通過させた。1948年になっ

て初めて、カリフォルニア州の反人種間混血法における法令は、違憲であると判決された。1967年になってようやく、そのようなアメリカ合衆国全土での反人種混血法の法令は、法令集から削除されるか、あるいは廃棄のために消滅した。

第8節　敵対と衝突から台頭するアジア系アメリカ移民

　移民を受け入れる社会の対応に関して、アジア系アメリカ移民は、ヨーロッパ系アメリカ移民や虐げられた少数民族集団と多くの経験を分かち合った。民族集団至上主義（ethnocentrism）は世界的な現象であるため、アジア系アメリカ移民はより早く到着した人びとから、軽蔑と好奇心を持って、異邦人であり新参者であると見なされた。彼らはほとんどのヨーロッパ系アメリカ移民と同様に、経済的階層の最下層から始まった。しかし、ヨーロッパ系アメリカ移民と異なるのは、英語に関する貧弱な知識、アメリカ人の行動様式の習熟の欠如、限られた教育や関連職業技能の欠乏だけでなく、人種的理由から獲得できる機会が厳しく制限を受ける法律により、アジア系アメリカ移民の這い上がる機会が妨げられた。その他の有色人種と同様に、彼らは法律的な制裁規定が加えられた有色人種に対する偏見の犠牲者達であった。

　アジア系アメリカ移民は、またもやその他の有色人種と同様に政治力を欠いていたので、そのような偏見に対抗するのは困難であることを自覚した。帰化する権利が拒否されているので、彼らは投票ができなかった。その結果、彼らは市民権の獲得あるいはその責務を担うことができなかった。そのようにして、アジア系アメリカ人の歴史的出来事は皮肉な方向に向かった。人間ではなく、行政の法律に基づく民主主義を自負している地域において、政治的ならびに法律的制度の構築が、アジア系アメリカ移民の劣悪状態を約1世紀も継続することに寄与していた。そのような組織化された人種差別にも関わらず、モザイク模様の多民族国家の小集団であるが、その重要な構成要員に成りうる各民族集団の十分な人数がアメリカ合衆国に在留していた。アジア系アメリカ移民の仲間達は、新しい仲間が移民するとほとんど間もなく、彼ら自身の生存を確保する機構を構築したので、そのような小集団でも重要な構成要員になることができた。

注

1　1911年の中国における辛亥革命により中国人男性は弁髪を廃止した（引用年表302頁）。
2　1906年にカナダのバンクーバーでも反アジア人暴動が発生した（引用年表301頁）。
3　1886年にはハワイへの契約労働による中国人の流入はほとんど停止された（引用年表299頁）。
4　1902年中国人排斥法がさらに10年間継続された（引用年表300頁）。
5　フィリピン独立法（Philippine Independence Act）とも呼ばれ、アメリカの都合で1946年までフィリピンは独立できなかった。
6　大陪審で犯罪に関する事実の審査を行い、これに基づき正式起訴が行われる。
7　1879年カリフォルニア州第2次改正条例が地方自治体や法人による中国人の雇用を防止した（引用年表298頁）。
8　アメリカ合衆国憲法修正第14条（1868年確定）第1節…その管轄内にある何人に対しても法律の平等なる保護を拒むことはできない（宮沢俊義『世界憲法集』岩波文庫、1983年）。
9　1905年に、サンフランシスコにアジア排斥同盟（AEL: Asiatic Exclusion League）が67の労働組合で結成された（引用年表301頁）。
10　1902年移民局と警察が、ボストンのチャイナタウンを捜索して、入国証明書を所持していない約250人を検挙した（引用年表300頁）。
11　ユウジ・イチオカ『一世—黎明期アメリカ移民の物語り—』（富田虎男・粂井輝子・篠田左多江 訳）刀水書房、1992年。

参考文献（Notes and References）

1)　Two older works-Mary Roberts Coolidge, *Chinese Immigration* (New York: Holt, 1909), and Elmer Clarence Sandmeyer, *The Anti-Chinese Movement in California* (Urbana: University of Illinois Press, 1939)-still provide the fullest analysis of the anti-Chinese movement. Gunther Barth, *Bitter Strength: A History of the Chinese in the United States, 1850-1870* (Cambridge: Harvard University Press, 1964), has been widely quoted by Euro-American historians but has been severely criticized by Asian American specialists for its blame-the-victim perspective. Alexander Saxton, *The Indispensable Enemy: Labor and the Anti-Chinese Movement in California* (Berkeley and Los Angeles: University of California Press, 1971), shows how the anti-Chinese campaign helped the labor movement to consolidate itself. Lydon, *The Anti-Chinese Movement*, examines the situation in Hawaii. The anti-Japanese movement may be divided into three phases: the passage of the alien land acts, the exclusion of Japanese, and the incarceration of persons of Japanese ancestry in so-called relocation camps during World War II. But few scholars have successfully analyzed all three in an integrated manner. One attempt was made in Jacobus tenBroek et al., *Prejudice, War, and the Constitution: Causes and Consequences of the Evacuation of the Japanese Americans in World War II* (Berkeley and Los Angeles: University of California Press, 1954); another is found in Daniels, *Asian*

第3章 アジア系アメリカ移民に対する敵対と衝突 Hostility and Conflict 89

America: Chinese and Japanese in the United States since 1850 (Seattle: University of Washington Press, 1988). Roger Daniels, *The Politics of Prejudice: The Anti-Japanese Movement in California and the Struggle for Japanese Exclusion* (Berkeley and Los Angeles: University of California Press, 1962), remains a standard work, while Ichioka, *The Issei*, 176-254, provides the only analysis based on Japanese-language sources. Since there were so few Koreans in the continental United States before World War II, no separate organized anti-Korean movement developed; a few sporadic incidents are briefly described in Choy, *Koreans in America*, 107-10, and Moon, "Korean Immigrants," 379-91. The anti-Filipino movement is investigated in the essays in J. M. Saniel, ed., *The Filipino Exclusion Movement, 1927-1935* (Quezon City, Philippines: Institute of Asian Studies, University of the Philippines, 1967). Anti-Asian Indian activities are best covered in Jensen, *Passage from India*, which stands alone in the entire literature on Asian Americans in its analysis of federal surveillance of dissident Asians in America.

2) Stuart Creighton Miller, *The Unwelcome Immigrant: The American Image of the Chinese, 1785-1882* (Berkeley and Los Angeles: University of California Press, 1969).

3) Hudson N. Janisch, "The Chinese, the Courts, and the Constitution: A Study of the Legal Issues Raised by Chinese Immigration to the United States, 1850-1902" (J.D. diss., University of Chicago, 1971), is an exhaustive study of the legal liabilities imposed on the Chinese. Frank F. Chuman, *The Bamboo People: The Law and Japanese Americans* (Del Mar, Calif.: Publisher's Inc., 1976), is a systematic survey of laws affecting the Japanese.

4) Reprinted in "The Wrongs to Chinamen," *Alta California*, 23 November, 1858, as quoted in Janisch, "The Chinese, the Courts, and the Constitution," 60, footnote 2.

5) Daniels, *Politics of Prejudice*, 46-64, and Chuman, *Bamboo People*, 39-42, 46-51, 76-89.

6) Dudley O. McGovney, "The Anti-Japanese Land Laws of California and Ten Other States," *California Law Review* 35 (1947): 7-54, covers states other than California. Studies of the alien land laws in Washington State include Jack D. Freeman, "The Rights of Japanese and Chinese Aliens in Land in Washington," *Washington Law Review* 6 (1930-31) : 127-31, and Theodore Roodner, "Washington's Alien Land Law: Its Constitutionality," *Washington Law Review* 39 (1964) 115-33.

7) U.S. Congress, Senate, 40th Cong., 3d sess. (1868-69), *Congressional Globe*, pt. 2, 1030.

8) "A Chinese Citizen," San Francisco *Chronicle*, 28 November, 1878, as quoted in Janisch, "The Chinese, the Courts, and the Constitution," 205.

9) Janisch, "The Chinese, the Courts, and the Constitution," 227.

10) Roger Daniels, ed., *Anti-Chinese Violence in North America* (New York: Arno Press, 1978), is a collection of articles recounting violent incidents in various areas.

11) California State Legislature, "Report of the Joint Select Committee Relative to the Chinese

Population of the State of California," *Journals of the Senate and Assembly,* Appendix, vol. 3 (Sacramento: State Printing Office, 1862), 7.

12) William R. Locklear, "The Celestials and the Angels: A Study of the Anti-Chinese Movement in Los Angeles to 1882," *Historical Society of Southern California Quarterly* 42 (1960): 239-56.

13) Chan, *This Bittersweet Soil,* 371-74.

14) Paul Crane and Alfred Larson, "The Chinese Massacre," *Annals of Wyoming* 12 (1940) : 47-55, and Shih-shan Henry Tsai, *China and the Overseas Chinese in the United States, 1868-1911* (Fayetteville: University of Arkansas Press, 1983), 72-78, are the sources for the next three paragraphs.

15) Jules Alexander Karlin, "The Anti-Chinese Outbreak in Tacoma, 1885," *Pacific Historical Review* 23 (1954): 271-83; idem, "The Anti-Chinese Outbreaks in Seattle, 1885-1886," *Pacific Northwest Quarterly* 39 (1948): 103-29; and George Kinnear, "Anti-Chinese Riots at Seattle, Washington, February 8th, 1886," *Twenty-fifth Anniversary of Riots* (Seattle: n.p., 1911), provide information for the next five paragraphs.

16) Sacramento *Daily Record Union,* 4, 11, 26, and 27 January, 1, 2, 6, 12, 16, 19, 20, 23, and 26 February, 2, 5, 6, 8, 9, 10, 13, 15, 16, 17, 18, 19, 20, 23, 24, 29, and 31 March, 18 June, 10 August, 24, 25, and 28 October 1886.

17) Sacramento *Daily Record Union,* 15, 16, 18, 19, 20, and 21 August and 2, 3, 4, 5, 8, and 11 September 1893.

18) Daniels, *Politics of Prejudice,* 33.

19) Mazumdar, "Punjabi Agricultural Workers," 563.

20) The Hemet incident is told in Moon, "Korean Immigrants," 379-91. The telegram from the Koreans was sent on 29 June 1913 by Yi Tae-wi (David Lee), president of the Korean National Association, to Secretary of State William Jennings Bryan. Bryan's reply was sent out by the Associated Press and picked up by the Hemet *News,* 4 July, 1913, as cited in Moon, "Korean Immigrants," 390-91.

21) Yuji Ichioka, "The 1921 Turlock Incident: Forceful Expulsion of Japanese Laborers," in *Counterpoint: Perspectives on Asian America,* ed. Emma Gee (Los Angeles: Asian American Studies Center, University of California, Los Angeles, 1976), 195-201. Another incident is described in Stefan Tanaka, "The Toledo Incident: The Deportation of the Nikkei from an Oregon Mill Town," *Pacific Northwest Quarterly* 69 (1978): 116-26.

22) Emory S. Bogardus, "Anti-Filipino Race Riots" (San Diego: Ingram Institute of Social Science, 1930), reprinted in Jesse Quinsaat et al., eds., *Letters in Exile: An Introductory Reader on the History of Pilipinos in America* (Los Angeles: University of California, Los Angeles, Asian American Studies Center, 1976), 51-62, and Howard A. De Witt, *Anti-Filipino*

第3章 アジア系アメリカ移民に対する敵対と衝突　Hostility and Conflict　*91*

Movements in California: A History, Bibliography and Study Guide (San Francisco: R & E Research Associates, 1976), 46-66.
23) Saxton, *Indispensable Enemy*, 74.
24) George Anthony Peffer, "Forbidden Families: Emigration Experiences of Chinese Women under the Page Law, 1875-1882," *Journal of American Ethnic History* 6 (1986) : 28-46.
25) Coolidge, *Chinese Immigration*, has the most detailed account of the political and legislative maneuvers that led to the passage of the various Chinese exclusion laws.
26) Daniels, *Politics of Prejudice*, 92-105, and Ichioka, *The Issei*, 244-54.
27) Choy, *Koreans in America*, 87-88, reveals how a small number of Koreans managed to enter the country after 1910.
28) Jensen, *Passage from India*, 101-20, 139-62.
29) H. Brett Melendy, *Asians in America: Filipinos, Koreans, and East Indians* (Boston: Twayne, 1977), 27-28, 40-44.
30) Sucheng Chan, "The Exclusion of Chinese Women, 1870-1943," in *Entry Denied: Exclusion and the Chinese Community in America, 1882-1943*, ed. Sucheng Chan (Philadelphia: Temple University Press, 1991).
31) *Alta California*, 1 February 1861.
32) Joan B. Trauner, "The Chinese as Medical Scapegoats in San Francisco, 1870-1905," *California History* 57 (1978): 70-87, and Charles J. McClain, "Of Medicine, Race, and American Law: The Bubonic Plague Outbreak of 1900," *Law and Social Inquiry* 13 (1988): 447-513, provide the information for the next two paragraphs.
33) Charles M. Wollenberg, *All Deliberate Speed: Segregation and Exclusion in California Schools, 1855-1975* (Berkeley and Los Angeles: University of California Press, 1976), 8-27.
34) Victor Low, *The Unimpressible Race: A Century of Educational Struggle by the Chinese in San Francisco* (San Francisco: East/West, 1982), 13-71.
35) James W. Loewen, *The Mississippi Chinese: Between Black and White* (Cambridge: Harvard University Press, 1971), 65-69, is the basis for the next two paragraphs.
36) *Rice et al. v. Gong Lum et al.*, 139 Mississippi Reports 763 (1925), as quoted in ibid., 67.
37) *Gong Lum et al. v. Rice et al.*, 275 U.S. Reports 78 (1927), as quoted in ibid., 68.
38) Ichioka, *The Issei*, 7-19, 22-28, describes the lives of the first immigrant students.
39) Daniels, *Polities of Prejudice*, 31-45, documents efforts to segregate Japanese children.
40) The most detailed study of anti-miscegenation laws against Asian immigrants is Megumi Dick Osumi, "Asians and California's Anti-Miscegenation Laws," in *Asian and Pacific American Experiences: Women's Perspectives*, ed. Nobuya Tsuchida (Minneapolis: Asian/Pacific American Learning Resources Center, University of Minnesota, 1982), 1-37. This study contains the information used in the next three paragraphs.

第4章

アジア系アメリカ移民共同体による社会組織
The Social Organization of Asian Immigrant Communities

第1節　アジア系アメリカ移民が創設する共同体

　アジア系アメリカ移民が北アメリカに創設した共同体は、アジア人がとかく先祖からの文化に固執する印象があるものの、本国に残してきた共同体とはまったく異なっていた。このような共同体は、少なくとも2つの経緯により人口統計学上からいえば正常な男女比に分布をしていなかった。第1に、アジア系アメリカ移民の初期の労働期間において、ほとんどの定住者は男性であり、その多くの男性が出稼ぎの生活様式を送っていた。まわりには、ほとんど女性、子供、年寄りはおらず、若い移民の男性達は、彼ら自身の中で社会的絆を保つために、複雑な組織網に頼った。第2に新しい社会環境で生き残る必要性のために、異なった文化を持ち、異なった言語を使用するアメリカ社会にうまく対処することを学んだ個人が、従来の上流階級や年寄りよりも、むしろその指導力を発揮した。非アジア系アメリカ移民の共同体も初期段階ではそれと同様な社会的特徴を伴なっていたが、アジア人の共同体ではそれがよりずっと長期にわたり引き続いた。各アジア系アメリカ移民集団の歴史上において、うまく対処してきたかもしれない時点で、女性が排斥法によって移民して来ることを妨害されたからである。

　アジア系アメリカ移民が、迫害に対して繰り返し抵抗、奮闘しながら、団体を形成する能力により、招かれざるアメリカ社会においてアジア人は自らの居場所を築き上げることができた。アメリカの大地で家族を養うことを決意した人にとって、そのような活動は特に重要となった。アジア系アメリカ移民が形成した団体は、その他の出身の移民が創設したのと同じように、その構成員に相互扶助をもたらし、同じ民族により温情や親密を帯びる社会環境の整備に役立った。それと同時に、そ

の団体は移民集団の社会的統制機関として機能して、さらに特定の移民指導者に授けられた合法的立場の役割を果たした。後者は共同体組織の役員になるだけでなく、連絡網となることで、その結果として同郷人と対外世界との間の政界の黒幕のように政治力を発揮するようになり、信望を獲得した。大まかに言って、アジア系アメリカ移民は2つの基準から組織化した。1つ目は同じ地域性や方言、同族的絆、宗教的親近感のような根源的な結び付きに、2つ目は経済的有利の獲得や政治的目標の達成を要望するような実用的な利益に基づいた。

第2節　中国人アメリカ移民による共同体

1）会館から始まる中国人共同体

　1975年よりも前に移民した5つの主要なアジア系アメリカ移民集団のうちで、中国人が最も広大な共同体の組織網を形成した[1]。同郷人から構成した団体を「会館（huiguan）」と呼び、アメリカのチャイナタウンでは最も重要な組織となった。最初2つの地域の団体、三邑会館（(Sanyi Huiguan, Sam Yup Association)、時には広州会社（Canton Company）と英語では呼ばれる）と、四邑会館（Siyi huiguan, Sze Yup Association）が、1851年サンフランシスコに出現した。さらに数年後に引き続き団体が形成された。その会員の結び付きは、共有する方言、居住地、職業に対する共通の地域性を超えて一緒にして拡大した。19世紀の中国では集落や地域は、まったく孤立し、交流の手段は乏しい状況であり、そのために地域の隣同士の住民でも異なった方言を話していた。話す方言で、他の住人を強烈に識別した。海外に移民した方言の集団仲間は、同じ近隣、都市、地域に定住する傾向となり、同じような仕事に就いた。香山（Heungsan）人や客家（Hakka）[1]人は、ハワイへ向かった。四邑人は、群れをなしてカリフォルニアに押し寄せ、20世紀半ばには中国系移民の約4分の3を占めるようになった。三邑人は、ハワイやアメリカ本土の両方へ移民した。より都会化していた三邑人は、交易商人、食料品商、肉屋、仕立屋やその他の事業家になった。より貧しい四邑人の人びとのほとんどは、アメリカでは肉体労働者から始めた。カリフォルニアにおける香山出身者は、サクラメント・サンウォーキーン流域で小作農業に従事したり、サンタ・クララ流域の植木業者とし

て生計を立てた。

2) 地縁と血縁を伴う中国人共同体

　地域の団体とほとんど同様に、家族や同族の団体もまた重要であった。中国の伝統において、彼らは同じ姓により、少なくとも共通の先祖を有していることを想定して、族外結婚制度を遵守していた。新世界では、各同族は非常に多くの仲間により、自らの共通の先祖を有する親族団体を形成した。それと同時に、一握りの構成員である親族団体が連携して合同した。まさに同郷の出身者は、一緒に定住する傾向があったので、類似した姓を持つ中国人はしばしば同じ地域に集合して、特定の仕事に従事する傾向があった。

　同郷と親族の両方の団体から、多くの種類の相互扶助が提供された。彼らの役員が新しい移民を出迎えに行ったり、団体が所有する建物で一時的な宿泊を提供したり、金鉱に野心を抱く採掘者や、作物の栽培をしたり、土木工事で働くつもりである労働者を調達したり、紛争を仲裁したり、交換性の信用貸し付け団体を形成したり、各個人の中国への手紙の送付や送金をしたり、病人や困窮者を世話したり、神殿や寺院をも建設したり、共同墓地を管理したり、最終的な埋葬のために死体を掘り出して中国の郷里の村に遺骨を送付したりした。手短に言えばこれらの組織は、中国ならば拡大家族や同族、家系にて行われている重要な機能を実践した。

　中国人の間には、祖先との繋がりに強い価値が与えられているので、アメリカの中国人も移民の初期段階では、相対的に結婚や出生がほとんどなかったので、彼らは葬式を主に意味する死後の儀式に特に関心を示した。中国で普及している宗教は、儒教（Confucian）信奉者と道教信者（Taoist）、仏教徒（Buddhist）、アニミズム信奉者（animist）などが、混合により融合していたので、地域や親族の団体が宗教や類似の宗教に奉仕することが可能となった。信者は、神が宿る祭壇と線香を収納する金属製の容器さえあればよかった。宗教的に大切な多くの行事はあったが、定期的に予定される礼拝式や多くの組織化された宗教職はなかった。個人では精神的な必要性や特別な儀式が要請される時に、簡便に寺院に行ったり、祭壇の前で祈ったりできる。建物を所有している各地域や親族の団体は、通常1つ以上の祭壇のある部屋を別個に確保したので、お祈りしたい仲間は、その設備を使用することができた。

その他の重要な相互扶助の形態として、交換性の信用貸し付け団体があり、それで個人やグループが商売を始めることができた。各自が金銭的利益を得る機会があるまで、個人が定期的に資金を共同出資して、そのグループの各会員が各月（あるいは特別なある期間）に拠出された総額を交換的原則で使用することに同意した時に、そのような団体が形成された。このような慣例は、都会の地域において最も普及した。小作人になったアジア系移民は、むしろそれに頼らなかった。というのも、地主、問屋や銀行でさえも、彼らに信用貸し付けの適用を拡大することをまったくいとわなかったからである。

アメリカ合衆国本土とハワイにおけるアジア系移民の歴史でより興味深い相違点の1つは、アメリカ本土ではほとんど上陸するやいなや組織を形成したのと違い、ハワイのアジア系移民はそのようになるまでにより長い期間を要したことが挙げられる。ハワイの中国人は、ハワイ諸島では1854年に初めて葬儀団体 (funeral society) を創設したが、同族団体 (family association) は1889年まで、会館は1890年まで形成されなかった (*Clarence Glick, 1980*)[2]。ハワイでの出現が遅れた1つ目のおそらく確かな理由は、耕作生活における画一的で規則的な反復により、そのような施設が不必要な状態に追いやられただけでなく、それらの出現を妨害した。2つ目の考えられる理由としては、ハワイ諸島における中国人の人口がアメリカ本土より少ないために、各地域あるいは各同族からの人びとだけでは団体を支えるには不十分な人口であったからであろう。3つの目の起こりうる理由は、初期の耕地がきわめて隔離されていたので、異なった耕地で生計を立てている人びとが、お互いに連絡や交流するのが困難であったからであろう。たとえ交通手段が改善しても、契約労働者として、彼らの後から移民した中国人やグループは自由に旅行できなかった。それとは逆に、アメリカ西部におけるアジア人は、かなり移動しやすかった。しかし、まさに彼らの多くが移民の生存を確保する実態からも組織化が必要となった。

3）中国六大公司と呼ばれる公所の結成

異なった団体における構成員間の紛争を裁定するために、1862年にカリフォルニア州にある6つの会館の役員達が、各会館からの代表者から構成される公所 (*gongsuo*, public hall) と呼ばれる緩やかな同盟を形成した。ヨーロッパ系アメリカ人は、この機関を「中国六大公司 (Six Chinese Companies)」と呼んだ。それから20年後に、

1882年中国人排斥法が実施された時に、サンフランシスコの中国総領事からの要請に基づいて、厳しい世間に対して連合した活動を示す必要があるとの思いから、共同体の指導者達は中華会館（Zhonghua Huiguan、いわゆる中華総会館（Chinese Consolidated Benevolent Association: CCBA））と呼ばれる公式の傘下団体を結成した。このような新しい同盟が、古い呼び名の通称をまもなく獲得して、英語では中国六大公司として知られるようになった（*Him Mark Lai, 1987*）[3]。

　中国六大公司の主要な役割の1つは、反中国人に対する法律の制定に対して闘争することであった。この目的のために、中国六大公司は、中国人構成員の権利を保護するために、ヨーロッパ系アメリカ人の弁護士団を半世紀以上にわたり雇用した。その他に提供した重要なサービスは、中国六大公司が1884年に創設した移民の子供のための中国語学校であった。その活動は、構成員の会費、特別な分担金、中国へ戻ることを希望する中国人に対する出国証明書"exit permit"の発行のための徴収金によって支援された。中国六大公司やその構成団体が構成員自らの借金を清算するまで、だれもそのような証明書を取得できなかった。中国六大公司は汽船会社に対して、出国証明書を保持していない人には乗船券を販売しないように説得したので、奨学生らは横暴であると非難したが、このように中国六大公司は中国系移民に対してある程度の支配を及ぼした。

　西部以外のその他の地域における中国人を世話するために、中華総会館が1883年にニューヨーク、1884年にホノルルとバンクーバー、1885年にリマ、1886年前後にポートランド、その数年後にシアトルに設立された。ホノルルの中華総会館は、その英語名称を中国人連合協会（United Chinese Society）として運営した。近年までカリフォルニア州以外の組織は、サンフランシスコの組織が中国系アメリカ移民に影響を与えるすべての事項に対して指導力を発揮することを期待していた。1920年代の後半から、国民党（Guomindang, Kuomintang, 中国国民党（Chinese Nationalist Party））が中国を支配し始めて、1949年に台湾を統治して現在に至るまで、中国の領事官は、アメリカのチャイナタウンでの出来事に影響を及ぼすために中華総会館を活用した。

4）商人が有力となる中国人共同体

　商人らが、地域や同族団体、特に中国六大公司においてほとんど手に入るすべての指導的地位を占めた。彼らは、会長、副会長、役員会理事や委員長を支配した。

そして、このような団体は中国系移民の多くの生活面に影響を及ぼしたので、商人達は中国系移民共同体の中で権限を持つ幹部となった。

　商人達が幹部になる状況が、中国系移民共同体が中国本土と最も明確な相違点であった。中国本土では社会構造の上層階級は、学識上流階級から構成されていた。中国王朝は、一連の科挙制度（imperial examination）を合格した男性達により支配された。無料の公的な義務教育制度はないので、裕福な地主一族の子孫は、役人になるためにこれらの試験に合格できるように最善の教育を受けられる機会を獲得したことを引き起こした。いったん役所に入ると、彼らはより多くの富や土地を所有できる無数の好機を得た。孔子（Confucius）の教えに従い、農民は人びとが生存するための原材料を生み出すので、社会通念において学識上流階級に次いで尊いとされる地位に位置づけられた。その次に有用な物を作る職人が位置づけられた。自ら新しい原材料を生み出さず、安く買い高く売ることで生計を立てる商人は、社会通念の階層では最下層であった。もちろん実際には、商人は息子の科挙の受験のためにお金で家庭教師を雇うことができ、場合によってはお金で土地だけでなく社会的身分も獲得できた。しかし、彼らが獲得するどのような地位も、常に貧弱な位置を占めていた。

　学識上流家系の息子はほとんど移民しなかった。しかし、中国の伝統的社会ならば商人を排除するような機会を、海外ではそうではない機会を見つけ出すことができたので、多くの商人が移民した。すべての東南アジアで、中国人の商人は大なり小なり商売に成功していた。南北アメリカ大陸に移民した広東の商人も、比較的商売をうまく運んだ。何世紀もの間、外国人相手の商売をしていたので、彼らはまったくあか抜けしていて、商売を引き受けて手に負えなくなることはほとんどなかった。1852年に農業労働者の集団が到着するまでに、サンフランシスコの数百人の商人達はすでに団体を形成して、建物を賃借りや購入したり、開店したり、ヨーロッパ系アメリカ人共同体との提携を確立していた。同郷人の仲間を助けることで、商人達はすばやく彼らも支配した。彼らが享受した支配力は、1世紀以上も継続した。1882年以後に、アメリカ移民法が彼らには有利に働いてから、実際に商人達が社会的、経済的と政治的力量を結集することも許容された。

5) 友愛組織の堂と同業組合の中国人共同体

　中国系移民も、宣誓した兄弟の契りや、同業組合、政党を形成しながら、共通の利益を基盤としてお互いの集団を形成した。共通の出身者や血縁関係を超越した重要な団体の1つは、在米中国人の堂（tang, tong）であった。堂は単に会館（hall）を意味するが、アメリカ人の中では、秘密裏の参入儀式と兄弟の契りの宣誓を通じて会員同士が結束した友愛組織として言及された。在米中国人のなかで最も有名な友愛結社は、到公堂（Zhigongtang, Chee Kung Tong）であり、それは満州族の清王朝の打倒と漢民族の明王朝の復活を支持するため当初に結成された中国本土の秘密結社から由来した。このような秘密結社は、さまざまな名前で運営されていた。西洋の学者は、一般にそれらを三合会（Triads）と呼称した。いくつかの三合会の構成員は、太平天国の乱に参加した。1864年最終的にそのような反乱が鎮圧された時、かなり多数の仲間が、彼らの信念、儀式や長年にわたる組織化の経験を携えて、東南アジア、ハワイ、アメリカ西海岸へ逃避した。

　到公堂は、ヨーロッパ系アメリカ人から洪門堂（Chinese Freemasons）とも時々呼ばれ、北米の中国人にとって、決して単なる友愛組織だけではなかった。1869年に初めて創設されたハワイを含めてアメリカ大陸の異なった数十の地域に存在していた。ハワイにおける初期の堂の多くは、客家の方言の集団が主体であった。しかし、徐々にその他の方言の集団も形成された。堂は、特に移民集団の中で身分の低い人びとも参加でき、既存組織に代わる反体制社会組織を提供したので普及した。

　そのうちに堂は、自分たちの敵を殺すために「無頼漢」や「殺し屋」を雇う戦闘結社（fighting tongs）として悪評が高くなった。その目的は、居場所を確保して、ばくちや麻薬、売春、ならびに移民排斥（immigration exclusion）が強要された後に、中国人を密入国させることで利益を独占して、中国系移民の暗黒街を支配することであった。利益を儲けるために、かつては名声のあった商人が結社の構成員となった。アメリカ本土での流血の抗争と比較して、ハワイにおいては犯罪活動に関係した堂の記録もなく、ハワイ諸島では秘密結社闘争（tong wars）も発生しなかった。

　同業組合は、共通の出身者よりも相互の利害関係に基づいてアメリカのチャイナタウンに創立された別の種類の組織である。労働組合だけでなく職人組合は、何世紀にもわたり中国本土に実在していた。同業組合は、見習い修行をして、職人の腕前を維持し、生産して販売する商品に値段をつけて、領有権を強化した。昔ながら

の地域では、同業における親方と見習い、雇用主と従業員とがしばしば単一の同業組合に所属した。雇用主は東家（dongjia, east houses）と呼ばれる同業組合を結成し、その一方で、労働者は西家（xijia, west houses）を結成した実例もあった。

このような伝統の基では、在米中国人が、経済的利益を確保するために、同業組合を結成するのは意外なことではない。洗濯屋や靴屋、煙草屋の同業組合が、1860年代後半にサンフランシスコに生まれた。洗濯屋の同業者である同心堂（Tongxingtang, Tung Hing Tong）は、特に有効な組織であった。激烈な競争を防ぐために、洗濯するさまざまな品目に対して同一の価格を設定し、それぞれの洗濯屋が公平に存続できる機会があるように、近隣地域の構成員間で洗濯物の分け前を分配した。基金を集めて、中国人の洗濯屋に対する反中国人条例に対抗するために弁護士を雇用した。

第3節　日本人アメリカ移民による共同体

1）県人会から始まる日本人共同体

アメリカ本土における日本人移民の中で、最も共通した組織は、県人会（kenjinkai, prefectural association）であった[4]。中国系アメリカ移民が始まる前から存在していた会館とは異なり、日本人が北アメリカに到来して以後、県人会が主としてその重要性を帯びた。県より小さな地理的な単位である市町村や近隣区域からの人数では、有効な組織を形成するには十分ではないので、共通の県の出身者が団体の基盤となった。県人会はハワイでも結成されたが、その最初の結成は県の仲間として広島県人（kenjin, prefecture mates）と山口県人との合同事業であった。それらは明らかに、アメリカ本土における県人会ほど重要な共同体にはならなかった。その上、耕作生活の特質から、そのような組織の必要性は少なかったかもしれない。ハワイにおける沖縄県人の歴史研究によれば、耕地から都会地域に移住するようになり始めるまでは、県人による地域組織は発展していなかったことが報告されている[5]。同じように、他府県からの日本人移民においても当てはまるように思われた。

県人会は相互扶助を提供して、構成員の社会生活を豊かにしたが、中国人の会館や同族団体のように構成員の支配をあまり行使することはなかった。それは先に到着していた中国人が出身地や同族団体に依存していたようには、日本人の新参者は

一時的な住居や食物は県人会に依存していなかったからである。北アメリカのすべての主要な入り口で税関のある港町ごとに日本人が経営するホテルや下宿屋が、日本人の雇用主あるいは管理者に関わる県人に対して提供されていた。その一方で、労働請負業者が、このような宿泊所内において新着移民（greenhorn）が仕事を探すのを支援する職業紹介所を設けた。

2) 在米日本人会の結成

　ちょうどサンフランシスコにおける中国の総領事が、反中国人運動が絶頂にあった1882年に、中国系移民の指導者に地域社会全体にわたる団体を結成することを熱心に勧めたように、日本の総領事も第2次世界大戦以前に、最も重要な機関となった日系アメリカ人の地域共同体として在米日本人会（Japanese Association of America）の結成の手助けの役割を担った（*Yuji Ichioka*（市岡雄二），*1977*）[6]。カリフォルニア州において強烈な反日本人感情が存在していた1908年に結成された在米日本人会は、やがてサンフランシスコの全米本部、「中央日本人会（central bodies）」と呼ばれた数個の支部ならびに数十の地域団体から構成された。中央日本人会の管轄は、日本のさまざまな領事館の担当地域と一致していた。1913年にシアトルに創立された米国西北部連絡日本人会（Northwest American Japanese Association）[2]は、ワシントン州やモンタナ州の日本人も対象とした。1911年ポートランドで結成されたオレゴン日本人会（Japanese Association of Oregon）は、オレゴン州とアイダホ州の居住者に関して管轄した。サンフランシスコの全米本部は、後にサンフランシスコ支部として分離したが、カリフォルニア州の中北部とネバダ州の事業を引き受けた。南カリフォルニアの日本人中央会（Central Japanese Association）は1915年にロサンゼルスにて結成され、南カリフォルニア、ニューメキシコ州、アリゾナ州の業務に対応した。次いでコロラド州、ユタ州、テキサス州、イリノイ州、さらにニューヨーク州に、支部が存在していた。それまでに検討されていなかった理由から、その組織網にはハワイは含まれていなかった。

　在米日本人会は、アメリカ在住の日本人移民ならびに渡航に関して特例の規制をしたために、政治力をある程度獲得した。日米紳士協定の基で、日本に帰国後にアメリカに再入国する希望のある日本人は、出国する前に再入国する資格のある真正な在留邦人である事実を認定する証明書を得るように要求された。日本の外務省は

領事館を通して、いくつかの在米日本人会にこのような証明書の発行や、このようなサービスに対する徴収料金の半分を保有する権限を与えた。このような施策により、在米日本人会に資金的な財政能力を高めるだけでなく、日本人移民集団を広範囲に管理できるようにした。このような状況により、ちょうど中国六大公司が秘密裁判所（secret tribunal）であると見なされて誹謗されたように、在米日本人会は東京の中央政府の手先であると非難されるようになった。

　在米日本人会と中国六大公司との間でその他の類似点は、人種差別的な法律に対して異議申し立てするために両者ともにヨーロッパ系アメリカ人の弁護士を雇用したことであった。中国人は排斥法に焦点を合わせたのに対して、日本人は外国人土地法を無効にするように精力的に裁判をした。さらに、在米日本人会はアメリカ人の世論が好意的になるのを期待して、多数の英語版パンフレットを刊行して配布した。

3）在米日本人同業組合の結成

　その活動が目立ち、日本人移民の動向に影響力を及ぼしているにも関わらず、在米日本人会とその種々の支部には、日本人移民の成人男性人口の３分の１も入会していなかった。会費にいくら移民が費やすことができるかの制約を伴っていた。おそらく限られた資金しかない移民達は、生計により直接的に関係している組織を支持することを選択したのであろう。日本人移民は、同業組合を結成する特異的な好みを示していたので、そのような組織が非常に多く結成された。

　1940年に日本語で刊行された概説的な歴史書である『在米日本人史（*Zaibei nihonjinshi*）』（日系アメリカ移民の歴史（A history of the Japanese in America））によれば、20内外の日本人靴工業者が、東京靴工同盟会團（Tokyo Shoemakers' Alliance）の副会長の助力により、副会長がサンフランシスコ市訪問中に靴工同盟会（Shoemakers' League）を結成した1893年に、最初の同業組合が創設された。その同盟会は、会員が利益を得られるように、まもなく共同購入組合や共同市場組合を形成した。1903年までに、数多くの交易商人が、日本美術雑貨商店をサンフランシスコ市で開店して、猛烈に破格の値段で安売りしていた。そのような状況に対応するために、彼らは日本美術雑貨商組合（Art Goods and Notions Commercial Association）を1903年に結成して、次年度の1904年に桑港日本美術雑貨商同盟会（San Francisco Art Goods and Notions Commercial Association）と名称変更して、有害な競争を最小限に留めた。

洋服染業者は、1908年に桑港日本人洋服染業組合（San Francisco Japanese Cloth Dye Trade Association）に同盟した。日本書籍雑誌店業者は、米国雑誌書籍商業組合（American Magazines and Books Commercial Association）を1915年に結成した。乾物屋、食料雑貨店（grocers）、旅館業、料理屋業（restaurant owners）、湯屋（bathhouse operators）、ドライクリーニング店、洗濯業、理髪業、菓子屋、花屋、医師などのすべてが同業組合を組織したことで、1915年頃から在米の日本人商工会議所（Japanese Chamber of Commerce）を設立することが可能となった[7]。

都会における商売や専門職が激増したにも関わらず、農業は相変わらず日本人移民における経済的基盤として存続していた。それゆえに、農産物の生産、処理、販売、市場に関係する同業組合が、最も大多数の日本人に影響を与えた。日本人移民は20世紀の初頭に、数多くの地域農業協同組合や中央農業組合、農業労働者請負組織の設立を始めた（*Noritake Yagasaki*（矢ケ崎典隆））[8]。サンフランシスコ湾岸地域の花卉栽培者は、加州花卉栽培業組合（California Flower Growers Association）を1906年に設立し、その6年後の1912年にカリフォルニア州の条例に基づき法人化した加州花卉市場（California Flower Market）を開設した。ロサンゼルス地域の花卉栽培業者も、1913年に南加州花卉市場の先例にならった。サリナス流域のレタスとジャガ芋の栽培業者は、サリナス流域日本農業請負組合（Japanese Agricultural Contractors' Association）を1908年に設立した。同年の1908年に、サクラメント・サンウォーキーン三角州地帯では、ウォルナット・グルーブに本部を置いて、「同業者仲間を振興し、相互連携を進展するために、従来からの乱用や無制限な競争を取り除いて、調和と協力により農業を発展させるため」として、三角州農業組合（Delta Agricultural Association）を設立した[9]。1910年代の中頃にかけて、野菜、イチゴ、セロリ、カンタループ、その他の多数の作物の生産者も、彼ら自身の協同組合を結成した。一方では、カリフォルニア州の中央日本農業組合（Central Japanese Agricultural Association）が、カリフォルニア州北中部における農民の傘下組織としての役割を果たし、南加州中央農会は、カリフォルニア州南部における包括的な団体としての機能を果たした。

ロサンゼルスにおいて日本人が関係していた特に2つの重要な農業組合は、ロサンゼルス市場としても知られていた第九街市場（Ninth Street Market）と、第七街市場（Seventh Street Martket）であった。日本人だけが従事していたわけではなかっ

た。むしろ、両者ともにかなりの数の日本人と中国人が参加する多民族事業であった。1906年のサンフランシスコ大地震の後に、ロサンゼルスに移住してきた数千人の中に日本人達も含まれていた。その日本人の多くが、農産物の栽培業者と販売業者になった。1907年の後半に日本人グループは、すでに第三街（Third Street）に小さな市場があったけれども、新しい農産物市場の開設の可能性を話し合うために会合した。日本人の計画は、中国人、イタリア人、その他の民族との協同で、第九街とサンペドロ街の間にロサンゼルス市場を設置することが1909年に実現できた。日本人は資本金の18％を、中国人は41％を、ヨーロッパ系アメリカ人は41％を出資した。その市場の役員は、アメリカ人、イタリア人、ロシア人、中国人と日本人から構成された。しかし、その市場の主な利用者は日本人であった。日本人はその売場の3分の2を、荷車場の半分以上を借用した。もとは田園地帯であった第九街市場とは違って、1918年に第七街市場が南太平洋鉄道（Southern Pacific Railroad）により確立された。日本人移民はその経営には口出ししなかったが、その主要な利用者の一群であった。

　このようなさまざまな農業組合は、多方面な機能に貢献した。農業組合により、移民がカリフォルニア州の農業事業の独自部門に対して縦断的に運営できるようになった。日本人の農業生産者が、田舎や郊外から離して生産物を日本人の委託商人に売り渡し、その次に彼らがそれを卸売りに販売して、そこから都会にいる多くの日本人の小売店に農産物を供給して食料品店を生み出した。その上各生産過程において、日本人の資源を集積することで彼ら自身の重要な情報を内輪で共有したり、新しい知見を翻訳して普及させたり、カリフォルニア州の農業生産者が先頭を切って設立した協同市場を全米網に繋げたり、生活必需品を大量購入したり、新来者に種々の事業部門の着手方法を教えることができた。ついに、このような同業組合は、経済的な存在価値以上になった。同業組合は、その上に社会的要求にも応えたり、定例のピクニックを開催したり、重要な祭りを祝ったり、展示会を企画したり、組合の功績を讃えたり、奨学金を授与したり、若者達を取り込みながら、無数の副次的な組織を生み出すことに貢献した。

　1930年代までこのような同業組合の連絡協議会は、常に日本人によって管理されていた。日本語で記録も執られていた。しかし、移民の子供達が適齢期となり、次々に同業組合事業へ参加し始めると、英語の翻訳が導入された[10]。このような同

業組合の幹部として従事する男性は、期待されたとおり地域共同体のエリート層になった。こうして多くの小作人の農民はもちろん、自分の土地を抱えている農業生産者も同様、都会の商人達とともにエリート層の地位を共有していた。ジャガ芋王のジョウジ・シマ（Geroge Shima, 牛島謹爾）は、長年にわたり在米日本人会の会長であった。

中国人の商人が中国国内において上流階層に所属していないように、日本国内においても商人や通常の農民も、富と地位や権力を獲得できていなかった。しかし、北アメリカに非常に多くの日本人が移民した当時に、日本の社会構造が急速に変革した。明治政府は、徳川幕府体制を破棄したが、由緒ある家族の一員たちはかなりの名声を享受し、もしも明治政府の官職に就いたならば、権力を獲得し続けた。新しい官僚的なエリートの内でほんの少人数が海外に留学した。アメリカに留学に来た官吏は、大部分はより高度な教育機関で勉学した。しかし、そのうちのわずかな者は、最後にはテキサス州で米栽培を目指した。それゆえに、移民共同体の指導者達は、主として自力で成功を手中に入れ、厳しい労働と倹約の期間を経てから独立した起業家になれるようにやり遂げていたのであった。

成功をおさめた商人や農民に加えて、日本人移民共同体においても暗黒街の起業家がいた。しかし、彼らの活動は、中国人結社の構成員ように、ヨーロッパ系アメリカ人の報道機関によって、広範にあるいは不気味に過激報道されなかった。日本政府は、いつも国際的な評判を気にして、当初は売春のための女性移民の防止に躍起になっていた。その一方で、移民達の宗教指導者は、ジャーナリストや在米日本人会の幹部、地元警察官の助けをかりて、賭博の撲滅に努めた。日本人共同体の指導者達が移民の賭博を根絶しようとしたのは、道徳的理由だけでなく、移民達が苦労して一生懸命稼いだ多くの金銭が中国人賭博で、中国人だけでなく日本人、朝鮮人、フィリピン人、ヨーロッパ系アメリカ人がそこに頻繁に訪れては、巻き上げられていると思われたからであった。例えば、カリフォルニア州中部の都市であるフレズノにおいて日本人のプロテスタント牧師が、日本人ブドウ採集者が1907年夏の間に、19の中国人賭博場で20万ドルを巻き上げられた事件を訴えた（*Yuji Ichioka*（市岡雄二））[11]。これは相当な金額である。その当時の農場労働者の日当は1ドルにすぎなかった。共同体指導者による賭博の撲滅の努力に呼応して、少数の日本人賭博である犯罪組織があざ笑うかのように、国粋主義的な理由により自分達の賭博店

舗をひいきにすることを日本人達に奨励していた。

　目がくらむような娯楽や博打の興奮に賭けて即席に金持ちになる可能性は別にして、中国人賭博場では多くの場合、食事が無料であったり、少なくとも熱いお茶が提供されていたので、多くの困窮したアジア系移民が、いつでも時間を気にしないで過ごした。このような賭博場は、その他の薄汚い賭け玉突き場や格安の食堂のような数少ない場所の1つであり、過度に煽り立てられて迫害されて、身寄りの無いアジア系男性達には、老若を問わず、多かれ少なかれ、喜んで受け入れられている心地がしていた。

4）日本人アメリカ移民に布教する仏教

　賭博場や賭け玉突き場をうろつく人びととは対照的に、健全なる仲間を望む移民は、宗教組織を求めた。日本人移民の多くの割合は、仏教徒であった。アメリカ合衆国においては、日本の仏教（Buddhism）における50以上の分派のうちの5派が典型となった（Louise Hunter, 1971, Tetsuden Kashima（鹿島哲典），1977）[12]。浄土宗（Jodo, Pure Land）と特に浄土真宗（Jodo Shinshu, True Pure Land）は、多くの日本人移民の出身地である日本南西部地方で信仰されている阿弥陀仏の一派であるが、日本人移民の4分の3から10分の9は浄土真宗の一派である西本願寺（浄土真宗本願寺派本山）に所属していた。阿弥陀仏は、無量光仏あるいは無量寿仏と訳され、その慈悲を通して、信心することで救われて往生できると信じられている。浄土は清浄で幸福な世界であり、信心により往生できる世界とされている。浄土宗派の信奉者は、信心して常時に念仏（nembutsu, 南無阿弥陀仏）すなわち、阿弥陀仏の御名を唱えることで、浄土に到達できると信じている。浄土真宗派は、慣例的な念仏の復唱の必要はなく、一念の信心が大切であると信じている。浄土真宗は16世紀後半における論争で分裂して、京都の本願寺の門首を継続している西本願寺派と東本願寺派の2派に分裂している。ハワイやアメリカ本土にも東本願寺派がいるが少数派である。

　西本願寺の僧侶が1889年に初めてハワイに到来した（Louise Hunter, 1971）[3]。その僧侶は7か月間滞在して、ハワイ島のヒロに小さな寺院を建立するためのお布施を耕作労働者から集めた。その後、彼は住職としてハワイにおいて布教組織の設置に向けて本山からの支援を請願するために日本へ帰国した。彼は本山を説得すること

に失敗したが、2人の若い僧侶が1889年の後半から1890年の初頭にかけて、ハワイへ渡航して日本人の宗教的要望に応じた[13]。しかし数年後に、多くの詐称師が宗教を手段として、日本人耕作労働者を食い物にした。すなわち、寺院を建立することを口実にして、彼らからお布施を巻き上げて、その資金を持って姿をくらましたのである。1897年にやっと、ハワイ諸島の日本人信者の痛切な訴えに応えて、西本願寺はハワイを外国布教事業に組み入れることを決定した。ロシアや台湾の日本人移民に布教した経験の豊かな僧侶を、ハワイ布教組織の門首に任命したが、健康を害したために、まもなく日本に帰国させられた。情熱的で献身的な僧侶である今村恵猛（Imamura Yemyo）がその後釜となった。今村恵猛は仏教青年会（Young Men's Buddhist Association: YMBA）を組織して、労働者に英語を教える夜間学校を開いて、会報を発刊した。ハワイ在留の日本人は、1898年ヒロに、より大きく立派な寺院を、1900年にはホノルルに2階建ての寺院を建立するために資金を寄付した。

　西本願寺の2人の開教師[4]が、1899年にアメリカ本土のサンフランシスコに初めて渡航した（*Tetsuden Kashima*（鹿島哲典），1977）[14]。その3年前にカリフォルニア州で過ごした2人の日本人が帰国して、当地の日本人に対して奉仕する僧侶を派遣することを本山に誓願していた。その要望に応じるように、本山はその状況を把握するために、2人の布教視察使[5]を派遣した。2人の布教視察使はサンフランシスコで数十人の信徒に出会い、1898年に仏教青年会（YMBA）を設立するのを支援した。それから彼らは相当数の日本人がいるサクラメント、シアトル、バンクーバー、その他の町や都市の信者を訪問するために移動した。その後に1899年2人の開教師が渡米した時に、彼らはカリフォルニア州で法人化した北米仏教団（North America Buddhist Mission）を設立した。その僧侶の1人は、日本語で日本人に勤行を実践し、もう1人はヨーロッパ系アメリカ人に対して英語で礼拝に応対した。2人の開教師は、サクラメントとフレズノでも仏教青年会を設立し、仏教婦人会（Buddhist Women's Association）を組織して、会報を発行した。その組織は英語名称が数回変更された。1905年に桑港仏教会（Buddhist Church of San Francisco）に、その後1906年に仏教団（Buddhist Mission）、1944年には最終的に米国仏教会（Buddhist Churches of America）という名称に変更した。「教会（Church）」という言葉の使用が、日本人仏教徒がアメリカの社会環境に適合する1つの方法であった。その他の変更としては、信者座席の設置と賛美歌集の使用であった。

第4章　アジア系アメリカ移民共同体による社会組織　The Social Organization of Asian Immigrant Communities　107

第4節　キリスト教と競合するアジア系宗派

　プロテスタント教派は信者を得るために、中国人と日本人の宗教組織と競合した。長老派教会がサンフランシスコにおいて中国人のための聖書学級を開始した1851年から、プロテスタント教派はカリフォルニア州においてアジア人をキリスト教に改宗させる活動を始めた（Wesley Woo, 1983）[15]。中国で以前に牧師の侍者を務めていた宣教師で、広東語を話すことができたウィリアム・スピア（William Speer）は、1852年にサンフランシスコに到来して布教所を開設した。彼は中国人の言葉を話して、中国人の流儀を理解していたので、スピアがカリフォルニア州で移動するところはどこでも、中国人は彼を歓迎した。しかし、病気のためにカリフォルニア州を去るまでに、彼は依然として中国人をほとんど改宗できなかった。長老派教会の中会[6]は、布教所を1857年に閉鎖した。その以前から中国で従事していたもう1人のアウグストゥス・ルーミス（Augustus Loomis）が、1859年にサンフランシスコに到来した時から布教所を再開した。ルーミスは、彼が死ぬ1891年まで中国人と日本人の要望を満たした。プロテスタント教派の長老派に加えて、バプテスト派、メソジスト派、会衆派が主に、アジア系移民の中に積極的に布教を働きかけた。
　アメリカ本土のキリスト教宗派は、中国本土からの中国人を聖書行商人や助手としてのみ雇用したのに対して、ハワイのアジア系キリスト教徒はより重要な役割を果たした。サムエル・デイモン（Samuel Damon）が、1868年ハワイ諸島に中国人に対して日曜学校を開設した。その1年後の1869年に、説得力がある中国人キリスト教徒であるS.P.ヘオング（S.P. Aheong）がハワイに到来して、中国人の同郷人に働きかけた。シット・ムーン（Sit Moon）は1875年に到来したキリスト教への改宗者であり、その当時はハワイ王国ではわずか300人未満の中国人キリスト教徒しかいなかったが、1881年にハワイで初めてホノム教会の中国人牧師になった。日本人の改宗者には、同様に日本人キリスト教徒の牧師が主に貢献していた。その中で、ホノルルで働いていたメソジスト監督教会派の福音伝導者であったミヤマ・カンイチ（Miyama Kanichi, 美山貫一）[7]、ハワイ島のホノム教会（Honomu Church）の牧師となったソカベ・シロウ（Sokabe Shiro, 曽我部四朗）、不屈の仏教徒の敵対者であったオクムラ・タキエ（Okamura Takie, 奥村多喜衛）[8]が最も有名であった。しかし、

アメリカ本土であろうとハワイ諸島であろうと、アジア系あるいはヨーロッパ系のキリスト教宣教師は、あまり多くの中国人や日本人を改宗できなかった。それにも関わらず、キリスト教徒となったアジア系移民は、その数以上の重要な意味をもった。彼らは共同体で最も社会適合した一員として、時には2つの文化の架け橋となったからであった。彼らと付き合うことを好むヨーロッパ系アメリカ人は、彼らに対して移民共同体のなかで占めている指導的地位を支援するのを助ける正統性の権威を与えた。

第5節　朝鮮人アメリカ移民による共同体

1) キリスト教会から始まる朝鮮人共同体

　朝鮮人移民は、その宗派の状況はまったく異なっていた。彼らの多くが朝鮮を離れる前にすでにキリスト教に改宗していたので、キリスト教の教会が最も重要な共同体の施設となっていた。朝鮮人移民がアメリカ移民した後に、そのキリスト教徒がその他の人びとを改宗するのに奮闘した。朝鮮人移民は、1903年にハワイに移民してから、わずか半年後の1903年に最初の教会の施設を開設して、韓人宣教会 (Korean Evangelical Society) を組織した (Hyung-chan Kim)。彼らは、1905年に大韓恩恵教会 (Korean Episcopal Church) を設立して、1917年に独自の大韓キリスト教会 (Korean Christian Church) を設立した[16] [9]。1918年までに、全部で39か所の朝鮮人プロテスタント教会が存在して、ハワイにはおよそ3,000人の朝鮮人キリスト教徒がいた。アメリカ本土では、1904年にロサンゼルスに最初の教会の礼拝を挙行して、1年後の1905年に大韓カムリ教会 (Korean Methodist Church) を設立して、その次の1906年には大韓長老教会 (Korean Presbyterian Church) を創立した。20世紀の最初の20年間には、アメリカ西海岸沿岸には約1,000人の朝鮮人しかいなかったが、十数か所以上の教会を設立した。メソジスト派と監督教会派の教会がハワイでは最も会員が多かったが、アメリカ本土ではメソジスト派と長老派の教会が優勢であった。

　教会は、朝鮮人移民の宗教的要望だけでなく、その上に社会的ならびに政治的要望にも応じた。朝鮮人は、本国における日本の植民地化に対抗する責務を感じてい

たので、中国人や日本人以上に、政治に深く関わることになった。教会は、それを通じて資金を調達したり、政治討論したり、活動を組織化する機関になった。宗教と政治が重要な地位にあることから、商人や農民は朝鮮人移民の中で幹部にはなれなかった。むしろ新教徒の牧師や脱国政治亡命者、たいていは彼らと同じような人びとが、最も明確に組織化の要望を表明した。

2) 組織化する朝鮮人共同体

　おそらく必要性に迫られて、朝鮮人移民は自らを統率するのにとても熟練していた。朝鮮人移民が渡米するやいなや、十数人の朝鮮人家族ごとに各耕地の集落会議である通會（つうかい）(tong-hoe, village councils) を創設した（Bong-Youn Choy）[17]。成人男性は毎年、その会議で決定した規則に従わせるために、議長である通長 (tong-jang, council chief)、戦闘部隊の曹長、数人の警官を、自分たちの中から選出した。彼らは、新しい民衆組合である臣民會 (Sinmin-hoe, New People Society) を1903年に結成したが、その主な役割は、朝鮮本国における日本の侵略に対して抗議することであった。4年後の1907年に、さまざまな耕地の通會が合併して、ホノルルに本部、島々に支部を設置する連合朝鮮団体 (Hanin Hapsong Hyop-hoe, United Korean Society) を結成した。

　アメリカ本土において最初に設立された組織は、親睦団体である共立協会 (Chinmok-hoe, Friendship Society) であった。それは、国外追放された知識人であり1899年にサンフランシスコに到着したアン・チャンホ (Ahn Chang-ho, 安昌浩)[10] が1903年に設立した。1905年に相互扶助組織（Kongnip Hyop-hoe, Mutual Assistance Society）が出現し、まもなく最初の朝鮮語新聞を発刊した。1909年にハワイの連合朝鮮団体とカリフォルニア相互扶助団体が合併して、朝鮮全米協会（Taehan Kookmin-hoe, Korean National Association: KNA）が結成された。朝鮮全米協会は、アメリカ大陸で仕事をして生活しているすべての朝鮮人には公的発言権があると主張した。各朝鮮人移民は、年会費として3から5ドルの経費で、その加入を勧誘された。ハワイだけでも、朝鮮全米協会の78支部が結成された。

　朝鮮全米協会は、朝鮮の独立のために奮闘する主要な役割を果たすだけでなく、会員に対して福祉事業も実施して、彼らの子供のための学校を設立したり、新聞だけでなく朝鮮語学校用の教科書の発刊を行った。その表明された目標は、朝鮮人移

民共同体の知性的ならびに経済的な発展を促進すること、朝鮮国の独立の復活に尽力すること、アメリカにおける朝鮮人の福祉を向上することであった[18]。

第6節　インド人アメリカ移民による共同体

　中国人、日本人、朝鮮人の地域共同体に関する入手可能な情報と比較して、インド人やフィリピン人の移民共同体の社会構造は、あまり知られていない。インド人移民の多くはシーク教徒であるので、彼らの共通な宗教が、もちろん社会的接点となり共同化に寄与した。一神論の信仰であるシーク教は、シーク教の最初の10人の導師（guru）の言葉や文筆を集積したシーク教聖典（*granth sahib*）の教義の権威に基づいている。アメリカ合衆国におけるシーク教徒の最初のシーク教寺院（gurdwara, Sihk temple）は、1912年ストックトンに建立された。数年間は、そこがアメリカ西海岸の各地におけるシーク教徒の宗教的ならびに社会的に有名な中心施設として貢献した。それを崇拝するために何百マイルもの遠方からも人びとが到来した[19]。

　もう1つのパンジャブ地方からのシーク教徒にとって重要なアメリカ西海岸の施設は、カールサ・ディワーン（Khalsa Diwan）である。それがサクラメント・サンウォーキーン流域の小都市であるホルトの近隣に、シーク教寺院がストックトンに建立されるよりほんの少し前の1912年に創立された。その創立者達は、カリフォルニア州の条例に基づき法人化するために、組織化に向けた法人に関する書類を正式に提出した。その表明された目的は、新参者や特に労働者や困窮した学生達に対する宿泊施設と救護のためだけでなく、そこはより政治に関心をもつシーク教徒が、議論のために集合して、新聞を読み、インド独立運動（Indian independence movement）の活動を工面する資金を調達する場所にもなった。1913年にオレゴン州やワシントン州におけるシーク教徒が、ポートランドとアストリアにヒンドゥスタン協会（Hindustan Association）の本部を創設した。アメリカ北西部沿岸における製材所に向けて財力のある労働者請負所が、ほとんどの組織運営資金を拠出した[20]。

　インド人移民にはわずかながらもイスラム教徒（Muslim）やヒンドゥー教徒（Hindu）もいた。インド亜大陸ではヒンドゥー教徒は多数派であるが、ほとんど移民しなかった。そのために、パンジャブ地方のシーク教徒に対して、ヨーロッパ系

アメリカ人の移民排斥者が引用する「ヒンドゥー（*Hindoo*）」という軽蔑的な呼称は誤った名称であった。インド人移民の3つの信仰が宗派の違いを乗り越えて、1918年に彼らの多くが農耕しているインペリアル・バリーにヒンドゥスタン福祉改善団体（Hindustani Welfare Reform Society）を設立した。ヒンドゥー教の信徒を意味するヒンドゥー（*Hindu*）という言葉と異なり、ヒンドゥスタン（*Hindustani*）は、インド人の事柄に関する形容詞である。ついにインド人移民は、インド人の独立のために奮闘するガダル党（Ghadar（Gadar, Ghadr）party）という政治団体も結成した。朝鮮人移民の場合と同様に、インド人移民の共同体の中で、革命党員の知識人が最も名声を享受した。しかし、彼らは、より富裕な小作人から主に由来する物資の援助なしには十分に目的が成し遂げられないので、小作人の中には移民仲間において指導的役割を果たした者もいた。

第7節　フィリピン人アメリカ移民による共同体

1）アメリカからの独立を求めるフィリピン人共同体

　フィリピン人の知識人も、同じようにフィリピン人移民社会において先頭に立っていた。ハワイとは異なり、アメリカ本土へ最初に到来したフィリピン人は、政府の奨学生であった。ペンショナドス（*pensionados*）と呼ばれた数百人のフィリピン人が20世紀初頭の10年間にアメリカの総合大学や単科大学で学ぶために派遣された[11]。彼らの到来は、アメリカ人によりフィリピン人を文化変容させる一環であり、精選された彼らを訓練して植民地統治の部下に配置した。多くのペンショナドスは、留学後にフィリピン本国にもどり、その後に国家の指導者としてのし上がった。そのような進路を履行するのを失敗した者たちは、恥じて帰国できず、最善の暮らしを立てるためにアメリカに残った。

　アメリカ文化がフィリピン人に及ぼした影響の1つの反応は、フィリピン人移民共同体の中で、多くのアメリカ様式の友愛組合が実在したことであった。最も人気があり有力な3団体は、その1つがディマス・アラング結社（Caballeros de Dimas Alang, Inc.）であった。ディマス・アラング（Dimas Alang）は、殉教者となった国民的英雄のホセ・リサール（Jose Rizal）[12]のペンネームであった。2つ目は労働者連

合会（Legionarios del Trabajo, Inc.）、3つ目はフィリピン人東洋会（Gran Oriente Fillipino, Inc.）であった（*Mario P. Ave, 1974*）[21]。

　ディマス・アラング結社の由来は、1906年にフィリピンのマニラでアメリカ合衆国からのフィリピンの独立を進展するために創設された。1921年にサンフランシスコにその支部が設立された。その目標は、国民的英雄であるホセ・リサールとアポリナリオ・マビニ（Apolinario Mabini）[13]の理想を普及させることであった。但し、これらは、世間一般的な非常にわかりやすい言葉で表現された。その会員達は、愛国心、正義、尊厳、礼儀、自由、平等を通じて「父なる神の下での人類愛」を達成しようと奮闘した。会員は厳しく男性に限定されたが、女性達も補助団体を組織した。誠実な生活を送り、その人格が許容されると既存の会員達から認められさえすれば、どのような職業的背景や出身地の個人でも、入会することができた。その友愛組合は、すべてのアメリカ太平洋沿岸に、入会費と、月会費と年会費と、特別の割当金で運営された宿舎を所有していた。その基金は、緊急時の会員の救護だけでなく、ダンス、宴会、その他の社会的行事を開催するために使用された。その基金は、死去した会員の棺の購入や、その他の葬儀の費用に対処する葬儀資金も補助していた。

　労働者連合会も、マニラにその起源を有していた。それは、1916年のマニラ電気会社（Manila Electric Company）のストライキに引き続いて設立された。1921年ハワイに、1924年にサンフランシスコにその支部が設置され、そこからカリフォルニア州、オレゴン州、ワシントン州の各地に広まった。連合会は、秘密結社のフリーメイソンの教義（Masonic theology）[14]が浸透するにつれて、営業利益や政治活動を控えた。フィリピン人東洋会も、フリーメイソンの友愛秘密結社と同様であり、その他の2つの共同体の構造と目的が非常に類似していた。それは1920年の初頭に初めて出現した。

2）キリスト教に基づくフィリピン人共同体

　友愛組合でない数個の団体も、キリスト教を伴う付加的な意味合いが大いに吹き込まれた。保守的な共同体の指導者であるヒラリオ・モンカド（Hilario Moncado）により、在米フィリピン人連合会（Fillipino Federation of America）の法人組織が、1925年にロサンゼルスに創設された。その目的は、フィリピン人がアメリカ合衆国

憲法を支持して、アメリカ合衆国の国旗に敬意を払う、会員間で厳しい倫理綱領を奨励することでキリスト教の連帯感を育むように勧告することによって、フィリピン人とヨーロッパ系アメリカ人の友好関係を促進することであった。ハワイでは、フィリピン人の耕作労働者の一部が最も戦闘的な労働者にもなったが、在米フィリピン人連合会は彼らのように労働組合運動をすることに強く反対した。

その他の団体として、在米フィリピン人キリスト協会（Filipino-American Christian Fellowship）があった（*Severino F. Corpus, 1975*）[22]。前任の女性宣教師とフィリピン人の巡回宣教師であるシルベストレ・モラレス（Sylvestre Morales）との共同の活動を通じて、在米フィリピン人キリスト協会は1928年に設立された。その組織は、男性、女性、子供を分離して聖書クラスを運営し、毎週日曜日の朝に礼拝を開催した。それはロサンゼルスに、40から50人の青年を寄宿させてキリスト教徒の生活様式に専念できる部屋を所有するフィリピン人センターも開設した。女性の会、議論クラブ、さらにニューヨークに本部を持つフィリピン人学生キリスト教運動組織（Filipino Student Christian Movement）の地方支部などを含めたいくつかの補助的な組織は、在米フィリピン人キリスト協会の分派となった。モラレスはフィリピン人キリスト教会（Filipino Christian Church）を創設して、初代の牧師になったが、そこに長くは留まらなかった。カリフォルニアキリスト教大学の卒業生である別のフィリピン人が、彼の後を引き継いだ。

このような種々の組織は、ほとんどがカトリック教徒であるフィリピン人移民の宗教的な多くの要望に対応した。しかし、フィリピンのカトリック教は、フィリピンだけのいくつかの特徴を持つようになっていた。フィリピン人移民のカトリック教徒は、アメリカ合衆国のカトリック教会において、気楽にくつろげずに、実際に歓迎されていなかった。それらの教会は、イベリア人でもなく、主に北西部、中央、東部出身のヨーロッパ系の司祭が務めていたが、フィリピン人はほとんど司祭を務めていなかった。しかし、2つの小教区が、アメリカ合衆国においてフィリピン人のカトリック教徒のために創設された。それは、フィリピン人の助祭とともにメリノール会員[15]の神父が勤めるシアトルにある聖母マリア殉教者教会（Our Lady Queen of Martyrs Church）と、聖コルンバ（Columban）[16]の神父によって創設されたロサンゼルスにある聖コルンバ教会（St. Columban's Church）であった。ハワイのフィリピン人は、ホノルルの聖母マリア平和大聖堂（Our Lady of Peace Cathedral）をよく訪

れた。

　フィリピン人のプロテスタントは、より少数派であった。ストックトンに、フィリピン系移民の生活にとって最も重要なセンターの1つである3つのプロテスタントの施設であるライトハウス布教所（Lighthouse Mission）・フィリピン人キリスト教団（Filipino Christian Fellowship）・友愛の家（House of Friendship）が、その都市を通過してやって来る何千人もの移民農業労働者に対して門戸を開放した。ハワイにてプロテスタントのフィリピン人は、ハワイ布教会とメソジスト会派におけるフィリピン部会（Filipino department）から支援を受けていた。さらに、ハワイとアメリカ本土のフィリピン人移民の多くは、分派して独立したアグリパイ教会（Aglipayan Church）に所属していた。それは19世紀末にフィリピンにおいて、特にイロカノ語人種の間で、門徒を拡大したローマカトリック（Roman Catholic）の司祭であったグレゴリオ・アグリパイ（Gregorio Aglipay）が創設した。

3）地域社会におけるフィリピン人共同体

　フィリピン人移民共同体において、共通の出身地に基づく団体が存在していたが、それらの歴史についてはほとんど記録が残っていなかった。そのような集団のいくつかの例として、ナルバカン（Narvacan）団体がある。その名前の町の出身者達を寄せ集めてその構成員の教育的振興を支援したり、相互扶助を提供したり、社会的交流を促進した。南カリフォルニアのパンガシナン（Pangasinan）団体は、出身地ゆかりの伝統や習慣を永続するように構成員が取り組んだ。

　1930年のワトソンビル暴動（Watsonville riot）[17]の余波により、フィリピン人移民は、より良く自衛するために地域社会全体にわたる組織をついに形成した。ストックトンと近隣におけるフィリピン人共同体（Filipino Community）の法人を1930年に結成した。フィリピン人共同体の本部がニューヨークに1934年に開設された。シアトルのフィリピン人共同体の法人が正式に1935年に設立された。サリナス・バリーのフィリピン人共同体の法人が1936年に、ヤキマ・バリーのフィリピン人共同体が1937年に設立された[23]。アメリカ本土では、小都市においても同様な集団が出現した。その間に、ハワイで1935年にフィリピン人連邦機構（Filipino Federated Organization）による共同会議が開催され、その傘下に19の異なった集団が合同した。

第8節　社会運動を共有するアジア系アメリカ移民共同体

　アジア系移民の先駆者の世代は、移民共同体ごとに特別な一連の組織もなく、受け入れ社会において生存することはより困難であることを実感した。そこでは彼らの労働力は必要とされたが、社会経済階層の底辺で彼らの地位を保つ限りは、彼らは黙認されていた。より大きな社交界の社会や政治の世間に立ち入ることは拒否されたので、アジア系の労働者や移民は、自分たち自身の世界を創造した。会員組織に所属することは明らかに本国から導入した習慣には全くなかった。本国では、同族関係により社会生活におけるすべての局面の基盤を実際に形成していた。しかし、彼らは、その必要性に迫られて新しい世界に進んで参入するようになった。

　アジア本国から出て来た地域の村民達は、当初は自分たちと最も同類であるほかの人達の中だけで気楽に感じていた。しかし、移民排斥により新来者の血縁が切り離されるにつれて、在留している移民は、自衛のためにより大きな集団を形成することを経験から習得した。台山人（Toisanese）や香山人（Heungsanese）の集団の代わりに、次第にとてもゆっくりと中国人共同体に転換していった。広島県人会や熊本県人会の代わりに、日本人共同体に転換した。平壌や仁川出身者の集団の代わりに朝鮮人共同体に転換した。パンジャブ人やグジャラート人（Gujeratis）の集団の代わりにインド人共同体に転換した。イロカノ族（Ilcanos）やセブブアノス族（Cebuanos）の集団の代わりにフィリピン人共同体に転換した。アジア系移民が形成した組織によって、仕事場であるいは裁判で奮闘することや、帝国主義により浸食された出身国のために抵抗する場合のみではあるが、決まりきった生活で毎日遭遇していた過酷な現実から猶予が時折与えられる間は、彼らは個人や集団として多少の尊厳や希望を共有することができたことをまもなく気がついたことが、おそらくより重要なことであったろう。

注
1　唐から元のころに華北から移住してきた客家と呼ばれる中国の南部に住む漢民族の下位民族が話す方言である。
2　1920年北米連絡日本人会（The United North American Japanese Association）に名称変更

3 真宗本派本願寺系の曜日 蒼竜(かがひ そうりゅう)が単身でハワイに到来した。
4 薗田宗恵、西島 覚了(かくりょう)を初代開教師として派遣した。
5 西本願寺が本田恵降(えりゅう)、岩本恵順(えじゅん)の2僧侶を派遣した。
6 キリスト教の長老派教会における地域の全牧師と、各小会から数人選ばれた長老から成る代議機関である。
7 1877年サンフランシスコで日本人移民初の団体となる「福音会（Gospel Society）」を発足した（引用年表298頁）。1887年にメソジスト教会から美山貫一牧師がハワイに派遣される。
8 1895年同志社を卒業し日本人キリスト教会の宣教師としてハワイに赴任した。日系小学校の開校、寄宿舎や病院の開設、暗黒街と売春街の排除、「ほのるる新聞」の発行、ハワイ初の日系市民会議を結成した。
9 1917年李承晩（Syngman Rhee）はハワイで大韓キリスト教会を設立した（引用年表302頁）。
10 1897年朝鮮独立協会に加入し平壌で活動し、1902年米国に留学した後に抗日救国運動を展開する。1912年再度米国に渡り興士団を組織した後、亡命先の上海で日本の警察に逮捕され1938年に病死する。
11 1903年ペンショナドスと呼ばれるフィリピン学生が高等教育のためにアメリカ合衆国に到来した（引用年表300頁）。
12 フィリピンの独立闘争をしたホセ・リサールは1896年12月30日にスペイン植民地政府により処刑された。
13 アポリナリオ・マビニは、1898～1899年の短期間で消滅したフィリピン共和国の憲法の構成を立案した。
14 フリーメイソン（Freemason）で、男性会員同士の親睦を目的とした非公開の友愛団体である。
15 ローマカトリック系海外伝道の会員で、1911年ニューヨーク（New York）州メリノール（Maryknoll）に本部が設立された。
16 聖コルンバ・コルバーヌス（521-597）は、アイルランドの宣教師で、スコットランドに伝道した。
17 1929年暮れから1930年にかけて、カリフォルニア各地で人種攻撃・反フィリピン人種暴動（race riot）が頻発した。中でも最も注目されたのは1930年1月、レタス農園地帯のサリナスに近いワトソンビル（Watsonville）で起きた人種暴動であった（参照74頁）。

参考文献 (Notes and References)

1) Rose Hum Lee, *The Chinese in the U.S.A.* (Hong Kong: Hong Kong University Press, 1960); Stanford Lyman, "Conflict and the Web of Group Affiliation in San Francisco's Chinatown, 1850-1910," *Pacific Historical Review* 43 (1974), 473-99; and Eve Armentrout Ma, "Urban

第4章 アジア系アメリカ移民共同体による社会組織 The Social Organization of Asian Immigrant Communities   *117*

Chinese at the Sinitic Frontier: Social Organizations in United States' Chinatowns, 1840-1898," *Modern Asian Studies* 17 (1983), 107-35, are general studies of Chinese immigrant communities on the mainland and the organizations within them. The next four paragraphs are based on these sources. Writings on cultural institutions in the older Chinese immigrant communities include Lois Rodescape, "Celestial Drama in the Golden Hills: The Chinese Theater in California, 1849-1869," *California Historical Society Quarterly* 23 (1944): 97-116; Ronald Riddle, *Flying Dragons, Flowing Streams: Music in the Life of San Francisco's Chinese* (Westport, Conn.: Greenwood Press, 1983); Wolfram Eberhard, "Economic Activities of a Chinese Temple in California," *Journal of the American Oriental Society* 82 (1962) : 362-71; and Marianne Kay Wells, *Chinese Temples in California* (San Francisco: R & E Research Associates, 1971).

2) Clarence E. Glick, *Sojourners and Settlers: Chinese Immigrants in Hawaii* (Honolulu: University of Hawaii Press, 1980), 135-60, 185-268, provides details on organizations in Hawaii.

3) Him Mark Lai, "Historical Development of the Chinese Consolidated Benevolent Association/*Huiguan System,*" *Chinese America: History and Perspectives*, 1987 (San Francisco: Chinese Historical Society of America, 1987), 13-52, is the best study of the Chinese Six Companies and is the authority relied on in the next two paragraphs.

4) The most detailed descriptions of Japanese immigrant community associations are in Zaibei Nihonjinkai, *Zaibei nihonjinshi* (A history of the Japanese in America) (Los Angeles: Zaibei Nihonj inkai, 1940) ; Murai Ko, *Zaibei nihonjin sangyo soran* (A compendium of Japanese agriculture in America) (Los Angeles: Beikoku Sangyo Nipposha, 1940); and Noritake Yagasaki, "Ethnic Cooperativism and Immigrant Agriculture: A Study of Japanese Floriculture and Truck Farming in California" (Ph.D. diss., University of California, Berkeley, 1982) .

5) Yukiko Kimura, "Locality Clubs as Basic Units of the Social Organization of Okinawans in Hawaii," in *Uchinanchu: A History of Okinawans in Hawaii*, ed. Ethnic Studies Oral History Project, United Okinawan Association of Hawaii (Honolulu: University of Hawaii, Ethnic Studies Program, 1981), 285.

6) Yuji Ichioka, "Japanese Associations and the Japanese Government: A Special Relationship, 1909-1926," *Pacific Historical Review* 46 (1977): 409-37, is the basis for the next four paragraphs.

7) Zaibei Nihonjinkai, *Zaibei nihonjinshi*, 280-96.

8) Yagasaki, "Ethnic Cooperativism," 49-57, 91-93, 130-41, 174-99, is the basis of the next four paragraphs.

9) Nihonjin Chuo Nokai, *Rono konshinkai kinen* (Record of a gathering of old and experienced

farmers to promote friendship) (Sacramento: Nihonjin Chuo Nokai, 1909), 138-41, as quoted in ibid., 176.
10) Ibid., 56.
11) The attempt by immigrant leaders to wipe out gambling is covered in Ichioka, *The Issei*, 176-79.
12) Louise M. Hunter, *Buddhism in Hawaii: Its Impact on a Yankee Community* (Honolulu: University of Hawaii Press, 1971), and Tetsuden Kashima, *Buddhism in America: The Social Organization of an Ethnic Religious Institution* (Westport, Conn.: Greenwood Press, 1977), are the sources for the next three paragraphs.
13) Hunter, *Buddhism*, 33-36.
14) Kashima, *Buddhism*, 6, 13-16.
15) Wesley Woo, "Protestant Work among the Chinese in the San Francisco Bay Area, 1880-1920" (Ph.D. diss., Graduate Theological Seminary, Berkeley, 1983), is the only detailed study of Protestant proselytizing among Chinese immigrants.
16) Hyung-chan Kim, "The History and Role of the Church in the Korean American Community," in *The Korean Diaspora*, ed. Kim, 47-63.
17) Choy, *Koreans in America*, 99-101, 114-21, is the basis for the next three paragraphs.
18) Don Chang Lee, "Korean Community Structures in America," *Korean Journal* 17 (1977): 48-60, and Hyung-chan Kim, "Korean Community Organizations in America: Their Characteristics and Problems," in *The Korean Diaspora*, ed. Kim, 65-83, describe Korean community organizations on the mainland. Kingsley K. Lyu, "Korean Nationalist Activities in Hawaii and the Continental United States, 1900-1945," part 1 (1910-19), *Amerasia Journal* 4, no.1 (1977) : 23-90, and part 2 (1919-45), *Amerasia Journal* 4, no. 2 (1977) : 53-100, 'focus on the political activities that absorbed Koreans in America before World War II.
19) Jensen, *Passage from India*, 41, and Ann Louise Wood, "East Indians in California: A Study of Their Organizations, 1900-1947" (M.A. thesis, University of Wisconsin, 1966).
20) Jensen, *Passage from India*, 179-80.
21) Mario P. Ave, *Characteristics of Filipino Organizations in Los Angeles* (1956; reprint, San Francisco: R & E Research Associates, 1974), provides the information used in the next three paragraphs.
22) Severino F. Corpus, *An Analysis of the Racial Adjustment Activities and Problems of the Filipino-American Christian* Fellowship in Los Angeles (1938; reprint, San Francisco: R & E Research Associates, 1975).
23) Cordova, *Filipinos*, 175-80.

第 5 章

アジア系アメリカ移民に対する迫害への抵抗
Resistance to Oppression

　アジア系アメリカ移民は、のろまであり、低俗であり、卑屈な人びととして、すなわち実際上は奴隷であるという固定観念を持たれたにも関わらず、どのアジア系アメリカ移民の集団の一員も、権利を求めて立ち上がり、あらゆる方法で迫害に対して闘った。アジア系アメリカ人の出来事に関する歴史学者や社会学者自身は、アジア系アメリカ移民が、階級、人種、あるいは国籍により差別されていたかどうかをしばしばお互いに議論していた。マルクス主義者は、アジア系アメリカ人がすべてあるいは一部がプロレタリア階級であるために被害を受けていると主張した。人種差別を最も根本的な問題であると認識する学者や活動家は、人種を分析において分類の中心に採用した。一方で、国際的観点に基づく人々は、アジア各国における従属国とその移民に対する冷遇との関連性を強調した。

　アジア系アメリカ移民は、階級、人種、あるいは従属国という3つの不平等の状態をすべて経験しているので、そのうちの2つを組み込めることを主張することは、とても短絡的である。彼らの低い地位に対して闘うために使用した主要な手段であるストライキ、訴訟、そして外国支配から祖国の解放に奮闘して関与したことに注目すると、移民自身が自らの被害には多種多様な原因があることを自覚していたことは明らかである。彼らは労働者として、より高賃金とより良き労働条件を求めてストライキをした。彼らは市民権が不適格とされている有色人種系少数民族として、人種を理由に市民権を否認する法律に異議を申し立てた。出身国に関して自負心のある息子と娘達として、外国の侵略から祖国を開放する政治的活動に加担した。

第1節　中国人アメリカ移民から始まる迫害への抵抗

　アジア系アメリカ移民の労働者は、彼らの移民の歴史上でかなり早期から、平等を求めて奮闘し始めていた。中国人は従順であると一般に描写されたにも関わらず、正義感が侵害された時には、反抗して立ち上がったことを示す注目に値する事実がある。19世紀において中国人が企てた最大級のストライキは、1867年6月大陸横断鉄道の建設中に勃発した。その当時、中国人労働者には仕事内容に関わらず、食事の賄いもなく1か月30ドルが支払われた。それと比較して、未熟練のヨーロッパ系アメリカ人労働者でも、食事の賄いが付いて1か月30ドルが支給された。食事の賄いは、1日75セントから1ドルの価値があった。ヨーロッパ系アメリカ人の中で一部の熟練労働者は、1日に3ドルから5ドルも受け取っていた。中国人は、会社から仕事を中断することを禁じられて、現場監督からのむち打ちに服従しながら、日の出から日の入りまで1週間に6日間せっせと働かされた。分け前を不満として、2,000人の中国人男性が、高いシエラ山脈でトンネルを掘り進んでいた時に、1か月に40ドル、1日に屋外労働を10時間以内、トンネル内労働を8時間以内、肉体的処罰の中止、望む時に退職する自由を要求してストライキに突入した。彼らは食料が尽きるまでストライキを1週間継続した。鉄道会社は、あっさりと彼らへの食料の配給を中止して、飢えさせて仕事に戻した。鉄道会社も、もし中国人のストライキが再発したならば、直ちに黒人労働者を供給できるように職業紹介所に対して依頼して予防措置を取った[1]。

　中国人はその他の地域でも同様に、不公平な取り扱いに異議を申し立てた。南北戦争の終結後に、南部の大農場所有者は、自らが管理できる労働力を捜し求めていた（Lucy Cohen, 1984）[2]。彼らの一部が試行した事業の1つ、直接に中国本土からとアメリカ西海岸の両方から中国人を運び入れた。南部に鉄道を敷設していた鉄道会社も、中国人の労働力を求めた。その結果、1869年から1870年にかけて、無料で往復の運賃と宿泊と食事が付いた月に13ドルから18ドルにわたる賃金を求めて、南部におよそ2,000人の中国人が移住した。ヒューストン・テキサス中央鉄道会社（Houston and Texas Central Railroad）に雇用された250人の中国人男性による最初の集団が、1869年12月にテキサス州のカルバートに到着した。1870年において4回に

第5章　アジア系アメリカ移民に対する迫害への抵抗　Resistance to Oppression

分けて積み込まれた総計600人にのぼる中国人が、それに続いた。彼らは、アーカンソー州、ミシシッピー州、ルイジアナ州の綿花農園と砂糖耕地に分配された。およそ1,000人にのぼる最大級の派遣集団が、1870年8月にアラバマ・チャタヌーガ鉄道会社（Alabama and Chattanooga Railroad Company）で働くために到来した。

すべての労働者は、契約に基づいて南部にやって来た。労働者の募集をする前に、南部の雇用主は、アメリカ合衆国国務省に契約労働の適法性を問い合わせる文書を送っていた。中国人下層労働者の中南米への取引は、上下院合同決議で非難されていたけれども、「移民が、同意したある期間の人的役務により自分の運賃の費用を返済する契約に基づいて従事する事実があれば、万一その契約が暴力や詐欺で無効にならない限り、自由で自発的な移民の資格を剥奪しない」と国務省副長官からの返答があった[3]。

中国人が平均月額26ドルを稼ぐことができるカリフォルニア州から、アメリカ南部が労働者を徴集するのは非常に困難であった事実から、強制的就労はなかったことが示唆され得る。さらに、到来した中国人労働者達は、雇用主に対して契約書に記載された条項の遵守を厳しく要求した。しかしながら、南部の雇用主は、中国人労働者に対して横暴な統制を行使するのが常であり、必ずしも約束していた条件を履行しなかった。さらに彼らが驚いたことに、中国人はそのような約束の不履行に対して激しく反発した。

1870年9月に、ヒューストン・テキサス中央鉄道会社が雇用したすべての中国人が仕事を中断して、会社に対して賃金と契約遵守の不履行で提訴した時に、鉄道労働者において最初の騒動が勃発した。残念ながら、この騒動がどのようになったかを示す有効な資料はない。その後に1871年の夏、アラバマ・チャタヌーガ鉄道会社が倒産を宣告した。連邦管財人が列車を抵当に入れようとした時、半年間も給料が支払われていなかった数百人の中国人を含めた激怒した労働者が、持ち逃げされないように鉄道車両を奪取した。しかし、彼らは、支払われるべき賃金は受け取れなかった。

一方で、農場で労働するために送り込まれた中国人は、不満を覚えた。ルイジアナ州の農場における中国人は、南北戦争で奴隷解放された黒人が土曜日午後には仕事を中止できたにも関わらず、中国人には日没まで仕事を継続することを要求されていることを悟った時に、彼らは動揺するようになった。彼らの通訳者が中国人の

ために毎週土曜日午後には仕事を中止する権利を獲得した後にやっと、その動揺が収まった。他の農場において、乱暴に働かせた現場監督に襲いかかったある1人の中国人労働者が、撃ち殺された。残りの中国人達は、直ちにこん棒とナイフで武装して、農場主の自宅まで行進し、その現場監督を中国人の前に引き渡すように要求した。農場主は中国人の集団と協議しながら時間を稼いで、現場監督が逃げられるようにした。

このような抗議が単なる人種に関わる敵対行為の表出ではないことは、中国人労働者が中国人の経営者や労働者請負人にも反抗した事実から示唆される。その当時実際はほとんど男性であった衣服製造の労働者は、より高賃金を要求して、サンフランシスコにて劣悪な労働搾取の中国人工場主に対するストライキを1875年に行った[1]。1891年ハワイにて300人もの耕作労働者が仕事を中止して、裁判所まで行進して、彼らから詐取した中国人労働者請負人の逮捕を要求した出来事が発生した (*Ronald Takaki*)。そのデモ行進を追い散らすために、警察は襲撃の罪状にて、彼らの内の55人を逮捕して拘留した[4]。

第2節　日本人アメリカ移民に対する迫害と闘争

　日本人アメリカ移民の労働者達にも、長い闘争の歴史があった。1868年にハワイまで非合法に船で送られた移民達が大いに不平不満を訴えて異議を申し立てたので、日本政府はそのうちの何人かを本国に連れ戻した。1885年から官約移民が開始された後にまもなく、たいていは耕地の現場監督（lunas）によるむち打ちや狙撃に抗議したり、あるいは水や燃料の欠乏に対して不平を言うために、1880年代から1890年代にかけて特発的な仕事のストライキが繰り返し起こった（*Edward Beechert, Alan Moriyama, Ronald Takaki*）[5]。ある出来事では、オアフ島の耕作地で不満を表明した3人の男性労働者が、ホノルルまでの約10マイルを歩いて、移民庁の日本部門の部長に告訴状を提出した。彼らは、生活保護を世話してくれると予想していたその部長が何ら同情を示さなかったことに落胆した。

　私約移民制度が1900年に終了した後からようやく、耕作労働者はその分け前に与るために労働争議が始まった。ハワイ併合条約が実施された後の1年半の間に、ス

第5章　アジア系アメリカ移民に対する迫害への抵抗　Resistance to Oppression　123

トライキは組織化されていなかったが、労働争議が39件も発生した。日本人耕作労働者が組織した最初のストライキは、サトウキビ伐採者と運搬者が高賃金を要求した1904年にワイアルアで発生した。彼らの要求が聞き入れられなかった時に、サトウキビ伐採者は仕事を継続したが、運搬者は仕事を怠けた。これは、労働者側の意図的な戦略であった。彼らはもし伐採したサトウキビを直ちに処理しなかったら、その相当量の砂糖汁を失うことを知っていた。こうして地面に横たわるサトウキビの茎が大変な損失伴うことを、耕作主は脅威に感じた。実際に耕地管理者が郡の保安官や警官隊を呼びに行かせたにも関わらず、労働者はより肝心な無給による要求が解決されるまで、仕事に復帰することを拒否した。野外労働者、製造工場労働者、馬小屋番、大工など含めて、総計約1,200人のすべての日本人男性従業員が、1週間に及ぶストライキに参加した。

　2番目に日本人が大規模に組織化されたストライキは、その数か月後にマウイ島のラハイナで発生した。それは、ある日本人労働者を失明させた現場監督に、わずか25ドルの罰金を課していた裁判官の判決に抗議する、約900人の労働者の抗議運動から始まった。彼らは仲間の労働者に及ぼした永久的損傷の観点から、この総額ではとても少なすぎると感じた。騒動の現場に呼ばれた警官と軍隊は、群集に発砲して、1人を射殺して数人を負傷させた。その問題になっている現場監督は解雇されて、労働者に対してより良い住宅の整備が約束された時に、そのストライキは終息した。しかし、ストライキ参加者は、要求した高賃金は受け取れなかった。

　雇用主の中国人に対してストライキすることをためらわなかった中国人労働者と同様に、日本人労働者も、時折自らの民族集団からの抑圧に対してストライキを起こした。1906年にワイパフで、日本人労働者が、単なる古時計あるいは値打ちのない賞品が当たる宝くじを定期的に購入することを自分達に強要した日本人現場監督を解雇することを要求した。日本総領事が調停して、その現場監督を朝鮮人仲間の現場監督に更迭することを提案したが、1,600人以上ものストライキをしている日本人労働者はこの提案を拒否した。そのストライキは、その現場監督が辞職して、数人の劣悪な耕作責任者を解任することで最終的に終息した。しかし再び、ストライキ参加者は賃上げを獲得することには失敗した。

　7,000人もの日本人労働者が、1909年に自らの気概を試しながら、オアフ島で4か月間にもわたり主要な耕地でストライキを敢行した。数人の日本人の新聞記者や専

門職が1908年の後半に高賃金要求組合（Higher Wages Association）を設立した時から、ストライキが全面的に始まった。彼らは、日本人労働者は現在受け取る月額18ドルよりも多く稼ぐに値すると指摘した。ポルトガル人やプエルトリコ人労働者がこれまで受け取っている月額22.5ドルならばより公平であると提案した。労働者達を代表して、高賃金要求組織の幹部は、ハワイ砂糖耕作主組合（HSPA）に会合を申し込むも、なんら回答も得れなかった。

日本総領事や有名なプロテスタントの牧師であるオクムラ・タキエ（Okumura Takie, 奥村 多喜衛）によるストライキを中止する努力にも関わらず、そのストライキは1908年5月後半にはオアフ島の耕地において次から次へと急速に広まった。その他の島の労働者は、ホノルルのストライキ参加者を支援するために送金するのに、引き続き働いていた。大工組合（Carpenters' Association）、公衆浴場組合（Public Bath Operators Association）、日本ホテル旅館組合（Japanese Hotel and Inn Association）、ホノルル小売商組合（Retail Merchant Association）、理髪店組合（Barbers Association）のような日本人共同体の有力な団体も、そのストライキ参加者を支援した。さらに中国人商人も掛け売りで食料を提供してくれた。しかし、何人かの日本人の新聞記者やその他の都市の集団は、闘争的な活動に厳しく反対した。

日本人共同体が分裂したので、ハワイ砂糖耕作主組合はその仲を裂く作戦を活用して、ストライキを挫折させて勝利を得ることができた。ハワイ砂糖耕作主組合は、多くの日本人を引き込んでその仲間をスパイに用いた。逮捕令状がないにも関わらずつかんだ証拠を用いて、ハワイ砂糖耕作主組合は高賃金要求組合の4人の指導者と多くの新聞記者達を刑務所に入れることに成功した。耕作主もストライキ参加者達と彼らの家族を耕地の寄宿舎から立ち退かせて、強制的にホノルルまで無理やり歩かせたので、そこで数千人の日本人がテントや壊れかかった建物の中に仮住まいした。それらの耕地は、ストライキ不参加者を雇用することで生産を維持し続けた。ハワイ砂糖耕作主組合はその上、すべての耕作労働者に、仕事の中断により被った損失を分担するように命じた。ついには英字新聞が、そのストライキは砂糖工場を乗っ取ろうとしていたが、実際にはハワイ自身を乗っ取ろうとして日本人が起こした運動であると非難した。

そのストライキは、その参加者達がそれを継続するためのすべての資金が枯渇した1908年8月に失敗に終わった。それが終結した3か月後に、耕作主は、出身国ご

第5章 アジア系アメリカ移民に対する迫害への抵抗 Resistance to Oppression 125

とに異なる不公平な賃金の支給を中止することに同意したが、完全にはその約束を実行しなかった。耕作主はさらに砂糖の値段や勤労日数に応じる賞与の仕組みを設定した。しかし、そのささやかな調整では、特にインフレが急上昇し続けた第1次世界大戦後に、耕作労働者が生活の収支を合わせるのには不十分であった。

第3節　アジア系アメリカ移民により共同する抵抗運動

1）日本人とフィリピン人アメリカ移民による共同運動

　日本人労働者とフィリピン人労働者はそれゆえに、その状況を打開するために1919年に労働組合を結成し始めた。日本人労働者は、それぞれに異なる島々にある日本人労働者組織の総力を結集するために、ハワイに日本人労働連盟（Federation of Japanese Labor）を設立した。その団体は、日当を1.25ドルとし、賞与の仕組みを改定して、1日8時間労働で、月に男性が15日間だけで、女性が10日間だけで賞与に該当し、時間外は2倍の支払い、女性には8週間の産休の支払いを含めた多項目の要求を解決した。一方で、フィリピン人はパブロ・マンラピット（Pablo Manlapit）の指導下に高賃金要求組合を結成して、1911年にフィリピン人労働連盟（Filipino Federation of Labor）を設立し、1913年にはフィリピン人失業組合（Filipino Unemployed Association）を結成していた。

　日本人側とフィリピン人側とは当初は共同運動することに同意していたが、日本人側はハワイ砂糖耕作主組合とストライキを未然に防ぐことを希望してその後も協議に取り組んでいるにも関わらず、マンラピットは一方的に1920年1月19日にストライキを始めることを決定した。さらに日本人側は砂糖生産に打撃を与えるには、収穫期の最中である春季後半あるいは夏季前半にストライキするのが最善であると考えていた。日本人側自身も、運動資金を備蓄する時間的余裕を求めていた。そのために、日本人側はマンラピットにフィリピン人による労働運動を中止するように圧力をかけた。彼は1月17日にはそれに同意していたが、計画通りに仕事を放棄する2,600人にも及ぶフィリピン人労働者と彼らに同調する300人のスペイン人とプエルトリコ人労働者に連絡をとる手段を見いだせなかったことに彼は気がついていた。選択肢もなく、日本人側も2月1日に8,000人を上回るストライキ参加者をめざして、

フィリピン人の運動に参加した。

　8日後に、移り気なマンラピットはストライキをもう一度中止しようとしたが、ところが闘争的なフィリピン人労働者は彼の命令に従うことを拒否した。彼は面目を保つために、ストライキを再び継続することを宣告した。耕作主達は、1万2,000人の人びととその中で4,000人以上の彼らの子供達を耕地の寄宿舎から2月中旬に立ち退きを迫ることで応じた。フィリピン人はストライキの資金を備蓄していなかったので、ストライキを支援する日本人側が、立ち退かされた1万500人もの日本人に加えて、フィリピン人にも避難所と食料を与えた。より事態が悪化したのは、その当時世界中に蔓延していたインフルエンザの流行がハワイを直撃して、2,000人以上ものストライキ参加者が病気にかかり、100人以上が死亡した。このような異常事態にも関わらず、オアフ島の166人を除いた日本人耕作労働者の全員が依然としてストライキを継続した。耕作主は操業を継続するために、2,000人以上のストライキ不参加者を雇用した。

　その退去から数日後に、セントラル・ユニオン教会（Central Union Church）のアルバート・W・パーマー（Albert W. Palmer）牧師が、調停に乗り出した。彼は労働組合自体を解散して、各耕地に賃金、労働条件、生活条件に関するすべての問題を協議するための人種間の労働調整委員会を設置することを提案した。ヨーロッパ系アメリカ人だけでなく日本人も含めて、ホノルルの多くの共同体の指導者は、パーマー調停案に賛同した。激論の後に、日本人のストライキ指導者も、ハワイ砂糖耕作主組合が同様に賛同するならば、それに同意することを決定した。しかし、ハワイ砂糖耕作主組合は、日本人労働連盟には応じないことを宣告した。このような膠着状態が継続した。4月中旬に反日感情が勃発したために、日本人労働連盟は、その名称をハワイ労働者協会（Hawaii Laborers' Association）に変更し、アメリカ労働総同盟（American Federation of Labor : AFL）に加入申請をした。中央労働評議会（Central Labor Council）は、そのように名称変更した組織は多民族から成る産業別耕作労働組合として会員資格を認めるように勧告したが、アメリカ労働総同盟はその事項を決して承認しなかった。

　調停の試みが失敗した後に、約3,000人の日本人とフィリピン人のストライキ参加者と家族は、当時77セントが彼らの平均的な基本の日当であり、反米国主義と急進主義であるという非難に対抗するために、大規模な77セント行進（77 Cents Parade）

を実施した。彼らはアメリカ国旗とアブラハム・リンカーン（Abraham Lincoln）の肖像を掲げながら、ホノルル通りを行進した。彼らの看板の中には、「我々は、決して共産主義でない！　滅相もない！　白い砂糖を生産する日焼けした労働者である」「我々はアメリカ人のように生きたい！」「どうやって77セントでアメリカ人のように暮らせるのか？」というようなスローガンを掲げていた。

　ハワイ砂糖耕作主組合は、その損失評価額が1,200万ドルにも及んでも、態度を変えなかった。耕作主にとって本当の問題点は賃金ではなく、譲歩して同意することを完全に拒否する団体交渉であった。7月初旬に疲れ果て飢餓的なストライキ参加者は、半年にも及んだストライキの中止を決定したが、彼ら全員が職場復帰したわけではなかった。オアフ島の日本人耕作労働力は2,000人以上も減少した。フィリピン人労働者数は増加したが、実際には彼らのほとんどはフィリピンからの新規就職者であった。

　労働者達が生産を再開した後に、耕作主は住居や衛生、娯楽設備、昇給を大幅に改善した。そして月給に基づく賞与を支給することを開始した。そのストライキは、長い目で見ても同様に重要な結果を及ぼした。ハワイ砂糖耕作主組合は、砂糖生産の管理をより中央集権化した。ハワイの準州政府は、労働組合組織者（labor organizer）が実際に法律的にその役割を果たすことが不可能になるような一連の法律を通過させた。地域の耕作労働組合数は減少した。その事件からハワイ労働者団体は弱体化していった。

2）日本人とメキシコ人アメリカ移民から始まる共同運動

　1920年のストライキは、アジアの異なった出身国の労働者が参加した最初の大きなストライキであったので、歴史家もそれを意義深いものであると見なした。しかし、実際にはアジア系移民労働者が関与したその行動は最初の運動ではなかった。1903年までさかのぼると、日本人とメキシコ人の農業労働者が、日墨労働者同盟協会（Japanese - Mexican Labor Association: JMLA）を結成して、日本人会長、日本人副会長、メキシコ人書記局長を選出した後に、カリフォルニア州のベンチュラ地方においてサトウダイコンを栽培しているオックスナード地域で、高賃金を要求するために共同してストライキに入った。会長のババ・コザブロウ（Baba Kozaburo, 馬場小三郎）は、実際には労働者ではなく労働者請負人であったが、し

かし、日本人労働者を募集する任務にあたる日本部門を持つ西部農業請負会社 (Western Agricultural Contracting Company: WACC) が所有していた独占権に反対していたので、それに関与した。日墨労働者同盟協会は、西部農業請負会社に対して、契約よりも低賃金の支払いと、独立した請負人を下請け人のようにふるまわすことで、労働者に二重の手数料の請求をすること、労働者に指定した小売店での不当な高値による買物を強要したことを告発した。1903年3月に1,200人の日墨労働者同盟協会の組合員が、このような問題でストライキに突入した（*Karl Yoneda, 1971; Tomas Almaguer, 1984*）[6][2]。

ストライキ破りがサンフランシスコより連れ込まれた時、ストライキ参加者はストライキ破りが宿泊している強制労働収容所の前でデモを挙行した。発砲が起こり1人のメキシコ人労働者が殺され、同時に2人の日本人である労働者が傷害を受けた。地方警察はその時に日墨労働者同盟協会の幹部を逮捕した。この時にアメリカ労働総同盟は、その事件を調停するために現場に1人の代理人を派遣した。耕作主、西部農業請負会社と日墨労働者同盟協会が協議するために席についた。日墨労働者同盟協会は、すべての耕作主と直接に交渉する権利を要求した。ついに西部農業請負会社は、徐々に賃金を上げることを約束した耕作主との1つの契約を除いて、契約のすべてを破棄することに同意した。アメリカ労働総同盟の代理人も、なんとか逮捕された者を釈放できるようにした。

そのストライキが終結してから、日墨労働者同盟協会の書記局長のラーララス（J. M. Larraras）は、アメリカ労働総同盟に対して支部設立認可を申請した。しかし、アメリカ労働総同盟の会長であるサミュエル・ゴンパース（Samuel Gompers）は、もし中国人や日本人がその地方支部に入会することを認めないならば、支部設立を認可すると返答した。その返答に応じて、ラーララスは次のように返事した。

「我々の仲間である在米の日本人が、協力して団結して適切な賃金を要求することの重要性を最初に認識した。我々は乏しい食料で日本人の仲間とともに闘いの日々を送った。日本人の仲間とともに、農場で苦労して働いた。我々がいま日本人を承認していない特権のままを受け入れたならば、我々は彼らに対して、また自分自身に対して、労働組合主義の信条に対して裏切ることになるであろう[7]。」

しかし、ゴンパースは、「移民して来るすべてのアジアの下層労働者が、アメリカ人と入れ替わり、アメリカ人の生活水準を低下することを引き起こしている」として、かつて表明したアジア系アメリカ移民への敵意は長い間変わらなかった。したがって日墨労働者同盟協会は、アメリカ労働総同盟の支部には決してなれなかった。

第4節　先鋭化するフィリピン人アメリカ移民の抵抗運動

　1920年代の中頃までに、日本人はその他のアジア系移民と比較して、ハワイの耕地やカリフォルニア州の農場に残っている者はほとんどいなかった。その代わりにフィリピン人が、ハワイ諸島とすべてのアメリカ西海岸沿岸で、ほとんどの農業労働力を提供した。フィリピン人が、労働運動に参加する主要なアジア系移民集団になったことは驚くに当たらない。さらにフィリピン人は、労働組合主義者訴追法により政治的に抑圧された状況下においても、労働運動に参加していた（*Edward Beechert*）[8]。

　パブロ・マンラピットが1924年4月にもう一度、1日8時間労働に対して2ドルの賃金、賞与制度の解決、より良き生活環境を要求するストライキを起こした。ハワイ砂糖耕作主組合はマンラピットに耕地の敷地の中で演説を許可しないという告示を伝えた。8か月以上にわたり、23耕地における約2,000人もの労働者が、かなり支離滅裂なストライキに参加した。マンラピットがハワイ島のヒロにいた間にもし警察が彼を逮捕していなかったら、オアフ島を越えてストライキは広がっていなかったと思われる。彼の逮捕でハワイ島にてフィリピン労働者によるストライキを招いた。その後、1924年9月9日にアジア系アメリカ人の職種別労働組合における歴史の中で、最も過激な事件が、カウアイ島のハナペペ耕地で起こった。フィリピン人の2つの派閥闘争中に、駐屯地の警察が特別保安官代理（Deputy）に命じて、ライフルで群衆に発砲して、16人を殺害し多数を傷害した。4人の警察官も死亡した。特別保安官代理は161人のストライキ参加者を逮捕し、その後にその内の76人は暴動の罪状で起訴された。その他の58人は、暴行暴動における有罪を認めた。

　マンラピット自身は裁判にかけられ、有罪の判決を受けて、2年から10年間の重労働の刑が宣告された。更生保護委員会（parole board）は、ハワイから立ち退き決

して戻らない条件の基に、1927年にマンラピットを釈放した。彼はカリフォルニア州に向けて出発して、すぐさま労働組合運動に関わった。そこで彼は、もう1人のフィリピン労働運動指導者のマニュエル・ファーゲル（Manuel Fagel）に出会った。彼ら2人は1932年にこっそりとハワイに戻り、エピファニオ・タオック（Epifanio Taok）の助けを借りて、フィリピン人労働連盟を復活させた。タオックとマンラピットの両人は、団体を組織化している事を見つけられた時に逮捕された。この時にマンラピットはフィリピンへ国外追放を受けた。その後にファーゲルがハワイで密かにフィリピン人労働運動を引き起こし、隠れみのとしてビボラ・ルビミンダ（Vibora Luviminda）[3]と呼ぶ無害に聞こえる組織を結成した。

　ファーゲルは、主にマウイ島で活動した。そこにアメリカ共産党から2人のヨーロッパ系アメリカ人の労働組合組織者が彼を支援するために到来した。彼らの尽力によりついに1937年にプューネンでストライキが起こった。1,500人ものフィリピン人が参加し、それがハワイの歴史での最後の民族ストライキとなった。耕地の守衛がファーゲルをさんざん殴った後に、産業別組織会議（Congress of Industrial Organization）が、サンフランシスコの全米労働関係委員会（National Labor Relations Board）の事務局に告訴状を提出したという歴史的な先例を作った。国際労働者弁護団（International Labor Defense）も、マウイ島でのストライキ参加者を弁護するために1人の弁護士を送った先例を作った。しかしながら、ストライキ主導者は有罪と宣告された。

　アメリカ本土で組織化された労働者達も、闘争的なフィリピン人に注目しなければならなかった。1933年カリフォルニア州のサリナス流域で、アメリカ労働総同盟によりフィリピン人が代表して連合を結成する要望が却下された後に、レタス採取者は、種々の契約労働者達と共同してフィリピン人労働組合連合（Filipino Labor Union: FLU）を結成した（Howard De Witt, 1978; Fred Cordova）[9]。700人ものフィリピン人が、8月に1日間のストライキを決行した。それは失敗したが、その連合は約2,000人もの会員を集めた翌年の1934年に、モンテレー地域のアメリカ労働総同盟の支部である野菜包装協会（Vegetable Packers Association）のストライキに参加した。

　フィリピン人労働組合連合は、農場主に合法的な組合であると認めてもらうことを望んだ。全米産業復興法（National Industrial Recovery Act）は雇用主に対して承

第5章　アジア系アメリカ移民に対する迫害への抵抗　Resistance to Oppression　131

認された団体と交渉をすることを要求したので、フィリピン人労働組合連合は、フィリピン人農業労働者の時間給を20セントから40セント以上に倍増するように農場主に交渉できた。ストライキの期間中に、農場主は2人のフィリピン人に発砲した。それ以上の暴動を回避するために、カリフォルニア州の労使関係部局が、拘束力のある仲裁の調停を提案した。野菜包装協会は、その調停に同意したが、フィリピン人はストライキを継続することを決定した。その間に、農場主は作物を収穫するためにメキシコ人によるストライキ破りを導入し続けた。

　ストライキ参加者は、各方面から仕掛けられた敵対的行為をものともせずに断固として継続した。地域周辺の新聞は、ストライキ参加者を厳しく非難した。野菜包装協会は、フィリピン人労働組合連合との連携に貢献した。カリフォルニア州農業者組合（Associated Farmers of California）は、フィリピン人労働組合連合を共産主義活動集団と決めつけた。サリナス栽培荷造組合（Growers-Shipper Association）は、フィリピン人による闘争性が持つ危険性を非難するパンフレットを配布した。地域の法律執行機関は、カリフォルニア州のハイウェーパトロールの協力により、放浪罪として多くの労働運動の指導者を逮捕した。ロサンゼルスの在米フィリピン人連合会の指導者であるヒラリオ・モンカドが、強烈にストライキに反対したので、サリナス流域のフィリピン人の友愛組合のほとんどは、あえてどちらも支援しなかった。その他の内部分裂も発生した。ストライキ参加者は、柵を越えて侵入してくるストライキ反対者のフィリピン人を攻撃した。地域の自警団員が、数百人のフィリピン人農業労働者が居住していた寄宿舎を地面に焼き落とした時に、そのストライキが終了した。

　しかし、フィリピン人の労働運動の積極的な行動主義は、組織化された労働組合から不承不承でありながらも実際に承認を受けた。1936年にフィリピン人とメキシコ人の農業労働者は、アメリカ労働総同盟を説得して、農場労働者連盟（Field Workers Union）、支部30326として、メキシコ・フィリピン合同組合に対する支部設立の許可証を授与されるのに成功した。その後、中央カリフォルニアでの一連のストライキで、フィリピン人労働組合が、何千人ものアスパラガス刈取者、芽キャベツ採取者、セロリ刈取者、ニンニク収穫者の代表を務めることに成功したことにより、1940年にアメリカ労働総同盟は、農業労働者組合連合（Federated Agricultural Laborers Association）のフィリピン人連盟の設立を認可した。

フィリピン人の中の農業労働者だけが、必ずしも労働組合主義者ではなかった。アラスカにおけるサケ缶詰工場の労働者達も、労働運動の幹部あるいは主流連盟の会員として同様に労働運動に参加した。1938年には、サケ缶詰工場のフィリピン人労働者は、たいてい民族集団から個別に厳しく搾取していた労働請負人を最終的に解雇して、その後に労働者は連合会館を通じて雇用されるようになった。しかし、成功までの道のりは血で満たされた。連盟会長とその事務局長は、1936年後半に暗殺者により射殺された。

第5節　中国人アメリカ移民の抵抗運動

1）国際的連合組織による抵抗運動

アメリカ大陸のもう一方側のアメリカ東海岸のニューヨークでは、その他のアジア系労働者の集団である中国人船員も、ようやく全米海員組合（National Maritime Union: NMU）という連合組織に加盟した。その事についてほとんど記録がされていないが、19世紀後半から20世紀前半には、約1万人の中国人がアメリカあるいは大英帝国の船籍で働いていた（*Peter Kwong, 1979*）[10]。1915年に海員法（Seamen's Act）が成立した後は、中国人は連邦海上サービス業（U.S. Marine Service）には従事することはできなかったが、数千人の中国人は個人所有の船で仕事を継続していた[4]。大きな湾港であるニューヨークは、多くの中国人船員にとって、上陸許可の期間や仕事の合間の一時的な停泊場となった。

大恐慌（Great Depression）の間、連邦海運会社はコスト削減のために、非組合員である外国人の船員や旅客係、料理人をますます数多く雇用した。中国人は特に乱暴に取り扱われた。各中国人は500ドルの保証金を返済して支払われるまでは、会社が賃金の半分を天引きすることに同意する契約書に署名しなければならなかった。さらに、アメリカの港に停泊中には上陸することができたその他のすべての外国人船員と異なり、中国人船員は上陸できなかった。移民局は、もし中国人にその特権を許可したら、数えきれないほどの中国人が不法に米国中に紛れ込むことを公然と非難した。ますます多くの中国人がアメリカ合衆国船籍に雇用を獲得したので、アメリカ労働総同盟の系列である国際海員組合（Seamen's International Union）は、

第5章　アジア系アメリカ移民に対する迫害への抵抗　Resistance to Oppression　133

特に不正乗船したとされる中国人船員の探索、逮捕、追放を移民局に要求して、アメリカ合衆国船籍で働く外国人船員を排除する法律を成立するように議会に圧力をかけた。

　国際海員組合のかなりの会員達は、その対応に賛同していなかった。1933年に彼らは新しく全米海員組合（NMU）という組織を結成し、まもなくアメリカ合衆国で最大の海員組合となった。全米海員組合の規約は、人種、肌色、出身国、信条、宗教、政治関係に基づく差別を禁止しているので、多くの黒人の海員が加入した。1936年に全米海員組合がストライキを起こした時、中国人船員にもその参加を求めた。中国人は、もし全米海員組合が中国人の特別な関心事であるすべての人に対して、均一賃金、均一待遇と在留外国人の中国人に対して上陸が許可される権利も要求するならば、参加することを申し出た。全米海員組合がそれらの解決の支援に同意したので、約3,000人もの中国人がストライキに参加した。

2）権利の防御のための裁判による法的手段

　すべての幹部とは限らないが、ほとんどの参加者が労働者であるストライキとは対照的に、アジア系移民が自分達の権利を擁護するのに使用した別の方法である法的手段は、一般的にはより裕福で教養のある個人が引き受けた。中国人と日本人の移民共同体の傘下組織である中国六大公司と在米日本人会は、通例はそれぞれが裁判所で事件を弁論するヨーロッパ系アメリカ人の弁護士を雇う責務を負った。しかしながら、何ら支援団体もないままで、訴訟を起こす個人もいた。インド人やフィリピン人も、同様に苦情を裁判所に持ち込んだが、たとえあったとしても、その奮闘の支援にどのような共同体組織がいたかは知られていない。

　アジア系移民が起こした訴訟の数は、本当に驚くほどある。中国人排斥が施行された1882年から1943年の間に、筆者の調査では中国人原告あるいは被告を含む1,100以上の判例が、連邦地方裁判所から報告されたすべての判例を含んでいる連邦控訴裁判所判例集（*Federal Reporter*）に公表されていた。さらに、約170判例は、編集された連邦最高裁判所の判例を公表した連邦最高裁判所判例集（*U.S. Reports*）に掲載されていたが、1900年以後のほとんどの判例集には、法廷の見解が記録されていなかった。第2次世界大戦前まで、日本人の80以上の判例が連邦控訴裁判所判例集に、15判例が連邦最高裁判所判例集に見いだされた。インド人の判例は、同時期に

は約40判例に達した。このように報告された判例は、訴訟や審理された全判例数の約10分の1にも満たないので、法的手段により、アジア系移民の約1万もの判例が裁判に提訴されていた[11]。

アジア系移民の訴訟当事者が最も関わる3つの争点は、移民排斥、帰化権、経済的差別であった。中国人は排斥に対して最も熱心に裁判で闘った。中国人の判例記録の90％以上が、アメリカ合衆国への入国の許可に関する奮闘から引き起こされていた。日本人、インド人と朝鮮人は、ほとんどが帰化による市民権の獲得に関連していたが、さらに中国人と日本人は生計を立てる権利に対する法的障壁の排除に関して判決が下された。

アジア系移民とアメリカ合衆国法律制度との遭遇は、中国人が盗まれた砂金や所持していた金銭を取り戻すために訴訟を起こした1852年から始まった（Hudson Janisch）[12]。中国人には自分の問題は自分で始末する傾向があると一般に知られていたが、必要な場合にはアメリカ合衆国司法制度を活用することをためらわなかった（Charles MaClain, 1984; et al.）[13]。中国人が法律違反で罰金に問われた時や、外国人採掘課税やその他の徴収額の支払いができない時や、中国人以外から提訴された時には、もちろん中国人は出廷しなければならなかった。1854年から1882年にかけて100以上もの中国人の判例が、カリフォルニア州最高裁判所や西部準州地域の裁判所で審理されていた[14]。このようにして1882年に中国人排斥法が成立するまでに、彼らは訴訟当事者として裁判の経験を積むことで洗練されてきた。

3）中国人排斥法と中国人アメリカ移民の裁判

1882年の中国人排斥法が施行されてから数年の間に、野心をいだく移民達は、それらの法律に対する異議申し立てに驚くほど成果をあげた（Christian Fitz, 1988; Lucy Salyer, 1989）[15]。それらを施行する責務のある連邦政府の役人は、税関の徴税官であった。世紀の変わり目まで非常に多数の中国人の入国を検閲しているサンフランシスコの徴税官でさえも、できるだけ厳しく検閲するつもりであると明言していたが、抑留された中国人は人身保護令状を提訴し続けた。それらにより中国人は、裁判所が指定する判事や税関長による審理を受けることができた。中国人排斥法から最初の10年間に、裁判官は徴税官が入国を阻止していた中国人の85％以上の入国を許可した。その事実が、世間からの非難を浴びた。新聞や反中国人グループが、

第5章　アジア系アメリカ移民に対する迫害への抵抗　Resistance to Oppression　*135*

その判決をした裁判官の職責を厳しく批評した。しかし、裁判官は、正当な審理による確定的な付託から、肌の色や人種に関わらず、すべての人間は、人身保護令状の手続きを通じて、自由を獲得する権利を有することを強調した。

1882年の中国人排斥法と1884年のその修正法では、中国王朝との最後の条約の時限である1880年の11月前までにアメリカ合衆国に入国していた中国人労働者は、中国に帰国後もその法律が定める事実がある限り、アメリカ合衆国に再入国することができた。しかしながら、1888年10月1日、議会は突然一方的にその権利を破棄した。そのために、その時米国外で必要な証明書を保持していた約2万人もの労働者の再入国が拒否された。

チャエ・チャン・ピング（Chae Chan Ping, 遅成平）は、1875年から1887年にかけてサンフランシスコに在住した労働者で、中国訪問のために出国前に再入国の証明書を得ていたが、新しい法律の施行された時、カリフォルニア州への帰還途上であった。彼は10月7日に到着したが、入国は拒否された。この事例を審理した連邦巡回控訴裁判所の2人の判事は、その時点よりも早ければ1882年と1884年の法律により中国人が再入国する権利を何度も支持していたが、1888年の法律を是認することを決定した。チャエはその後に連邦最高裁判所に上訴して、1882年中国人排斥法は1868年のバーリンゲーム条約[5]と1880年の米中国間条約に違反することを論争した。1889年の象徴的な判決で、チャエ・チャン・ピング対米国の判例（時には中国人排斥判例）として知られ、満場一致の判決で、1888年法とその条約はもちろん矛盾しているように見えるが、より最近の条文は過去の条文よりも優先すると結審した。さらに中国人労働者が米国に再入国するいかなる権利も、政府の意向により保有され、望むならばいつでも無効にすることもできるとした。

1882年の中国人排斥法が1892年に期限切れになった時、新たにより厳しい法律が成立した。それはギアリー法（Geary Act）として知られ、アメリカ合衆国のすべての中国人に、登録手続を要求した。その後は、在留許可証を所持しないで米国内にて捕まった中国人は、余儀なく即刻に国外追放の処分となった。国外追放されかかった3人の中国人が連邦最高裁判所に上訴した。フォン・ユエ・ティング（*Fong Yue Ting*）対米国の1892年の判例で最高裁判所は、国外追放は移民政策の一部であり、主権国家は国境内にだれを入国させるかの権利を持っているので、外国人を正当に登録させることができると判決を出した。

このような不公平な法律にも関わらず、中国人は頑張り通した。1894年の修正法により、行政官に中国人の入国に関する最終決定権が付与された後に、もし公平な審査を受けることができない場合に限り、中国人が裁判所に提訴することが許諾されるも、中国人は移民局による審査が不公平であると何度も告発した。連邦最高裁判所は、このような提訴を中止するために、連邦地方裁判所がもはや中国人の人身保護令状を再審査できないように、1895年のレム・ムーン・シング（*Lem Moon Sing*）対米国の判例で判決した。しかし、排斥主義者はもっと先んじていた。排斥主義者は、裁判所による中国人の移民に関する決定権も完全に否定することを望んだ。1903年に移民局長が、商務長官の管轄に従いながら、移民事項のすべての管理を引き受けた。連邦最高裁判所は、1905年の米国対ジュ・トイ（*Ju Toy*）の判例でこの変更に賛同して、商務長官には中国人移民の入国だけでなく、その上に中国系アメリカ人の入国の最終決定権もあることを判決した。しかし、連邦最高裁判所に中国人移民の人権剥奪を拒否する1つの免除特権があった。1898年のウォング・キム・アーク（*Wong Kim Ark*）対米国の判例で、連邦最高裁判所はアメリカ合衆国に生まれた者は市民であり、それを原因として市民権の剥奪はできないことを判決した。

　市民権の価値を理解するにつれて、アジア系移民は帰化権を獲得するために厳しく奮闘した。この問題に対する闘争における法律上の歴史が、何にも増して、人種排斥の多義性、矛盾、不合理を明らかにした。アメリカ合衆国憲法は、自由な白人（free white persons）のみが市民権を得ることを明記していた。1870年には、その市民権の特権は、アフリカ系外国人とその子孫にも適用が拡大された。第3章でも示したように、1866年にチャールズ・サムナー（Charles Sumner）上院議員はこの疑問を議論する連邦議会中に、発議された法律案における白人の条文を討論したが失敗した。しかしながら、1873年のアメリカ合衆国公式主題別法令集の編集者が、どういうわけか帰化に関する条文である第30編2169項における白人の条項を削除していた。このような法令集上の欠点は、1875年初期における修正法から訂正された。このために1873年12月31日から1875年2月18日まで、市民権に関する人種あるいは肌の色による制限はなくなり、ニューヨークで多くの中国人が帰化した。1878年のアー・ユプ（*Ah Yup*, 阿亜）の訴件の判決と、1882年の中国人排斥法が、明らかに中国人の人権を侵害して、このような法律の抜け穴を塞いだ。

第5章　アジア系アメリカ移民に対する迫害への抵抗　Resistance to Oppression　137

第6節　日本人アメリカ移民による帰化権の裁判の光と陰

　日本人が移民し始めるに従って、帰化権を求める彼らの多くは、法令集の第2169項に異議を唱えた（Frank Chuman, 中馬）[16]。マサチューセッツ州の1人の日本人が、その法令に異論を申し立てた時、連邦巡回控訴裁判所は民族誌や人種の分類に関する科学的根拠の乏しい文献の多量の本文を再吟味した後に、1894年のサイトウ（Saito）の訴件に対して、日本人は蒙古人種であるので帰化する資格はないと判決した。その15年後1909年のナイト（Knight）の訴件に対して、イギリス人の父親と中国人と日本人のハーフの母親との間から生まれた人は、市民権を授与されるには不十分な白人であると判決した。

　次の10年間では、さまざまな地域のアメリカ連邦裁判所は、アジアの異なった地域からの移民の帰化に関する請願書に対して相反する判決を言い渡した。一般的にアジア大陸の西部から、すなわち中東アジアでは、よりコーカソイドの特徴に近い人びとは有利な判決を受けた。ヨーロッパ人にも、東洋人にも見えないインド人やフィリピン人に対しては相反する判決を引き出した。一方、東アジアからの請願者はその他と比較してよりしばしば締め出された。シリア人（Syrians）には資格を有すると認定されて、パルシー教徒（Parsees, インドに逃れて在住するペルシア人）のように、アルメニア人（Armenians）も同様に資格を与えられる判決が見いだされた。ワシントン州の裁判所では、インド人のイスラム教徒には資格を与え、その一方で、カリフォルニア州とオレゴン州の裁判所では、2人のシーク教徒に市民権を授与した。しかし、ペンシルベニア州の裁判所では、シーク教徒からの請願書を拒否した。フィリピン人はペンシルベニア州、ニューヨーク州とマサセチューセッツ州では帰化は拒否されたが、ところが驚いたことに、南カリフォルニアでは1人のフィリピン人が市民権を授与された。朝鮮人にはまったくうまくいかなかった。ミズーリ州とカリフォルニア州の裁判所では、朝鮮人は無資格と判決された[17]。

　数人の日本人が帰化して、そのうちの1人であるカリフォルニア州のリバーサイドのシンセイ・カネコ（Shinsei Kaneko, 金子 真成）が1896年に日本人として初めて市民権を持つアメリカ市民となり、その後に陪審員を務めて、アメリカ人のパスポートで海外旅行をした。その他には、ワシントン州のシアトルのタクジ・ヤマシタ

(Takuji Yamashita, 山下宅治) とチャールズ・ヒオ・コウノ (Charles Hio Kono, 河野) がいた。しかし、結局この2人はワシントン州ではアメリカ人市民のみが可能である会社の設立に挑戦した1896年に市民権を失った。彼らの申請書を再審査して、ワシントン州の州務長官は、彼らに市民権を授与した上級裁判所は誤審であったと判断を下して、彼らの求める法人設立は不認可とした。その請願者は、その判例を連邦最高裁判所に上訴したが、1922年の歴史的なタカオ・オザワ (Takao Ozawa, 小沢孝雄) 対米国の画期的な判決が出るまで判決を先に延ばされた。その後にヤマシタとコウノに以前に授与されていた市民権は、オザワの判例に基づき無効にされた。

アメリカ合衆国におけるアジア人がかつて提訴した中で最も長引いた訴訟の1つであるオザワ判例の長い歴史が研究された (Yuji Ichioka (市岡雄二), 1977)[18]。タカオ・オザワは日本で生まれ、アメリカ合衆国にスクールボーイとして渡り、バークレー高等学校を卒業し、1906年にホノルルに移住する前に3年間カリフォルニア大学に通学した。彼は英会話が上手であり、アメリカの慣習に通じており、アメリカ合衆国で育てられた女性と結婚し、彼の子供達を日曜学校に通わせて、家では英語で会話し、彼の結婚や2人の子供の出生をホノルルの日本領事館に届け出ずに、アメリカの会社で働いていた。さらに、彼は「私はいかなる種類の酒も飲まなかったし、タバコも吸わなかったし、トランプ遊びもしなかったし、賭博もしなかったし、いかなる不道徳な人ともつきあわなかった」と述べた。

タカオ・オザワは1902年に最初に移民意向請願書を提出していたが、1914年まで引き続いて帰化申請書は提出しなかった。カリフォルニア州北部の連邦地方裁判所で、1914年の帰化申請が棄却された時に、ハワイで申請を試みたが、同様に破棄された。彼は力を落とさずに上訴した。この時点までは、タカオ・オザワは個人的に行動したが、この判例が1917年に連邦最高裁判所に付託された後は、日本政府だけでなく日本人移民共同体も関与することになった。在米日本人会とカナダの同等の連携組織である太平洋西海岸日本人会 (Pacific Coast Japanese Association) の協議会は、タカオ・オザワの活動に対する支援を決定したが、東京の外務省はそれに反対した。外務省はその問題に関して外交的解決に至る機会を失うような敵対的な決定は望んでいなかった。国際的な外交政策に関連して裁判が遅延した後に、連邦最高裁判所は1922年にこの判例に対して最終判決を下した。すべての資格を有していたにも関わらず、自由の身の白人でもなく、アフリカ系でもないので、タカオ・オザ

ワは帰化することができないと判決された。裁判官の観点では、肌の色よりも、民族の血筋が問題とされた。

しかしながら数か月後に、裁判官は1923年の米国対バガト・シン・ティンド (Bhagat Singh Thind) の判例でその正当性を逆転した (Harold Jacoby, 1958; Joan Jensen) [19]。ティンドは1913年までアメリカ合衆国に在留して、第1次世界大戦では米国軍隊に従軍して、1920年にオレゴン州の連邦地方裁判所から、市民権の証明書を受け取った。しかし、ティンドはインドの独立を主張していることで知られており、それは連邦政府にとって大英帝国との緊密な関係から厄介な問題であるので、移民局は彼を国外追放する口実を探索した。移民局は、彼の市民権を剥奪するために裁判所に出頭させた。連邦最高裁判所は、連邦機関を支持して、「ティンドは、インド人出身者として、民族誌学的にはアーリア人であるが、それにも関わらず白人ではない」と主張した。この判例からは、人種分類よりも、肌の色が優先された。ティンドの判決に従えば、移民局はインド人以外の数十人のアジア系移民の帰化許可書の発行を首尾よく棄却できた。

第7節　アジア系アメリカ移民による生存権の裁判

1）中国人アメリカ移民による商業権の裁判

アメリカ市民になる努力は失敗したが、アジア系アメリカ移民は依然として米国内で生存権を守るために厳しく奮闘した。中国人の交易商人と洗濯屋達と日本人の小作農は、この目的のために最も頻繁に裁判所を活用した。例えば醤油、塩漬けカモの卵、乾燥カモ肉、乾燥キノコ、中国製ソーセージ、オリーブ、アーモンド、食用根菜類、食用キノコ、塩漬けキャベツなどのような原材料を輸入する権利を強く要求するために裁判所に提訴した中国人の商店を含めて、連邦控訴裁判所判例集 (Federal Reporter) におよそ20判例を著者は認めた (Sucheng Chan)。刺繍した扇子や鑑賞用の剣などの比較的無害な物品さえも、輸入するのが困難になった。どのような商品が輸入できるのかだけが問題ではなかった。商店は当局に対して特別な商品に関税が掛かるのかどうかについても論争した[20]。

特にサンフランシスコの洗濯屋が経験した困窮に対して、中国人交易商人が受け

た嫌がらせは比べものにならなかった。そこでは当局の執行官が、1873年から1884年までに、約3,000人もの洗濯人とアイロンがけが従事している300前後の中国人洗濯屋を制限するために、14もの条例が発令した。ある条例は木造建の洗濯屋には認可書の許諾を要求して、その所有者に対してもし無認可ならば1,000ドルの罰金を支払うか、あるいは6か月間刑務所に留置されることを要求した。その当時すべての中国人洗濯屋は、木造建であった。1885年にサンフランシスコ当局は、すべての中国人に対する洗濯許可証の申請を棄却したが、非中国人が申請していた80許可証のうちの1つを除いたすべてを受理した（*John Gioai, Charles, Laurene Wu McClain*）[21]。

それに抵抗するために、約200の中国人洗濯屋は、自分達の店舗で開業を続行することを決意した。彼らの内にはイック・ウォ（Yick Wo, 益和）がいた。それは洗濯職人の名前ではなく、実際には洗濯屋の店名であり、しかし、その当時の店名として、中国人商店主には広く知れわたっていた。彼は1861年にサンフランシスコに到来して、2年後に洗濯屋を開業し、それ以来ずっと営業をしていた。彼が1885年6月に洗濯屋の許可証を申請した時に、すでに消防監督署と保健所から、彼の洗濯屋の建築住宅基準は、サンフランシスコ市の消防と衛生基準を満たしているという認可を手に入れていた。それにも関わらず執行官は、彼の申請を棄却した。イック・ウォの認可は10月まで下りなかったが、警察は彼に対する起訴状を提出し8月に逮捕した。

中国人洗濯屋の同業組合である同心堂（Tung Hing Tong）は、全洗濯屋の集団訴訟を弁護するために、その当時最も有名な法廷弁護士の1人に依頼した。イック・ウォは人身保護令状を提出して、刑務所から釈放されたが、市当局は提訴して、カリフォルニア州最高裁判所がその条例を支持したので、彼は再び留置された。その後に、第9連邦巡回控訴裁判所は、2回目の彼の人身保護令状を受理したが、市当局が洗濯屋条例を強要するのを制止しなかった。その判例が連邦最高裁判所に上訴された時、イック・ウォはその条例は恣意的であり、結果として条例の措置で拒否された自分のような人を差別していると論争した。

市当局は、洗濯屋の規制は警察の権限の一部であると応答した。さらに非中国人の洗濯屋は、市当局が火災の危険を想定している衣服を乾かすための屋根上の物干し場を持っていないが、中国人の洗濯屋はそれを使用しているので、問題となって

いる条例は不公平ではないと返答した。1886年のイック・ウォ対ホプキンスの判例（*Yick Wo v. Hopkins*）で、連邦最高裁判所は、洗濯屋を恣意的に2つの階級に区分することは、憲法修正第14条が保障している法律に基づく平等の保護に反しており、それはすべての市民だけでなく、中国人移民も含めたすべての人びとにも適用されると裁定した。連邦最高裁判所の見解では、たとえ表面上は中立の立場でも、差別する手段を適用できる法律は憲法違反であるとした。

　数十年後に、ニューヨークの中国人洗濯屋は、差別する条例だけでなく、ニューヨークのチャイナタウンの権力者階級である中華総会館（Chinese Consolidated Benevolent Association: CCBA）にも対抗して奮闘しなければならなかった（*Peter Kwong*）[22]。1930年代初期に、ニューヨークには約3,500もの中国人洗濯屋があり、それでおよそ1万人がかろうじて生計を立てることができた。彼らの請求は非常に安価であり、無料で修繕や集配のサービスを提供したので、ヨーロッパ系アメリカ人洗濯屋は、中国人を脅威に感じた。すべての商売における開業の継続が困難となる大恐慌が最悪になった時に、ヨーロッパ系アメリカ人洗濯屋は市会議員連盟を説得して、中国人が開業しているほとんどの個人経営の洗濯屋に、年間登録料の25ドルの支払いと1,000ドルの保証金の積み立てを要求する条例を成立させた。

　洗濯屋を助けに来たにも関わらず、中華総会館はその問題を調査する前に、各中国人洗濯屋に対して登録料の支払いを求めた。それにあきれ返って中国人洗濯屋は団結して、中国人手洗洗濯連合（Chinese Hand Laundry Alliance: CHLA）を結成した。中華総会館は、新しい組織化に対して妨害を繰り返したが失敗した。その一方で、中国人手洗洗濯連合は、市会議員に対して年間登録料を10ドルと保証金を100ドルに引き下げを説得するように2人の弁護士に依頼した。そして、この勝利に自信を持って、中国人手洗洗濯連合は数年間、保守的な中華総会館に対する強固な対抗団体と革新的な政治活動の支援団体のままであり続けた。

2) 日本人アメリカ移民による農業権の裁判

　中国人が最も重要な生計手段であった2つの職業である交易商や洗濯屋の開業を保持するために奮闘したように、日本人は何度も繰り返して未解決の農業権を防御した。これに関しては、イック・ウォのようにはうまくいかなかった。1923年に連邦最高裁判所で審理された以下の重大な4つの判例により、それまで日本人の原告

が保持していた権利をことごとく剝奪された。テレス対トンプソンの判例（*Terrace v. Thompson*）で、連邦最高裁判所は満場一致で1921年のワシントン州の外国人土地法を支持して、日本人に土地を賃貸するという原告の権利を否決した（*Frank Chuman*）。また連邦最高裁判所は、ポータフィールド対ウェッブの判例（*Porterfield v. Webb*）で1920年のカリフォルニア州の外国人土地法の合法性も支持した。物納で収穫物を分配する小作契約は、ウェッブ対オブライエンの判例（*Webb v. O'Brien*）で違法とされた。日本人に種まき、栽培、作物の収穫の契約を希望するカリフォルニア州の土地所有に関して、これは労働実績による契約であると原告は主張した。しかし、カリフォルニア州の司法長官は、そのような契約は、日本人移民に対して土地所有とその使用を許可するための策略であると見なした。それは連邦最高裁判所と同じ解釈であった。最終的にフリック対ウェッブ（*Frick v. Webb*）の判例で、市民権の資格がない外国人に、農業をする目的で結成された組合に、自分自身の資本を出資することを禁止した。裁判所の判決によれば、そのような資本を出資することも、在留外国人に土地の利権を与えることになるとした[23]。

日本人小作農が勝訴した唯一の肯定的な判決は、1922年のテツブミ・ヤノ（*Tetsubumi Yano*, 矢野鉄文）の所有地の判例であり、カリフォルニア州最高裁判所は、その当時アメリカ生まれ2歳のテツブミ・ヤノの名義に14エーカーの土地を譲与した両親が、彼女の後見人の役割を果たすことを認可する判決を下した。しかし、彼女らの勝訴は短期間であった。その1年後の1923年にカリフォルニア州は、民事訴訟法の第175条（a）の改正により、たとえそれまで未成年者に対して後見人の役割を果たすことができても、市民権の資格がない外国人が実際のすべてあるいは一部から成り立つ所有地の後見人として指名されることを禁止した[24]。

第8節　アジア系アメリカ移民による国際的政治活動

アジア系アメリカ移民はストライキを行ったり、裁判所に提訴しながら、出身国が弱国であるために、受け入れ社会が自分達を差別するのが容易であることに気づく人びとがますます増えた。彼らのうちで最も強国であった日本ですら、国際的政治力のためにしばしば移民に対する福利に妥協しなければならなかった。特に中国

人、インド人、朝鮮人は、出身国における隷属状況と海外での冷遇との関連性を自覚した。このような洞察が深まるに連れて、外国の支配から祖国を開放するために、彼らは後方から支援を投じた。

1）中国人アメリカ移民による国際的政治活動

世紀の変わり目になって、大まかに改良派と革命派の2つのグループに分類される中国人の数多くの有力な政治的指導者が、彼らの都合から支援者や運動資金を求めて北アメリカを訪問した（*Eve Armentrout Ma, 1990; Robert Worden, 1972; Him Mark Lai*）[25]。清王朝を打倒して、中国に共和国を確立する理想を描いた孫文（Sun Yat-sen, 孫逸仙）は、1894年にハワイで中華社会の復活をめざす興中会（Xingzhonghui, Revive China Society）を創設した。その11年後の1905年に東京で、ほとんどの会員が海外の中国人で構成されている革命主義者の連合体として中国同盟会（Tongmenghui, Revolutionary Alliance）という別組織をさらに設立した。その一方では、改良派である康有為（Kang Youwei, K'ang Yu-wei）と梁啓超（Liang Qichao, Liang Ch'i-ch'ao）は、中国維新会（Chinese Empire Reform Association）としても知られる君主制を保持する保皇会（Baohuanghui, Protect the Emperor Society）を1899年にカナダで組織した。それは清国の光緒帝（Guangxu emperor）に、西太后に対抗する政治力を回復させることを目的としていた。康有為と梁啓超は、中国自身は種々の改良手段により復興できると信じていた。彼らの主張はより受け入れられて、孫文の急進的集団よりも、多くの会員の賛同を得て、ハワイやアメリカ本土に保皇会の支部が急速に拡大した。革命派や改良派の両者は愛国主義をかき立てた。会員となったアメリカ合衆国在留の中国人は、これらの党派の活動の参加を通じて、近代政治活動の最初の体験者となった。

新たな中国人の民族主義の影響を受けた最も一触即発の示威活動は、アメリカ合衆国における中国人に対する不当処分に抗議した1905年のアメリカ製品不買運動であった。中国人を苛立たせたことは、移民局が労働者を排除しただけではなく、中国人排斥法の適用から原則的には免除される商人や一時滞在者さえも不当に扱ったことであった（*Shih-shan Tsai*）[26]。現存する不買運動に関する大部分の資料から、その由来は中国本土と推定されたが、ハワイとアメリカ本土の中国人も不買運動に重要な役割を果たした（*Delber McKee, 1986, 1984*）。反抗の時機は、特にアメリカ合

衆国での数々の進展に伴う直接的な成果から由来した[27]。

1904年4月に連邦議会では、密かに歳出配分承認法案に付帯条項をつけて、既存の中国人排斥法の適用を曖昧に拡大して、すべてのアメリカ合衆国の準州列島領域にそれらを適用できるようにした。その一方で、清国政府は、1894年のグレシャム・ヤン条約（Gresham-Yang Treaty）を更新するのではなく、その条項でアメリカ人が中国人をより厳しく取り扱えていたので、1904年末に失効すべきであると宣言した。1904年8月から1905年5月にかけて、清国政府の大使が、アメリカ合衆国国務長官と新たな折衷条約の締結を図ったが、その交渉は行き詰まった。1905年5月8日に連邦最高裁判所が、ジュ・トイ（Ju Toy）の判決で、中国人を強制退去させる移民庁の権限を承認してから、その風向きが変わった。その判決が宣告された直後に、アメリカ合衆国・ハワイ・フィリピンに在留していた中国人は、新しい条約案に反対するように清国外務部に対して20以上もの電報を送信した。彼らも、連邦政府にその過酷な条約案を棄却することを強要する手段としてアメリカ製品不買運動を呼びかけた。

このような事態の進展に伴い、商人、学生やその他の愛国者が中国中南部における沿岸部の港湾都市にかけて、提唱された不買運動を1905年8月初旬から仕掛け始めた。上海、広東やその他の地域で中国人商会は、それ以前からのアメリカ合衆国の会社との契約を破棄して新契約を結ばなかった。個々の中国人はアメリカ製のタバコの喫煙を中止し、アメリカ製の消耗品の購入を自粛した。しかしながら2か月後に、その不買運動は清国政府の方策から頓挫した。アメリカ合衆国から強い圧力を受けていた清国中央政府は、地方政府に対して不買運動を粉砕する指令を発した。一方で、北京近辺の直隷総督（Zhili, Chihli）[6]であった袁世凱（Yuan Shikai, Yuan Shih-k'ai）により、天津がアメリカ合衆国に開港された。不買運動は、北アメリカの中国人からの送金で支援を受けた広東地域で最も長期間にわたり継続された。しかし、1906年のサンフランシスコ大地震によりチャイナタウンが壊滅した後、このような資金が突然に枯渇した。

その不買運動は、アメリカ合衆国の中国貿易においては無視できるほどの脅威でしかなかったが、アメリカ合衆国における中国人に対して有益な効果をもたらした。その効果が現れる前ですら、セオドア・ルーズベルト（Theodore Roosevelt）大統領は、移民庁を管轄していた商務労働長官に、中国人移民をより丁重に扱い、移民

の可能性の解釈をより寛大にするように、移民庁当局に対して指令することを指示した。移民庁は、新しい一連の規制を要求する提案を引き下げて、中国人移民の手続きの遅れを短くして、恣意的な国外追放を終止して、令状なしのチャイナタウンでの家宅捜索を中止した。それと同様に重要なことは、中国人移民自身が新しい政治意識を発展させたことである。不買運動中に、中国六公司、堂、保皇会の支部、孫文の支持者、中国人キリスト教徒、種々の新聞などが共通の目標のために共同運動を展開した。

2）インド人アメリカ移民による国際的政治活動

　北アメリカのインド人も同様に、インドの独立を目指して活動しているので、派閥間の分裂を超越できることに気がついていた（*Mark Juergensmeyer, 1979; Joan Jensen, 1983; Harish Puri, 1983*）[28]。アメリカ西海岸ヒンドゥー教団体（Hindustan Association of the Pacific Coast）の会員は1913年にガダル（*Ghadar*）（さらに音訳では*Gadar, Ghadr*はウルドゥー語では革命や反乱を意味する）という新聞を刊行することを決定した。その最初の編集長はハル・ダヤル（Har Dayal）であり、インドにおける大英帝国の教育政策に抗議してオックスフォード大学の学位授与を拒否したヒンドゥー教の知識人であった。1911年にアメリカ合衆国に移民した後に、無給にてスタンフォード大学でしばらくの間は教育に従事してから、サンフランシスコの急進部会の事務局長となり、バクーニン協会（Bakunin Institute）やガダル党（Ghadar party）を結成した。急進部会やバクーニン協会は、ほとんどの会員がヨーロッパ系アメリカ人であったが、ガダル党は完全にインド人による運営であった。それは大英帝国の植民支配の打倒とインドにおける共和国の成立を支援する非宗教的な組織であった。

　ダヤルの過激な演説により移民当局が警戒して、1914年に彼を逮捕した。しかし、彼は国外追放される前に、保釈中に失踪してヨーロッパに逃避した。彼の脱国後に、ダヤルのようにヒンドゥー教徒であるラム・チャンドラ（Ram Chandra）が、ガダルの編集長になった。それをグルムキー文字（Gurmulki）やその他の言語だけでなくウルドゥー語（Urdu）で印刷した。その新聞は、アメリカ合衆国、カナダ、香港、日本、フィリピン、マレーシア、シンガポール、英領ギアナ、トリニダート、ホンジュラス、南アフリカ、東アフリカ、インド本国にも広く配布されたが、ガダル党

は統制された組織にはならなかった。それよりむしろ、その目標の達成のために突発的な暴動に頼っていた。

　ガダル党の抗議は、バンクーバー港での事件の後に最高潮に達した。インド人移民を妨害していたカナダ政府の継続的旅程の規制を回避するために、貸し切りの日本舟の「駒形丸（Komagata Maru）」に乗船してきた数百人のインド人が1914年5月下旬バンクーバー港に着港したが、彼らはバンクーバーへの上陸は許可されなかった（Hugh Johnston, 1979; Joan Jensen）[29]。彼らの食料と水が枯渇しかけた時、バンクーバーのシーク教徒が、大英帝国の国王、インド総督、その他の指導者に、彼らの救援を懇願して電報を打ったが、すべて無駄となった。着港してから2か月後に、カナダ艦隊の威嚇を受けて、駒形丸は帰航させられた。貧困である移民の志願者達は、この失敗で7万ドルを損失した。彼らの悲運が、アメリカ西海岸一帯のインド人の感情をかき立てて、インド人の無力と移民に対する冷遇との関連性に気づくことになった。

　駒形丸の事件後から数か月して、ガダル党の小集団が、革命を扇動するために北アメリカやその他からインドに帰国した。第1次世界大戦が勃発する当時まで、インド人の愛国主義者は、大英帝国に対抗したドイツ帝国をインドの支援可能国として見なしていた。ガダル党の一員は武器をドイツ帝国から供与されていたが、その終戦時期には、大英帝国情報局がインドに上陸するやいなや彼らを逮捕して武装解除したので、ほとんど成就できなかった。彼らのかなり多くが、軍事裁判を受けて、刑が執行された。アメリカ合衆国に残ったガダル党は、大英帝国に雇用された侵入者や密告者によりガダル党の展開が幾分かき乱されて、1915年より後には混乱に陥った。そのアメリカ部会は、その陰謀の実施を図った時に、ラム・チャンドラの暗殺によって、1917年に分裂に陥った。

3）朝鮮人アメリカ移民による国際的政治活動

　出身国を支援するアジア系アメリカ移民のさまざまな努力の中で、出身国の独立を求めるアメリカ在留の朝鮮人による闘争が最も長期間にわたり根強く継続した。実際に、1919年上海にて国外追放された指導者により樹立された大韓民国臨時政府（Korean provisional government-in-exile）は、ハワイとアメリカ本土在留の朝鮮人からの送金による基金なしにはその後30年間にわたり維持できなかった。しかしな

がら、朝鮮独立運動（Korean independence movement）は、アン・チャンホ（Ahn Chang-ho, 安昌浩）、パク・ヨンマン（Park Yong-man, 朴容晩）、イ・スンマン（Syngman Lee, Rhee Seungman, Yee Sung-man, 李承晩）らの主要な指導者間の個人的な敵対行為により、しばしば引き裂かれた（Bong-Youn Choy, Kinsley Lyu）[30]。

　安昌浩は、文化革新による救済を信じていた。この目標に向けて1903年に、彼はアメリカ本土で朝鮮人による最初の組織である共立協会（Chinmok-hoe）を設立した。その約10年後の1912年には興士団（Hung Sa Dan, Young Koreans Academy）を設立した。その興士団の目標は、真理、忠義、知的胆力、徳、健康の増進であった。興士団自体には、政治色はなかったが、その多くの会員は、大韓人国民会（Korean National Association）を通じて精力的に活動して政治力を獲得した。大韓民国臨時政府が上海で樹立された後に、安昌浩はそこで内務総長に着任し、その後に労務長官に就任した。日本警察は1935年に彼を逮捕した。その3年後に釈放されて、その後まもなく死亡した。しかし、興士団は、彼の死後10年間も会員を勧誘し続けた。

　安昌浩の自我人格革新論に反して、朴容晩は朝鮮の独立は、軍事的手段により最も上手に獲得できると考えた。朴容晩がネブラスカ大学を1909年に卒業後に、ネブラスカ州、カリフォルニア州、カンザス州、ワイオミング州に朝鮮人の士官候補生を訓練する5つの異なった軍事学校を創設した。朴容晩は大韓人国民会が支援する軍事訓練施設の管理を引き受けるために1912年にハワイへ渡った。彼は異なった集団を統合して、約300人からなる唯一の大韓国民旅団（Korean National Brigade）を結成した。朴容晩も1919年に外務大臣になるために上海に渡った。しかし、長年仲違いしている李承晩が到来して暫定政権の初代大総理に就任後には、まもなく上海を離れた。その次に、朴容晩は満州に向かい、そこで1928年に暗殺されるまで朝鮮人の若者の軍事訓練をしていた。

　李承晩は、アメリカ合衆国のプリンストン大学で朝鮮人として初めて博士号を取得し、朝鮮の独立を推進するのに外交交渉を用いることを提唱した。彼は1913年ハワイに赴任して、朝鮮地域社会学校（Korean Community School）の校長になった。彼と朴容晩との衝突がますます辛辣になったので、教会、新聞、さらに彼自身の勢力基盤の創設となる同志会（Tongji-hoe, Comrade Society）の共同体組織を設立し始めた。彼は1922年に、大韓民国臨時政府の初代大統領に選出されたが、上海には長くは滞在しなかった。その代わりに、彼はアメリカ合衆国に帰国して、ハワイと

首都ワシントンの間を行き来して朝鮮の独立のため議員に陳情した。第2次世界大戦後、彼はアメリカ占領軍から招かれて、朝鮮に戻り、顧問として奉仕した。1948年に大韓民国の初代大統領となり、1960年の学生運動によって失脚するまで権力を保持した。彼は1965年にハワイで死亡した。

4) 日本軍国主義に対抗したアジア系アメリカ移民

　朝鮮系アメリカ移民は、安昌浩、朴容晩、李承晩らに主導された組織、上海の大韓民国臨時政府、満州の独立軍を支援するために、彼らの貯蓄を誠実に寄贈した。彼らは、日本の占領からの本国の独立を念願していたので、可能な限り喜んで貢献した。朝鮮人の心に愛国主義の情熱が激しく燃え広がったので、アメリカ合衆国における日本政府の海外代表者が彼らを問題視して糾弾したいかなる時でも、朝鮮人は厳しく異議を訴えた。彼らはとても熱心に日本の植民地政策を打倒しようとしたので、1930年代にアメリカ合衆国と中国本土において中国人の勢力に合流して、日本によるアジア大陸の征服に抵抗した。

　日本軍国主義（Japanese militarism）を打倒する運動により、アメリカでのチャイナタウン内にも、さまざまな派閥が生まれた。資金を集めるために、あるいはアメリカ人の大衆に対して中国での事態の進展に関する情報を広めるために、そして連邦政府に対して中立的立場を放棄するように働きかけるために、愛国主義の組織が結成された。ニューヨークの中国人手洗洗濯連合（CHLA）は、「日本対抗、中国救済」の運動を支援するために結成された反帝国主義連合（Anti-Imperialist Alliance）の中で、活動的な統率者となった。しかしながら、中国の政権与党である国民党（Kuomintang: KMT）の指導者である蒋介石（Chiang Kai-shek）は、日本の侵略に抵抗することには関心を寄せなかった。そのため中華総会館を統制していた国民党は、当初は中国人手洗洗濯連合を共産主義組織の烙印を押していた。しかし、国民党と中国共産党（Chinese Communist Party）が、中国における日本の侵略にさらに抵抗する国共合作の統一戦線を形成した後は、アメリカのチャイナタウンの右翼や左翼の共同体も同様に、それぞれの意見の対立を超越して、全チャイナタウン反日愛国協会（All-Chinatown Anti-Japanese Patriotic Association）を創設した（*Peter Kwong*）[31]。中国人が、くず鉄を日本の軍需産業に輸送する貨物船の波止場を取り囲んだ時、朝鮮人もそのデモへ熱心に参加した。

第5章　アジア系アメリカ移民に対する迫害への抵抗　Resistance to Oppression　149

第9節　結語

　アジア系アメリカ移民達や労働者達は、ほぼアメリカの大地を初めて踏んだ日から、すでに食い物にされ虐待を受けていたが、彼らはできる限りの手段で抵抗していた。ストライキの結果として、より高賃金を獲得することはめったになかったが、彼らの奮闘はしばしば雇用主に生活環境や労働条件を改善させることもあった。裁判所に提訴した判例のほとんどは敗訴したが、いくつか注目すべき勝訴も獲得した。出身国を解放する政治的活動へ参加するも、ほとんど成果は上げられなかったが、その過程を通じて視野の狭い領域を超越した新しい意識を獲得した。このような無数の活動を経て、同時に出身国との結びつきを保持しながら、アメリカの大地により深く根を張った。彼らは自分自身の生活を改善するだけでなく、1920年代後半から1930年代前半までには明らかに多数となってきた自分達の子孫のためにも奮闘をした。

注

1　1938年に150人の中国人女性の衣服製造労働者が中国人所有の全米ドルストアに対して3か月間ストライキを行った（引用年表304頁）。
2　オクスナード争議（Oxnard Strike）と呼ばれ、アジア系異民族の労働組合が共同した最初の労働運動であった。
3　ルソン、ビサヤ、ミンダナオというフィリピンの3つの地域を1つの語で表す場合に、ルビミンダという。
4　1915（大正4）年に米国で海員の保護、不熟練乗員の乗り組み防止、海上の生命安全を目的としたラフォレット海員法が施行された。
5　1862年から清国に赴任した米国公使によるいわゆる平等条約であり、第5条で移民の自由、第6条で米国内の中国人の保護を規定した。
6　清国の地方長官の官職名であり、地域の軍政・民政の両方を管轄し、特に首都北京近辺を統括した直隷総督は地方長官として最高位であった。

参考文献（Notes and References）

1)　No in-depth study of the Chinese railroad workers' strike has been done, but there is a brief account in Thomas W. Chinn, H. Mark Lai, and Philip P. Choy, *A History of the Chinese in*

California: A Syllabus (San Francisco: Chinese Historical Society of America, 1969), 45-46, based on information in *Alta California*, 1 July 1867; Sacramento *Record Union*, 1 and 3 July 1867; Stockton *Daily Independent*, 3 July 1867; and San Francisco *Commercial Herald and Market Review*, 10 July 1867.

2) Lucy M. Cohen, *Chinese in the Post-Civil War South: A People without a History* (Baton Rouge: Louisiana State University Press, 1984), 82-132. The following five paragraphs are based on this source.

3) J. C. B. Davis, assistant secretary of state, to C. M. Goulding, 20 January 1870, U. S. National Archives, Record Group 59, Instructions to Consuls, Department of State, as quoted in Cohen, *Chinese in the Post-Civil War South*, 76.

4) San Francisco *Evening Bulletin*, 22 April 1875; Takaki, *Pau Hana*, 147-48.

5) The next fifteen paragraphs are culled from Beechert, *Working in Hawaii*, 161-76, 198-232; Takaki, *Pau Hana*, 145-76; and Alan Moriyama, "The 1909 and 1920 Strikes of Japanese Sugar Plantation Workers in Hawaii," in *Counterpoint*, ed. Gee, 169-80.

6) Karl Yoneda, "100 Years of Japanese Labor History in the USA," in Amy Tachiki et al., *Roots: An Asian American Reader* (Los Angeles: University of California, Los Angeles, Asian American Studies Center, 1971), 150-58, and Tomas Almaguer, "Racial Domination and Class Conflict in Capitalist Agriculture: The Oxnard Sugar Beet Workers' Strike of 1903," *Labor History* 25 (1984): 325-50.

7) Yoneda, "100 Years," 152.

8) Beechert, *Working in Hawaii*, 214-15. The next three paragraphs are based on 216-32.

9) Howard A. DeWitt, "The Filipino Labor Union: The Salinas Lettuce Strike of 1934," *Amerasia Journal* 5, no. 2 (1978): 1-22, and Cordova, *Filipinos*, 73-80, contain the information used in the next four paragraphs.

10) Peter Kwong, *Chinatown, New York: Labor and Politics, 1930-1950* (New York: Monthly Review Press, 1979), 116-30, is the basis for the following three paragraphs.

11) I arrived at these figures by going through the indexes of the *Federal Reporter* and *U.S. Reports* for the period 1878-1943 and picking out all cases with Asian plaintiffs or defendants.

12) Janisch, "The Chinese, the Courts, and the Constitution," 50-51.

13) Charles J. McClain, Jr., "The Chinese Struggle for Civil Rights in Nineteenth Century America: The First Phase, 1850-1870," *California Law Review* 72 (1984): 529-68; idem, "The Chinese Struggle for Civil Rights in Nineteenth Century America: The Remarkable Case of *Baldwin v. Frank,*" *Law and History Review* 3 (1985): 350-73; Charles J. McClain and Laurene Wu McClain, "The Chinese Contribution to the Development of American Law," in *Entry Denied*, ed. Chan; Christian G. Fritz, "Bitter Strength (k'u-li) and the Constitution: The Chinese before the Federal Courts in California," *Historical Reporter* 1 (1980): 2-15; and Linda

第5章 アジア系アメリカ移民に対する迫害への抵抗 Resistance to Oppression *151*

C. A. Przybyszewski, "Judge Lorenzo Sawyer and the Chinese Civil Rights Decisions in the Ninth Circuit," *Western Legal History* 1 (1988): 23-56.

14) My estimate is based on cases discussed in John R. Wunder, "Law and Chinese in Frontier Montana," *Montana* 30 (1980): 18-3l; idem, "The Courts and the Chinese in Frontier Idaho," *Idaho Yesterdays* 25 (1981): 23-32; and idem, "The Chinese and the Courts in the Pacific Northwest: Justice Denied?" *Pacific Historical Review* 52 (1983): 191-211, and on a count derived from the index of *California Reports*.

15) Christian G. Fritz, "A Nineteenth-Century 'Habeas Corpus Mill': The Chinese before the Federal Courts in California," *American Journal of Legal History* 32 (1988): 347-72, and Lucy E. Salyer, "Captives of Law: Judicial Enforcement of the Chinese Exclusion Laws, 1891-1905," *Journal of American History* 76 (1989) 91-117. The next five paragraphs are based on these sources and on Chan, "The Exclusion of Chinese Women."

16) Chuman, *Bamboo People*, 6-7, 65-71.

17) The most succinct review of how various Asian nationalities were treated is in the "Petition for Rehearing" filed in the Supreme Court of Washington, 9 June 1921, in the brief of *Yamashita and Kono v. Hinkle*, 260 U.S. 199 (1922), reprinted in *Documental* [sic] *History of Law Cases Affecting Japanese in the United States*, 1916-1924, vol.1 (San Francisco: Consulate-General of Japan, 1925), 128-29. See also Jeff H. Lesser, "Always 'Outsiders': Asians, Naturalization, and the Supreme Court," *Amerasia Journal* 12, no. 1 (1985): 83-100.

18) Yuji Ichioka, "The Early Japanese Immigrant Quest for Citizenship: The Background of the 1922 Ozawa Case," *Amerasia Journal* 4, no. 2 (1977): 1-22, provides the information used in the next two paragraphs.

19) Harold S. Jacoby, "More Thind against than Sinning," *Pacific Historian* 2 (1958): 1-2, 8, and Jensen, *Passage from India*, 246-69.

20) I found these cases by reading over 1,000 reported cases involving Chinese plaintiffs and defendants in the lower federal courts.

21) John Gioia, "A Social, Political and Legal Study of *Yick Wo v. Hopkins*," in *The Chinese American Experience*, ed. Lim, 211-20, and McClain and Wu McClain, "Chinese Contribution," in *Entry Denied*, ed. Chan, provide the information for the next three paragraphs.

22) Kwong, *Chinatown*, 61-86, is the basis for the next two paragraphs.

23) Chuman, *Bamboo People*, 46-51, 76-89; the briefs and court decisions are compiled in *Documental History of Law Cases*, vol. 2.

24) Ibid., 80-81, 88.

25) Eve Armentrout Ma, *Monarchists, Revolutionaries, and Chinatowns: Chinese Politics in the Americas and the 1911 Revolution* (Honolulu: University of Hawaii Press, 1990); Robert

Worden, "A Chinese Reformer in Exile: The North American Phase of the Travels of K'ang Yu-wei, 1899-1909" (Ph.D. diss., Georgetown University, 1972); Him Mark Lai, "China Politics and the U.S. Chinese Communities," in *Counterpoint*, ed. Gee, 152-59; and idem, "The Kuomintang in Chinese American Communities before World War II," in *Entry Denied*, ed. Chan.

26) Tsai, *China and the Overseas Chinese*, 104-23.

27) Delber L. McKee, "The Chinese Boycott of 1905-1906 Reconsidered: The Role of Chinese Americans," *Pacific Historical Review* 55 (1986): 165-91, and Linda Pomerantz, "The Chinese Bourgeoisie and the Anti-Chinese Movement in the United States, 1850-1905," *Amerasia Journal* 11, no. 11 (1984): 1-33, are the sources used in the next three paragraphs.

28) Mark Juergensmeyer, "The Ghadar Syndrome: Immigrant Sikhs and Nationalist Pride," in *Sikh Studies: Comparative Perspectives on a Changing Tradition*, ed. Mark Juergensmeyer and Gerald N. Barrier (Berkeley: Graduate Theological Union, 1979), 173-90; Jensen, *Passage from India*, passim; and Harish K. Puri, *Ghadar Movement: Ideology, Organization, and Strategy* (Amritsar, India: Guru Nanak Dev University Press, 1983). See also Kushwant Singh, *A History of the Sikhs* (Princeton: Princeton University Press, 1962), 168-92, and Kalyan Kumar Banerjee, "East Indian Immigration into America: Beginnings of Indian Revolutionary Activity," *Modern Review* 116 (1964) : 355-61.

29) Hugh Johnston, *The Voyage of the Komagata Maru: The Sikh Challenge to Canada's Colour Bar* (New Delhi, India: Oxford University Press, 1979), and Jensen, *Passage from India*, 121-38, provide the information for the next two paragraphs.

30) The next three paragraphs are based on Choy, *Koreans in America*, 141-89, and Lyu, "Korean Nationalist Activities," Parts 1 and 2.

31) Kwong, *Chinatown*, 103-06, 110, 112, 141.

第6章

アジア系女性アメリカ移民と家族の光と陰
Women, Families, and the "Second-Generation Dilemma"

第1節 アジア系女性アメリカ移民と二世の台頭

　既存するアジア系アメリカ人に関する資料において、第1次世界大戦終結から第2次世界大戦開始までの期間は、多くの場合あまり知られていない空白期間として記載されている。1910年代後半から1920年代前半にかけてアジア系アメリカ移民に関する報道は、ほとんど北アメリカのチャイナタウンでの激しい秘密結社の抗争に注目が集められた。そのような確執は、関連しているすべての当事者が休戦を宣告した1925年以後に鎮まった。それ以後は、アジア系アメリカ移民のスラム街は静まり返ったように見えた。その次の10年間は世界大恐慌の最中に、アメリカ西海岸の農場や果樹園において労働争議が噴出した。フィリピン人の農業労働者が、最も戦闘的な紛争を引き起こしたので、彼らの活動に関しての報道がいくつかされた。

　秘密結社の抗争やストライキを別にして、大戦間期においてその他のアジア系アメリカ移民集団組織の発展過程に関してあまり記録されていなかった。とても重大な変化が起こったにも関わらずほとんど注目されなかった。多くのアメリカ生まれの第2世代がついに出現してきた。中国人や日本人の家系からアメリカ生まれの子供が誕生して最も多数派を占めるようになったが、一握りの朝鮮系アメリカ人（Korean Americans）とフィリピン系アメリカ人（Filipino Americans）も生まれた。南カリフォルニアで孤立したインペリアル・バリーでは、インド人の父とメキシコ人の母から数多くの子供達が誕生した。

　このような子供達は、彼らが生まれた家族だけでなく、アジア系アメリカ移民共同体の全体にも影響を与えた。アメリカ合衆国において、彼らの父は多くの場合共同体の指導者である一方で、母はアジア系女性の集団を形成していたからである。

両親自身がのけ者にされた世間において子供達を出世させることは、とても困難なことであった。アジア系の両親であることから、多くの移民がアメリカだけでなく出身国の立場に対する査定を余儀なくされた。軍国主義により日本が満州や中国北部を征服して占領した1930年後半にこのような帰属に関する疑問が、特にアメリカ合衆国在住の日本人には悩みの種であった。アメリカ合衆国政府やマスコミは、日本の行動を好意的にみなさなかった。そのことから、結果的にアメリカ合衆国において日本人に対して敵対的な視線が投げかけられた。

アジア系アメリカ人の第二世代は1850年代の初頭にまでさかのぼれるが、1920年代まではとても小さな集団を構成していた。アジア系女性の移民はとても少なかったので、子供の数が少なかった。アジア系移民女性が実際にいないのは、中国人、日本人、朝鮮人社会の家長制度、父系制、父方居住性に起因すると見なされた (Lucie Cheng, 1979; Judy Yung, 1986; Yuji Ichioka, 1980; Eun Sik Yang, 1984) [1]。一方で、フィリピン人の同族関係は、父母両家系制であった。男性に奉仕し、子孫を産むように少女が躾けられる社会では、世間体のよい女性は、地元を離れて遠方に移動しなかった。先祖の里を離れようとする唯一の女性達は、貧困の家族から女中あるいは売春婦として、中国や日本のより大きな町や都市、あるいは海外で働くために出て来た少女達であった。

しかし、女性に対する伝統的な態度とはまったく異なって、女性移民の数を制限する他の理由があった。その1つ目の理由として、当初労働者の募集者達が、主として厳しい環境でも耐えることができる未婚の男性を求めていたからである。しかしながら、安定した労働力を求めたハワイの耕地経営者は、女性の存在が男性によい影響をもたらすと考えたので、そのうちに少人数の女性労働者を求め始めた。一方で、農場主にとって移動性の労働力が最も適合しているカリフォルニア州では、ほとんど女性労働者に対してハワイのような需要は発生しなかった。アジア系労働者の視点からでは、出身国で自分たちの家族を養う方が、アメリカ合衆国で養うのと比較してその費用があまりかからなかった。さらに、もしアメリカ西部で遭遇する敵対行為があれば、アメリカ西海岸では女性や子供達にとって安全ではない状況であることを多数の人びとが考慮した。

第2節　出身国で待機するアジア系アメリカ移民の家族

　中国人の間で、多くの男性は移民する直前に結婚していたので、単に移民女性の数が少ないという理由が、移民男性のほとんどが独身であるためではなかった。ほとんどの中国人移民は、移民する前に妻が妊娠することを確認するまで待機した。妊娠した以後には、その後の滞在中に父親として再び子供をもうけることを期待して、数か月家族と過ごすために帰国した。移民した息子の両親は、中国に残した息子の妻を手元に置くことで、移民した息子が、拡大家族を扶養するために忠実にお金を送金してくれることを信じた。いくつかの中国人移民世帯では、父親がアメリカに在留して労働している間に、中国で生まれた息子が十代になった時、太平洋を越えて、彼らの父、兄弟、叔父、祖父らと合流した。このような少年の一部は、より年上の身内を仕事で助けるために必要となる英語を学ぶ目的で、公立学校やキリスト教の新教徒の宣教師が運営している学校や学級に通学した。その他の少年達は、移民後から即座に働き始めた。しかしながら、ほとんどの妻や娘達は、中国の故郷に残っていた。

　中国人と比較して、日本人移民男性はほとんど結婚していなかったが、中国人と同様に結婚していた男性の多くは、彼らの妻と子供を日本に残していた。しかしひとたび、日本人移民が安定した職業を得た時には、彼らは家族を呼び寄せた。一方で、未婚男性は、両親に嫁を捜すように依頼した。朝鮮人移民では、初期のハワイ移民の約1割が女性であり、その他の1割が子供であった。より多くの朝鮮人女性や少女が、主人や父親に同行してハワイに移民した1つの理由には、おそらく彼女らの内でキリスト教徒としてキリスト教の本場と聞かされた地域に移住することを意図していたからであろう。フィリピン人移民では、2つの地域の労働の仕組みが異なっていたのを反映して、アメリカ西海岸よりハワイに多くの女性が移民した。インド人女性は実際に第2次世界大戦以前には移民しなかったが、その理由はまだ研究されていなかった。

第3節　中国人女性アメリカ移民の結婚の光と陰

　中国人移民が制限されていなかった30年間に、わずかであるが約9,000人の中国人女性がアメリカ本土に移民した。19世紀後半には、人口国勢調査記録の筆者の分析によると、どの時期もアメリカ本土の全体で5,000人以下の中国人女性の記録しか認められなかった。ハワイに移民した毎年の中国人女性の人数の統計記録はなかったが、1865年に初めて52人の集団移民の記録があった。その後の1884年になっても、ハワイにおける外国生まれの中国人女性は900人以下であった。1896年にはその数は増えて、1,400人を少し超えた。ハワイの中国人男性の人数はアメリカ本土よりは少なかったが、ハワイの男女比の格差は明らかにアメリカ本土よりも少なかった。

　中国人女性の先駆者のほとんどは、売春婦として売買された貧困家庭の少女達であった[2]。この事実は、中国人アメリカ移民女性のその後の歴史に深刻な影響を与えた。なぜなら1875年初頭に連邦政府の法律によりほとんどの中国人女性の移民を、その中でも役所が売春婦と疑うすべての中国人女性が移民として来ることを禁止したからである。そのような移民制限の法律の存在が、ヨーロッパ人と中国人における移民の歴史に格差を生じた1つの重要な要因となった。ほとんどの移民集団において、働き盛りの男性は、女性、子供、老人よりも、不慣れな国への移民が先行していたが、中国人の場合にはちょうど妻や子供を呼び寄せて移民共同体を拡大する時期に、そのような排斥が強化された。そのために、排斥により共同体の自然な拡大が阻害された。

　中国人女性に対する排斥の企ては、他の章でも述べているように、彼女らがアメリカの大地に最初に足を踏み入れてから数年以内に始まった[3]。サンフランシスコの地方政府の当局は、1850年代から1860年代にかけて、中国人女性を雇い入れた売春宿を閉鎖することを何度も繰り返した。その効果が失敗であったことが明らかになった時、カリフォルニア州議会は、犯罪ならびに風紀を乱す目的の蒙古人、中国人、日本人女性の拉致や移民を防止するための条令を1870年に成立させた。しかし、その法律が曖昧な表現で、それを施行することを委託された州政府の移民局長が容易に乱用することができたので、移民局長により入国を拒否された22人の女性の代理人としてサンフランシスコの中国人が裁判所に提訴すると、それから4年後にカ

リフォルニア州最高裁判所はその条例を無効とした。中国人がその判例を州最高裁判所で勝訴した後に、その違憲性について連邦最高裁判所に上告した。1876年のチイ・ラング対フリーマン（*Chy Lung* v. *Freeman*）の判例で、連邦最高裁判所は移民を外国との国際交流と見なし、外国貿易の調整に関わる連邦政府による管理に干渉している理由から、その条例は違憲であると裁定した。

そうしている間にカリフォルニア州選出の連邦議会議員が、中国人、日本人を始めとする蒙古人の契約労働者ならびに売春目的の女性、犯罪者の入国を禁止するページ法（Page Law）と一般的に呼称される法律を提案して、連邦議会がそれを1875年に成立させた。そのページ法は、中国人男性の移民制限には際だった成果はなかった。1876年から1882年にかけて、10万人以上の中国人男性がアメリカに移民して来た。しかし、中国人女性移民には、少なくとも売春婦と断定される者にとって、ページ法は有効な抑制になることが判明した。1875年から1882年にかけて、わずか約1,340人の中国人女性しか入国できなかった。特に1881年と1882年の男性と女性の入国者数が顕著にそれを物語っていた。完全に禁止するのではないが、1880年にアメリカ合衆国に中国人移民の入国数を是正する権利を与える中国との新しい通商条約を交わした後まもなくして、移民を切望する中国人移民にとって、アメリカに入国することがとても困難になることに気づいた。そのために、中国人排斥が強要される前に、5万人以上もの中国人が押し寄せたが、ページ法が施行されていた明らかなる兆候から、女性の移民数はわずか219人に留まった。その後、1907年と1917年に一般の移民法に、売春婦と疑われている中国人女性を排斥するだけでなく、移民局長がアメリカにすでに在留している彼女らを逮捕して強制退去することを容認するための条項を追加した。

1882年から1904年にかけて引き続いて中国人排斥法が可決された。それらは、女性に対する特別な条項は含まれておらず、主に中国人男性労働者を狙いとしていた。そのために、このような法律がどのように女性に影響を与えるかは、裁判所の解釈にゆだねられた。中国人女性は移民当局が入国を拒否した時には、原告となった。彼女らの後見人は、連邦地方裁判所あるいは連邦巡回控訴裁判所がその判例を審理できるまで、弁護士を雇って彼女らを釈放するために人身保護令状を請求した。

一般的に裁判所は、中国人女性を男性と同様な様式に従って取り扱った。1882年の最初の中国人排斥法は、中国人労働者を締め出していたので、裁判所はその労働

者の妻の入国も承認できないと判決した。商人の夫は免除階級なので、入国を許可され、その商人の妻の身分も同様に商人の夫に属するものとされた。1943年にすべての中国人排斥法が撤廃されるまでは、商人の妻はいくつかの判例では結婚の適法性に異議を申し立てられたが、その他の職業の中国人女性よりは、好意的な取り扱いを受けた。アメリカ市民の中国人女性は、商人の妻よりもより厳しい困難に直面した。1924年の移民法が施行された後では、彼女らのすべてが入国できなかった。中国系アメリカ人男性とヨーロッパ系アメリカ人の彼女らの後援者らがこの現状を厳しく抗議した後になってようやく、連邦議会は1924年より以前にアメリカ市民権のある男性と結婚していた中国人女性が、入国できるような移民法修正案を成立させた。アメリカ合衆国で生まれた中国出身家系の少女達は、生まれながらのアメリカ市民であったが、中国訪問後に再入国を求めるには、明確なアメリカ市民権の根拠を証明しなければならなかった。その一方で、アメリカ市民権のある中国系男性の娘は、明らかな証拠によって親子関係を証明しなければならなかった。その父親は移民当局に対して親側として、娘が真正なるアメリカ合衆国生まれの市民であることを納得させなければならなかった。

　そのような厳しい状況下では、中国人排斥法が実施された約60年間にわたり、アメリカに毎年入国した中国人女性の人数は、数千人台というよりはむしろ数百人台に留まっていた。ほんの少しの女性しか入国できなかっただけでなく、1922年のケーブル法（Cable Act）[1]により、アメリカ生まれのアジア系アメリカ人女性が移民男性と結婚することに実質的な障害を及ぼした。アジア人に不利な影響を与えるケーブル法の条項に、市民権のあるアメリカ人女性が、市民権の資格のない外国人と結婚すると、女性の市民権自体を喪失することが規定された。市民権を得る資格があるヨーロッパ系あるいはアフリカ系アメリカ人女性は、仮に離婚しても、あるいは外国人の主人が死亡しても、市民権を回復することができた。しかし、アジア人女性自身は、人種的には帰化権の資格がないために、そのようになっても市民権を回復することはできなかった。このような不公平なケーブル法の条項は、1931年に「生まれながらアメリカ市民権があるいかなる女性も、人種の理由で帰化権は剥奪されない」とするケーブル法修正案が成立するまで、約10年間は依然として実際上は施行されていた。1936年にケーブル法が全廃された。

　このような、中国人女性の入国数の制限や家族形成方法の妨害を設定する無数の

企てに伴い、その後中国人移民共同体における男女比が非常にいびつになることは少しも不思議ではなかった。中国人女性の排斥が15年間も継続された後の1890年には、男女比は驚異的な27：1というどん底の状態に達した。その結果により、中国系アメリカ人の子供の数はとても少なく、1870年に約500人で、中国人が移民し始めてから約半世紀が過ぎた1900年になっても9,000人に過ぎなかった。移民後約90年が経過した1940年ですらアメリカ生まれの中国人はおよそ4万人に過ぎなかったが、在米中国系人口の52％を占めて、アメリカ以外の生まれの中国人の数を上回るようになった。

第4節　アジア系女性アメリカ移民の結婚の光と陰

　中国人女性と比較してより多くの日本人女性が入国してきたので、日本人移民共同体にはさらに多くの在米家族が形成された。最初に入国した日本人女性もまた売春婦であったが、そのうちに日本人移民男性の妻がその数を圧倒していった。アメリカ合衆国における中国人と日本人の家族形成の歴史が異なるのは、その2つのグループ間の文化的差異によるのではなく、むしろ不本意に課された中国人排斥とは異なり、アメリカ合衆国政府は日本人移民を段階的に制限したために、日本人男性が女性をアメリカに連れて来るように決断したことをより多くの場合に認可したからである。1908年に日米紳士協定が実施された後は、日本人移民の男性がアメリカ合衆国で根を下ろすことを決めるのには種々の選択肢があった。既婚の男性は妻を呼び寄せることができた一方で、未婚者は日本に結婚するために帰国したり、故郷の親類に花嫁を捜してもらうように依頼できた。しかしながら、2つの要因から、日本人男性の多くは日本へ帰国するのを思いとどまらせた。その1つ目は渡航費用であり、2つ目はもし日本に30日間以上滞在したら、日本における徴兵制の猶予を失うことであった。このために、多くの男性は、写真を交換することで進める見合い結婚に頼った。
　そのような見合い結婚の段取りにより、写真花嫁（picture brides）の現象を引き起こした[4]。花婿が不在のままで結婚式を挙げたこのような花嫁は、彼らの姓名を夫の配偶者としてその家族の戸籍簿に登記することでパスポートを申請してから、

まだ面会していない夫と一緒になるためにアメリカに向けて渡航した。日本政府は、写真花嫁の集団出国をむしろ厳しく規制した。1915年より以前までは、アメリカ合衆国の日本領事は、実際に写真花嫁を呼び寄せることを希望するすべての労働者に対する許可証の発行を原則として拒否した。毎年400ドル以上の利益と、少なくとも1,000ドル以上の貯蓄があることを示せる農民と毎年1,200ドル以上の利益をあげて少なくとも1,000ドル以上の貯蓄のある商人だけには、妻を呼び寄せる資格が認められた。日本政府が農民らに花嫁を呼び寄せることを奨励した1つの理由は、日本政府の外交政策の観点と日本の人口増大の軽減策の両者から、アメリカの農業共同体に定住させることが望ましい展開であると見なしたことに起因した。移民農家側にとっては、無報酬の家族労働者を得ることは彼らの競争力をつけるのを助けることであると自覚していた。

1915年に妻を呼び寄せる基準が緩和された。少なくとも800ドル以上の貯蓄のあるどのような在米の日本人男性にも資格が与えられたが、夫たちは波止場に本人自らが彼らの花嫁を直接に出迎えることが要求された。その可能性がある花嫁は、彼らの姓名を花婿の家族の戸籍簿に登記してから6か月以上経過するまで、パスポートを申請できなかった。さらに、花嫁が花婿よりも13歳以上も若い場合にも許可されなかった。多くの事例で花嫁を切望する夫が、花嫁を迎えるのに十分なお金を貯蓄をするために年月がかかるならば、結婚を希望する女性よりもかなり高齢になるので日本政府はそのような年齢制限を課す必要性を認めた。出国前と入国時に厳密な健康診断に合格する必要があるために、女性の健康にも特に注意が払われた。

写真花嫁の流入は規制されながらも、アメリカ合衆国における日本人の家族形成は容認された。1900年の日本語の統計資料によれば、アメリカ西海岸の3つの州において1万8,000人の日本人男性に対して850人の日本人女性（男女比21：1）がいて、その内の約400人が結婚していた。10年後には、その女性の数は約10倍にも膨れ上がり、8,000人の女性の内でおよそ5,600人が結婚していた。1910年の男女比は、6.5：1となった。1920年までに、アメリカ本土で3万8,000人の日本人女性全人口のうち、2万2,000人以上が結婚していた。1910年には、カリフォルニア州の自作農家の約半数、農業労働者の10分の1、都市住人の3分の1が、妻との所帯を持っていた。ハワイ州では、1920年に日本人女性の人数は4万8,000人にも達した[5]。

日本人移民共同体において、家族形成が急速に拡大していたと同時に、反日本人

集団が、日本人女性の入国を阻止した。彼らは写真花嫁の到来は、日米紳士協定に違反すると告訴した。日系アメリカ人の子供が増えるに従い、反日本人指導者であるカリフォルニア州選出の連邦上院議員であるジェームス・フェラン（James Phelan）とマクラッチー新聞社（V. S. McClatchy Publisher）は、喧伝されている日本人女性の多産力に対する大衆の反感をあおり立てた。扇動者達をなだめるために、1919年にサンフランシスコの日本領事は、東京の外務省に対して、写真花嫁に対するパスポートの発行を一時停止することを勧告した。相変わらずアメリカ人の世論に敏感な在米日本人会は、写真花嫁のような結婚形態の廃止を求める要望を支持した。その決定は、移民共同体に騒動を引き起こした。その大騒ぎな抗議騒動にも関わらず、1920年3月以降は、写真花嫁に対してパスポートは発行されなくなった。

写真花嫁の入国が廃止されるまでに、その10年前のわずか4,500人と比べて、アメリカ本土に約3万人の日系アメリカ生まれの子供がいた。その子供の人口は、日系人総人口のおよそ27％を占めていた。1930年にはその数はアメリカ本土では6万8,000人以上で日系人総人口の49％を占め、ハワイでは9万1,000人以上で65％にも達していた。

朝鮮人、フィリピン人、インド人の女性の移民数は、かなり少なかった。朝鮮人移民のうち当初は約600人の女性とそれとほぼ同数の子供が、ハワイに向けて男性仲間に同行した。1924年前までにハワイに移民した朝鮮人男性に1,000人以上の朝鮮人の写真花嫁が入国して連れ添った。それに比較して、アメリカ本土へ夫に同行した写真花嫁の人数は、その10分の1に過ぎなかった。ハワイにおける朝鮮人の男女比は、1900年代初頭ではおよそ10：1であった。その20年後には、3：1となった。フィリピン人では、1920年の男女比はアメリカ本土でおよそ19：1、ハワイでは4：1であった。フィリピン人女性は、1920年にハワイに約4,000人が在留し、1930年には1万人以上が在留していた。1930年のハワイではフィリピン人女性の42％が結婚していた。インド人女性の場合には、第2次世界大戦以前にアメリカ合衆国に渡ったのはわずか十数人に過ぎなかったが、数百人のインド人は南カリフォルニアでメキシコ人女性と結婚し、彼らの子供はメキシコ系インド人（Mexican-Hindus）と呼ばれた。

第5節　アジア系女性アメリカ移民の子育ての光と陰

　子供の誕生は同時に、喜びと負担になった。19世紀から20世紀初頭のアメリカにおいて、家族生活がアジア文化の大切な特徴であるために喜びに繋がる一方で、アジア系女性の大部分が働きに出たために子育てが負担となった。アジア系出身国の状況とは異なり、女性の親類縁者が子育てを手伝うことはほとんどできなかったためである。売春婦、洗濯女、農婦、料理女、裁縫婦として働くほとんどすべてのアジア系移民女性は、赤ん坊が生まれてからも働き続けた。商人の妻でさえも、しばしば裁縫や装飾用刺繍を取り入れて家族収入に貢献した。その他では、夫の店において無償の家族労働を提供した。

　生き残ったアジア系移民女性は、体力的にも強靱であり、精神的にも回復力を持ち合わせていた。ハワイの耕地では、現場での作業や、未婚の男性に対する料理や洗濯でお金を儲けていた。夜明け前に起きて、家族や下宿人に対して朝食を料理して、多数の弁当を用意して、通学のために子供に衣服を着替えさせて、その後に日中は雑草を刈り取り、サトウキビの茎から葉をはぎ取り、その他の種類の現場作業で時間を費やした。午後遅くに自分達の小屋に戻ってから、晩飯を料理して皆に食事を食べさせた。洗濯、アイロンかけ、繕い物などをしながら真夜中を迎えた。手短に言えば、晩の時間に男性は休憩しているのに、女性は様々な家事で働き詰めだった。

　肉体労働がきつくなっても、女性は冷淡な対応で扱われない限りは、耐えられると感じていたのであろう。ハワイでのある1人の朝鮮人女性のことが思い出される。

　「私の母には、朝鮮では多くの女中がいた。しかし、私の母は、キパフル耕地でのサトウキビ畑で、私の兄とその女房と一緒に働いた。母の手に水泡ができて赤むけしていたので、母は手を布で巻いておく必要があったことを私は覚えている。母はある朝寝坊して作業警笛を聞きそびれた。私の兄とその妻、姉と自分自身も含めて、私達全員が眠っていた。その時私は7歳であった。突然、扉が開いて、がっしりした体格の現場監督が飛び込んで来て、叫んでののしった。『起きろ、起きて働け』現場監督は部屋内をうろつき回り、私の家族の衣服の着脱などおかまいなく、

第6章　アジア系女性アメリカ移民と家族の光と陰　Women, Families, and the "Second-Generation Dilemma"　163

上掛けをはぎ取った。私はそれを決して忘れられない[6]。」

　女性達は、家族ができるだけ早く耕地から離れられるように、取り決めた手順ですべての仕事を済ませるように処理した。彼女らは、洗濯業を取り入れ、野菜を育て、ホノルルで自分達の店や下宿屋、レストランを開業して、お金が貯蓄できる手助けになるならどのような余分の仕事も引き受けた。朝鮮人や日本人の中でも、多くの写真花嫁は、彼女らの夫よりも高等な教育を受けていた。夫に従うように教育されていたが、新しい環境の状況により、子供達のより良き将来を確保するために、無理やりに率先して挑戦するようになった。
　アメリカ合衆国本土における小作農家や自作農家の妻の多くも、同様な厳しい状況で生活して、苛酷で男性的な作業もした。アメリカ北西海岸に定住したある1人の写真花嫁が物語った。

　「私は写真花嫁の1人です。1910年6月に夫のもとに来た。しかしながら、その家は、ちょうど豚小屋のような、斜めに傾いたあばら小屋だった。1913年に引っ越して、新しい居住地では、その頃は熊、オオカミ、山猫がうろつくような荒野だった。もちろん、電気や水道はなかった。木材の伐採機を購入できるまでは、主人と私は8フィートのノコギリで木材を切断し、くさび型ハンマーで木材を伐採し、そりに乗せて家まで持ち帰った。私たちに、3歳と1歳の2人の子供がいた時、子供の世話で多くの仕事ができないので、私たちの友達が日本に帰国する時に、彼に子供達と一緒に日本に帰国してくれるように依頼した。子供がとても愛らしくて幼かった時に見送ったので、私のお乳もあふれ出た。子供達が舟に乗って母親を求めて叫んでいたことを思い浮かべると、悲哀と孤独で寝つけなかった[7]。」

　アメリカ本土の農場は、地理的に分散していたために、女性達はそこでさらなる苦難を受けた。彼女らは、女性達との友達付き合いによる精神的支援や身体的援助を共有することがほとんどできなかった。生活は、特に子供が生まれる直後から引き続いて大変になった。多くの家族では、その夫が産婆役も果たさなければならなかった。

「私の夫は、産婆の経験はまったくなかったが、彼には緊急的に手助けして無事に出産させた経験が一度ある1人の友人がいたので、夫はその彼にどのように処置するのかを尋ねに行った。重大な事は、どのように臍の尾を切断するかであった。その時が来た時に、夫と私はなんとかして臍の尾を切断して見事に赤ん坊を出産した。日本の習慣ならば、母親は出産後に21日間の産休をしていた。しかし、私の場合は、ほんの3日間しか産休できなかった[8]。」

中国人移民女性の場合は、彼女ら自身の特有な問題を抱えていた。結社が荒廃して女性がしばしば誘拐されていた年代には、女性が公衆の前に姿を現すことは非常に危険であった。女性達同士が会えるのは、春節が到来した時の年に一度きりであった。このように女性達は非常に孤立して生活していた。多くのアジア系移民女性が最も身近に接する人間は、彼女らの子供達であった。

第6節　アジア系女性アメリカ移民が関わる政治活動

多くの女性がより積極的に公的な役割を果たすことができた出来事の1つに、出身国の政治に関わることがあった。このことは、特に移民の母親並びにアメリカ生まれの娘である朝鮮人女性に当てはまった。アメリカ合衆国やハワイにおける朝鮮人はとても少人数であるものの、朝鮮の独立解放をとても強く要望していたので、男性も女性も同様に、忍耐強く独立運動を展開した。1919年の独立万歳運動（Mansei Uprising）が勃発した時、カリフォルニア州の朝鮮人女性は、朝鮮女性愛国協会（Korean Women's Patriotic Society）を結成し、一方で、ハワイではハワイ朝鮮女性解放同盟（Korean Women's Relief Society）を設立した（*Eun Sik Yang*）[9]。朝鮮女性愛国協会は、ロサンゼルス、ディラニー、リードリィ、ディヌーバ、サクラメント、ウィローズ、サンフランシスコに支部を設立し、朝鮮女性解放同盟も各ハワイ諸島に支部を設けた。

両方の組織の会員は、資金を調達して、上海の大韓臨時政府（Korean provisional government）、首都ワシントンの朝鮮委員会（Korean Commission）、満州の朝鮮ゲリラ勢力、朝鮮独立宣言に署名した33人の殉教者[2]の家族に対して送金した。両方の

会員も、日本製品の不買運動を組織し、反日活動の参加を見越して緊急看護処置を研修した。

その中で最も活動的な女性達は、その多くがとても学歴のある写真花嫁であった。不幸なことに、朝鮮人男性間の派閥争いが、女性組織にまで影響が拡大した。それゆえ、例えば、安昌浩は朝鮮女性愛国協会の会員に大きな影響力を持っていたので、李承晩の女性支援者は脱会した。民族主義者の熱狂が1920年代中頃に衰退した時に、アメリカ合衆国やハワイの共同体活動だけでなく、女性達は朝鮮の孤児院や梨花女子大学（Ewha Women's College）[3]にもお金を寄付した。

朝鮮女性愛国協会と朝鮮女性解放同盟は、日本軍が満州や中国北部に侵攻した1930年代に新しい活動源を見いだした。朝鮮人はどこでも中国人と手を握り合って、日本人に対抗した。アメリカの中国人女性は中華婦女救国会（Chinese Women's Patriotic Association）を結成した。その主要な目的は、中国における日本侵略に対する中国人団結を促進することであった。彼女らは資金を調達して、中国国民党（KMT）[4]の無作為に対する反対を表明して、アメリカにおける中国人の立場の改善を要求した。

第7節　アジア系アメリカ人子孫に関わる教育と市民権

1920年代から1930年代までに在米アジア人は、ますます人数が増加するアメリカ生まれの子供達を養育していたので、それ以前よりも自分たちの社会的立場に高い関心を持つようになった。その他のアジア系移民集団よりも、自意識がより高い日系移民は、彼ら自身のうちで、一世（Issei, first generation）と彼らの子供達である二世（Nisei, second generation）を明確に区別した。彼らもまた、その他のアジア系移民集団よりも、アメリカの世間で子供達の立場をどのように理解していたかについてより多くの記録を残していた。ほとんどの一世は、自分たちは仮住まいの在留者であると思っていたが、二世はアメリカ人であると一世は認識していた。例えば新聞社主であるアビコ・キュウタロウ（Abiko Kyutaro, 安孫子久太郎）[5]のような日本人移民の指導者は、強烈に永住権を主張し、子供達がアメリカ様式に順応できるように一世の同志に繰り返し熱心に強く勧めた（Yuji Ichioka）。日系二世の立場に関

する論争の焦点は2つあり、それは日系二世の教育と市民権であった[10]。

多くの日系二世は公立学校に加えて、通常の授業後と週末に、日本語学校にも通った。当初は、日本語学校は日本で出版された教科書を使用して日系二世に日本史や日本地理だけでなく日本語も教育したが、1910年には公立小学校の入学に備えて、さらに幼稚園の生徒には英語による教育も始めた。その後には、日本語による教育は補足的と見なされた。

1912年に日系二世教育に関するカリフォルニア州全体の会議に出席していた日本人移民の教師は、日系二世はもちろん伝統を重んじることを教わりながらも、アメリカ合衆国に永住するための教育を受けるべきであると結論を下した。彼らはすべての両親に、子供達を公立学校に入学させることを勧めた。それと同時に、彼らは子供達に祖先の言葉も引き続き教えて、片言の英語しか知らない大部分の両親となんとか会話できるようにすることも重要であると考えた。また、彼らの考えでは公立学校が提供していないものである道徳教育を日本人学校では提供できると認識した。しかし、日本で出版された教科書を引き続き使用する代わりに、日本人移民の教師自身で自分達の教科書を執筆した。それらは日本語であるが、その内容には、アメリカの歴史や市民文化の話題に焦点を合わせた。1923年版に発行された教科書には、日本の歴史と地理の教科は少しも含まれていなかった。

国籍あるいは市民権の問題は、より複雑となった。日本とアメリカ合衆国は、血統主義（jus sanguinis）と生地主義（jus soli）[6]という2つの異なった政策を別々に適用して、個人の国籍を決定していた。日本の法律によれば、どこで生まれようと日本人の父親から生まれた者は日本人国籍を有した。それに反して、アメリカの法律では、アメリカの大地で生まれた者は、両親がどのような民族や市民権を有していようが、アメリカ市民であると明記していた。この2つの政策の存在により、日系二世の間には2つの国籍を持つ現象を引き起こした。

二重国籍の存在により、反日本人集団が虐げてくることになる対立軸をもたらした。彼らは、日本人を祖先にもつアメリカ人が、もし同時に日本国籍を所持するならば、忠実なアメリカ合衆国市民にはなれないと非難した。日系一世の指導者はこの問題を認識していたので、日本政府に対して、日系二世の出生と同時に自動的に取得する日本国籍を放棄できるように日本国籍法の改正を要求した。1916年に日本の帝国議会がそのように改正して、14歳以下の日系二世は両親の判断により二世の

第6章　アジア系女性アメリカ移民と家族の光と陰　Women, Families, and the "Second-Generation Dilemma"　*167*

日本国籍を放棄でき、一方で、15歳と16歳の日系二世は自己判断で放棄できるようになった。しかし、17歳以上の日系二世の男性は、徴兵制を完了するまでは国籍を放棄できなかった。この事実は、反日本人の代弁者に口実を与え続けたので、1924年ついに日本国籍法（Japanese Nationality Act）の改正により、最終的にすべての日系二世に対して日本人の父親の血統に由来する日本国籍が放棄された。

　国籍の問題は解決したが、文化の親和性と主体性の問題は残った。その他の移民家族のように、親の権威や成人年齢での自主独立に関して世代間の衝突が多くのアジア系家族内に存在していた。多くのアメリカ生まれの十代や若年成人、特に女性は、社会生活におけるほとんどすべての制約に対して憤慨していた。放課後に彼らはいつも、教師が厳格なる服従を強要するアジア系語学学校で勉学したり、あるいは自分達の小遣いのたしにもならないのに、裁縫工場、レストラン、農場で仕事をして時間を過ごした。しばしば結婚することを迫られることが、本当の衝突の中心的な問題となった。実際に、すべてのアジア系移民の両親は、子供達に孫を産むことをせがんだ。孫を待ち望まれた日系二世代の一部は、たいへん嫌気が差して、家出をして、できる限り自分自身の人生を歩もうとした[11]。

　その人生から特に当惑させられたアメリカ生まれの若年集団の1つは、日本で教育を受けるために日本に帰国した日系二世である帰米（*Kibei*）と呼ばれる集団であった。共稼ぎの家族では、子供達を祖父母やその他の親類に養育してもらうために出身国に戻すことが、移民共同体における保育施設の欠如に対応する1つの手段であった。しかし、多くの場合に、両親はより確固たる目的を考えていた。両親は子供達に、両親の出身国における言語、文化、道徳的な価値感を習得することを希望した。帰米の場合は、通常日本の高校を卒業後に、アメリカ合衆国に戻って来たが、1920年代から1930年代の日本で受けた教育には、軍国主義や狂信的愛国主義が吹き込まれたので、戻って来た時には、多くの者は非常にアメリカ風になった兄弟姉妹とうまく合わせることが困難であることに気づいた。帰米はどれくらいの人数が在米していたかの正確な統計資料はない。1930年代初頭のある調査で、帰米はすべての日系二世のうちで13％を占めていることが明らかにされていた。

　アメリカで養育された子供達に関しては、多くの社会生活面に浸透している人種差別により彼らが体験した主体性の危機が深刻化していた[12]。アジア系アメリカ人の若者は、水泳プールなどの公共娯楽施設から締め出され、映画館では末席に座る

ことを強制された。1920年代後半に社会学者のロバート・E・パーク（Robert E. Park）が指導した人種関係調査事業の研究員が面談して、ある日系二世の女性が思い出しながら回答した。

「私たちの学級は、レドンドビーチに行き、そこの飛び込み用の水泳プールで泳いで楽しい時間を過ごすことを計画していました。われわれが、切符売り場にならんで、その窓口に近づいた時、その売り子は私に切符を売るつもりはないと言った。どうしてかと尋ねたら、彼女はジャップ（Japs）と蔑称で呼ばれる日本人にはどのような切符も売らないように命令されているとぴしゃりと言った。そのことが私を憤慨させた。私の女友達に楽しく遊泳場に泳ぎに行くようにと言いながら、その一方で、私は傍観して見学していた。私は激しい憤りを感じたが、何も言わず礼儀正しい態度を示すことが一番であると決心した[13]。」

彼女の経験は、その当時ではまったく典型的なことであった。運動競技に参加する人は、通常すべてが同一の民族集団から構成しているチームに参加しなければならなかった。「高校時代には、私は必要ともされず、とても神経質となり、中国人以外の活動に参加しなかった。時々私は、チンク（Chink）という中国人の蔑称で呼ばれて、激しく憤慨し、たまに口答えしていたが、最近ではほとんど無視していた」と若い中国系アメリカ人女性は面談者に回答していた[14]。

第8節　アジア系アメリカ人子孫に対する職業の選択

最も困難であったことは、大学を卒業した第二世代が、教育や養成にふさわしい仕事を見つけることができなかったことである。この事実は、国勢調査のデータや、かつての日系二世や中国系アメリカ人、フィリピン系アメリカ人の文書からだけでなく、1929年から1933年までスタンフォード大学の数人の教授により日系二世がいかに環境に適応したかの調査を実施した研究からも示唆された。

一般的に日系二世の学生は、教育的達成度に関してはヨーロッパ系アメリカ人の同期生とほとんど同等であったと報告された（*Edward K. Strong, 1934; Reginald Bell,*

1935）[15]）。日系二世の学生は、英語の読解と理解力に基づく標準試験の分野ではヨーロッパ系アメリカ人の同期生ほどは高得点を取れなかったが、数学や綴り方に関してはヨーロッパ系アメリカ人よりは成績が良かった。7年生（日本の中学1年生）までは、日系二世はヨーロッパ系アメリカ人よりも、Aランクを取る者が多くなったが、8年生（日本の中学2年生）からは表向き以外の理由のためにその成績が低下した。

職業上の適性に関しても、2つのグループの能力はまったく同等であることが判明した。しかし、職業の志望に関しては大きく異なった。高校時代には、日系二世が就く予定の職業として農業が第1選択であるのに対して、ヨーロッパ系アメリカ人にとっては農業は第7番目の位置づけにすぎなかった。日系二世と比較してより多くの割合でヨーロッパ系アメリカ人の高校生の方が、技術者、化学者、弁護士になるつもりであった。大学生における調査の回答者では、日系二世の35％の第一選択が商業であった。日系二世の22％が医師、歯科医師、薬剤師を希望した。日系二世の15％が技術者を希望し、わずか9％が生計のために農業を目指した。ヨーロッパ系アメリカ人が商売に関心があった者はそれより少ない割合であるが、技術者、弁護士、物理科学者になることを比較的より多くが志望した。

有能な日系二世の仲間達は、日系二世におけるホワイトカラーの職業に対する強い願望は現実的でないと考えて、第二世代は自分の好みに合わせながら、自分達にも職業が公募されて、異業種にも成功の機会があるように真剣には検討していないと結論を下していた。日系二世の視点では、農作物を栽培するだけではなくその商売や販売する農業に従事したり、日本製商品を同胞人に売買する店や、金魚屋や茶店などヨーロッパ系アメリカ人の顧客が好む目新しい商品に特化した商店の開業による交易商に参入したり、日本料理レストランや下宿屋を経営したり、ヨーロッパ系アメリカ人の家庭の使用人として働く方がより賢明であった。

スタンフォード大学の社会学者達は、日系二世が専門職業人になることを熱望しなかった様々な要因を次のように提示した。医療やその他の保健専門職に関しては、多くの医師や歯科医師を支えるには日系人の人口が少な過ぎることに彼らは着目した。日系二世がその他の人種から十分に患者を獲得する可能性が十分に証明されるまでは、この分野で多くの日系人が専門職になることにはとても危険性があることを彼らは強調した。多くの日系人が、技術者や地質学者等に参入することも彼らは

疑問視した。そのような職業には、日系人が上流階級に位置することに憤慨する白人一般ならびに熟練労働者をうまく操る必要性があることを理由とした。日系二世に対して、公立学校自体が日系人を雇わないので、教育職への就職の可能性を断念するようにも彼らはさらに忠告した。弁護士になることに関しても、白人裁判官や陪審員は、日系人弁護士に対して偏見を抱いているという広く普及した風評があるように思われることを彼らは述べた。しかし、日系人二世は会計士や保険数理士なら、一般大衆とは接することが少ない内輪の活動なので、成功するかもしれないとスタンフォード大学の社会学者達は考えた。

　要するに、スタンフォード大学の研究者達は、日系二世は父親が開拓したのと同じすき間の職業に留まることが最善であるとして次のように主張した。日系二世に対して白人による認識や反動により形成された現存する障壁を日系二世が受容することを彼らは勧告し、日系アメリカ人が人種差別に遭遇していることを否定した。むしろ、いわゆる日系アメリカ人の問題は、精神的錯乱状態、矛盾する理念、理想や願望で満ちた精神など、単なるすべての移民の子孫が同様に直面して実在する現状の反映に過ぎないと彼らは信じていた。このような状況に対処するために、より多くのより良い職業相談を彼らは必要としていた。皮肉を込めて市民に対する解決の手がかり（the keys to the city）を日系二世に与えるべきであるなどと想定しながらも、日系二世による僭越行為を彼らは承認しなかった。すべての移民集団は、底辺から始めるべきであり、人生とはそういうものだとスタンフォード大学の研究者達は述べた。

第9節　窮地から脱出を図るアジア系アメリカ移民の第二世代

1）アジア系アメリカ人の第二世代の苦悩と奮闘

　アジア系アメリカ人の第二世代自身は、自らの難局を脱出する方法を懸命に見いだそうとした。彼らが悩んだのは、アメリカ人の信条を学ぶ公立学校で教育を受けていたので、自分たちが市民権におけるすべての権利、特権と義務を所持したいと考えていたことであった。それにも関わらず、彼ら自身は、両親よりも状況が好転しているとは思わなかった。両親は少なくともその慰めを子供達に託していた。そ

の上移民として、平等な対応は期待できないことを両親は自覚していた。しかし、両親の子供達は、所属している所では平等な対応は期待できると理解していた。彼らには少なくとも、2つの選択肢が通用すると思っていた。これらは、1936年にニューヨークのジン・フォーク・クラブ（Gin Hawk Club）が主催した討論の受賞者により明確に弁論された。その受賞者の弁論は、アメリカ生まれの中国人が創設した雑誌である中国要約雑誌（Chinese Digest）に掲載された（Ling-chi Wang, 1989）[16]。

その討論のテーマは、「私の将来は、中国あるいはアメリカのどちらにあるのか」であった。その優勝者は、ハーバード大学の学生であり、彼の将来はアメリカにあると結論づけていた。なぜなら第1には、彼は中国と同じようにアメリカに対する忠誠を負っている。第2に、どちらでも職業を得るのは困難である。第3に、彼はすでに文化的にはアメリカ人なので、中国ではアメリカよりも、孤独であり疎遠と感じているからである。二等賞の受賞者は、ワシントン大学の学生で、中国に移民することが最善であろうと弁論した。彼は、厳しい人種差別の習慣を吸収した後では、アメリカ合衆国では幸福に暮らせないであろう。将来の出世が狭められたアメリカ合衆国とは異なり、中国ではすべての職業分野は開放されていると彼は信じた。

現実には、アジア系アメリカ人の第二世代にとって、アジアでもアメリカでも働くことは容易ではなかった。彼らはアジア語学学校に通学したものの、そのすべての者が、アジア言語を十分に習得でき、微妙なアジア文化を十分に吸収して、両親の出身国で流暢に交流したり、良い仕事を得ることができるとは限らなかった。アジアで自分の技術を活かせるのは、主として技術者、飛行士あるいは医師であった。アメリカ合衆国では、人種差別があまり厳しくなくてアジア系の人口がかなり多い大都会とアメリカ東海岸のみで、若い大学卒業生が自分の専門性を実践することができた。

人種差別とは全く別に、アジア系アメリカ人の第二世代も、世界大恐慌の最中には、求人市場への参入において逆境に遭遇した。大恐慌がいかにアジア系アメリカ人の共同体にさまざまな影響を及ぼしたかは未だ詳細に把握されていなかった。サンフランシスコのチャイナタウンでは、人口の約6分の1が1933年までに公的扶助を受けていた（Thomas Chinn）。最初の救済は、中国人の食料品店を通じて、食糧バスケット（food basket）にて配給された。しかし、1934年以後には、現金給付のみが支給された。中国人やフィリピン人の救済には、白人に対する支給よりも、10％

から20％も食糧経費が削減されて支給された。というのは救済機関が、アジア人はより安価な食糧で生存できると認識していたからである。雇用促進局（Works Progress Administration: WPA）が1935年に創設された後に、約330人の中国系独身男性と160人の世帯主が、サンフランシスコの雇用促進局事業の仕事に就けた[17]。

ニューヨークのチャイナタウンでは、貧困に伴い一部の中国人が政治的な活動を開始した。彼らは、中国人失業者協議会（Chinese Unemployed Council）を結成し、首都ワシントンでの全米デモに代表者を派遣した。そのグループは、困窮者に緊急援助を提供して、その他の民族的背景の失業者とも共同し、連邦政府や地方政府の公的扶助を要求することに着手した[18]。

アジア系移民の農家も、大恐慌の間は貧しいながらも暮らしていた。カリフォルニア州における日系二世の名義所有の農地の後見人である白人や日系一世が提出した毎年の財務報告に関する著者の予備的分析から、それらは1920年のカリフォルニア州政府の外国人土地法により1921年から1942年までの間義務づけられた報告であるが、日系人農家は1930年代に、かろうじて農地から苦労して生計を立てていた。10年間が経過しても、ますます占める割合が大きくなるこのような農家は、収入が思わしくなかった。日系人農家は自給自足することができたので、彼らの地主はやっとのことで生き延びていた。

2) アジア系アメリカ人の第二世代の文化の継承と融合

中国系アメリカ人と日系アメリカ人と比較しても、その他のアジア系移民のアメリカ生まれの子供達のことはほとんど知られていない。朝鮮系アメリカ人に関して、わずかな伝記資料によれば、朝鮮人移民に存在した猛烈な愛国主義のために、彼らの子供達は文化的伝統に関する両面価値をあまり感じていなかった（*Mary Paik Lee*）。朝鮮における植民地の日本人支配者が朝鮮文化を一掃しようとしたので、海外の朝鮮人は、朝鮮文化を子供達に教え伝えて保護することが、特別な義務であると感じた。それで朝鮮人の子供達は、中国人や日本人よりも、そのような教育を喜んで受け入れた[19]。

その他2つのアジア系移民の子供達の経験は、中国系、日系、朝鮮系のアメリカ人のとはまったく異なっていた。朝鮮人の両親は、非常に苦労しながら文化的伝統の様相を伝達しようとしたが、パンジャブ地方出身の父親とメキシコ人の母親、フ

ィリピン人の父親とヨーロッパ系アメリカ人の母親からの子供達は、父親の出身国に関してほとんど学んでいなかった。

いわゆるメキシコ・インド人家族は、母親側の文化が影響力を持っていた（Karen Leonard, 1982）[20]。メキシコ人の妻が唯一インド人の夫に譲歩していたのは、多くの点でメキシコ料理に類似していたインド料理を調理できるように習得することであった。その母親は、スペイン語で子供達に話しかけ、シーク教徒、ヒンドゥー教徒、イスラム教徒ではなく、むしろカトリック教徒として育てた。メキシコ人の婦人達は、カトリック教徒ではない夫を説得して、お互いの子供達の名付け親にもなった。カトリック教徒の母親あるいは名付けの母親よりも、シーク教徒、イスラム教徒、ヒンドゥー教徒の父親や名付けの父親が、彼らの子供達や名付けた子供に対して厳格な態度をとった時に、そのような家族間に衝突が生じた。夫が子供達の行動に対して厳しく反対すると、メキシコ人の女性達はしばしば化粧をしたりデートに出かける娘達の味方になった。

メキシコ人の母親が、子供達が自由を望むことを支援する傾向となった1つの理由は、彼女ら自身がほんのわずかな自由でも要求していたからであった。結婚後でさえも夕方に、しばしばメキシコ人の男性友人達とでも、ひとりで外出する権利を主張するものもいた。さらに、彼女達はカトリック教徒であっても、夫と離婚したり、その他の男性と再婚することを止めなかった。

アメリカ合衆国本土の大地でフィリピン人男性から生まれた多くの子供達も混血の生まれであった。反人種間混血法（antimiscegenation laws）[7]が存在していたにも関わらず、フィリピン人男性の中にはその大部分が移民あるいは移民子女であるヨーロッパ系アメリカ人女性と同棲した人もいた。その他の男女は、反人種間混血法のない州に旅立って結婚した。シカゴにおいて人種的に混血のフィリピン家族でも、同様に母親が子供達に相当な影響を及ぼしていた（Barbara Posada, 1981）[21]。1930年までにシカゴに定住していた約1,800人のフィリピン人のうち約300人が、鉄道特別列車の客室乗務員として、プルマン会社（Pullman Company）に勤めていた。そのほとんどの出身は、高学歴を求めてアメリカ合衆国に移民してきた男性達であったが、いくつかの理由で勉学を継続できなかった。

プルマン会社で雇用されると、一度の勤務で1週間以上も家庭から離れることになった。それに同乗しない妻達は意図的ではないにしても、そのために自宅で家長

として厳格に家を護った。文化に関して、フィリピン人とヨーロッパ人の混血の男性（mestizo）と女性（mestiza）の子供達は、両親からできるだけ一般的なヨーロッパ系アメリカ文化に同化するように奨励されることを心がけていた。しかし、娘の場合に、ある1つの事項だけは特別扱いであった。それはヨーロッパ系アメリカ人の母親よりも、ほとんどの場合に決まって高学歴であったフィリピン人の父親は、娘達に大学へ進学することを強く奨励したことであった。このことは、近隣における労働者階級の娘の友達の願望とは明らかに異なっていた。労働者階級の娘達のほとんどは、結婚するまでの短い期間に、商店や工場で働くことだけを期待していたからであった。

3) アジア系アメリカ人の第二世代の社会運動

　アメリカ生まれのアジア系アメリカ人の成人が増えるに従い、その一部が集団行動の必要性を理解し始めて、自身達の要望を満たすために組織を形成した。音楽グループ、社交クラブ、運動チームで、移民世代とは異なる生活を楽しむことができた。ボーイスカウト隊（Boy Scout troops）だけでなく、アジア系移民共同体におけるキリスト教青年会（YMCA）やキリスト教女子青年会（YWCA）の支部で、より幅広い社会的な絆を形成した。多くの第二世代の組織が、その構成員の宿命を改善する具体的な計画を考案した。

　その上にその他のグループに比較して、日系二世の政治的活動に関して、より多くの情報が手に入る。1920年代後半から1930年代前半にかけて、彼らの置かれた現状に対処するために、日系二世は3つの戦略を提唱した（*Jerrold Takahashi, 1982*）[22]。第1の戦略では、日系二世は一方の文化をその他の文化の構成員に通訳することで、東西間の文化の架け橋として奉仕することを想定した。日本で生まれて6歳からアメリカ合衆国で教育を受けていたカズオ・カワイ（Kazuo Kawai，河合一雄）がそれを日系二世に対して最も明確に表明した。

　第2の戦略では、日系二世は200％のアメリカ人になるべきであると主張した。全米日系市民協会（Japanese American Citizens League: JACL）の創設者達は、彼らの大半は若い専門職や企業家であり、このような考え方を最も力強く表明した。経済的成功や社会的立場に関心を持っていたので、全米日系市民協会の会員は、ヨーロッパ系アメリカ人の目に自分たちの価値を証明する最善の方法は、個人主義、

自由企業説（free enterprise）、個人資産の所有権と解釈したアメリカ人の理想に対して完全に忠節を示すことであると信じた。彼らは忠実なるアメリカ人として、差別的法律に対して懸命に異議申し立てに取り組んでも、人種差別を決して批判しなかった。彼らは、首尾よく約500人の第1次世界大戦の日本人一世の退役軍人に対する帰化権を獲得し[8]、中国人と同様に日本人にも大きな影響を与えたケーブル法を撤廃するように支援することに成功した。米国内選挙活動に関与する限りでは全米日系市民協会の会員のほとんどは共和党支持者であった。東アジアにおける政治的ならびに軍事的立場に関して、彼らは日本の中国領土への侵略を弁解して言い逃れをした。

　第3の戦略は、その方向性においてより左翼的であった。その主張は一般的には民主党に沿っており、より労働者階級の背景に由来した。彼ら自身を革新主義者と呼んでいたが、彼らは労働問題に非常に興味をもっていた。多数の活動家は労働組合に所属して、アラスカサケ缶詰工場の労働者の組織化を支援した。彼らも人種差別に対してとても批判的であり、その他の少数民族集との連帯を促進しようとした。国際的政治に関して、全米日系市民協会の会員と異なり、日系二世の革新主義者らは、日本軍国主義を当初は非難した。しかし、戦雲が立ちこめるに従い、より機敏な両集団の会員は、日系アメリカ人共同体の異なった分派が、その結束を固めることが重要であると認識した。和解の意思表示として、革新主義者の指導者は、彼らの同僚達に全米日系市民協会に入会することを強く勧めた。

第10節　結語

　このように第2次世界大戦の直前に、中国人、日本人、朝鮮人の中で、アジア系アメリカ人の血縁である第二世代が、ついに彼らの移民世代の両親の人数を上回るようになった。一方で、より人数の少ないインド人やフィリピン人などの混血の子孫達は、主流派に順応するために最善を尽くした。彼らはまだ若くて未熟ではあったが、第二世代達は、自分自身の主張を見いだして、年長者と自らを区別し始めた。しかし、労働市場における人種的障壁のために、彼らの民族集団内で働くことを強制され、彼らは経済的に父親や祖父、叔父達に対して、自分達が望んでいたであろ

うよりもかなり長期間依存し続けることになった。戦争の勃発により、支配的な様式が粉砕されて、新しい勢力が活動するようになった。戦争の期間中は、一方では日系アメリカ人の人生が、他方ではその他のアジア系アメリカ人の人生とが、完全に正反対の方向に進んでいった。

注
1 1922年に白人と有色人種との結婚を抑制するための法律として成立し、アメリカ市民が非市民と結婚した時は、自動的に市民権を失う条項を規定した。白人の場合は、離婚・死別により婚姻が解消しても市民権を回復できたが、有色人種は、婚姻が解消すると市民権を喪失した。
2 日本に留学中の朝鮮人学生たちが東京に集まり「独立宣言書」を1919年2月8日に採択し、これに呼応した朝鮮半島のキリスト教、仏教、天道教の指導者たち33人が、1919年3月1日に三・一独立運動をパゴダ公園（現・タプコル公園）で起こした。
3 1886年に米国のメソジスト派宣教師メアリー・F・スクラントンが初めて韓国人女子教育の塾を設立し、女子大学としては世界最大の規模を誇る。
4 英語表記のKuomintangからKMTと略す。
5 1899年に鷲津尺魔から「ジャパン・ヘラルド」という新聞社を買い取り、「桑港日本新聞」と改めて日刊新聞の発行を始める。「北米日報」と併合、「日米」新聞として、日系移民の啓蒙新聞として大きく成長した。
6 国籍の定義には、ある国で生まれた者は、その国に帰属する生地主義（jus soli）が主流であったが、近代に至り国境を越えた移民が盛んになり、自国を離れても帰国すれば再び受け入れる血統主義（jus sanguinis）も併用するようになった。
7 1880年にカリフォルニア州の民法に混血禁止法が制定された。
8 1918年に第1次世界大戦に従事していたアジア出身の軍人が市民権を獲得した（引用年表302頁）。

参考文献（Notes and References）
1) Overviews of Asian women immigrants include Lucie Cheng, "Chinese Immigrant Women in Nineteenth-Century California," in *Women of America: A History*, ed. Carol Ruth Berkin and Mary Beth Norton (Boston: Houghton Mifflin, 1979), 223-44; Judy Yung, *Chinese Women of America: A Pictorial History* (Seattle: University of Washington Press, 1986); Yuji Ichioka, "*Amerika-Nadeshiko*: Japanese Immigrant Women in the United States, 1900-1924," *Pacific Historical Review* 44 (1980) : 339-57; Eun Sik Yang, "Korean Women of America: From Subordination to Partnership, 1903-1930," *Amerasia Journal* 11, no. 2 (1984): 1-28; Sun Bin

第6章 アジア系女性アメリカ移民と家族の光と陰　Women, Families, and the "Second-Generation Dilemma"　177

Yim, "Korean Immigrant Women in Early Twentieth-Century America," in *Making Waves: An Anthology of Writings by and about Asian American Women*, ed. Asian Women United of California (Boston: Beacon Press, 1989), 50-59; Jovina Navarro, "Immigration of Filipino Women to America," in *Asian American Women* (Stanford, Calif.: Asian American Women, 1976), 18-22; and Dorothy Cordova, "Voices from the Past: Why They Came," in *Making Waves*, ed. Asian Women United of California, 42-49. Studies of Chinese and Japanese family life in the United States in the 1930s and 1940s include Norman S. Hayner and Charles H. Reynolds, "Chinese Life in America," *American Sociological Review* 2 (1937): 630-37; Lee, *The Chinese in the U.S.A.*, 185-251; and John Modell, "The Japanese American Family: A Perspective for Future Research," *Pacific Historical Review* 37 (1968): 67-81. Sylvia Junko Yanagisako, *Transforming the Past: Tradition and Kinship among Japanese Americans* (Stanford, Calif.: Stanford University Press, 1985), is the most sophisticated study of changing values and norms as they relate to family life.

2) Prostitutes were among the earliest Asian women to enter the country. Lucie Cheng Hirata, "Free, Indentured, Enslaved: Chinese Prostitutes in Nineteenth-Century America," *Signs: Journal of Women in Culture and Society* 5 (1979):3-29, and Yuji Ichioka, "*Ameyuki-san*: Japanese Prostitutes in Nineteenth-Century America," *Amerasia Journal* 4, no. 1 (1977):1-21, describe the lot of Chinese and Japanese prostitutes in California, while Joan Hori, "Japanese Prostitution in Hawaii during the Immigration Period," in *Asian and Pacific American Experiences*, ed. Tsuchida, 56-65, looks at those in Hawaii.

3) The following five paragraphs are condensed from Chan, "The Exclusion of Chinese Women."

4) The lives of picture brides are described in Ichioka, "*Amerika Nadeshiko*" and idem, *The Issei*, 164-75. Akemi Kikumura, *Through Harsh Winters: The Life of a Japanese Immigrant Woman* (Novato: Calif.: Chandler and Sharp, 1983), is the life history of a woman who was not a picture bride but who lived and worked in California. Korean women's lives are recorded in Harold Hakwon Sunoo and Sonia Shinn Sunoo, "The Heritage of the First Korean Women Immigrants in the United States, 1903-1924," *Korean Christian Scholars Journal* 2 (1977): 142-71, and Alice Chai, "Korean Women in Hawaii, 1903-1945," in *Asian and Pacific American Experiences*, ed. Tsuchida, 75-87.

5) The only statistics on Japanese family formation according to occupational grouping that I have found are in Oka Naoki, *Hoku-Bei no Kochi kenjin* (Japanese from Kochi Prefecture in North America) (San Francisco: Oka Naoki, 1921), 82-83.

6) *75th Anniversary of Korean Immigration to Hawaii, 1903-1978* (Honolulu: n.p., 1978), 50, as quoted in Yang, "Korean Women of America," 5.

7) Kazuo Ito, *Issei: A History of Japanese Immigrants in North America*, trans. Shinichiro

Nakamura and Jean S. Gerard (Seattle: Executive Committee for the Publication of *Issei*, 1973), 252-54.
8) Ibid., 250.
9) The political activities of Korean women are described in Yang, "Korean Women of America," 12-22.
10) Ichioka, *The Issei*, 196-210, provides the information for the next four paragraphs.
11) Autobiographical glimpses of Asian American childhood are found in Jade Snow Wong, *Fifth Chinese Daughter* (1945; reprint, Seattle: University of Washington Press, 1988); Pardee Lowe, *Father and Glorious Descendant* (Boston: Little, Brown, 1943); Monica Sone, *Nisei Daughter* (Boston: Little, Brown, 1953); Daniel I. Okimoto, *American in Disguise* (New York: Walker/Weatherhill, 1970); Eleanor Wong Telemaque, *It's Crazy to Stay Chinese in Minnesota* (Nashville, Tenn.: Nelson, 1978); Gene Oishi, *In Search of Hiroshi: A Japanese-American Odyssey* (Tokyo: Tuttle, 1988); Kartar Dhillon, "The Parrot's Beak," in *Making Waves*, ed. Asian Women United of California, 214-22; and Mary Paik Lee, *Quiet Odyssey: A Pioneer Korean Woman in America*, ed. Sucheng Chan (Seattle: University of Washington Press, 1990).
12) William C. Smith, "The Second Generation Oriental-American," *Journal of Applied Sociology* 10 (1925): 160-68, and a series of short articles in *Sociology and Social Research*: Kit King Louis, "Problems of Second Generation Chinese," 16 (1932): 250-58; idem, "Program for Second Generation Chinese," 16 (1932) 455-62; Francis Y. Chang, "An Accommodation Program for Second-Generation Chinese," 18 (1934): 541-53; Isamu Nodera, "Second Generation Japanese and Vocations," 21 (1937): 454-66; Severino F. Corpus, "Second Generation Filipinos in Los Angeles," 22 (1938): 446-51; Robert H. Ross and Emory Bogardus, "The Second-Generation Race Relations Cycle: A Study in Issei-Nisei Relationships," 24 (1940): 357-63; and Jitsuichi Masuoka, "Race Relations and Nisei Problems," 30 (1946): 452-59.
13) *Orientals and Their Cultural Adjustment* (Nashville, Tenn.: Fisk University Social Science Institute, 1946), 107-8. The life histories in this publication were actually collected by researchers of the Survey of Race Relations Project in 1925-27.
14) Ibid., 41.
15) Edward K. Strong, Jr., *The Second-Generation Japanese Problem* (Stanford, Calif.: Stanford University Press, 1934), summarizes three separate monographs-Edward K. Strong, Jr., and Reginald Bell, *Vocational Aptitudes of Second-Generation Japanese in the United States* (Stanford, Calif.: Stanford University Press, 1933); Edward K. Strong, Jr., *Japanese in California*(Stanford, Calif.: Stanford University Press, 1933); and Reginald Bell, *Public School Education of Second-Generation Japanese in California* (Stanford, Calif. : Stanford

第6章 アジア系女性アメリカ移民と家族の光と陰　Women, Families, and the "Second-Generation Dilemma"　*179*

University Press, 1935)-and places their findings in a broader discussion of race prejudice and the problem of adjustment by second-generation Americans. The next five paragraphs are based on these studies.

16) L. Ling-chi Wang, "The Politics of Assimilation and Repression: The Chinese in the United States, 1940-1970," unpublished manuscript on file at the University of California, Asian American Studies Library. The texts of the essays in *The Chinese Digest* are reprinted in Thomas W. Chinn, *Bridging the Pacific: San Francisco Chinatown and Its People* (San Francisco: Chinese Historical Society of America, 1989), 138-42.

17) Chinn, *Bridging the Pacific*, 136-38.

18) Kwong, *Chinatown*, 55-61.

19) Lee, *Quiet Odyssey*.

20) Karen Leonard, "Marriage and Family Life among Early Asian Indian Immigrants," *Population Review* 25 (1982): 67-75; Karen Leonard and Bruce La Brack, "Conflict and Compatibility in Punjabi-Mexican Immigrant Families in Rural California, 1915-1965," *Journal of Marriage and the Family* 46 (1984): 527-37; and Leonard, *Ethnic Choices: California's Punjabi-Mexican-Americans, 1910-1980* (Philadelphia: Temple University Press, 1991).

21) Barbara M. Posadas, "Crossed Boundaries in Interracial Chicago: Pilipino American Families since 1925," *Amerasia Journal* 8, no.2 (1981): 31-52, and idem, "Mestiza Girlhood: Interracial Families in Chicago's Filipino American Community since 1925," in *Making Waves*, ed. Asian Women United of California, 273-82.

22) Jerrold H. Takahashi, "Japanese American Responses to Race Relations: The Formation of Nisei Perspectives," *Amerasia Journal* 9, no. 1 (1982): 29-58, and idem, *Identity, Culture, and Politics: Japanese Americans and Social Change, 1920s to 1970s* (Philadelphia: Temple University Press, 1991).

第7章

第2次世界大戦によるアジア系アメリカ人の運命の別れ路
Changing Fortunes, 1941 to 1965

第1節　アジア系アメリカ人に対する第2次世界大戦の影響

　第2次世界大戦は、すべてのアメリカ人の人生に影響を与えた。しかしそれは特にアジア系アメリカ移民とそのアメリカ生まれの子供達にも深刻な衝撃を与えた。中国人、朝鮮人、フィリピン人とインド人を祖先に持つすべての人びとは、彼らの出身国がアメリカ合衆国の同盟国であったので改善された。次の4つの明確な変化が起こった。①一般大衆が抱いていたこれらの集団の印象が改善されたこと。②一部の集団の構成員が、やっと技術専門職や熟練職の仕事に就くことができたこと。③かなり多くの中国人とフィリピン人が軍隊に入隊して軍務に就いたこと。④中国人に対する移民排斥が1943年に解除され、フィリピン人とインド人に対する移民排斥が終戦後の1946年に解除されたこと[1]。それに反して、アメリカ西海岸の日系人は、強制収容所に収容された。それと同時に徴兵年齢であったかなり多くの日系二世は、軍隊の中で武勲を立てながら軍務に就き、アメリカ合衆国のために戦死した。

　1942年のギャラップの世論調査では、中国人と日本人の印象はまったく2通りに分かれていたことが示された。回答者は、中国人を勤勉、正直、勇敢、信心深い、聡明、有能であると特徴づけた。日本人は勤勉で聡明でもあるが、その一方で、不誠実、陰険、残酷、戦闘的であると言われた[1]。明らかに、この世論調査は、新聞やニュース映画がいかにアジアにおける戦争を取り扱っているかを反映したものであった。中国の戦時指導者である蒋介石が無理やりに日本の侵略に対抗させられたはずであったが、世界中の報道では、彼は英雄であり、アメリカ合衆国の忠実な同盟者として描かれた事実は、とりわけ皮肉なことであった。フィリピン軍がアメリカ軍と共同して1942年春にバターン半島とコレヒドール島を防衛した時、アメリカ

第7章　第2次世界大戦によるアジア系アメリカ人の運命の別れ路　Changing Fortunes, 1941 to 1965　*181*

合衆国におけるフィリピン人は中国人と同様により有望な印象に映った。

　アジア系アメリカ人の大戦中の就職状況に関する詳細な統計資料はない。しかしながら、1940年と1950年の間の国勢調査における変化から、中国人の職業状況が少なくとも変化していた概況の示唆が得られた（*Ling-chi Wang*）。1940年当時は、3万6,000人の有業者人口のうち、わずか約1,000人の中国人（その5分の1は女性）が、専門職や技術職に就いていた。10年後には、4万8,000人の有業者人口のうち、約3,500人の中国人（そのうち3分の1は女性）が、専門職や技術職に就いていた。その専門職のほとんどは、当時並はずれた景気を呈し、深刻な人材不足となった軍需産業で、技術者や専門家として従事した。中国系アメリカ人女性において、ホワイトカラーの事務職の労働者数が飛躍的に上昇したことが注目に値した。1940年の750人から、1950年には3,200人に急増した。その他の民族出身の女性と同様に、中国系アメリカ人女性も、1940年代にはかなりの数の人が肉体労働にも従事した。その労働に従事する中国系アメリカ人女性の数は、1940年の2,800人が、10年後には8,300人まで増大した[2]。

　一方では、数多くの中国人とフィリピン人が軍隊に入隊した。中国人の入隊兵のおよそ4割は、外国生まれであった。兵役のための市民権の資格要件が、いくつかの場合には省略されたり、その他の場合では、入隊前に集団的な帰化式典を挙行した。戦時中の人材需要が、とても緊急を要したので、アジア人に対する帰化の禁止は、棚上げにされた。アメリカ合衆国全体では、軍隊のすべての部門で中国人の男女の約1万5,000人から2万人が従事していた（*Thomas Chinn*）。そのうち約70％は陸軍に所属し、さらに25％はその当時は陸軍の一部門であった陸軍航空隊に所属していた。中国人の陸軍入隊兵は、ヨーロッパでは第3と第4歩兵師団の一員として戦闘に参加し、アジアや太平洋では、第6ならびに第32と第77歩兵師団の一員として戦闘に参加した。海軍と海兵隊や沿岸警備隊にて、中国人の入隊兵はすべての戦域で従軍した。1970年代後半における中国系アメリカ人の退役軍人の調査によれば、彼らの18％が戦闘で負傷していた[3]。

　何千人ものフィリピン人が兵役に就いたので、アメリカ合衆国の同胞人として彼らの特異な状況は無視された。中国人と同様に集団的な帰化式典により、多くのフィリピン人に市民権を与えた（*Fred Cordova*）。分離された第1フィリピン歩兵連隊が1942年中期にカリフォルニア州で戦闘配備され、そして第2フィリピン歩兵連隊

が1942年後期に編成された。フィリピン人は、長い間アメリカ合衆国の海軍で給仕係として従事していた。戦時中も多くのフィリピン人が給仕係に従事し続けた。1944年に約1,000人のフィリピン系アメリカ人が秘密任務に選抜されて、潜水艦でフィリピンまで連れられて、反日本人地下組織との接触や、オーストラリアにおけるダグラス・マッカーサー（Douglas MacArthur）司令官の本部に向けた情報収集のために、群島のあらゆる場所から上陸した[4]。

第2次世界大戦中期の1943年後半において、中国に対する親善の意思表示として、連邦議会は中国人排斥法を破棄して、毎年105人の中国人の移民割当てを設定して、中国人に帰化権を授与した。同様な権利は、フィリピン人やインド人には1946年までは授与されなかった。その後に、毎年それぞれの国に、100人の移民割当てが認められた。しかしながら、日本人と朝鮮人は、1952年までは一切の移民割当てや帰化権は受け取れなかった。

第2節　日系人の第2次世界大戦中の悲劇

アジア系アメリカ人の他の集団と比較して、日系アメリカ人の大戦中の体験は忘れられないくらい衝撃的であった。1941年12月7日にハワイのパールハーバー（Pearl Harbor）のアメリカ海軍基地に対する日本軍からの爆撃に引き続いて、アメリカ合衆国が日本に対して翌日に宣戦布告をするやいなや、アメリカ西海岸に生活していた4万人以上もの日系人は、アメリカ市民であった7万人のアメリカ生まれの子供達と共に、自宅から追放されて、転住収容所（relocation camps）[2]に収容された[5]。

1918年の早期から、軍事情報部はハワイならびにアメリカ本土において生活している日系人の情報を収集し始めていた（Gary Okihiro, 1991）[6]。もしこのような監視の歴史を考えれば、アメリカ合衆国が太平洋戦争に突入する2年前から、連邦捜査局（Federal Bureau of Investigation: FBI）に通じた司法省、海軍情報部（Office of Naval Intelligence: ONI）、参謀本部第2部（G-2）と呼ばれた陸軍情報部が、潜在的な危険人物を捜査し始めていたことは驚くことには当たらなかった。1941年にはその3部門の情報部は、相互に領域協定を策定した。その協定により、連邦捜査局は一般市民の対抗スパイ活動や破壊工作に関する捜査の全責務を引き受けた。しかし、

第7章　第2次世界大戦によるアジア系アメリカ人の運命の別れ路　Changing Fortunes, 1941 to 1965　*183*

　連邦捜査局は、次のような例外は別にして、海軍の隊員のみに責任がある海軍情報部と共同してアメリカ大陸における日系人集団に対する管轄権を共有することに同意した。一方、陸軍参謀本部第2部は、軍隊が雇用した一般市民に関する捜査のみに限定しようとした。このような活動の部門から、連邦捜査局は脅威を引き起こすと思われる危険性の度合いから人物を分類した3つのリストを作成した。アメリカ合衆国にその当時に居住する14歳以上の約500万人の外国人を司法省が登録できるようにした外国人登録法（Alien Registration Act）を1940年6月に議会が通過させてから、このような情報機関の活動は容易になった。

　種々のリストが編纂された結果、国勢調査の助けも借りながら、それらは日系人が1940年当時にアメリカ西海岸のどこに居住しているかを示す軍事情報に転用された。その情報で人物を一覧表にした機密文書の侵犯により、連邦捜査局は、宣戦布告したまさに1941年12月8日当日にアメリカ西海岸に居住する736人の日系人を含む1,700人以上もの敵国人を摘発することができた（*Roger Daniel*）[7]。その当時に、アメリカ西部諸州には、約25万人もの敵国人が居住していた。その内訳は、11万4,000人のイタリア系、9万7,000人のドイツ系、4万人の日系人であった。4日後に、連邦捜査局は、1,370人の日系人を一時収容した。1942年3月には、その数はアメリカ本土で2,000人以上にも達した。それは逮捕されている敵国人全体の約半分であった。それに加えてハワイ当局によっても約900人の日系人が摘発されて、ハワイ諸島の陸軍の宿営地に拘留された。その後にアメリカ本土の司法省の収容所に転送された。その他の南北アメリカ大陸の日系人も、特にペルー（Peru）で逮捕されて、アメリカ合衆国での収容のために移送されたという事実はほとんど知られていなかった。

　逮捕された人びとは、さまざまな共同体組織の役員や日本語学校の教師、神道の神主や仏教の僧侶、新聞編集者、その他に身元が確認できる指導者達であった。逮捕するための根拠が明確にされていない包括的な大統領の令状で彼らは逮捕された。ニューメキシコ州のローズブルグとサンタフェ、テキサス州のクリスタル・シティ、シーゴビル、ルイジアナ州のリビングストン、モンタナ州のフォート・ミズーラ、ノースダコダ州のフォート・リンカーンにある移民帰化局によって管理されている収容所に移送された。

第3節　日系人に対する強制退去

　その一方では、サンフランシスコのプレシディオにある西部防衛軍司令部の司令官であったジョーン・L・ディウィット（John L. Dewitt）大将は、戦時禁制品を捜索して差し押さえるために、すべての外国人の住居に令状なしに入り込む承諾を司法省に要求した。司法長官はそのような令状なしの捜査に対する権限の付与を拒否した。しかし、1941年12月29日に司法省自らが西部7州において、すべての敵国人に対して所有するラジオ・短波用ラジオ・カメラ・双眼鏡・武器等を引き渡すことを指令した。参戦下の当初数週間は、敵国人である日系人、ドイツ系人、イタリア系人は同等に取り扱われていた。しかし、少し後になると日系人はアメリカ生まれの子供と共に、差別処遇のために選抜された。12月末になると、3人の司法省の高官が3人の戦争省（War Department）[3]の代表者と会合して、敵国人に対してさらにどのような追加措置を執ればよいのかを協議した。司法省の役人は集団退去（mass evacuation）に反対し、一方で、戦争省の役人はそれを支持した。そこで両方の当局者は、ディウィット大将に相談する機会を得るまで、結論を先送りにすることで同意した。

　司法長官は起こりうる集団退去の合憲性に関して不安を感じたので、司法省の3人の外部弁護士に相談した。彼らはそのような移転は、もし軍隊の必要性から権限を与えられたならば、合法化されるかもしれないと結論づけた。このような民間の助言者達は、個別に認識して監視できるドイツ系人とイタリア系人とは異なり、西洋人の目からでは、在米の日系人を一人ひとりすばやく区別することは不可能であると述べた。この論理に従えば、ヨーロッパ系アメリカ人では失敗したことにより、日系人をひとまとめにした集団退去が必要になったのかもしれなかった。さらに疑問を感じていた戦争省長官は、その問題を直接上司の大統領に伺うことを決意した。フランクリン・デラノ・ルーズベルト（Franklin Delano Roosevelt）大統領は戦争省長官が執るどのような行動に対しても支持するであろうと述べた。

　このような議論の結果として、司法省は1942年1月下旬に、敵国人はカリフォルニア州にある86か所の立ち入り禁止地域から退去させられることを公表した。それらのすべての地域はディウィット大将が選抜した。これらにはサンフランシスコ湾、

ロサンゼルス空港、その他の数か所の空港、鉄道駅、発電所、ダム、ガス会社、その他の同様なものも含まれていた。すべての敵国人は遅くとも1942年2月24日までに、これらの領域を離れなければならないと通告された。第2の声明により、ワシントン州で7か所、オレゴン州で24か所の立ち入り禁止地域が指定された。2月初旬には、およそ1万人の敵国人は、そのうち8,000人は日系人であるが、立ち入り禁止地域にある自宅から退去した。加えて、オレゴン州の境界線からロサンゼルスの北50マイルの地点までの連続した海岸沿いの細長い地域や、その沿岸から30マイルから150マイルも広げた内陸も、敵国人が旅行制限や外出禁止令に従わなければならない制限地域として公表された。その一方で、大統領は、すべての敵国人に対する強制的な登録事業を1942年1月14日に正式に許可した。

　この段階では、ディウィット大将はそのように執られた措置は、スパイ活動や妨害工作に対する充分な防衛手段であろうと明らかに感じていたので、その当時はまだ彼は集団退去を支持していなかった。司法長官や戦争省長官も、そのような強烈な手段が必要であり、実際的であるとは納得していなかった。しかし、戦争省の配下の副長官や憲兵司令長官や彼の補佐官は、日系二世の市民を含むすべての日系人を、アメリカ西海岸から退去させて、内陸部に強制収容することを望んだ。

第4節　日系人に対する強制収容の要求

　1942年1月中旬から政治家や移民排斥主義者が日系人を強制収容しようとする宣伝活動を起こしたことにより、そのような目標実現への戦争省の取り組みが促進された。1942年1月16日にカリフォルニア州選出の連邦下院議員であるレランド・フォード（Leland Ford）は、戦争省長官や司法長官に、「すべての日系人は、市民権の有無に関わらず、内陸部の強制収容所（concentration camp）に入所させるべきである」と主張した全く同じ手紙を送りつけた[8]。フォードはその4日後には連邦議会の議場にても同一の要望を提案した。その後に、ワシントン州、オレゴン州、カリフォルニア州からのすべての選出議員、ならびに「輝かしき西部の息子たち」（Native Sons of the Golden West）、カリフォルニア州合同移民委員会（California Joint Immigration Committee、その名称に関わらず民間団体）、その他の反日系人組織が、

ルーズベルト大統領に、すべての日系人の敵国人とその市民も同様にアメリカ西海岸から退去させることを要望した[9]。

連邦最高裁判所判事であるオーウェン・J・ロバーツ（Owen J. Roberts）を委員長とするパールハーバーの被害調査の委員会報告書が、1942年1月下旬に公表された。それもアメリカ合衆国における日系人に対する敵意・反日感情をたきつけた。ロバーツ報告書では、ハワイ陸軍と海軍の司令官に日本軍の攻撃を可能にした軍備不足の責任を負わして、十分な証拠もなく疑いをかけられて、ホノルルの日本領事館を中心とする多くの日系アメリカ人を巻き込んだスパイ行為の情報網が、敵国を大いに手助けしていたと告発した。ほとんど人種差別的なうわさに基づくこのような告発に対して、その証拠はまったく提示されなかった。

ロバーツ報告書の結論におそらく気を動転させて、ディウィット大将はまもなく人種的見地からすべての日系人の強制退去を要求する彼の最終勧告（Final Recommendation）として言及される声明書を起草した。その文書では、日系人は人種的類縁関係はたとえ移民しても引き裂かれないので、人種の系統は二代目や三代目になっても薄められずに残存する敵国人種であると宣告した。その結果、陸軍は米国に対する忠誠者と不忠誠者とを区別する手段を持ち合わせていなかったので、すべての日系人を、市民権の有無に関わらず、アメリカ西海岸から退去させなければならないとした。

この時点で、多くの報道関係者が、その問題に国民的注目を集めた。著名な影響力を持つコラムニストであるウォルター・リップマン（Walter Lippmann）は、1942年2月12日に「アメリカ西海岸の第五列（Fifth Column）[4]」というタイトルのコラムを公表した。その中で彼は、自ら名づける戦闘地帯から敵国人を退去させることを不本意とする連邦政府を遺憾に思うと批判した。彼はどこか他の地域でも容疑者達が彼らの権利を行使できる余地はたくさんあると言明した[10]。リップマンのコラムは何百もの新聞に掲載された。その他の報道関係者として、ウェストブルック・ペグラー（Westbrook Pegler）は、カリフォルニア州に在住の日本人は、男女を問わずだれもかれもいますぐに軍隊の監視下に置くべきであり、危険が立ち去るまで日系人の人身保護令状がどうなろうと構わないと執筆した[11]。

ディウィット大将の最終勧告を受けて、戦争省における文民官僚のすべての幹部がそれに同意したように、陸軍の幹部達もすぐさま賛同した。彼らは陸軍に対して、

第7章　第2次世界大戦によるアジア系アメリカ人の運命の別れ路　Changing Fortunes, 1941 to 1965　187

日系の敵国人や市民も同様にアメリカ西海岸から退去させるすべての権限を与えるルーズベルト大統領の署名を求める行政官の指令書を起草した。その起草案は、1942年2月19日午後にルーズベルト大統領に提示された。ルーズベルト大統領は同日の夕方に大統領行政命令9066号としてそれに署名した。それにより、戦争省長官に対して、必要性がありまたは望ましい限り、いかなる人物も退去させる権限が与えられる軍事領域を指定する権限が与えられた。次の日に戦争省長官は、適切に判断しながらその指令を実施するようにディウィット大将を任命した。

　ディウィット大将と西部防衛司令部が、ちょうど日系人の退去を準備しようとした時、陸軍は軍隊の徴兵に登録していたほとんどの日系二世を、まず身体的理由により服役が不適当な区分である4-Fと、その後に敵国人と区別される4-Cに再区分した。さらに、その区分により、すでに入隊していた多くの日系人を食事係やその他の下働きの任務に降格させた。しかし、陸軍情報部日本語学校（Military Intelligence Service Language School: MISLS）で教育するために選択された日系二世や帰米（Kibei）[5]には、そのような区分による配置転換は適用されなかった。ハワイでは、パールハーバーの爆撃後には、日系二世の兵隊は武装を解除させられて、軍隊の監視下で溝堀りの仕事に就かされた。領海防衛に当たっていた日系二世は除隊させられた。その後に彼らは、大学志願兵連盟（Varsity Victory Volunteers: VVV）の一員として米国の兵役に就くことが許可された。ハワイの日系二世は人的資源の欠乏が顕著になった時期になってから、最終的にアメリカ合衆国陸軍の第100歩兵大隊（One Hundredth Battalion）として編入させられた。

　カリフォルニア州の州政府と地方機関もまた措置を執った。ロサンゼルス市当局は、1942年1月末までにすべての日系人職員を解雇し、一方で、カリフォルニア州人事委員会は、すべての敵国人の子孫を、市民サービスを受ける立場から締め出す意向を公表した。しかし、そのような制限が実施されたのは日系アメリカ人に対してのみであった。一般的にトーラン委員会（Tolan Committee）と言及される下院の移民国防特別調査委員会（Committee Investigating National Defense Migration）が、2月下旬から3月上旬にかけてアメリカ西海岸で公聴会を開催した時に、さらに反日系の報道官が偏見の炎をあおりたてた。

　大統領行政命令9066号から授与された権限に基づき、1942年3月初頭からディウィット大将は、ワシントン州、オレゴン州、カリフォルニア州の西半分とアリゾナ

州の南半分の、第1軍事領域とその他の第2軍事領域から、すべての日系だけでなく、敵国人であるドイツ系人、イタリア系人、日系人にも、退去の準備を宣告した。同行する報道陣の公表により、彼は日系人を最初に退去させる予定であることを釈明した。結局のところイタリア系人とドイツ系人には、退去が一度も命令されなかった。ディウィット大将の最初の勧告よりも1週間前に、すべての日系人は連邦海軍の命令ですでにカリフォルニア州のサンペドロより最西端のターミナルアイランドから退去させられていた。1942年3月16日にディウィット大将は、アイダホ州、モンタナ州、ネバダ州、ユタ州を、それぞれを第3、4、5、6軍事領域と指定した。次の週になると、彼はワシントン州のシアトルに近いベインブリッジ島からすべての日系人の退去を命じた。ディウィット大将に彼の命令で刑事罰を課すことを許可するため、3月19日に、下院でわずか30分の討議と上院での1時間の討議の後に、賛否を声の大小で決める発声投票により公法503号（Public Law 503）が議会を通過した。再びルーズベルト大統領は、2日後にはためらわずにその法律案に署名をした。

第5節　強制退去から強制収容に転換される日系人

　1942年3月の間に、3,000人以上の日系人がカリフォルニア州の禁止区域から制限区域に移動した。さらに、カリフォルニア州も含めて、ワシントン州、オレゴン州の全部で約5,000人が退去した。そして、3月27日に突如としてディウィット大将は、それ以後の自主的な移動を禁止することを発令した。その後は民政業務の管理を引き受ける部門として西部防衛司令部内に創設された戦時民事管理局（Wartime Civil Control Authority: WCCA）が、10万人以上もの日系人の強制退去を引き継いだ。戦時民事管理局は、その他のいくつかの連邦機関に支援を依頼した。連邦安全保障庁（Federal Security Agency）は社会福祉サービスの管理の責任を負った。全米雇用サービス（U.S. Employment Service）は退去者に新しい仕事を見いだす支援をした。農業安定局（Farm Security Administration）は日系人が所有あるいは賃貸している農地を他の経営者へ移譲することを監視した。その一方で、連邦準備銀行（Federal Reserve Bank）は、彼らの資産を処分するために退去者を助成した。

第7章　第2次世界大戦によるアジア系アメリカ人の運命の別れ路　Changing Fortunes, 1941 to 1965

しかし、このようなお役所仕事は、日系人にとってはほとんど役に立たなかった。日系人の指導者の地位が奪われ、流動資産が凍結されたために、日系人全体の共同体はショック状態に陥った。彼らの財産を売却、貯蓄、その他処分するのに1週間しか時間が与えられていなかったので、日系人の人びとは自らの所有物を大きな損失を伴って売却した。各家族には寝具と下着、洗面用具、衣服、台所用品、その他に手で持ち運べる範囲の個人の身の回り品を所持するように告げられた。その他の物は何も許可されておらず、郵便で自分宛に荷物を送ることさえもできなかった。全米日系市民協会（JACL）は、すべての日系人に協調するように説得したので、何人かの人が退去命令に拒否した例外が見受けられたが、実際の抵抗は認められなかった。日系人の人びとは静かに長い列に整列して、首に家族を特定する番号札をぶら下げて、子供が泣かないようにあやし、医療関係者による身体検査や軍人による取り調べに身を任せた。そして、しばしば窓を日除けで締め切られて、バスならびに列車で未知の目的地に移動した。

　内陸部の西部10州の当局が、1992年4月初旬にいかなる日系人も受け入れがたいことを表明したために、遠方の退去地に到着する前に、集団退去が強制収容事業に転換された。州政府の当局は、連邦政府が退去者を警備された収容所に収容して、終戦後に彼らを州外に追放させることを保障する限りにおいて、日系人を州の地域内に移送することを承諾した。そのような敵対的な状況下で実際には1942年4月から8月にかけて、第1と第2軍事領域におけるすべての日系人は居住地から退去させられた。収容することが当面の目標となったために、多くの日系人を段階的に分けて移動する必要があった。最初に一次的集合センター（assembly center）に集まって、その後により永住的ないわゆる転住収容所（relocation centers）に移動した。居住地に残された者は、病気により移動できない約800人に及ぶ入院患者、孤児院の児童、刑務所の囚人や精神病院の入院患者と、およそ600人の日系人でない配偶者とその混血児童であった。

　16の集合センターは各5,000人をそれぞれに収容できるように、博覧会場や競馬場やその他の施設にて整備された。これらは、ワシントン州のピュアラップ、オレゴン州のポートランド、カリフォルニア州のメリスビレ、サクラメント、タンフォラン、ストックトン、ターロック、サリナス、マーセッド、ピネダーレ、フレズノ、ツアーレ、サンタ・アニタ、マンザナル、ポモーナと、アリゾナ州のメイヤーに整

備された。陸軍工兵隊は荒涼地帯にある連邦政府の土地にも転住収容所を建設した。その場所は、カリフォルニア州のトゥーリ・レイクとマンザナール、アイダホ州のミニドカ、ワイオミング州のハート・マウンテン、ユタ州のトパーズ、アリゾナ州のポストンとギラ・リバー、コロラド州のアマチ、アーカンソー州のローワーとジェロームであった。その最小規模の収容所は8,000人を収容し、最大では2万人を収容し、平均的には1万人を収容できた。最終的な強制退去者の一群は、1942年11月初旬までに集合センターから転住収容所に移送された。このような事態が発生した時に、「輝かしき西部の息子たち」の組織は、すべての日系アメリカ人から市民権を剥奪するために1942年6月にリーガン対キングの判例（Regan v. King）を提訴した。幸いなことに、第9連邦巡回控訴裁判所は、結局はその提訴を却下した。

アラスカ在住の日系人もまた強制退去させられた。アメリカ合衆国が大戦へ参戦後に、アラスカ防衛司令部は西部防衛司令部に統合され、アラスカも戦闘地域に指定された。半混血よりも日本人種に近いすべての日系人は、わずか200人未満に過ぎなかったが、特定の軍事領域から退去させられて、アメリカ合衆国に移送された。

パールハーバーの爆撃後すぐに、ハワイは攻撃の危険性がより高くなって戒厳令が宣言されたが、その当時の日系人はハワイ諸島の全人口の37％を占め、その熟練労働力はそれ以上の勢力を占めていたので、日系人の退去ではハワイ諸島の経済を大混乱させ、さらに、多くの船舶が係留されることになることを考慮し、15万人の日系人の集団退去はハワイでは実施されなかった。

第6節　日系人の強制収容所における管理と生活

陸軍がその収容所の統治を維持していたが、いったん日系人が転住収容所に収容されると、1942年3月18日にルーズベルト大統領により創設された戦時転住局（War Relocation Authority: WRA）が被収容者の監督を引き継いだ。民間人の配属職員に加えて、戦時転住局はさまざまな収容能力の手助けとなる日系二世を一時的に雇用した。しかし、仕事に要する技能の程度に関わらず、被収容者は月額にわずか約12ドルから19ドルまでの賃金を受給したのみであった。戦時転住局の当局は特に全米日系市民協会の会員をえこひいきにしたので、その中の何人かは自分自身のためにへ

第7章　第2次世界大戦によるアジア系アメリカ人の運命の別れ路　Changing Fortunes, 1941 to 1965　　*191*

つらう目的で、仲間の被収容者のことを密告した。

　収容所はそれぞれが区画に分離され、その各区画に14個の宿舎ごとに部屋が分割されていた。収容所は未乾燥材（green lumber）とタール紙で慌ただしく建造され、内部は未完成であったので、未乾燥材が乾燥し始めると、宿舎の壁にひびが入った。収容所は半砂漠地帯に建造されたので、風が吹くたびに、いつもひび割れを通じて砂が部屋内に舞い込んだ。夏季には猛烈な暑さに見舞われ、一方で、冬季には凍るような寒さになった。縦20フィート、横25フィートの寸法がある平均的な広さの部屋に4人から6人の家族が暮らし、1つのストーブで暖を取り、軍隊用の携帯の折りたたみベッドと麦わらのマットレスのみが備えつけられていた。被収容者は仕切りがない共同浴場を使用した。それが何人かの婦人に大きな不満を引き起こした。彼らは交替で入れ替わりしながら食堂で食事をとった。食事に対する不満がはびこった。生活環境を少しでも耐えられるものにするために、より積極的な被収容者は木材の切れ端や見つけられる物は何でも探し回り、それで一時しのぎの間に合わせの家具を組み立てた。

　貧しい食事や不愉快な生活環境よりも苦労したのは、被収容者の家族が離ればなれになり始めたことであった（*Daisuke Kitagawa, 1967; Charles Kikuchi, 1973; Jeanne Wakatsuki Houston, 1973; Yoshiko Uchida, 1982*）[12]。1942年には平均年齢55歳に達した日系一世の父親たちの地位と権威は、いったん大黒柱の役割を喪失すると、徐々に衰え始めた。他方では、とりわけ俸給を稼いだり収容所区画の指導者となった年長の日系二世が、前触れもなしに自立と権力を獲得していた。より若い子供達は、多くの場合、家族よりは友人との会食を好み、両親の監視や管理から離れて収容所内の者と付き合った。もっと重要なことは、教育や社会生活に関する戦時転住局の方針により、日系一世の両親と日系二世の子供達の文化的隔たりを広げることが促進されたことであった。日本語学校や神道（Shintoism）の慣習は禁止されて、一方で、ヨーロッパ系アメリカ人の教師と収容所の戦時転住局の職員により、熱心にアメリカナイズ（Americanization）が奨励された。日系二世が熱心にほとんど必死になってアメリカ人として受け入れられるように願望するのを支持するのに、その当時の政治的判断や政策が貢献していた。

　被収容者は非常に限定された条件下でのみ収容所からの退所が許可された。1942年に約9,000人の退所者が、農作物を収穫するための支援として収容所から短期間外

出していた。在米日系人生徒転住協議会（National Japanese American Student Relocation Council）は、勉強が中断されていた約250人の大学生を、1942年の秋期に米国中西部の学校に入学することを支援した。そのうちに在米日系人生徒転住協議会は、数千人の日系二世の学生達を、戦時研究とは関連のない短大や大学に限って入学させた。受け入れ可能な高等教育機関の中でも、すべてが日系アメリカ人学生を喜んで受け入れた訳ではなかった。

外界に再復帰を望む被収容者は、退所許可書の様式に必要事項を記入しなければならなかった。それは、戦時転住局の当局によって連邦捜査局の協力の基に、退所にて国家安全保障や戦争成果に危害を及ぼすかどうかを慎重に審査された。個人として、緊急的な個人的用件を取り扱うために30日間以下の短期間の退所や、季節農業作業を行うための派遣労働、永続的な再定住のための無期限の退所許可が申請できた。その無期限の退出許可の書類には、自らを自給自足する能力のあることを証明して、居住地が変わるたびに報告することを誓約しなければならなかった。要望が認められれば、日系人は請願して退所許可証を授与されたが、これらはいつでも取り消すことができた。

第7節　強制収容に抗議する日系人

収容所に移送されて数か月以内に、何人かの被収容者達は自分達の居住区画に対して憤慨を示すようになった。彼らはその境遇に対してさまざまな方法で対処した（*Arthur Hansen, et al., 1974; Gary Okihiro, 1973; Dorothy Thomas, et al., 1946; Douglas Nelson, 1976*）[13]。第1番目に、何人かの被収容者達は収容所の生活におけるさらなる抑圧的な様相に抗議するためにデモをして、ストライキに参加した。このような事態が、被収容者集団の内部における大きな亀裂を反映した。その亀裂は社会的ならびに政治的差異に基づいていた。最も根本的な亀裂は、日系帰米・日系一世と、日系二世との間に生じた。日系帰米・日系一世は日本人の伝統を誇り、自分達に対する一方的な強制収容の不当行為を強烈に憤慨した。一方で、日系二世は、その中でも特に全米日系市民協会の指導者達は、アメリカ人として受け入れられることを非常にも望んでいたので、アメリカ合衆国政府の最も熱烈な信奉者として行動した。

第7章 第2次世界大戦によるアジア系アメリカ人の運命の別れ路　Changing Fortunes, 1941 to 1965　193

　第2番目の反応として、陸軍が日系二世の兵役を承諾した決定に対する反発が起こってきた。これらの反応は、血で忠誠を証明する機会に対して、完全なる登録拒否から熱心に受け入れるまで多岐にわたった。第3番目の反応として、すべてのアメリカ人が享有できると思われる市民権の意義を十分に熟知していた4人の日系人が、強制退去と強制収容の合憲性を司法制度を活用して辛抱強く執拗に異議を申し立てた。最終的に第4番目として、何千人もの被収容者達は、自分達を拒絶していた国を自分達がどのように感じているかを示す1つの方法として、日本への強制送還あるいはアメリカ合衆国の市民権の放棄を要求した。

　1942年11月にアリゾナ州のポストンで、収容所の憲兵が日系帰米を傷害した容疑で、50人の日系人を尋問のために連行してそのうちの2人を拘束した後に、最初の大がかりな抗議が発生した。容疑者の家族や居住していた収容所区画の代表者が、収容所の当局に対して2人は無実であることを主張して、彼らが釈放されることを要請した。収容所の当局がその要請に従うことを拒絶した時に、2,500人の集団が取り巻いて彼らの釈放を要求した。当局はこの要求を無視していたが、その後すぐに72人から成る緊急委員会が、その次の日に全員のストライキを招集した。収容所の多くの仕事を被収容者達自身が果たしていたので、必要不可欠な活動以外のすべての作業が停止した。そのストライキは5日間継続し、収容所の管理者とストライキ参加者の間で収容所の統治に関する重要課題が合意に達した後にやっと終結した。1人の囚人に対する告訴は撤回されて、もう1人の男性は審理を待つ間は釈放された。

　より重大な暴動が、1942年12月初旬にカリフォルニア州のマンザナールで発生した。全米日系市民協会の指導者であり、親日派の日系一世と帰米の名前を連邦捜査局に引き渡したフレッド・タヤマ（Fred Tayama）を、正体不明の襲撃者達が叩きのめした。彼の状態はとても重傷で入院しなければならなかった。収容所の憲兵は数人の帰米を逮捕した。その中に、労働条件を改善するために調理労働組合（Kitchen Workers' Union）を結成しようと試みていたハリー・ウエノ（Harry Ueno）がいた。それに反応して、3,000人以上の日系人がデモを展開した。1,000人の被収容者の一団がひしめきながら、武装した憲兵隊に取り囲まれて、5人の日系人の代表者が、収容所所長に対して集団の不満を申し出た。まもなく一団は解散したが、その夕方に留置所の前に再集合した。警備の軍隊が抗議者達に対して解散するように要請したが、彼らはその命令を無視した。その時に、軍隊は催涙弾を投げつけて、

集団に向けて発砲して、2人の被収容者を射殺し、少なくともその他の10人に傷害を負わせた。憤慨した被収容者達は、その晩に密告者と烙印を押した数人の日系人を襲撃して、その家族達を脅迫した。次の朝、収容所の憲兵はその抗議の指導者たちを逮捕して、ユタ州のモアブにある隔離収容所に連行した。その後、彼らはアリゾナ州のリュウプに移送された。さらに65人の全米日系市民協会の会員が、彼ら自身の安全のために再移送された。陸軍がマンザナールに到着し、そこは1か月以上も戒厳下に置かれた。

ユタ州のトパズでは、より小さな暴動であったが、それにも関わらず強烈な印象を与えた事件が1943年の春に発生した。そこで、ある1人の老人が、歩哨からの制止にも関わらず、収容所の有刺鉄線に向かって歩くのをやめなかったので、歩哨により射殺された。だれも射撃を目撃していなかったが、検死により、見張り塔に向いている時に、老人は胸部を射撃されていたことが証明された。被収容者達は故人に敬意を払って集団葬儀を開催し、自分達に権力を行使する人びとがいかに冷淡であるかは忍んで、静寂であるが心を打つ追悼の辞が述べられた。

第8節　強制収容の日系人の選定による分裂と抵抗

各々の収容所においてこのような事件よりも、はるかに複雑で、困難で、爆発的になったのは、1943年初頭からすべての10か所の収容所で、日系人を日系アメリカ人部隊に入隊させる陸軍の決定に対して、被収容者の反動が起こったことであった。被収容者は、この目的のために個人を選抜するように設定された手段に対して特に受け入れがたいと感じた。戦時転住局はそれまでの間は退所許可証を発行するためにより効率的なシステムを導入しようとしていたが、それ以後は忠誠者と不忠誠者を区別する調査票を考案するために、陸軍と共同して取り組んだ。1943年2月初旬から3月下旬にかけて、17歳以上のすべての日系アメリカ市民と日系外国人は、すでに日本へ本国送還を申請している者を除いて、戦時転住局の調査票だけでなく、選抜徴兵局（Selective Service）の調査票に対してもれなく回答を出すことを要求された。両者には、2つの忠誠に関する調査項目が含まれていた。

両者の調査票は、男性市民に対して「あなたはいかなる任地に命令されても、軍

第7章 第2次世界大戦によるアジア系アメリカ人の運命の別れ路 Changing Fortunes, 1941 to 1965

務に基づきアメリカ合衆国の軍隊の従軍に応じますか」と「あなたはアメリカ合衆国に対して無条件で忠誠を誓い、いかなるすべての外国や国内の武力攻撃からアメリカ合衆国を忠実に防衛して、日本国の天皇陛下やいかなる外国政府、勢力、組織に対する忠誠あるいは恭順のしきたりを否認することを誓いますか」と質問した。戦時転住局の様式による調査票では、女性市民と外国人の両女性に対して「もし、その機会があり、あなたに資格を有するとわかったら、あなたは陸軍看護師部隊(Army Nurse Corps)や陸軍婦人部隊 (Women's Arm Corporation: WAC) に自発的に志願しますか」と、第2番目の質問は男性市民が回答する質問と同様な質問をした。しかし、当局が日系人にこれらの調査票にもれのない回答を促し始めてからまもなく、第2番目の質問の言い回しは、もし日系外国人が日本に対する忠誠を否定したら無国籍人となってしまうので、彼らに対しては妥当ではないことが判明した。そのために外国人に対する質問形式として、当局は迅速に質問を変更して「あなたは、アメリカ合衆国の法律を遵守して、アメリカ合衆国の戦争の遂行に対していかなる妨害を及ぼす行動も起こさないことを宣誓しますか」と口頭で読み上げて質問した。入隊志願者は、さらに追加の質問にも回答しなければならなかった。当初、陸軍はアメリカ市民のみを受け入れていた。当局は数か月後には忠誠的である外国人も受け入れて、現行の帰化法に関わらず、彼らに市民権の適用をすることができることを公表した。

　忠誠登録への駆り立ては、収容所の抑留者に対して実際に板挟みの動揺を引き起こして、多くの家族をもっとばらばらに引き裂いた。日本の天皇陛下に対する忠誠を強く否定する質問に同意することは、最初の段階からそのような忠誠を抱いていたことを意味した。大多数の日系二世は、何であれ日本に愛着を感じておらず、そのように疑われることを拒否した。他方で、両方の質問に同意すると、彼らは徴兵の適用を受けられることになった。多くの人びとは、彼らと家族を強制収容所に収容したアメリカ政府の国に兵役することを求められることに憤慨した。特に屈辱的なことは、たとえ入隊させられたとしても、彼らは分離された部隊に置かれる現実であった。何人かはその時に年老いた両親はどのようになるのか、今や彼らの財産が没収されて、ほとんど生存手段が残されていないことを心配した。多くの日系一世は、家族と一緒にこのまま極度の不安定な時代のままで過ごす手段として、アメリカ育ちの子供達に両方の質問を否定するように懇願し、あるいは子供達を言いく

るめようとした。忠誠登録が始まる前には、ほとんどが日系一世や帰米からなる3,000人以上が日本への本国送還や国外追放を申請していた。忠誠登録が緊張関係を引き起こした結果として、1945年初頭までに、およそ7,000人の日本生まれと1万3,000人以上のアメリカ生まれの合計2万人以上の日系人が、日本へ本国送還あるいは国外追放を申請した。

全体として7万8,000人の個人に忠誠登録が要求されて、その中で徴兵を受ける義務のある17歳から37歳までの日系二世の男性は2万人にも達した。彼らの中で4,000人以上の日系二世の男性は、2つの質問に回答を拒否したり、あるいは否定の回答をしたり、条件付きの回答をした。被収容者の忠誠登録率や質問に対する肯定対否定の割合は、さまざまな収容所によってかなり異なっていた。それらは戦時転住局の当局や陸軍の代表者がその状況の取り扱い方や、それと同様に特定の収容所における被収容者の政治的活力をいかに処理したかに影響された。アイダホ州のミニドカ（Minidoka）、カリフォルニア州のトゥーリ・レイク（Tule Lake）の収容所では、被収容者の反応に関して両極端を示した[14]。

ミニドカの収容所では忠誠登録は平穏に進行して、わずか1か月以内に完了した。そこでは、陸軍や戦時転住局の当局が、できるだけ率直に質問に応じて、日系二世に対して選抜徴兵制度（Selective Service procedures）の手続きを復活することが、以前の市民権を最終的に復権することに向けた、最初の関門であることを強調していた。ミニドカでは、忠誠の質問に対して、わずか9％の被収容者が否定の回答をしただけであった。すべての収容所の志願兵の4分の1に相当する300人以上の若者をその選抜徴兵制度によって軍隊に入隊させた。

トゥーリ・レイクでは異なった状況になった。そこでは、戦時転住局の当局は質問に対して明確な回答を避けて、被収容者に対して収容所に訪問予定の陸軍部隊のみがそれを回答できると述べていた。しかし、陸軍部隊は忠誠登録が始まると予定された日程までに到着しなかった。さらに、トゥーリ・レイクの当局は、強硬な行動に出た。彼らはスパイ防止法（Espionage Act）を被収容者に対していくつかの場合に解釈して、忠誠登録を拒否する者に、1万ドルの罰金、20年間の懲役、あるいは両者という厳しい罰則で脅迫した。被収容者が、本国送還や国外追放を申請しようとしたとき、当局はその請願書の受理を拒否した。当局はさらに憲兵隊（military police: MP）を、請願書を受理するように要求した数人の若者を逮捕するために呼

第7章　第2次世界大戦によるアジア系アメリカ人の運命の別れ路　Changing Fortunes, 1941 to 1965　*197*

び寄せた。機関銃や銃剣を保持した憲兵隊は、反抗者達を郡域の刑務所へ連行した。

　収容所の全米日系市民協会の指導者が自発的に入隊を奨励する企みも、ほとんどの被収容者が実際には疑いの目で見ていたので、裏目に出た。忠誠登録を優先して強要していたのは、全米日系市民協会であるという噂が広まった。3人の全米日系市民協会の指導者が匿名で脅迫を受けて、興奮した被収容者達はゼネストを計画した。刑務所に留置された男達の解放を戦時転住局の当局と交渉するために、1つの代表団が選出された。

　トゥーリ・レイクの被収容者の集団は、協調に賛同する者と、反抗を支持する者との2派に分裂した。反抗者は、協調者をイヌ (*inu*, 実際の犬ではなく、裏切り者を意味する) と汚名を着せ、彼らを脅迫した。キリスト教の牧師も含めた数人がイヌと断定されて襲われた。反抗者達はまた請願書を回覧しても、その署名者は全く忠誠登録を宣誓しなかった。この時点で、戦時転住局は連邦捜査局に支援を要求した。

　連邦捜査局員は、選抜徴兵法 (Selective Service Act) を詳細に検討した後に、トゥーリ・レイクの戦時転住局の実施本部長に、単なる質問の回答拒否は、法律違反とはいえないと通知した。しかし、実施本部長はこの情報を被収容者に伝達しないで、収容所の憲兵に忠誠登録に拒否する者を逮捕し続けるように指図して、彼らを戦時転住局の規則を破ったかどで告発して、刑務所に最大90日間の刑罰、賃金の一時的停止、あるいは両方を課した。トゥーリ・レイクやその他の収容所における強硬なる抵抗に困惑して、戦時転住局の全米本部はすぐさま日系女性市民と日系外国人女性の両女性に対して忠誠登録を強制化しないことを決定したが、トゥーリ・レイクの実施本部長は被収容者達にその情報を隠した。

　忠誠登録に対する反抗の報道が漏れたので、不忠誠者に対する罰則を求める敵意を持った大衆の反発が拡大してきた。1943年7月に連邦議会は戦時転住局が不忠誠者を隔離することを可能にする法律を可決し成立させた。トゥーリ・レイクは、そこで不忠誠者による最大の偶発的事件が発生してから、隔離施設に指定された。トゥーリ・レイク内に、次のような5つの分類の対象者が収容された。すなわち、①日本への本国送還を請願した外国人、②市民権の放棄を要望して日本に国外追放を要求したアメリカ市民 (1944年7月まで市民権を放棄する手段はなかった)、③否と回答した不忠誠者、④家族との共同生活を要望して司法省の施設に収容された者、⑤一度も移転を望まなかった古参者 (old Tuleans, 古くからトゥーリ・レイクにい

た者）である。最後の分類には約6,000人いたが、その多くは小さな子供達を含む大家族であった。9月にはトゥーリ・レイクにおける6,000人以上の忠誠者の被収容者が他の収容所に移転するのに代わり、他の9収容所から家族を含めて1万2,000人の不忠誠者が入所して来た。したがって、トゥーリ・レイクには、その収容人員1万2,000人に対して、1万8,000人もの入所者が窮屈に閉じ込められた。

すぐに抑圧の明らかな徴候が現れた。陸軍はトゥーリ・レイク収容所を防御するために、砲兵中隊と数台の旧式だが見せびらかしの戦車を派遣した。その周囲にマンプルーフ（"manproof"）と呼ばれた8フィートの高さの二重の柵が設置された。トゥーリ・レイクの収容者は、最も過酷な状況以外では、退所の特権を拒否された。しかし、戦時転住局は彼らが日本式の慣習を選択していた事実を認めて、日本語学校を設置したり、日本的儀式に参加することを許可した。

1943年10月に発生した2つの事件後から、潜在的な政治的、身体的、心理的な緊張感が高まり、遂に戒厳令を課す状態に陥った。10月13日に消防自動車が横転したために、それに分乗していた13人の被収容者の消防士のうち3人が重傷を負った。2日後に29人の労働者を乗せた農作業用トラックも横転して、全員が負傷して、車輪の下敷きになった5人が重傷を負った。その負傷者のうちの1人がまもなく死亡した。その2つ目の事件の報道が広がると、軍隊だけでなく収容所にも農作物を供給するために栽培しているトゥーリ・レイクにおける2,900エーカーの農場の全労働者達800人が、収容所の当局が労働者の安全を保障し、負傷した労働者や死亡した男性の遺族への十分な補償を提供することに同意するまで、労働を中止することを決定した。

収容所区画の統率者達はその農業労働者を支援することを投票で決めた。その一方で、被収容者達は戦時転住局の当局と交渉するために代表者として64人の委員を選出した。この大人数の委員会は次々に、当局の管理者と交渉するために7人の交渉団を選抜した。彼らは苦情の一覧表を作成し、その改善策を提案した。これらには生活状況の改善、戦時転住局の当局とのより良好な連携、誠実な共同体管理、トゥーリ・レイク被収容者の状態の説明、スペイン領事訪問の要求、負傷者に対する適切な補償などの要求を含んでいた。スペイン領事は、日本とアメリカ合衆国との外交関係が欠如した戦時下でも、東京の日本国政府とアメリカ合衆国の全米日系人組織の連絡ルートとして活動していた。

第7章　第2次世界大戦によるアジア系アメリカ人の運命の別れ路　Changing Fortunes, 1941 to 1965

被収容者達は、収容所所長はその行事の許可を拒否していたが、死亡者に対して念入りに野外で大衆葬儀を挙行した。全米雇用補償委員会（U.S. Employment Compensation Commission）が、死亡者の未亡人は、死亡者の月給の3分の2に等しい補償を通常は受け取っていると公表した時に、彼らの被害感が増大した。戦時転住局が強制収容の労働者に支払った乏しい賃金で計算すると、その金額はおよそ10ドルにしか過ぎなかった。その当時戦時転住局は、トゥーリ・レイクの農園では1時間1ドル（それに対して被収容者の農業労働者には1か月16ドル）で農作物を収穫するために、他の収容所から労働者を連れ込んでいた。そしてトゥーリ・レイク収容所の調理場に備蓄されていた食糧で、ストライキ破りに対して食事を与えていた時に、戦時転住局に対する敵意の緊張が高まった。1943年11月2日に、戦時転住局の本部長であるディロン・マイヤー（Dillon Myer）は、トゥーリ・レイクの収容所長と交渉委員会との話し合いのために加わった。その2日後の夜間に、収容所内部の警備員と数人の被収容者との間で乱闘が発生した時に、その後すぐに収容所長は陸軍を呼び寄せた。その9日後になっても、不穏な状態を鎮めることができなかったので、陸軍は戒厳令を発令して、それは1944年の1月中旬まで課され続けた。反抗する指導者の逮捕が継続された。収容所の片隅の特別な防御柵に収容、郡域の刑務所に収容、リュウプの隔離収容所に送還された総人数は約300人にも及んだ。防御柵の状態はみじめなものであった。たとえ厳寒になろうとも、囚人達はテント内のみが収容所となった。1943年12月31日に抗議のために、防御柵の囚人達はハンガーストライキを実施したが、無駄であった。その反抗は次第に打ち破られたので、より貧弱な給料でもそれなしには抵抗を継続することは困難であると分かり、業務停止に参加していた多くの被収容者達は不承不承に労働に戻った。戦時転住局と陸軍もそのように識別された者の職場復帰を拒否することで、厄介者を排除する機会を得た。春まではその農場の作業は再開されなかった。

　困窮する被収容者に忠誠登録の機会を与えても、日系二世の志願兵はわずか1,200人に過ぎなかったが、選抜徴兵局は、当初はその3倍の人数を見込んでいたので、1944年初頭から日系アメリカ人（Japanese Americans）の徴兵を再開した。驚いたことには、特にワイオミング州のハート・マウンティンの収容所で、その事業も反抗に遭遇した[15]。ハワイ出身の日系二世のキヨシ・オカモト（Kiyoshi Okamoto）が結成したハート・マウンティン公正委員会（Heart Mountain Fair Play Committee）に

指導されて、そしてまたデンバーで発行された日本語新聞である「ロッキー新報（*Rocky Shimpo*）」の編集者であるジェームズ・オムラ（James Omura）の社説に励まされて、何十人もの日系二世が徴兵命令を受け入れなかった。

1944年3月初頭に12人の徴集兵が、身体検査に行くバスへの乗車を拒否した。それに対して、ハート・マウンティン収容所長は、入隊式に出頭しなかった54人を逮捕させた。数人の宗教指導者が徴兵拒否者に対して徴兵に応じるように説得したが、54人中のたった1人が改心するのに成功したのみであった。さらに10人以上が反抗者の仲間入りをしたことはより重大なことであった。このようなすべての若者は忠誠登録の時期に2つの忠誠の質問に「はい」と回答していたので、彼らには忠誠心があると見なされていた。彼らは徴兵を愛国心から拒否していることを強く主張した。良きアメリカ人として、彼らは道徳的にも憲法違反の法令に抗議するのはやむをえないと感じた。

それでもなお、連邦大陪審が1944年5月に彼らを起訴した。彼らは6月に審理を受けて、63人それぞれに3年間の懲役が宣告された。彼らの弁護士達は、悪意のある行動でなく、むしろ彼らが、被収容者として、自分達の立場を明確にしようとしたに過ぎないという根拠から控訴した。さらに、彼らは法律の正当な手続きも踏めずに自由が奪われていたことを弁護士は指摘した。しかし、第10連邦巡回控訴裁判所では、1945年3月にその有罪判決を確定した。それに続いて、ハート・マウンティン収容所からその他の22人の徴兵拒否者も逮捕、起訴され、有罪を宣告されて拘留されて、彼らは全体で85人にも及んだ。

その一方では、外国人財産管財人（Alien Property Custodian）は、「ロッキー新報」の書類を没収し、すべての新聞社職員を解雇した。ジェームズ・オムラと公正委員会の7人の指導者が逮捕、起訴された。7人の委員は有罪と判決され、刑を宣告されたが、彼らはその1年後に、連邦巡回控訴裁判所が、地方裁判所の裁判官は不適切に陪審を誘導していたと判決したため、彼らは釈放された。一方、委員らが逮捕されるまでお互いに接見していなかったにも関わらず、共謀罪で告訴されたオムラは有罪ではないと判決が下されていた。

第7章 第2次世界大戦によるアジア系アメリカ人の運命の別れ路 Changing Fortunes, 1941 to 1965　*201*

第9節　日系二世による兵役での忠誠

　このようなさまざまな種類の反抗者とは対照的に、多くの日系二世はもし生まれた米国に対して必要ならば血でもってしても、兵役により自らの忠誠を証明しようと申し出る機会を熱心に獲得した。約2万5,000人の日系二世が大戦中に兵役に就いた。最初に最も目立たなく公表された集団が、陸軍情報部日本語学校（MISLS）で訓練を受けた。1942年11月にサンフランシスコにおいて一時的な本部が設置され、この施設は最初にサビジ駐屯地に移り、その後にミネソタ州のフォート・スネリングに移設された。その施設で6,000人が訓練されて、そのうち3,700人が戦闘地域で従軍した。彼らが落胆したのは、日本語を十分に翻訳でき、傍受した文書の解読、捕虜の通訳や尋問ができるほど日本語を知る日系二世がほんどいなかったことに陸軍情報部日本語学校の教官が気づいたことであった。皮肉なことに、日本で教育を受けて信頼を置けない帰米が最も有能であることが証明された。多くの陸軍情報部日本語学校の卒業生達は、米国陸軍、海軍、海兵隊で従軍して、連合軍の部隊だけでなく、オーストラリア、インド、ビルマ、中国、ハワイにも配属された。数人は、首都ワシントンの国防省にも勤めた。このような日系二世の男性は連合国の軍隊に従軍しながら、日本軍によって占領されていたすべての地域、すなわちニューギニア、マリアナ諸島、フィリピン、沖縄に転戦し、日本軍捕虜に尋問したり日本語の文書の翻訳をした[16]。

　その他の日系二世が兵役に就いた部隊は、パールハーバーの爆撃以来、ハワイ領土防衛から排除された日系人達がそのほとんどを構成した第100歩兵大隊（One Hundredth Battalion）であった。戦争省はハワイの日系二世の除隊を望んだが、ハワイ方面軍司令官は、彼らを保有することを選択した。司令官は彼らを訓練のためにウィスコンシン州のマッコイ駐屯地、ミシシッピー州のシェルビィ駐屯地に移動させてから、もう1つの分離した大隊に配属した。その大隊は1943年9月に北アフリカに向けて出発した。そこから、イタリアに向かい、徴兵された日系二世の第3戦闘部隊である第442連隊戦闘団（442nd Regimental Combat Team）とイタリアで合流した。第442連隊の隊員は、アメリカ本土の強制収容所の出身者であり、シェルビィ駐屯地で訓練を受けた者であった。1944年6月に、イタリア中部で第100歩兵

大隊は正式に第442連隊と合流して、そこからフランスへ向かった。ブリィエール近くで壊滅したテキサス大隊の救出に派遣された時に、最大の流血の交戦となり、第442連隊は1週間で800人もの死傷者を出した。そこで軍事行動の終結時には、全戦死傷者数は2,000人以上にも及び、そのうち140人が戦死した。

　第442連隊は、第2次世界大戦中に、その部隊の規模からして最も叙勲され名声を博した。7枚の大統領特別部隊感謝状（Presidential Distinguished Unit Citations）を受賞して、それと同時にその隊員は、1万8,000個以上もの個人叙勲を受けて、その中には、1個の議会名誉勲章（Congressional Medal of Honor）、47個の殊勲十字勲章（Distinguished Service Crosses）、350個の銀星勲章（Silver Stars）、810個の青銅星勲章（Bronze Stars）、3,600個以上の名誉負傷勲章（Purple Hearts）が含まれていた。しかし、それは命がけの名誉であった。600人の戦死者を含む通常の軍隊の3倍にも達する約9,500人もの死傷者の被害を被った。全部で、1万8,000人の日系二世が戦争中にこの部隊で兵役に就いた。彼らの英雄的行為は、ニュース映画や新聞の大見出しに掲載され、日系アメリカ人に対する反感を、消滅はしなかったが、減少するのに大きな役割を果たした。ハリー・S・トルーマン（Harry S. Truman）大統領自身が、大統領感状旗を彼らの連隊旗に括りつける時に、それに言及した[17]。

第10節　日系人による合憲性の検証

　日系人の抗議活動の状況が明らかに発生したのと同じ時期に、多くの日系人は、それをより内に秘めながらも同じように重大な裁判論争をした。ミノル・ヤスイ（Minoru Yasui, 安井稔）、ゴードン・ヒラバヤシ（Gordon Hirabayashi, 平林）、フレッド・コレマツ（Fred Korematsu, 是松）は、夜間外出禁止令や強制退去命令の合憲性について異議を唱えた。その一方で、ミツエ・エンドウ（Mitsuye Endo, 遠藤）は、戦時転住局の拘留権について論争した。このような判例の経過が最も詳細に分析された（*Jacobus tenBroek, 1988; Peter Irons*）[18]。

　ヤスイは、メソジスト派の教育を受け、米国陸軍歩兵予備隊の少尉であり、オレゴン大学法学部の卒業で、戦争が始まって故郷のオレゴン州に戻った時、すぐさま

シカゴでの日本領事館の仕事を辞職した。彼の父はフッド・リバーの日系移民共同体の指導者であったが、強制収容のためにフォート・ミズーラに連行されたという事実があるにも関わらず、ヤスイはオレゴン州で、8度にわたり自発的に入隊することを試みた。しかし、フォート・バンクーバーの徴兵センターでは、毎回彼の志願を却下した。ディウィット大将が1942年3月下旬に自発的な移住を禁止して、すべての日系人に夜間外出禁止令を課した時に、ヤスイは夜間外出禁止令の合憲性を検証することを決心した。その他の市民は同様には制限されなかったので、それは差別的であるとヤスイは感じた。

　1942年3月28日は夜間外出禁止令が施行された初日であり、ヤスイは逮捕されようと何時間もポートランドの通りを歩き回ったが、その効果はなかった。最後には、彼は警察署に行き、自分を拘留するように強く要求した。大陪審は4月に彼を起訴して、連邦地方裁判所が1942年6月に彼を裁判にかけた。11月に判決を下した裁判官は、市民に適用する場合に、夜間外出禁止令は憲法違反であると裁決した。しかし同時に、その裁判官はヤスイが有罪であると判決した。裁判官の見解では、日本領事官として働いて、外国政府機関の職員として登録してある点から、ヤスイは市民権を喪失しており、そのために夜間外出禁止令を犯した刑罰に服するべき敵国人であるとした。ヤスイは1年間の懲役刑の判決を受けた。彼の弁護士は控訴し、その判例が審理されたにも関わらず、第9連邦巡回控訴裁判所は、連邦最高裁判所によるその他3人の日系アメリカ人の判例に従って、1943年3月にその判決を支持した。

　ヒラバヤシはワシントン大学の最上級生でクエーカー教徒であり、戦争が始まる前から良心的兵役拒否者の立場を受け入れて、ヤスイと同様に、夜間外出禁止令に故意に違反して、1942年5月16日に強制退去の命令が来た時に、その命令に対して出頭することを拒否した。彼は、自分はアメリカ市民として生まれ教育を受けて来たので、人種的原因でもって市民権の特権を否認されるべきでないと自覚した。しかし、シアトルの大陪審は夜間外出禁止令違反と強制退去の出頭に対する不履行で彼を起訴した。

　ヒラバヤシは1942年10月に裁判されるまでに、5か月間拘置所に留置された。彼は正式な陪審裁判を受けて、その最後に裁判官が、それぞれの訴件に対して彼に1か月間の収容を宣告し、連続して2つの判決を下した。しかし、ヒラバヤシはこれ以上の刑務所での拘留期間を望まなかったが、連邦道路野営地での野外の奉仕活動

で容認され得る最小限の期間である3か月間の刑に処せられることを要求した。その裁判官は彼がそのようにすることには同意したが、判決はそれぞれが相まって有罪であると裁定した。ヒラバヤシの弁護士は控訴したが、連邦巡回控訴裁判所でも控訴を棄却され、連邦最高裁判所の上告の再審理でも同様に裁定された。

コレマツは、カリフォルニア州のサン・リアンドロで溶接工として生計を立てていた。1941年6月に、彼が入隊を志願したとき海軍は彼を受け入れなかった。彼は戦争勃発後に、仕事を解雇された。彼は非日系人の彼女と一緒に居残ることを希望して、強制退去を回避した。彼は徴兵カードに偽名を記入して、身元を隠すために形成外科手術を受けて容姿も変えた。しかし、このような個人的な利害関係を超えて、彼も強制退去は不当行為であると信じて、それと闘うことを決心した。

コレマツは長期間捕らわれないでは、居残れなかった。1942年5月30日に、連邦捜査局は彼を捜査して逮捕した。彼はサン・リアンドロに残留したことに対して起訴され、審理されて、9月に有罪という判決を受けた。しかし、彼の判例を審理した裁判官は、彼を5年の執行猶予として、刑に処することをしなかった。その後にこの判例を控訴できるかどうかという問題が持ち上がった。コレマツは保釈されたが、彼が法廷から出るやいなや、憲兵隊が彼を再逮捕して、タンフォランの集合センターに強制的に送還した。連邦巡回控訴裁判所は、これらの判例を審理する上で、連邦最高裁判所に対して、陸軍による強制退去の命令に違反した者に刑罰を規定する公法503号の合憲性、ヒラバヤシの判例におけるディウィット大将の夜間外出禁止令、ヤスイの市民権に関する問題、コレマツの判例の執行猶予の判決に対する控訴請求権に関する審議を要請した。連邦最高裁判所がヒラバヤシの判例を審理した時、彼の弁護士は公法503号が非合法的にディウィット大将に立法上の権限を委託して、それがとても曖昧な表現であるので、大将には明確な軍事命令の策定の指針が提示されていなかったと主張した。司法次官は、政府の代わりに返答して、これらの判例の主要な論点は、戦争を首尾よく遂行するための政府の権力のあり方であると述べた。司法次官の観点では、政府の権力は、当然与えられるべき市民権に対する適性手続きの権利よりも重要であった。連邦最高裁判事は司法次官に賛同して、満場一致で、ヒラバヤシの夜間外出禁止令違反に関しては、公法503号を支持したが、一方で、彼らは強制退去自体に合憲性があるかどうかという、より微妙な論点の判決は避けた。ヒラバヤシに対する2つの判決が一致しているとして、強制退去

の問題を裁定する必要はないと彼らは表明した。

　ヤスイの弁護士達は、大統領行政命令9066号も公法503号もディウィット大将に日系アメリカ市民を、夜間外出禁止令や強制退去のために隔離する権限を与えていなかったという主張に焦点を合わせていた。そうすることで、ヤスイは法の下の平等な保護の権利を奪われていたことを弁護士達は指摘した。しかし、司法次官は、軍隊は戦時下において理にかなった自由裁量権を持っていて、日系人は同化できていないので忠誠であると信頼することはできなかったことを再度強調した。政府側の弁護士達は、地方裁判所はヤスイが日本領事館に勤務していたという理由で、市民権を喪失することを判決したのは間違いであったことをしぶしぶ認めたが、連邦最高裁判事はヤスイの夜間外出禁止令違反の有罪を承認したことから、強制退去の合憲性を支持した。しかしながら、彼らはこの判例を彼の市民権喪失の判定を抹消できるように、下級裁判所に差し戻した。

　コレマツの判例で、連邦最高裁判所は執行猶予の判決は控訴できると裁定して、同様に下級裁判所での再審理に差し戻した。1943年12月初頭に、連邦巡回控訴裁判所は、満場一致でコレマツの有罪判決を承認した。しかし、コレマツの弁護士は連邦最高裁判所での再審判を請願した。連邦最高裁判所は1944年10月にこの判例の2度目の審理をした。同時期に、エンドウ・ミツエの判例を審理していた。

　エンドウの判例は、彼女自身が率先して始めたのではなかったので、ヤスイやヒラバヤシのとは異なっていた。カリフォルニア州人事委員会がすべての日系人従業員を解雇した時に、エンドウは自動車登録所（Department of Motor Vehicles）の事務職を失った。全米日系市民協会の全米代表者はサクラメントの弁護士に無報酬でその影響を受けた労働者の救済を嘆願した。しかし、この弁護士が手を打つ前に、解雇された労働者のほとんどは強制退去させられていた。弁護士はタンフォランの集合センターに収容された彼らとの面会でもかなりの妨害を受けて、そこは刑務所としてのすべての特徴を備えていると弁護士は感じ、拘留に異議申し立てる気のある者のために、一つの先例的判例を提訴することを決心した。弁護士は多くの書類を再検討するうちに、すべてのアメリカ人的特徴を有する理想的な原告としてエンドウを選び出した。彼女はメソジスト派であり、ほとんど日本語を話すことができず、日本を訪れたこともなく、陸軍に就いている兄がいた。

　エンドウは、アメリカ合衆国政府がカリフォルニア州の自宅に戻るのを妨害する

権限に異議を訴えるために、1942年7月に人身保護令状の文書を提起した。しかし、地方裁判所はほとんど1年間かけても判決を言いわたせなかった。エンドウはその間トゥーリ・レイクの転住収容所の有刺鉄線の中に収容されたままであった。連邦最高裁判所がその他の3つの先例的判例を判決した後に、地方裁判所の裁判官は判決を遅延する口実がなくなった。1943年7月3日に、裁判官はエンドウの請願書を棄却した。彼女の弁護士達は、その開廷が延期される前に、その判例を連邦最高裁判所に上告できるように熱心に働きかけた。

連邦最高裁判所は、一方ではその原告の弁護団と全米自由人権協会（American Civil Liberties Union: ACLU）が、他方では政府弁護団が引き受ける複雑な駆け引きとなったために、ほとんど1年半にわたり判決を引き延ばした。さらに、ルーズベルト大統領自身は4選のために再立候補する機会を部下達が危うくしないように、11月の選挙まで転住収容事業には最終的な手を加えないように指示していた。しかしながら、その前に彼の部下は、1943年後半以降は、もはや日系人を有刺鉄線に閉じ込める軍事的必要性はないことも大統領にたびたび進言していた。

連邦最高裁判所の第2回目の審理の間、コレマツの弁護士たちは、強制退去と隔離に対する軍事的な必要性は存在しないことを強調した。彼らは強制退去が必然的に一時収容に繋がっていることも主張した。彼らはディウィット大将が2つの矛盾した命令を発令していたことを指摘した。1つは1942年3月27日以後、日系人が締め出された地域に居残ることを禁止したことと、もう1つは自発的にその他の地域に移住することも禁止したことにより、コレマツや彼と同様な者に残された選択手段は、集合センターや転住収容所に連行されるしかなかったことを意味した。司法次官はもう一度政府を代表して、もし強制退去が一時収容に繋がったのなら、それは適切な目的の意向から実行されたことを強調した。司法次官の意見によれば、予防的拘留あるいは保護管理の形式として、日系人を敵意をもった大衆の反応から保護したり、一般社会全体において潜在的な人種暴動を防ぐために、その対応がなされたと主張したのであった。

最後に、連邦最高裁判事は強制退去命令を6対3で支持した。彼らはさらに、同じ日にエンドウの判例の審判の時期に達していたので、コレマツの判例における一時収容の問題を裁定する必要性はないと述べた。そして、エンドウの判例では、まずはエンドウには戦時転住局の退所許可の手続きを経ることもなく、無条件で彼女

に自由を与えるべきであると宣告した。連邦最高裁判事に深刻な意見の食い違いがあったコレマツの裁定とは異なり、エンドウの判決は満場一致であった。司法次官さえも、公法503号ではいかなる罪も負わされていないエンドウの判例のような忠誠者の拘留までの権限を与えていないことを容認していた。

　これら4つの先験的判例のすべてにおいて、連邦最高裁判事は自分達の判決を、最も狭義の法律的見地に根拠を置いてしまい、数多くの理由から、強制収容でもち上がった根本的な憲法上の問題に取り組むことができなかった（*Peter Irons*）[19]。その1つの理由として、政府の弁護団は連邦捜査局や連邦連合委員会（Federal Communications Commission）自身の調査に基づく重要な分析結果を連邦最高裁判所には隠していた。それらはディウィット大将による日系アメリカ人のスパイ行為や妨害工作行為に対する主張は、まったく根も葉もないものであったことを示していた。それと同時に、4つの判例では重要な役割を演じた全米自由人権協会の全米委員会の弁護士達が、ルーズベルト大統領に対する忠誠から、大統領行政命令9066号における合憲性を非難しない方針を立てていた。最終的には、連邦政府の各種機関自身のなかでの矛盾と政府機関に対して特定の個人が抱く組織的な忠誠の感情から、いたしかたなくいくつかの機関や個人は、その良心に基づき遺憾に思う裁定をしぶしぶと認めるようになった。

第11節　日系アメリカ人の市民権の剥奪と放棄

　日系アメリカ人にとって最終的に有効な抵抗の方式は、彼らの市民権の放棄であった。しかし、アメリカ合衆国の法令集には国籍剥奪法はなかった。そのために1943年12月に、反米活動を調査する下院特別委員会の委員長であるマーティン・ダイズ（Martin Dies）は、委員会の面前で国籍の剥奪の方法を調べるように司法長官に要求した。司法長官は連邦議会が国籍の剥奪を実施できるような法律を策定すべきであったと回答した。連邦議会は1944年7月1日にそのような議決をして、ルーズベルト大統領はすぐさまその法律に署名をした。そのように策定した国会議員や大統領が進んでこのような行動をとるのには、少なくとも一部には、アジア人に対してほとんどのアメリカ人が抱いてきた排斥感情の長い歴史が起因していると考え

られる。すでに米国にいるアジア人にとって、彼らのほとんどはそれ以前にいなかった理由から、きずなを断ち切り、国籍の違う者として両親の祖国に戻るほかなかったのであろうか。

　司法省は6,000人以上もの国籍放棄の申請を受理し、そのうち約5,600人もの放棄を承認した。しかし、終戦が近づくにつれて、これらの多くの人びとは司法省に対して請願書の取り下げの申請をした。コレマツを弁護したサンフランシスコの弁護士のウェイン・コリンズ（Wayne Collins）は、大戦後に4,322人の国籍の放棄者を代表して、市民権を再獲得できるように、2つの訴訟を申し立てた。彼らは強迫と強要をされてやむなく請願していたと主張した。サンフランシスコの連邦地方裁判所は、一時的な国外追放の差し止め命令を発令して、1948年4月に彼らの国籍の放棄を撤回して、日系アメリカ人にはアメリカ合衆国の市民権があることを宣告した。連邦政府は抗議はしたが、結局は強制収容所に未だに収容されている302人の国籍の放棄者に対する未処理の命令を撤回することを決定した。そこで、その撤回で論点は無効になったとして、コリンズは未決の訴訟の却下を申請した。彼の申請は受理されたが、国籍の放棄者達は市民権の再獲得はできていなかった。

第12節　第2次世界大戦後のアジア系アメリカ人の光と陰

1）日系人の地域社会への復帰の光と陰

　1944年12月に連邦政府は集団退去命令を撤回していたにもかかわらず、1945年8月の終戦時に4万4,000人もの日系人が未だに強制収容所に収容されていた。財産を喪失した人びとには、帰るべき土地もなく、外界での敵対行為を恐れていたので、その人数はとても大多数となっていた。しかし、彼らは強制的に望まれていない地域社会に押し戻された。アメリカ中西部や東海岸地域に再定住していた子供や親類が十分にいた幸運な人びとは、彼らに合流した。一方で、より不幸な人びとは、戦前に住んでいた地域に戻る列車料金以外には受け取れなかった。それまで不動産を所持していた人びとは、自分達の家が荒廃し破壊されて、彼らの農園、果樹園、ブドウ園が雑草でおおわれて、彼らの身の回りの物が盗難され破壊されたのを見いだした。何も残されていないその他の人びとは、何とか生計を立てる手段を捜せるよ

うに、一時的に教会やいくつかの社会施設に避難した[6]。その当時、60歳代の日系一世の男性は庭師や雑役夫の仕事を見いだした。その婦人たちは、家政婦としてせっせと働いた。そのような厳しい環境にも関わらず、このような古参の開拓者達は破壊された生活の断片を寄せ集めながら、彼らの子供達が戦後のアメリカ社会の本流に加われるようにそれらの仕事を無理してでも続けた[20]。

アジア系アメリカ人の第二世代の取組みに対していくつかの進展が支援した[21]。日系、中国系、フィリピン系の退役軍人の少なくとも半分は、大学教育を受けたり、自宅を購入するのに復員兵援護法（G.I. bill）[7]を活用した。アジア系アメリカ人における大学卒業生の占める人数の増大、ならびに特定の労働市場において緩慢であるが着実な人種障壁の除去により、いくつかの専門職に就くことができるようになり、アジア系アメリカ人の共同体の中に、小さな中産階級（middle class）の台頭が可能になって来た。これらの人びとは、少数民族のスラム街の外に自宅を所有することを望み、自宅を購入するために尽力を重ねた。公認不動産業者は、上流階級の近隣の家を日系人に売却することをしばしば拒否していたが、退役軍人達がさまざまな町や都市の階層における人種差別の撤廃を切り開いていった。

2）アジア系戦争花嫁の移民の光と陰

1945年の戦争花嫁法（War Brides Act）[8]では、アジア系の退役軍人は当初除外されていたが、1947年に彼らを含めるように改正されたので、彼ら自身の自宅を購入することが特に重要なことになった。そのような実情により、アジア系の復員軍人はアジアで結婚して、花嫁をアメリカ合衆国に連れ帰り、そこで家族生活を開始することが可能となった。1940年代後半から1950年代、1960年代初頭にかけて、アジア人女性の米国への入国数は、男性の数を上回った[22]。

アメリカ軍人の妻は、おおまかに2つのグループに分けられた。同じ民族と結婚した者と非アジア人と結婚した者に分類できた。中国人女性は、戦争花嫁法により入国した主要な集団であった。それで入国した6,000人以上の中国人女性は、主に中国系アメリカ人男性と結婚して、アメリカ東海岸あるいは西海岸の大都市に定住した。特に1950年代の数年間は、中国人女性は中国人入国者の50％から90％以上を占めていた。彼女らの存在により、偏った中国系アメリカ人の男女比が正常に近づくようになった。1960年までに男女比は、1.3対1となった。

一方で、復員軍人の日本人と朝鮮人とフィリピン人妻は、たいていの場合は、非アジア系男性と結婚した。彼女らは1952年のマッカラン・ウォルター法（McCarran-Walter Act）[9]の条項により、戦争花嫁としてではなく、非割当て移民（すなわちアメリカ合衆国市民の配偶者）として入国した。アメリカ市民の扶養家族として入国が認められた日本人女性の数は、1970年代初頭までが最も多かった。アメリカの軍隊は、第2次世界大戦直後にすぐさま日本を占領した。その後に朝鮮戦争やベトナム戦争（Vietnam War）の間に、多くの軍人が日本に休養とレクリエーションのために滞在した。1950年代に日本人女性の毎年の入国者数は、2,000人から5,000人にも及び、その頃のすべての日本人移民の80％を占めた。彼女らの人数は1960年代には毎年平均2,500人に達して、1970年代になると毎年約1,500人まで減少した。このような日本人女性は、全米各地の彼らの夫の居住地に住み込むために入国した。

朝鮮人女性も、アメリカ軍の朝鮮駐屯の結果として、入国が始まった。アメリカ軍は、朝鮮戦争（Korean war, 1950年〜1953年）の間、朝鮮半島において戦闘をした。停戦が宣告された後にも、アメリカ合衆国は、大韓民国（Republic of Korea, South Korea）に4万人以上もの軍隊を、国防省が軍縮を宣言する1990年まで駐屯させ続けた。1953年から1950年代末までは、およそ500人の朝鮮人女性が、復員軍人の妻として毎年入国して来た。それが1960年代には毎年平均1,500人に、1970年代には毎年平均約2,300人にも達した。アメリカ人の家族によって養子にされることで、しばしば混血である朝鮮人の子供達は、朝鮮系移民に加わった。これらの子供達の中では、少年よりも少女の方が多かった。女性と少女は、1950年代から1960年代の朝鮮人全入国者内の70％以上に達した。

フィリピン人女性も同様に、アメリカ軍人の妻として入国した。彼らにはアメリカ海軍で従軍していた多数のフィリピン系アメリカ人も含まれた。彼らはフィリピンにあるアメリカ合衆国が保持している主要な軍港や空軍基地に駐留したり、休暇のためにフィリピンに滞在した。1950年代の後半に、およそ毎年1,000人のフィリピン人女性がアメリカ合衆国市民の扶養家族として移民した。1960年代には毎年の移民は平均1,500人に上り、1970年代には4,000人以上にも急上昇した。

多くの出産適齢期の女性の入国が、混血のアメラジアン（Amerasian）[10]の子供達だけでなく、アジア系アメリカ人の人口の急速な増大を招いた。アジア系女性が1940年代後半と1950年代初頭に入国した当初は、彼女達やアジア系男性である彼女

らの夫が少数民族のスラム街以外で住宅を見いだすことはほとんど不可能であった。そのために、しばらくの間はその当時までは主として独身男性に住宅を供給していた大都市のアジア系居住区の共同住宅が、家族全員によって占有された。彼ら全員は1部屋あるいは2部屋に詰め込まれて、その多くは共同浴場とその場しのぎの台所しかなかった。

3）戦後の政治的影響を受けるアジア系移民の光と陰

　1950年代から1960年代にかけて、政治難民（political refugees）が、特別立法によりさらに入国して別のアジア系集団を形成した。1949年に共産党政権が中国で成立した時、その当時にアメリカ合衆国で学んでいた中国人大学生や大学院生の約5,000人が、政治的な一時避難を捜し求めた。国務省は、彼らに査証を発行することを許可して、彼らのほとんどは裕福な家族の出身であったが、それにより相当数の中国人の優秀な頭脳労働者がアメリカ合衆国に在留することが可能になった[23]。これらの男性や女性は、大学や研究所、民間会社に仕事を捜して、大都市の郊外に住宅を購入した。彼らはアメリカのさまざまチャイナタウンでの時折の食事あるいは買物以外には、旧来の中国系移民との交流をほとんどもたなかった。1953年の難民法（Refugee Act）[11]により、さらに2,000人もの中国人難民が入国した。そして一方で、その法律改正が1957年と1959年に成立して、その上に1,000人を入国させた。1962年から1967年にかけて、1962年にジョン・F・ケネディ（John F. Kennedy）大統領が署名した大統領行政命令の条項により1万5,000人が入国した。およそ2万3,000人もの高学歴で相当に熟練された中国人難民の入国により、中国系アメリカ人の中流階級の地位は著しく高まった。

　アメリカ合衆国は、冷戦（cold war）の状態であったので、その入国の扉をわずかながら開放することをいとわなかった。自由世界（Free World）の指導者として認められるために、アメリカ合衆国は、海外でその権力と影響力を求めて、共産圏の諸国と競い合った。冷戦が頂点に達した時、難民は特別に歓迎された。ソビエト連邦が最初の衛星を宇宙に打ち上げた後で、アメリカ合衆国はそれに追いつこうと奮闘していた。

　中国系アメリカ人の技術者やその他の専門職は入国できたが、彼らが放任されることを意図されていなかった。ジョセフ・マッカーシー（Joseph McCarthy）上院

議員が委員長である上院政府活動委員会（Committee on Governmental Operations）の小委員会、マーティン・ダイス（Martin Dies）、ジョーン・ランキン（John Rankin）、ジェイ・パーネル・トーマス（Jay Parnell Thomas）下院議員がそれぞれ異なる時期に委員長となった下院反米活動調査委員会（Un-American Activities Committee）、上院議員のパット・マッカラン（Pat McCarran）が委員長となる上院米国内安全保障小委員会（Senate Internal Security Subcommittee）、連邦捜査局のスパイ活動監視などの取調べにおいて、アメリカの反共産主義者が過度に脅えてそのはけ口を求めた。中国系アメリカ人は、その中で連邦捜査局により見張られた。連邦捜査局長官であるジョン・エドガー・フーバー（John Edgar Hoover）は、共産主義のスパイが、さまざまに偽装して密入国していると信じていた。移民帰化局（Immigration and Naturalization Service: INS）は、容疑者を国外追放したり、それに失敗すれば彼らの市民権を剥奪しようとした。その一方で、台湾の中華民国の政府機関は、そこでも反共産主義の旋風に包まれており、国民党政治体制の反対者や批判者達を封じ込めるために、アメリカ合衆国の共産主義の撲滅運動に荷担した。

　中国系アメリカ人は脅迫されて、沈黙し、政治的活動をしなくなった一方で、日系アメリカ人が次第にアメリカ社会に戻り始めた。日本が東アジアで最も信頼できるアメリカ合衆国の同盟国になったので、日系アメリカ人に対する社会的認識がより良好になって来た。このような変化により、全米日系市民協会は、以前より格段と目立った活動が可能になって来た。全米日系市民協会は熱心に議案通過の陳情をして、強制退去賠償請求法（Evacuation Claims Act）を1948年に成立させた。それにより、それから10年間以上にわたる訴訟の結末として、手始めに137件の訴訟案件を解決して、各々に平均450ドルが支給された。全米日系市民協会が勝ち取ったより重要なものは、1952年のマッカラン・ウォルター法に、日系一世を帰化させることを認可して、日系人に対して1年間に185人の移民割当てを獲得できる条項を盛り込んだことであった。そのほかの点ではアメリカ合衆国の国家安全保障法令を強化する主要な観点による抑圧的な法律であったが、その中の自由条項の数項目の中に日系人に関連する条項が含まれた。最終的に、全米日系市民協会も数多くの差別立法を撤廃する運動を先導した。1948年に連邦最高裁判所は日系人に対して民営漁業権を拒絶していた法律を破棄した（タカハシ対漁業狩猟委員会の判例、*Takahashi v. Fish and Game Commission*）。その一方では、1956年にカリフォルニア

第7章 第2次世界大戦によるアジア系アメリカ人の運命の別れ路 Changing Fortunes, 1941 to 1965 *213*

州の投票により、すべての外国人土地法が撤廃された[24]。

第13節　結語

　アメリカ合衆国が枢軸国に対抗して第2次世界大戦に参戦した1941年から、アジアからの移民の復活を導く新しい移民法が成立した1965年までのアジア系アメリカ人の歴史は、その他の時期に比較して、戦争にてより激しく揺れた運命に大きな影響を受けたアジア系アメリカ人の宿命の時期であった。第2次世界大戦のアメリカ合衆国の連合国から移民したアジア系アメリカ人の生活は改善する一方で、敵国人と認定された日系人の生活はばらばらに引き裂かれた。その後に、本格的な武力戦争が冷戦に転換すると、共産主義がはびこる中で、敗戦国日本は新参の同盟国となり、一方で、中国は共産主義になり恐れられる敵国となり、日系と中国系アメリカ人に対する認識と対応が逆転した。十分に教育を受けた日系アメリカ人は、ついにアメリカ社会の本流に加わり始めたが、一方で、いくらかの中国系アメリカ人は密かに見張られ、時々虐待や排斥をされた。このような不安定な時期にも、アジア系アメリカ人は仕事に奮闘してほとんど不平を言わず、沈黙を守った。新鮮で精力的な新しい挑戦者が共同体に入り込むようになる1965年の移民法改正まで、このような控えめな態度にて、アジア系アメリカ人はなんとか困難を克服しながら暮らしていった。

注
1　1946年ルース・セラー法（Luce-Celler Bill）で、インド人とフィリピン人に対して帰化権と小規模の移民割当てを授与した（引用年表304頁）。
2　アメリカ合衆国での正式呼称はWar Relocation Center（戦時転住所）であり、日系人はそれを強制収容所として、Internment CampもしくはConcentration Campと呼んだ。
3　1789～1947年に国防・軍事を担当した米国連邦政府の戦争省で、1947年に陸軍省となり、1949年には国防総省に統合された。
4　1936年スペインの反乱者たちが4列縦隊でマドリッドを目指して進軍した時に、同市の反乱同調者が第五列として蜂起して反抗すると宣言したことによる。敵国と内通し国内で破壊行為をする一団の人びとを示唆する。

5 米国で生まれ日本で教育を受けてから再び米国に帰国した日系二世を示す。
6 1946年11月～1952年5月まで、アジア救済公認団体（Licenced Agencies for Relief in Asia: LARA）が日本に大量救援物資を送った。
7 もとは *galvanized iron*（亜鉛メッキ鉄板）の省略形で、その後に *government issue* の省略形として、給付される物品から軍人を示唆した。
8 海外出征中の米軍人と結婚して米国へ移り住む外国人女性に対する法律である。
9 1952年に上院国内治安委員会の議長のパット・マッカランと、国会議員のフランシス・ウォルターが協力して作った移民法である。1924年の移民法から大きく改正され、すべての人種がアメリカに帰化できることになった。しかし、1920年の国勢調査による元国籍主義（1920年の時点で国籍別に分け、その2％の入国を許可する制度）は引き続き存在し、1924年の移民法よりも人種的差別による割当て制度が強化された。それ以後は在米日本人（Japanese in America）から日系アメリカ人（Japanese American）なる呼び名を採用することになる。
10 アメリカ人とアジア人の混血の人をアメラジアンと呼び、アメリカ人とヨーロッパ人の混血の人をユーラジアン（Eurasian）と呼ぶ。
11 1953年に難民救済法（Refugee Relief Act）（主に共産圏からの難民を対象）、1957年に難民逃亡者法（Refugee-Escapee Act）、1960年に難民公正割当て法（Refugee Fair Share Law）が成立した。

参考文献（Notes and References）

1) Harold R. Isaacs, *Images of Asia: American Views of China and India* (New York: Harper & Row, 1972), xviii-xix (originally published in 1958 under the title *Scratches on Our Minds*).
2) Wang, "The Politics of Assimilation and Repression" (unpublished manuscript).
3) Chinn, *Bridging the Pacific*, 147-50.
4) Cordova, *Filipinos*, 217-24.
5) There is an extensive literature on the evacuation and internment of persons of Japanese ancestry. The War Relocation Authority staff produced many volumes to justify their deeds; Richard Drinnon, *Keeper of Concentration Camps: Dillon S. Myer and American Racism* (Berkeley and Los Angeles: University of California Press, 1987), counters the benign "official" literature with an extremely critical look at the values, motivations, and actions of the director of the WRA. The account in this chapter relies most heavily on tenBroek et al., *Prejudice, War, and the Constitution;* Roger Daniels, *Concentration Camps North America: Japanese in the United States and Canada during World War II* (Malabar, Fla.: Krieger, 1981); idem, *The Decision to Relocate the Japanese Americans* (1975; reprint, Malabar, Fla.: Krieger, 1986); *Personal Justice Denied: Report of the Commission on Wartime Relocation and Internment of Civilians* (Washington, D.C.: Government Printing Office, 1982); Roger Daniels

第7章 第2次世界大戦によるアジア系アメリカ人の運命の別れ路 Changing Fortunes, 1941 to 1965

et al., eds., *Japanese Americans: From Relocation to Redress* (Salt Lake City: University of Utah Press, 1986); Michi Weglyn, *Years of Infamy: The Untold Story of America's Concentration Camps* (New York: Morrow, 1976); Peter Irons, *Justice at War: The Story of the Japanese American Internment Cases* (New York: Oxford University Press, 1983); and idem, *Justice Delayed : The Record of the Japanese American Internment Cases* (Middletown, Conn.: Wesleyan University Press, 1989) .

6) Gary Y. Okihiro, *Cane Fires: the Anti-Japanese Movement in Hawaii* (Philadelphia: Temple University Press, 1991), traces how military intelligence began surveillance of Japanese Americans more than two decades before World War II began.

7) Roger Daniels, "The Bureau of the Census and the Relocation of Japanese Americans: A Note and a Document," *Amerasia Journal* 9, no. 1 (1982): 101-5.

8) Leland Ford to Henry L. Stimson, 16 January 1942, U.S. National Archives, record group 107, as quoted in Daniels, *Decision*, 23.

9) TenBroek, *Prejudice, War, and the Constitution*, 77-80.

10) Daniels, *Decision*, 47.

11) Ibid., 47-48.

12) Daisuke Kitagawa, *Issei and Nisei: The Internment Years* (New York: Seabury Press, 1967); Charles Kikuchi, *The Kikuchi Diary: Chronicle from an American Concentration Camp*, ed. John Modell (Urbana: University of Illinois Press, 1973); Jeanne Wakatsuki Houston and James D. Houston, *Farewell to Manzanar* (Boston: Houghton Mifflin, 1973); and Yoshiko Uchida, *Desert Exile: The Uprooting of a Japanese American Family* (Seattle: University of Washington Press, 1982).

13) Arthur Hansen and Betty E. Mitson, eds., *Voices Long Silent: An Oral Inquiry into the Japanese American Evacuation* (Fullerton, Calif.: Japanese American Project, California State University, Fullerton, 1974); Gary Y. Okihiro, "Japanese Resistance in America's Concentration Camps: A Re-evaluation," *Amerasia Journal* 2, no.1 (1973): 20-34; Dorothy S. Thomas and Richard Nishimoto, *The Spoilage: Japanese American Evacuation and Resettlement during World War II* (Berkeley and Los Angeles: University of California Press, 1946); and Douglas W. Nelson, *Heart Mountain: The History of an American Concentration Camp* (Madison: State Historical Society of Wisconsin, 1976). Also of interest are Alexander H. Leighton, *The Governing of Men* (Princeton, N.J.: Princeton University Press, 1945), and Morton Grodzins, *Americans Betrayed: Politics and the Japanese Evacuation* (Chicago: University of Chicago Press, 1949). John Tateishi, *And Justice for All: An Oral History of the Japanese American Detention Camps* (New York: Random House, 1984); Sue Kunitomi Embrey et al., *Manzanar Martyr: An Interview with Harry Y. Ueno* (Fullerton, Calif.: Oral History Program, California State University, Fullerton, 1986); and Deborah Gesensway and

Mindy Roseman, *Beyond Words: Images from America's Concentration Camps* (Ithaca, N.Y.: Cornell University Press, 1987), are based on interviews, and "Rite of Passage: The Commission Hearings, 1981," *Amerasia Journal* 8, no. 2 (1981) : 53-106, are transcripts of testimony by former internees. Paul Bailey, *City in the Sun: The Japanese Concentration Camp at Poston, Arizona* (Los Angeles: Westernlore Press, 1971); John Armor and Peter Wright, *Manzanar: Photographs by Ansel Adams, Commentary by John Hersey* (New York: Times Books, 1988); Thomas James, *Exile Within: The Schooling of Japanese Americans, 1942-1945* (Cambridge: Harvard University Press, 1987) , depict other aspects of camp life.
14) The next twelve paragraphs are based on Thomas et al., *Spoilage*, and Okihiro, "Japanese Resistance."
15) The following three paragraphs rely on Nelson, *Heart Mountain*, 116-50.
16) Tad Ichinokuchi, *John Aiso and the M.I.S.: Japanese-American Soldiers in the Military Intelligence Service, World War II* (Los Angeles: MIS Club of Southern California, 1988), recounts the experiences of Nisei soldiers who served in the Pacific theater.
17) Tamotsu Shibutani, *The Derelicts of Company K: A Sociological Study of Demoralization* (Berkeley and Los Angeles: University of California Press, 1978); Joseph D. Harrington, *Yankee Samurai: The Secret Role of Nisei in America's Pacific Victory* (Detroit: Pettigrew, 1979); Chester Tanaka, *Go for Broke: A Pictorial History of the Japanese American 100th Battalion and the 442nd Regimental Combat Team* (Richmond, Calif.: Go for Broke, 1982); and Masayo Umezawa Duus, *Unlikely Liberators: The Men of the 100th and 442nd* (Honolulu : University of Hawaii Press, 1987) , contain the information used in the preceding two paragraphs.
18) TenBroek, *Prejudice, War, and the Constitution*; Irons, *Justice at War;* and idem, *Justice Delayed*, are the main sources used in the next eleven paragraphs. Also of interest is William Minoru Hohri, *Repairing America: An Account of the Movement for Japanese-American Redress* (Pullman: Washington State University Press, 1988), which describes one segment of the Japanese American redress and reparations movement.
19) Irons, *Justice at War*, 286.
20) Compared with the internment, resettlement is the subject of relatively few studies. Dorothy S. Thomas, Charles Kikuchi, and James Sakoda, *The Salvage* (Berkeley and Los Angeles: University of California Press, 1952); Leonard Broom and Ruth Riemer, *Removal and Return: The Socio-Economic Effects of the War on Japanese Americans* (Berkeley and Los Angeles: University of California Press, 1949); and Mitziko Sawada, "After the Camps: Seabrook Farms, New Jersey, and the Resettlement of Japanese Americans, 1944-1947," *Amerasia Journal* 13, no. 2 (1986): 117- 36, are among the handful available.
21) Very little has been written about Asian Americans other than Japanese during World War

第7章 第2次世界大戦によるアジア系アメリカ人の運命の別れ路　Changing Fortunes, 1941 to 1965

II or about the experience of any group at all for the period 1945-65. Daniels, *Asian America,* 283-316, is the only available synthesis; Kwong, *Chinatown,* records developments in New York; Lee, *The Chinese in the U.S.A.,* examines the status of Chinese Americans in the 1940s and 1950s. The best framework for understanding these years is Wang, "The Politics of Assimilation and Repression," which, though completed in 1980, remains unpublished.

22) Anselm L. Strauss, "Strain and Harmony in American-Japanese War Bride Marriages," *Journal of Marriage and Family Living* 16 (1954): 99-106; Gerald J. Schnepp and Agnes Masako Yui, "Cultural and Marital Adjustment of Japanese War Brides," *American Journal of Sociology* 61 (1955): 48-50; Rose Hum Lee, "The Recent Immigrant Chinese Families of the San Francisco-Oakland Area," *Journal of Marriage and Family Living* 18 (1956):14-24; and three works by Bok-Lim C. Kim, "Casework with Japanese and Korean Wives of Americans," *Social Casework* 53 (1972): 273-79; "Asian Wives of U.S. Servicemen: Women in Shadows," *Amerasia journal* 4, no. 1 (1977): 91-115; and *Women in Shadows: A Handbook for Service Providers Working with Asian Wives of U. S. Military Personnel* (La Jolla, Calif.: National Committee Concerned with Asian Wives of U.S. Servicemen, 1981), are studies of Asian war brides and military wives. Sil Don Kim, "Interracially Married Korean Women Immigrants: A Study in Marginality" (Ph.D. diss., University of Washington, 1979); Daniel B. Lee, "Military Transcultural Marriage: A Study of Marital Adjustment between American Husbands and Korean-born Spouses" (D.S.W. diss., University of Utah, 1980) ; and Young In Song, "Battered Korean Women in Urban America" (Ph.D.diss., Ohio State University, 1986), provide more details on their lot. The next four paragraphs are based on these studies. Research on war orphans and adopted Asian (mainly Korean) children who have entered in sizable numbers since the early 1950s include Won Moo Hurh, "Marginal Children of War: An Exploratory Study of American-Korean Children," *International Journal of Sociology of the Family* 2 (1972): 10-21; Chim Kim and Timothy G. Carroll, "Intercountry Adoption of South Korean Orphans: A Lawyer's Guide," *Journal of Family Law* 14 (1977): 223-53; Dong Sil Kim, "How They Fared in American Homes: A Follow-Up Study of Adopted Korean Children," *Children Today* 6 (1977) 2-6, 31; and idem, "Intercountry Adoption: A Study of Self-Concept of Adolescent Korean Children Who Were Adopted by American Families" (Ph.D. diss., University of Chicago, 1978) .

23) Robert A. Burton, "The New Chinese in America," *American Universities Field Staff Reports Service*, East Asia Series 7 (1959): 105-16, is about the Chinese refugees who entered under the 1953 Refugee Act.

24) Chuman, *Bamboo People*, 198-331.

第8章

新しいアジア系アメリカ移民と難民
New immigrants and Refugees

第1節　アメリカ合衆国内外における移民要因

　第2次世界大戦後からのアメリカ合衆国の移民法改正と、移民と難民（refugee）を送り出す国々とアメリカ合衆国との間に構築された政治的、経済的、社会的関係により、それらと同時期に起こったアジア系アメリカ移民と難民の流入が方向づけられた。1965年の移民法（Immigration Act）、1975年のインドシナ移民難民支援法（Indochina Migration and Refugee Assistance Act）、1980年の難民法（Refugee Act）、1987年のアメラジアン帰国法（Amerasian Homecoming Act）により、アジア人の流入が発生する法律体系が整備された。しかし、これらの法律だけでは20世紀の後半の25年間の間に、なぜそんなに多くのアジア人が入国していたかを説明できない。特に、送り出すアジアの国々とアメリカ合衆国との政治的、経済的、軍事的関係により方向づけられているようなアジア人の出身国の特殊状況からも、出移民（emigrant）や難民の大規模な供給源の形成が促進された。

第2節　移民法からの民族出身の削除と優先条項

1）民族出身の削除による移民法の変革

　1965年の移民法改正は、アメリカ移民法の基準としての民族的出身（national origins）が削除されて、その策定者がかつて予想した以上に、アメリカ合衆国への移民の様式がより根底から変革した。1920年代から1965年までは、アメリカ移民の主流はヨーロッパ系であり、それと同時に伴いながら南北アメリカ大陸から、特にカ

第8章 新しいアジア系アメリカ移民と難民　New immigrants and Refugees　219

　ナダやメキシコの西半球からも相当数が加わっていた。しかし、1965年の移民法改正が実施された以後には、アジア系移民がかなり着実に増大したので、近年ではアジア人が流入全体の半分以上を占めるようになった。メキシコは最も大規模な移民の供給源であったのと同時に、その次の4つの主要な出身国は、フィリピン、韓国、中国、ベトナムであった。アジア大陸の中華人民共和国と台湾の中華民国にはそれぞれに移民の割当てがあった。

　このような進展は、その法律の支持者も想定していなかった（*David Reimers, 1985*）。彼らは、ヨーロッパからの移民が優勢であり続け、アジア系移民は少しだけ増加するであろうと予想していた。1960年代中頃では、アジア系アメリカ市民はわずかにアメリカ合衆国の総人口の0.5％に過ぎないほどしか占めてないので、新しい移民法の条項にある家族再統合（family reunification）を幅広く活用することはできないと思われたからである。それと同様に、アフリカ人は、アフリカ系アメリカ人とは家族の繋がりがほとんどないので、アジア人の状況はアフリカ系移民に合致するであろうと言われていた[1]。

　西ヨーロッパ以外の世界各地からの移民に反対する移民排斥主義者達をなだめたそのような予測に加えて、移民法改正の成立のためにその他の説得力のある理由が提唱されて来た。第1番目に、冷戦中期における海外政策を考慮する観点から、もしアメリカ合衆国自身が自由世界の指導者を演じたいのならば、連邦政府は一般大衆における国内面だけでなく移民政策にも人種差別を撤廃しなければならないと移民改革を求めて支持者達が主張した。有色人種の心と精神をつかんだ第1期のジョン・F・ケネディ大統領と、1963年11月の大統領の暗殺後に、リンドン・B・ジョンソン（Lyndon B. Johnson）大統領が、連邦議会に対して米国移民法の改正を主張した。それと同時に、ジョンソン大統領は、アメリカ合衆国が本当にすべての人びとにとって正義と平等な機会のある国であることを世界に納得させるために、貧困の撲滅と公民権事業を推進した。ジョンソン大統領は、1964年の大統領選挙の立候補で地滑り的勝利を得て、さらに上院と下院共に民主党が多数派を占めて、主要委員会の構成を変革することができたので、その計画通りに進めた。その時に、難民や移民を取り扱っていた民間ボランティア団体が、その一方で、長年にわたり離ればなれの家族が再会することができる移民法改正の人道主義的側面を指摘することを支援した。

第2番目に、移民法改正の賛同者は、その法律の実施により、経済の特定の分野における労働需要に対して知識労働者と熟練労働者を供給することで、その当時は相互に好景気をもたらし続けて、アメリカ合衆国には有利になるであろうと力説した。米国労働省には就労許可証（labor certification）の完全なる管理権が与えられ、すでに十分なアメリカ人労働者がいた職業選択分野には移民を受け入れないつもりなので、過去の歴史では移民に反対していた労働組合が、1965年の移民法改正を支持することを決定したことはより重要であった。

2) 移民法改正における優先条項の光と陰

　1965年に成立した移民法改正は、ヨーロッパ系が14万9,667人、アフリカ系が1,400人に対して、アジア系の全体の移民の割当てを2,990人としていた1952年のマッカラン・ウォルター法（McCarran-Walter Act）の修正案として策定された。さらに南北アメリカ大陸からの移民は、その当時は移民割当て制度にも適用されていなかった。1968年6月になって完全に実施された1965年移民法改正は、出身国別の移民割当て制度が撤廃されて、新しい優先制度が導入され、労働証明（labor certification）事業も創設されて、南北アメリカ大陸の移民に上限を課した。それ以外の東半球からの移民は、各国最大2万件として毎年総計17万件の入国許可証を、一方で、南北アメリカ大陸からの移民は各国の上限もなく毎年12万件の入国許可証を受領した。それに加えて、アメリカ市民にとっての配偶者、未婚者の児童、両親は、数量的な規制もなく、非割当ての移民として入国できた。

　その法律では、東半球からの移民割当てに対して、①アメリカ市民からの21歳以上の未婚の子供、②米国永住者の配偶者と未婚の児童、③専門職、科学者、特別な能力のある運動選手、④アメリカ市民からの21歳以上の既婚の子供、⑤アメリカ市民の兄弟姉妹、⑥アメリカ合衆国において供給不足である職業の熟練労働者と非熟練労働者、⑦難民の7順の優先条項を指定した。それぞれに1％の上限枠が設けられた。しかし、第3順目と第6順目の優先条項は、労働省長官によりアメリカ合衆国おいて職業上の十分な能力を有いる労働者が充足しておらず、移民の流入で賃金が低下しないこと、さもなければ労働条件の悪化を来たすであろうことを証明されないと入国が認められなかった。その優先制度は、南北アメリカ大陸からの移民には適用されなかったが、そこからのすべての移民希望者にも、アメリカ市民にとっ

ての配偶者、子供、両親を除いて、労働証明を必要とした。

　4つの家族再統合のための優先条項に対する該当数の合計は、移民割当てで許容された総数の74%にも達した。1970年代初頭には、非常に多くの高度に訓練された専門職が入国した。しかし、1970年代中頃からその専門職の割合は、全体の5分の1以下に減少した一方で、家族由来の移民割合が増大して、全体の移民割当ての5分の4以上にまで増大した。全体で1965年から、7順の優先条項の範囲を超えた約200万人のアジア系移民割当ての他に、約200万人の非割当て移民と約100万人の難民が入国した。さらに加えて、一時入国許可証でアメリカ合衆国に入国していた約80万人のアジア系の学生、旅行者、実業家が自らの環境に適合して永住者となった。

　数回にわたる重要な修正案により1965年移民法は部分改正され、そのたびにアジア系移民は不都合な影響を受けた。1976年に連邦議会は、アメリカ合衆国で専門職とその他の労働力の欠乏が緩和されていたものの、その10年前に比べてアメリカ合衆国経済の景気が良好ではなかったので、そのような労働者の入国許可数を制限することを決定した。その改正により、全面的な労働証明による容認の代わりに、第3と第6順目の優先条項では、入国許可証を得る前に、実際の雇用依頼状（job offer）が必要とされた。

　連邦議会は、第5順目の優先条項も厳しく制限した。多くのアジア系アメリカ人が兄弟姉妹の移民を保証するためにそれを活用し続けていた。そのために特にフィリピンなどの特定のアジア出移民諸国では、第5順目の優先条項での入国許可証の申込者に関して多量の未処理分が発生した。法改正後は、兄弟姉妹の入国を申請するアメリカ市民は、少なくとも21歳以上でなければならなかった。その他の変更として、東半球と南北アメリカ大陸からの入国管理条件に関していくつかの差異が取り除かれるも、アジア系移民にはほとんど影響を与えなかった。もう1つの前向きな変化は、香港とその他の植民地からの毎年の入国割当てが、200人から600人に拡大されたことである。香港の割当てはさらに引き続き5,000人まで拡大した。

　1976年の医学専門教育支援法（Health Professions Educational Assistance Act）により、労働省に対して開業医が不足する分野を列挙している一覧表Aから内科医と外科医の除外を要求することで、医療専門職の入国数が減少した（*Gilbert Yochum and Vinod Agarwal, 1988*）[2]。しかし、労働省は、議会の意図よりもさらに踏み込んで、一覧表Aからすべての医療専門職を除外することを意図した。その法律はさらに、

医師国家試験機構（National Board of Medical Examiners: NBME）[1]の試験のパート1とパート2、あるいは同等の米国留学試験（Visa Qualifying Examination: VQE）に合格して、筆記と口頭の英語能力を証明できた場合のみ、外国人の内科医と外科医としての米国入国申請を許可した。このような変更のために、医療専門職は1980年代初頭までに激減して、1977年の最盛期のわずか10分の1となった。入国許可証を受領できた総数の4分の3が、1977年以前の傾向とは逆転して、すでにアメリカ合衆国に在留していた者に与えられた。アジア系人が1977年以前に入国許可された医療専門職の大部分を占めていたので、この法律は専門的教育研修に基づき移民入国許可証を受領する機会を縮小した。その後、その代わりに家族再統合の条項で入国を試みるアジア系の医師、看護師、薬剤師の数が増加している。

　1977年のアイルベルグ法（Eilberg Act）により、さらに専門職の移民が抑制された。それにより、労働証明（labor certification）の主な責務が労働省から個別の雇用主に移行した。雇用主は、雇いたい外国人専門職に対する外国人雇用証明（Alien Employment Certification）の請願を新たに提出しなければならなくなった。雇用主が、将来の従業員に代わって証明を得る前に、雇用主はアメリカ市民にすでに募集をかけており、さらに外国人専門職に対して、それ以前の賃金よりも低い給料を支払わないことを証明しなければならなかった。アイルベルグ法は即時的な影響を与えた。1977年当時に労働省は外国からとアメリカ合衆国在留者とを合わせて全体で2万2,387人の専門職労働証明申請を容認したが、1978年はほんの9,581人を容認したのみである。外国人専門職と彼らの雇用主がその変化に順応したので、さまざまな申請者が混在したが、その申請数自体は再上昇した。アメリカ合衆国以外からの専門職の申請の割合は、1977年にはおよそ全体の半分以上から、近年の有効なデータでは1982年にはわずか10分の1まで低下した。明らかにアメリカ合衆国にすでに在留していた外国人専門職は、それまでの外国での生活よりは、紛れもない利益をつかんだ。このような改正の結果として、アジアからのいわゆる頭脳流出（brain drain）が明らかに減少した。

3）移民改革管理法により統制されるアジア系アメリカ移民

　1965年移民法においてその他の重大な修正が1986年に行われた。1986年に成立した移民改革管理法（Immigration Reform and Control Act）により、不法外国人と知り

つつも雇った雇用主に民事制裁金と刑事罰を課して、1982年1月1日以前からアメリカ合衆国に居住していた外国人に一時的滞在資格を容認して、このような外国人にそれから18か月後に永住資格を請け合った。アメリカ合衆国では不法滞在のアジア系外国人はメキシコ系外国人ほどいなかったので、1986年移民法改正は、メキシコ系外国人に比較してアジア系外国人に対する影響はより少なかった。それにも関わらず、アジア系アメリカ人の公民権活動集団は、引き続く移民法改正に関する議論に注目して、第5順目の優先条項に対する入国者数の削減に向けた条文を最終法案から削除することができた。

　不法移民に留意しながらも、1988年に連邦議会は移民法による合法移民に注目を転じた。1988年3月に上院で、二系列の優先制度を創設する法律が通過した。その1つは家族再統合のための条項で、もう1つはアメリカ合衆国には親類縁者がいない単独移民のための条項であった。その法律により、毎年世界中からの移民の上限枠も59万人まで拡大して、アメリカ市民と永住者からの兄弟姉妹に配分された移民割当ては24％から10％まで減少した。しかしながら、下院が支持していたより厳格な法律案が、1988年10月になって最終的に上院と下院で合意された。

　1988年移民法改正として知られている下院提出修正5115法案（H.R.（House of Representatives）5115）は、有力議員がすでに想定していた1986年移民法改正における不当な条項の内容を改正した。1986年移民法改正では、アメリカ合衆国に親密な親類縁者がいない場合には、特定諸国からの移民に対して家族再統合の条項を活用できなかった。1988年移民法改正により、36の指定外国における在留者に授与された入国許可証の数が、1989年から1990年にかけて年間5,000人から1万5,000人に増大するようになった。1988年移民法改正は、1990年から1991年にかけてそれ以外の外国にも適用範囲を拡大した。第5順目の優先条項は、修正されずそのまま残存して、その主な活用者であるアジア系移民希望者の救済にとても功を奏した。

第3節　軍事関係から押し寄せるアジア系アメリカ移民

1）フィリピンからのアメリカ移民

　アメリカ合衆国の移民法改正等により、20世紀後半の25年間に何百万人ものアジア系移民の入国の促進を引き起こす一方で、移民を送り出す主要なアジア系諸国の状況も必然的にそれを後押しした。1965年以降の最大の出移民の流れは、フィリピン（約45万人の割当てと40万人の非割当て移民）と大韓民国（South Korea, 35万人以上の割当て移民と約24万人の非割当て移民）から殺到した。その他の大部分の難民は、ベトナム（1975年以降50万人以上）から押し寄せて来た。その3つのすべての外国例におけるアメリカ合衆国への人びとの移動の流れが、より拡大したアメリカ合衆国の同盟国の役割となった。

　約半世紀に及ぶ植民地時代にフィリピンとアメリカ合衆国との間に形成された結びつきが、今でもフィリピン人の生活に甚大な影響を及ぼし続けている。フィリピンの教育だけでなく政治制度の体系は、両方ともアメリカ合衆国を模倣している。フィリピンの中学校と高等学校での教育方法により、ほとんどの教育を受けたフィリピン人はかなり英語を話せる。このようにして、フィリピン人は、非英語圏からの移民ほどは厳しい語学的不利を経験しない。大学生達は、アメリカでの大学生活にいくらかより容易に適合できる。専門職は実践する以前に資格試験に合格する必要があるが、彼らの一部は合格するまでに何度か試験を受けなければならなかったが、多くのフィリピン人は、首尾よく合格できた。

　さらに、多くのフィリピン人は、本国を出る前から、アメリカ人と親密な交流の機会も得ている。1991年まで、海外においてアメリカ合衆国が保有していた2つの最大の軍事施設が、フィリピンのクラーク空軍基地（Clark Air Base）とスービック海軍基地（Subic Bay Naval Base）に設置され、そこで軍事労働者の需要に対して、そのほとんどはフィリピン人が従事していた。毎年多くのフィリピン人女性がアメリカ軍人や水兵と結婚していた。彼らとその子供達が、アメリカ市民の扶養家族として入国することができた。その他にも、アメリカ合衆国軍隊に彼ら自身が従軍後にアメリカ市民の資格を得ている者もいた。

　さらにアメリカ合衆国は、フィリピンの主要な貿易相手国であり、その外国企業

第8章　新しいアジア系アメリカ移民と難民　New immigrants and Refugees　225

投資の半数以上は、アメリカの企業、金融業、個人投資家に関係している。これらの会社が、多くのフィリピン人を雇用するために、彼らはアメリカ型企業環境の労働経験を取得できる。

　アメリカ合衆国の軍人、旅行者、会社員、アメリカ映画、テレビ番組、歌謡曲、書籍から、ならびにすでにアメリカ合衆国在住の友人や親類からの情報なども合わさって生み出される社会的結びつきに加えて、すべてのフィリピン人は出移民に対する強い動機を生み出すアメリカ合衆国における魅惑的な生活像を心に抱いた。

　深刻な政治的、経済的、社会的問題でフィリピン人は悩んでいるので、そのような出移民の動機が抑えがたくなる。フェルディナンド・マルコス（Ferdinand Marcos）大統領の戒厳令体制は1986年に崩壊して、コラソン・アキノ（Corazon Aquino）大統領によるもっと民主的な統治に代わったが、権力者、宗教、少数民族、共産主義らの抵抗勢力のすべてが、政治的安定性に対して脅威を与えた。その一方で、フィリピン経済は増大する返済不能の対外債務により圧迫され、大部分を農産物の輸出のみに依存し続け、収入と富の流出により大量の失業と貧富の格差に陥り、その上、3％以上もの人口増加がのし掛かって来た。ますます多くの小作人が農地から放り出され、彼らは生計を立てるすべを求めてマニラに移住したが、マニラには急増する都市人口を支えるだけの十分な産業はなかった。

　そのような状況下で、短期間の労働契約や永続的な出移民により海外でフィリピン人が労働する機会が、国内の専門職の低雇用の一部を緩和するのに役立った。建築労働者、技術者、医師、看護師など、概算で約百万人のフィリピン人が、アメリカ中東部で生計を立てた。そこでの彼らの契約賃金は、フィリピン国内よりも5から10倍も高額であった。少なくとも約5万人のフィリピン人女性看護師が、アメリカ合衆国にて好条件で今もなお仕事をしており、彼女らの給料は、フィリピンよりも20倍も高額であった。日本、香港、シンガポールに在住する何万人ものフィリピン人女性でさえも、お手伝いや芸人としてお金を貯めてなんとか本国に送金していた。フィリピン人女性の家政婦は、さまざまなヨーロッパ諸国でも見かけられ、一方で、フィリピン人水夫が様々な外国船に勤めた。推定で何百万人ものフィリピン人の契約労働者が世界中に分散していたが、その出移民の大部分はアメリカ合衆国に入国していた。彼らは契約労働者あるいは移民にも関わらず、彼らの教育負担はフィリピンの家族がすでに担っていたので、実質上受け入れの雇用主には負担をさ

せず、熟練労働力を提供することによって受け入れ国に利益をもたらした[3]。

2) 韓国からのアメリカ移民

　大韓民国（韓国）は、アメリカ合衆国の植民地ではなかったが、朝鮮戦争の結果、韓国もアメリカ合衆国に依存する関係となり、約4万人のアメリカ軍隊が韓国に継続して駐留している。日本、台湾、フィリピン、インドネシアの島国との三角領域に対する最北端の前衛基地として、ソビエト連邦や中国共産主義の防波堤として任務を果たしながら、韓国軍や警察を訓練整備して政権の安定化のために、韓国は何十億ドルものアメリカ合衆国の軍事的支援を受けていた。朝鮮民主主義人民共和国（北朝鮮）が韓国を征服することや二国間の再統合が起こることを懸念する政府高官、軍当局、資本家やキリスト教徒は、アメリカ軍の駐留の継続を歓迎した。

　韓国の経済状態は、フィリピンに比較してかなり良好であった。韓国は、台湾、香港、シンガポールと並んで4匹の子虎（four little tigers）[2]あるいは新興工業国（newly industrializing countries: NICs）の一国として知られ、韓国の国民総生産が、織物、衣類、履物、電子機器、近年では自動車などの製造や輸出で拡大した。しかし、その輸出依存の経済発展の表面上の成功には、いくつかの代価が隠されていた。韓国経済は非常に世界市場に依存していたので、日本やアメリカ合衆国などの主要貿易相手国の価格変動やその他の経済変動が、韓国の大部分の労働者階級に苛酷でしばしば不利益な影響を招いた。韓国人労働者は、熟練して鍛錬されていたが、低賃金で組織化されていなかった。1945年から1948年までのアメリカ占領軍は、韓国における初期の労働運動を抑制した（*Bruce Cumings, 1981*）[4]。安価で組織化されていないが熟練し訓練された労働力の活用こそ、韓国が世界市場で競争できる利点であるために、1948年以後の政権は反労働組合政策を継続した。

　人口抑制政策[3]の成功により、韓国の人口増加率がフィリピンよりも低下した。それでも、世界の主要国で第3番目の人口密度であった。韓国の全人口の約4分の1を占める首都ソウルは、田舎からの移住者の流入層により充満した。そのために十分な住宅、輸送、社会サービス、就労を提供することは不可能であった。

　韓国は、1962年から人口抑制政策の一環として、その他のアジア諸国よりも活発に出移民政策を推進した（*Illsoo Kim, 1981; Hagen Koo and Eui-Young Yu, 1981; Ivan Light and Edna Bonacich, 1988*）。韓国政府は、出移民が韓国の経済的安定に寄与す

ることを認識していた。積極的な企業は、出移民志望者が官僚形式主義（red tape）[4]を切り開くのを支援して、一方で、職業学校が海外市場向けの技術訓練を提供した。アメリカ中東部の建築労働者の莫大な需要があれば、たとえば建築重量機材の操作方法を指導する学校などが好況な営業を展開した。自動車修理、テレビ修理、金属細工、コンピュータープログラム、美容術やその他多数の技術に関する専門訓練課程も実在していた。フィリピンよりも数少ないが韓国の看護師も、アメリカ合衆国を含めて全世界の多くの国々でさらに見受けられるようになった。フィリピンのように、韓国のほとんどの契約労働者は、発展途上国にも海外出張しているが、一方で、出移民は主としてアメリカ合衆国に入国した[5]。

第4節　国際関係からのアジア系アメリカ移民

1）中国と台湾からのアメリカ移民

中華民国（台湾，Republic of China in Taiwan: ROC）、中華人民共和国（中国，People's Republic of China: PRC）とインドも、アメリカ合衆国に莫大な出移民を送り出した。アメリカ合衆国と台湾との外交関係が、中華人民共和国との外交関係の再構築により1979年に分断されたのちに、連邦議会は非公式にさまざまな問題に対処するために、アメリカ合衆国機関を台湾に設置した[5]。台湾系中国人に対する入国許可証は、香港にある米国領事館を通じて発行された。1997年に香港が中国に移管された時に、台湾に出移民を取り扱う新しい機関が設置された。中華人民共和国からの移民も、台湾より少ないが流入している。そのほとんどの移民は、アメリカ合衆国に長期間居住する中国人家族の一員であった[6]。台湾と中華人民共和国を合わせた中国人に割当てられた移民数は、1965年以降で約46万人となった一方で、同時期の非割当て移民数はおよそ15万人に達した。

2）インドからのアメリカ移民

かつては大英帝国の植民地であったインドにとって、アメリカ合衆国は近年の約40年間以上にわたりインドにおける経済的支援と融資、技術支援、文化交流事業を通じて、重要な役割を果たし続けた。このように多くのインド人は、アメリカ流生

活様式の物質的な面に魅力を感じていた。インド系移民は、医師、科学者、技術者などの特別な上流階級（elite group）であり、特にニューヨークの大都市にますます多く見受けられたのが会社員であった。約36万人の割当て移民と7万人の非割当てのインド系移民の総計43万人が1965年以降に移民していた。

3）日本からのアメリカ移民

日本はアメリカ合衆国と密接な友好関係があるが、1965年以降あまり多くの人々をアメリカに送っていない唯一のアジア系人の国であった。総計でわずかに4万6,000人の割当て移民と6万4,000人の非割当て移民のみであった。日本は工業国自身として、国民に対して十分な標準的生計を提供できた。その当時海外に向かう日本人は、海外に支店を設置するための銀行や多国籍企業の従業員や経営幹部であった。

アジア系移民は、時代ごとに明らかに状況が異なっている。19世紀後半から20世紀前半にかけて入国して来て、彼らのほとんどが家族を引き連れていなかったアジア系人男性の第1次の流れから、20世紀の中頃に女性や難民の第2次の流れに至るまでさまざまに異なっていた。近年の大部分のアジア人は、永住してアメリカ市民権の獲得を目的として家族同伴で移民している。彼らは、2つの様式の集団を形成している。1つは彼らの約3分の1を占める専門職であり、もう1つは労働者階級である。彼らは先代の移民が遭遇したような人種排斥に遭遇することは少なくなったが、多くの移民は未だに少なからぬ人種差別に直面している[6]。

第5節　ベトナム戦争から混迷するインドシナ半島

1）アメリカ合衆国から東南アジアへの介入の歴史

1965年移民法改正後からの割当てと非割当てのアジア系移民の入国に加えて、1975年からの約百万人にのぼるアジア系難民の流入により、アメリカ合衆国におけるアジア系人口がさらに増大することになった。難民の約4分の3はベトナム（Vietnam）から、その残りはラオス（Laos）とカンプチア（Kampuchea）[7]からやって来た。難民は移民とはさまざまに異なり、難民の大量出国は必ずしも自発的とは

限らず、脱出経路に通常は危険が満ちあふれていた。多くの難民は、悪夢のような体験を克服しながら、今後祖国や最愛の人に再会できるのかもわからず、精神的に地獄の辺土の状態にいた。彼らの存在は往々にして歓迎されていないが、せいぜい黙認される世界でも、精一杯にできるだけ生き延びようとした。ベトナム、ラオス、カンプチアからの脱国者の半分以上は、戦争において祖国を破壊したアメリカ軍の介入によりアメリカ合衆国で生涯を終わろうとした。

　アメリカ合衆国が世界最強国家として登場する第2次世界大戦後まで、アメリカ人はそのような東南アジアの3か国にはほんど関心を示さなかった。戦後の政治決着のために、引き続き流血の戦争や革命の局面を引き起こしたその1つの結果として、大量の難民の脱国をもたらした。なぜ難民の多くがアメリカ合衆国に入国して来たかを理解するために、東南アジアでのアメリカ合衆国の介入の歴史を簡潔に振り返る必要がある[7]。

2) フランス再占領から東南アジアの独立と干渉

　1941年7月末に日本政府とビシー（Vichy）にあるドイツ軍占領時のフランス臨時親独政権は、日本軍がインドシナ半島の植民地を自由に移動することを許可する南部仏印進駐の協定に調印した。日本は第二次世界大戦中に正式にはインドシナ半島を占領していなかったにも関わらず、フランスがその植民地との国交を十分に維持することは不可能であった。しかし、フランス植民地政府は元のままであり、フランス国旗を掲揚し続けた。自由フランス軍（Free French force）が1944年8月にパリを解放した後に、シャルル・ド・ゴール（Charles de Gaulle）将軍は、日本軍がインドシナ半島を占領することを危惧して、フランス部隊にラオスのジャール（Jars）平原へパラシュート部隊を降下させて抵抗拠点を設置するように指令した。日本軍情報部がその戦闘部隊の駐留を発見した時、東京の大本営は日本軍が植民地を統治すべき時期と判断して、1945年3月にインドシナ半島におけるすべてのフランス人在留者を抑留させた。

　その一方で、ベトミン（Viet Minh, ホー・チ・ミン（Ho Chi Minh）が1941年に結成した共産主義戦線）により指導されたベトナム民族独立主義者達が、ベトナムで権力を掌握する計画を準備し始めた。ベトミンはラオスやカンボジア（Cambodia）にも部隊を派遣して、そこで民族独立主義者達と共同してフランスによる再占領を

未然に防ごうとした。1945年初頭までに、ホー・チ・ミンとヴォー・グエン・ザップ (Vo Nguyen Giap) 将軍が5,000人の部隊を編成していた。この時期に、ホー・チ・ミンは、アメリカ合衆国の戦略情報局 (Office of Strategic Services: OSS) [8] とも連絡を取り、アメリカ軍と共同しながら日本軍を排除することを希望した。日本軍が降伏した時、1945年9月2日にホー・チ・ミンがベトナムの独立を宣言したにも関わらず、ポツダム会議の協定に従いベトナム、ラオス、カンボジアの統治がフランスに引き渡された。フランス再統治後1年以上にわたり、ベトミンはフランスと政治的決着の努力をしたが、フランス軍の巡洋艦が1946年後半にハノイ近郊のハイフォン (Haiphong) 港を砲撃して、約6,000人の市民を殺害した時にその協議は終了した。それから8年間も、フランスとベトミンは悲惨な戦闘をした[8]。

カンボジアとラオスも同様に1945年にフランスからの独立を宣言した。フランス総督が1941年18歳の時に王位を授けていたカンボジアのノロドム・シアヌーク (Norodom Sihanouk) 国王は、日本軍の擁立後に独立を宣言した。しかし、カンボジアは1946年に、ラオスは1947年にフランス連合の属国になった。ベトミンを支持するラオス人のスファヌボン (Souphanouvong) 殿下が祖国に帰り、ラオス愛国戦線を組織した。

当初アメリカ合衆国は、フランスが以前の植民地を再占領するのに注目していなかったが、ハリー・トルーマン大統領は、フランスに東ヨーロッパにおける共産主義の拡大を防止してもらう必要があったために、最終的にあえてフランスへの返還に異議を唱えなかった。1950年代初頭に、アメリカ合衆国政府は、増大しながら莫大な軍事援助（1950年から1954年にかけて総額26億ドル）をフランス軍に送った。毛沢東 (Mao Zedong) 政権が、1949年に国民党政府を陥落して中華人民共和国を樹立し、1950年からは朝鮮戦争が勃発したために、共産主義の拡大の封じ込めに関して、ベトナムが急速にアメリカの安全保障に関する生命線となった。その当時ベトナムに対する経済的投資は最小限に限定されていたので、アメリカ合衆国の主要な関心は政治的ならびに軍事的となった。

ベトナムにおける厳しい戦闘中期に、ベトミン軍が1953年4月にラオスを支援した。6か月後に、フランスは多くの戦線で戦闘不能となり、ラオスとカンボジア両国に対して独立を容認した。ラオスにおいて、3つの党派が権力闘争をしている間に、スファヌボン殿下派のパテート・ラーオ (Pathet Lao)（ラオス共産主義勢力）

が2つの北東部地域に拠点を置いた[9]。カンボジアでは、シアヌーク国王がクメール・ルージュ（Khmer Rouge: ポル・ポト派の共産主義勢力）と呼ばれる共産主義も含めて反目する反対派との決着をつけると、共産主義諸国と自由主義諸国がカンボジアの中立性を尊重することを強く主張した。彼自身の政党を結成するために、1955年に王位を退いた時（国王からシアヌーク殿下と名称変更）、その年に実施された選挙でその政党は83％もの得票率を獲得した[10]。

3）ベトナム南北分断からベトナム戦争への突入

ベトミンは、1954年にディエン・ビエン・フー（Dien Bien Phu）でフランス軍を徹底的に打ち破った時、敵対関係を終結するジュネーブ協定（Geneva Agreements）により、ベトナムは北緯17度線に沿う軍事境界線で分断され、1956年に国民投票を実施するまで政治的決着を先延ばしにした。それぞれに分断された人びとには移動する機会が与えられた。そのうち3分の2がカトリック教徒である約百万人の人びとが、その一部はアメリカ海軍の軍艦にて、北から南に移住した者がいる一方で、約12万人の市民が逆に南から北の方向に移動した。ベトナムと異なり、ラオスやカンボジアは分断されなかった。

フランス軍が撤退した時、ドワイト・D・アイゼンハワー（Dwight D. Eisenhower）大統領は、新しく就任した忠実な反共産主義者である南ベトナム首相のゴ・ディン・ディエム（Ngo Dinh Diem）に、1億ドルものアメリカ合衆国の援助を行うことを確約するために特命全権大使を派遣した。その次の1955年の早々に、アメリカ合衆国は南ベトナム軍の強化の支援に合意した。10月に、ゴ・ディン・ジェムは彼自身大統領として、ベトナム共和国（南ベトナム）の独立を宣言した。しかし、彼は、ジュネーブ協定が取り決めていた国民投票の実施を拒否した。

南ベトナムにおいて1957年から、共産主義による反政府活動が散発的に始まった。北ベトナムでは、南ベトナムに潜入者を送り込むために、559部隊と呼ばれる軍団を編成した。一方で、一般的にベトコン（Viet Cong, 南ベトナム共産主義）と呼ばれる南ベトナム民族開放戦線（National Liberation Front）が、1960年に結成された。1962年にアメリカ合衆国は、南ベトナムにおけるアメリカ軍事顧問の人数を700人から1万2,000人に引き上げ、アメリカ軍の戦闘任務を世界で最大規模にした。1955年から1961年にかけて、アメリカ合衆国はその5分の4が軍事援助となる10億ドル

以上を南ベトナムにつぎ込んだ。ゴ・ディン・ジェム大統領と実弟のゴ・ディン・ヌー（Ngo Dinh Nhu）は、1963年11月に身内の将軍により殺害された[11]。

4）ベトナム戦争の拡大と泥沼化

1964年8月に、北ベトナム軍はアメリカ海軍の駆逐艦マドックス（*Maddox*）をトンキン湾（Gulf of Tonkin）で砲撃した。5日以内に連邦議会は、リンドン・B・ジョンソン大統領に対してベトナムで適切だと判断して行動ができる特別権限を与える決議案を成立させた。1965年2月にアメリカ合衆国は、北ベトナムに対して最初の大規模な爆撃である北爆を開始した。最初の戦闘部隊が、3月に上陸した。その後に戦争が段階的に拡大した。1967年末までに、ベトナムに約50万人ものアメリカ軍隊が駐屯して、アメリカ合衆国は毎月20億ドルを戦費に消耗した。共産主義勢力は、当時の戦争状態における軍隊数あるいは最も精巧で破壊する近代兵器にもひるまず、攻撃を続けて1968年1月の旧正月であるテト（Tet）の時期に、ベトナム中央部の数都市を攻撃し占領した。その軍事行動で、概算で約4万人の共産党軍が戦死したが、彼らの戦闘によりアメリカ合衆国と南ベトナム同盟国が最強兵器の戦闘で勝利することができるという幻想が永久に打ち砕かれた。

1969年に、アメリカ合衆国は隣国のカンボジアに対して、ベトコンの避難場所を途絶するために、15か月以上にわたり10万トン以上の空爆をした。リチャード・M・ニクソン（Richard M. Nixon）大統領は、1970年の春まで、その事実をアメリカ国民に対して隠蔽していた。1970年4月にカンボジアのロン・ノル（Lon Nol）首相が政権転覆を成功に導き、シアヌーク殿下を退位させた。ロン・ノル政権下でアメリカ合衆国の影響力が拡大した。

ラオスにおいて、アメリカ中央情報局（Central Intelligence Agensy: CIA）はラオスの中立性を保障した1962年の第2回ジュネーブ会議での協定を破って、バン・パオ（Vang Pao）将軍に指揮される9,000人の丘陵部族のモン族（Hmong）[9]で構成される傭兵を用いて、ラオス愛国戦線（Pathet Lao：1975年ラオス人民民主共和国を成立させた共産主義勢力）に対抗する特殊な戦闘をした。しかし、モン族の戦死者数が増加するにつれて、アメリカ軍の司令官は共産主義を撲滅するための空爆にますます頼るようになった。1965年から1973年の間に、アメリカ軍は、南ベトナムに通じるラオスのジャングルを突き抜ける北ベトナム軍の補給ルートであるホー・チ・ミ

ンルートを破壊するために、ラオスに対して200万トン以上も空爆した[12]。

5）ベトナム戦争からの撤退と内戦の再燃

　空爆を拡大すると同時に、ニクソン大統領はアメリカ軍を次第に撤退させながら、残存したベトナム軍自身により戦闘することで、地上戦をベトナム化する新しい方策を打ち出した。そのような対処が、アメリカ合衆国がベトナムから名誉ある撤退をする1つの手段となった。ヘンリー・キッシンジャー（Henry Kissinger）国家安全保障補佐官（National Security Advisor, 後の国務長官）は、極秘にパリの郊外で、北ベトナム政府代表と会談を始めた。1972年10月に、キッシンジャーとレ・ドク・ト（Le Duc Tho）は1つの合意に達した。南ベトナム大統領のグエン・バン・チュー（Nguyen Van Thieu）は、その会談に参加していないのでその合意に反対した。それにも関わらず、アメリカ合衆国と北ベトナムは、1973年1月下旬にベトナム和平協定に署名した。残留していたアメリカ軍は、ベトナムから1973年3月末までに全面撤退を始めた。

　アメリカ軍が撤退するやいなや、北ベトナムと南ベトナムの内戦が再燃した。1975年3月までに南ベトナムのグエン・バン・チュー大統領の軍隊がベトナム中央部の高地を放棄した時、世界からの監視団は、サイゴン政府はまもなく陥落することを悟った。1975年3月18日に、ジェラルド・フォード（Gerald Ford）大統領[10]は、司法長官が13万人の難民にアメリカ合衆国の入国を許可する一時的入国許可（parole）を発行することを認可した。彼は彼らの再定住を監査するために、12の機関からの代表者で構成される連邦合同特別委員会（Interagency Task Force）も設立した。アメリカ人、そのベトナム人扶養家族、生命の危機を恐れる理由のある選抜された政府関係者や軍関係者が大混乱の状態で退避した時、グエン・バン・チュー大統領は1975年4月25日に祖国を離れた。南ベトナムは4月30日に降伏した。巨大ヘリコプターが、その前日に最後の避難民の集団を引き上げた。

6）東南アジアにおけるベトナム戦争後の混乱

　共産主義者が1975年にカンボジアとラオスでも政権の座に就いた。クメール・ルージュ（Khmer Rouge）軍が、サイゴン陥落[11]の直前である1975年4月17日にカンボジアの首都であるプノンペン（Phnom Penh）に侵攻した。しかし、世界の注目

は南ベトナムにくぎ付けなので、カンボジアでの政権交代は、ほとんど広報されなかった。数千人の軍当局者、政府当局者、富裕階級と高学歴者達はタイに避難して、そこから場合によって一部は難民としてアメリカ合衆国への経路をたどった。

ラオスの政権交代は、次第に明らかにされた2年間以上にわたる最も凄惨な出来事であった。北ベトナムと合意したばかりのパリ和平協定によるアメリカ合衆国からの圧力で、ラオスの中立主義者と共産主義者の指導者は、ビエンチャン（Vientiane）で1973年2月にラオス和平協定に調印した。その後に、共産主義者と非共産主義者が同等な議員数を占める連合政府の詳細を苦心して作り出すのに14か月かかった。1975年4月に、サイゴン政府とプノンペン政府が崩壊した時、ラオスの共産主義者達もその全権を獲得できるように準備した。一連の示威運動の後に、4人の右派の大臣は1975年5月7日に再調印して、バン・パオ将軍とモン族の傭兵のように祖国を立ち去った。人民委員会（People's committees）が、首都ビエンチャンを8月に占拠する過程が完了するまでは、次々と地方自治体や地域行政の肩代わりをした。11月初頭に選挙が実施されたが、11月28日にビエンチャンで大集団の示威運動が連合政府を解体することを求めた。その次の日に国王が退位して、中立派の首相が辞任した。12月2日にラオス人民民主共和国（Lao People's Democratic Republic）が樹立された[13]。ラオスの出来事は、南ベトナムやカンボジアのような急展開の事態ではなかったので、ラオスからの難民は当初一時入国許可証と同等の権利となるアメリカ合衆国の入国許可が受理されなかった。入国を許可された小人数のうちの1人がバン・パオ将軍で、1975年の夏にアメリカ合衆国に到来した。

第6節　インドシナ半島から流入する難民

フィリピンのクラーク空軍基地が、最も必然的な避難者の収容所となったが、フェルディナント・マルコス大統領はベトナム人難民を歓迎しないことを表明したので、そこは移動拠点として使用されたに過ぎなかった。そのためにグアムのリカルド・ボルダーロ（Ricardo Bordallo）知事が、博愛主義的な意思表示として歓待を示して、約1万人のグアムの全軍隊が、休息も取らずに1,200エーカの雑草を刈り取り、一度に5万人の難民を収容できるテントを設営した。発令して2時間後に緊急

の積荷の飛行機が、難民を受け取るために着陸した。往復する船団、一般市民、その他の1万人の志願者は誰でも支援するために協力し合った。大量の緊急時の空輸により、太平洋の他の基地やアメリカ合衆国本土から必需品が届けられた。

　それより少数の避難者も、タイ、フィリピン（マルコス政権の意向にも関わらず）、ウェーク島やハワイに迎え入れられた。13万人の国外退去の難民のうち、95％はベトナム人であり、残りがカンプチア人であった。1975年8月までに、すでに入国が認可された上限の13万人を約1,000人超えても、その流入は継続した。

　移民帰化局はグアムで難民を入国処理した後に、その難民はアメリカ合衆国に4つあるカリフォルニア州南部のペンドルトン海兵隊基地、アーカンソー州のフォート・チャーフィー空軍基地、ペンシルベニア州のフォート・インディアンタウン・ギャップ陸軍基地、フロリダ州のエグリン空軍基地の入国管理所に空輸された。着陸後に彼らは保安調査のために検査されて、健康診断を受けて、身分証明番号が授与された。その上に難民は、彼らを再定住させるために連邦政府と契約していたボラーグ（volags: voluntary agencies）と呼ばれた9つの民間救護団体の1つへの登録も義務づけられた。

　難民1人当たりの支援に500ドルの助成金を受け取る9つのボラーグには、米国カトリック司教協議会（United States Catholic Conference: VSCC）[12]、ルーテル移民難民支援機関（Lutheran Immigration and Refugee Service: LIRS）[13]、国際救済委員会（International Rescue Committee: IRC）[14]、連邦ヘブライ移民支援協会（United Hebrew Immigrant Aid Society: UHIAS）[15]、教会世界奉仕団（Church World Service: CWS）[16]、トルストイ財団（Tolstoy Foundation）[17]、チェコスロバキア難民アメリカ基金（American Fund for Czechoslovak Refugees: AFCR）[18]、米国国籍援助機関会議（American Council for Nationalities Services: ACNS）と旅行者支援国際社会サービス（Traveler's Aid-International Social Services: TAISS）があった。難民の約40％はカトリック教徒であったので、米国カトリック司教協議会は重要な役割を果たした。いくつかのボラーグの職員は、難民の保証人を見つけるためには、連邦合同特別委員会による最大で45日間の手当では不十分であることを認識していた。

　難民達は自分達が自活できるまで、食事、衣類、宿の提供を約束してくれる保証人を見つけることができれば、その難民センターを退所することができた。保証人達は難民に仕事を見つける支援や、彼らの子供達を学校に入学させて、その他の方

法で入国に際して負った心的外傷から解放してアメリカ社会に溶け込めるようにすることにも同意した。保証人の約60％は親族であり、約25％は教会とその他の集団組織であり、その残りは個人であった。難民のほとんど（当初の13万人のうち12万1,610人）が保証人により収容施設を退所した。

自活を確保するために少なくとも4,000ドルを確保した所帯持ちの難民は、保証人がいなくても退所できたが、ほとんどの難民はそのような現金を持ち合わせていなかった。個人として第三国で再定住することを選択することもできた。少人数は、その他の国、主としてフランスなどに移民していた親類に合流した。第4の道は、ベトナムへの本国送還を申請することであった。約1,500人は、1975年10月にグアムからベトナムに送還されたが、すでにアメリカ本土に到着した者の申請は却下された。すべての一時収容所は1975年12月までに閉鎖された。

難民再定住の過程は、1975年のインドシナ移民難民支援法により財政支援され、連邦政府は州政府に対して、難民が受け取る現金給付、医療サービス、福祉サービスを償還払いした。連邦保健教育福祉省（Department of Health, Education, and Welfare、1979年に再編成された現在の連邦保健福祉省（Department of Health and Human Services））も、難民への英語教育、就労相談や精神保健サービスを提供するために公的あるいは非営利民間事業所に対して補助金を支給した。1975年のインドシナ移民難民支援法が1977年に期限切れになった時、予算継続決議（continuing resolution）[19]によりさらにもう一年は延長されたが、1978年3月まで連邦議会は少しの予算も計上しなかったため、多くの州で半年以上もサービスが途絶えた。

連邦政府の方針により、できるだけ早期に難民は収入を得られる職業を見いだせるように支援された。政府は、難民を広範囲に分散させることで、それぞれの地域の財政負担を軽減することも試行した。しかし、東南アジア文化においては拡大家族を重要視するので、多くの難民達は第二次移住（secondary migration）で分散した家族や友人達を再統合することに断固たる努力をしていた。多くのアジア系人口を抱えて、温暖な気候であり、豊富な公的支援策があるカリフォルニア州が、多くの第二次移住に向けた人気のある定住地となった。当初カリフォルニア州は、第1波の難民の21％しか受け入れなかったが、次節での第2波の難民では25％から30％を受け入れるようになったが、第二次移住の結果により、近年はベトナム、カンプチア、ラオスからの難民の40％以上がカリフォルニア州に在留している。テキサス

州が、第2番に多い人数を受け入れても、約10％が在留しているのみの定住地となった。

第7節　インドシナ半島からのボート系難民と陸地系難民

1）悲惨なボート系難民と陸地系難民

　政府機関、ボラーグや民間人達が、その難民の問題がやっと解決されたと思うやいなや、より大規模で多く頻発する悲惨な大量出国が発生した。1978年から到来し始めたさらに混成の難民の第2波は、ベトナムからのボート系難民（boat people）とカンプチアやラオスからの陸地系難民（land people）に分類できる（図8-1）。全体的に、彼らは第1波と比較して、より貧困で、より低学歴で、より田舎風で、よりさまざまに異なった民族であった。ベトナムからの少数派民族の中国人、カンプチア人、低地帯のラオ族、山岳地帯のモン族とその他の少数民族から構成されていた。カトリック教徒は少なく、仏教徒やアニミズム信奉者（animist）が多かった。

　1975年以降の難民の流出の状況は、ベトナム、カンプチア、ラオスにおける新たな事態を反映した。それは30年間の戦争行為の後遺症だけでなく、共産主義政府が権力を持つようになり、何十万人からおそらく何百万人に達する健常者の殺害だけでなく、都市が粉砕され、農地が破壊され、森林がはげ山化して、水源が汚染して、無数の不発の地雷が放置されたからである。直面する経済上と環境上の復興の驚くべき業務があるにも関わらず、新しいベトナムの支配者達は自国からのブルジョワ（bourgeois）階級の排除を優先した。それで真っ先に、その中でも何世紀にもわたり居住していた何千人もの中国人の小規模な商人家族を排斥した。政府は彼らの商売、中国語学校、中国系新聞社を閉鎖して、彼らの財産を没収して、公務員の地位から追放したり、特定の職業への関与を禁止したり、登録を強制し、食糧の配給量を減少した。

2）ベトナムからのボート系難民

　そのような苛酷な状況下で生活を継続するのは不可能であり不本意なので、中国系ベトナム人（Sino-Vietnamese）はすべての手段を用いて脱国を試みた。中華人民

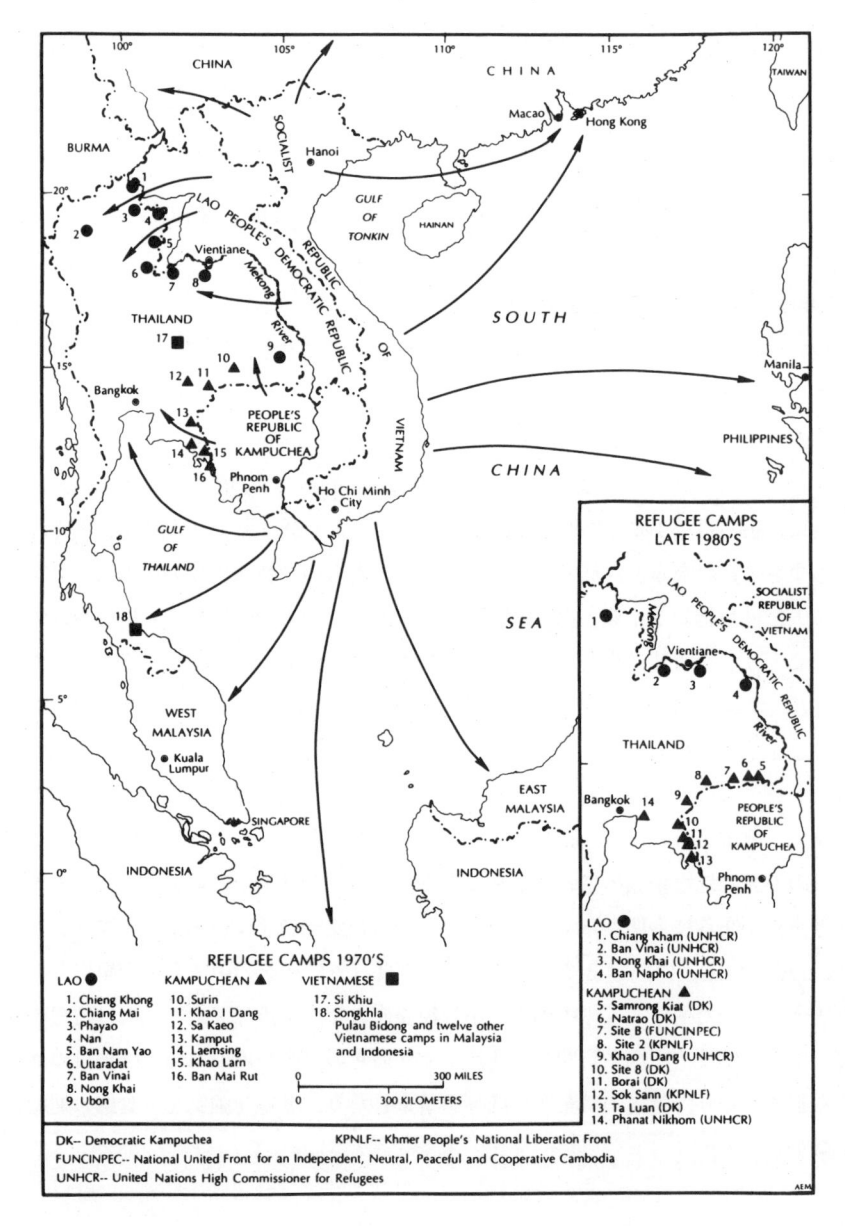

Map 6. *The refugee exodus from Vietnam, Laos, and Kampuchea and the location of refugee camps, 1970s and 1980s.*

図8-1　ベトナム、ラオスとカンプチアからの難民の大量出国と1970年代と1980年代における難民キャンプの位置

第8章　新しいアジア系アメリカ移民と難民　New immigrants and Refugees　*239*

1970年代の難民キャンプ		
ラオス人（Lao）：●	カンプチア人（Kampuchean）：▲	ベトナム人（Vietnamese）：■
1. チエン・コン（Chieng Khong） 2. チェン・マイ（Chiang Mai） 3. パヤオ（Phayao） 4. ナン（Nan） 5. バン・ナム・ヤオ（Ban Nam Yao） 6. ウタラディト（Uttradat） 7. バン・ビナイ（Ban Vinai） 8. ノン・カイ（Nong Khai） 9. ウボン（Ubon）	10. スリン（Surin） 11. カオ・アイ・ダング（Khao I Dang） 12. サ・ケオ（Sa Kaeo） 13. カンプート（Kamput） 14. ラエムシング（Laemsing） 15. カオ・ラン（Khao Larn） 16. バン・マイ・ルート（Ban Mai Rut）	17. シ・クイ（Si Khui） 18. ソンクラー（Songkhla） ※マレーシアとインドネシアにプラウ・ビドング（Pulau Bidong）とその他12のベトナム人収容所
1980年代の難民キャンプ		
ラオス人（Lao）：●		カンプチア人（Kampuchean）：▲
1. チェン・カン（Chiang Kham（UNHCR）） 2. バン・ビナイ（Ban Vinai（UNHCR）） 3. ノン・カイ（Nong Khai（UNHCR）） 4. バン・ナポ（Ban Napho（UNHCR））		5. サムロング・キアト（Samrong Kiat（DK）） 6. ナトラオ（Natrao（DK）） 7. B地区（Site B（FUNCINPEC）） 8. 2番地区（Site 2（KPNLF）） 9. カオ・アイ・ダング（Khao I Dang（UNHCR）） 10. 8番地区（Site 8（DK）） 11. ボライ（Borai（DK）） 12. ソック・サン（Sok Sann（KPNLF）） 13. タ・ルアン（Ta Luan（DK）） 14. ファナト・ニクホン（Phanat Nikhom（UNHCR））
民主カンプチア（DK: Democratic Kampuchea），クメール人民民族解放戦線（KPNLF: Khmer People's National Liberation Front），独立・中立・平和・協力のカンボジアの為の民族統一戦線（FUNCINPE: National United Front for an Independent, Neutral, Peaceful, and Cooperative Cambodia），国連難民高等弁務官事務所（UNHCR: United Nations High Commissioner for Refugees）		

　共和国は、彼らの約25万人以上を受け入れた。その他の約50万は、大海に出るには不適当である貧弱な設備で難民達を過剰搭載した小さなボートで脱出した。このような悲惨なボート系難民の約70％は中国系ベトナム人で、世界中の注目を集めた。彼らは食糧も水も燃料も尽き、タイの海賊の犠牲になり、たとえ海岸が見えても、隣国のマレーシア、インドネシア、フィリピン、香港の当局がしばしば上陸を阻止した[14]。ある予測では生命の喪失率は50％以上であった。

　中国系ベトナム人に加えて、前政府当局者や軍関係者の家族も、もし再教育収容所に送還されるとそこから生還する望みはほとんどなかったので脱国を試みた。彼らは、特に徴兵の義務を負っている若い息子達のことを心配した。新経済圏（New Economic Zone）に送還された人びとも同様に絶望的であった。そこは遠方の田舎で、何ら資源もなく、彼らはジャングルを取り除き、土地を耕作可能になるように整備

して、何とか生計を立てるよう意図されていたからである。ベトコンの前高官でさえもハノイ政府から裏切られたと感じて脱国して、1975年以後の挙国一致政府にほとんど加えられなかった[15]。

3）カンプチアからの陸地系難民

　より甚大な災難がカンボジアの人びとに降りかかっており、1976年にはカンプチアと国名が変更された。クメール・ルージュはプノンペンに侵攻したまさしくその当日の1975年4月17日に、首都の全住民を田舎に強制退去させた。この行為は、政治理念の提唱者であるポル・ポト（Pol Pot）が企てた政策の一部であり、特に西洋かぶれした都市住人と腐敗により私腹を肥やした前政府関係者を、すべて望ましくない集団としてカンボジア社会から根絶した。ポル・ポトは、半年後に第2次の強制退去を指令して、人びとを国中の四方八方に強制行軍させた。この時期にクメール・ルージュは、明らかにはされていないが、無数の人びとも殺害した。1975年当初の総人口は700万人に過ぎなかった中で、処刑、強制退去、餓死、摘発、病気などによる全死亡者数の予想は、50万人から300万人に達した[16]。侵攻するベトナム軍により1978年末にポル・ポト政権が崩壊して、ベトナム共産主義を支持するヘン・サムリン（Heng Samrin）とフン・セン（Hun Sen）の下で新政府を樹立した。その報復としてポル・ポト政権を支援していた中華人民共和国は、1979年初頭にベトナムに侵攻して国境線で戦闘した。

　大量殺戮のポル・ポト時代には、ほとんどのカンプチア人（Kampucheans）の行動は厳しく管理されていたので、他と比べると少人数しか脱国できなかった。1977年にタイに入国したわずか約2万人のカンプチア人の難民が再定住を待機したが、その後間もなくしてからその数は増大した。1979年にベトナム軍により樹立された新政権は、移動の自由をより緩和したので、非常に大勢の難民が、タイ国境へたどり着いた。その一部には実際は残虐行為からの逃避でない人びとも含まれた。むしろ彼らは国境越えの闇市場の商売をするためや国外再定住を希望して国境へ到来した。その他に、ベトナム軍を国外退去させるための組織活動を仕掛けることを準備できる時代まで待機する民族独立主義者もいた。

　タイ政府はその流入の規模に脅威を感じたので、厳しく対応した。1979年6月にタイ当局は、銃で脅して、4万人以上ものカンプチア人を貨物列車に載せ、急傾斜

の山岳列車で遠方に輸送して、強制的に列車から降ろし、銃口で脅して元のカンプチアに押し戻した。世界中から抗議が殺到した後に、タイ政府は難民を国連難民高等弁務官事務所（United Nations High Commissioner for Refugees: UNHCR）の援助で設営した収容所に収容した。1979年末までに、残存するカンプチア人口の約15％に相当する60万人以上のカンプチア人が、タイ国境のこれらの収容所で生活した（図8-1）。

　ベトナムは10年間の占領後に、カンプチアから1989年10月に軍隊を撤退した。その後に1990年6月まで内戦が勃発した。ベトナムを後ろ盾にするフン・セン政権の転覆を模索した3つの民族独立主義グループのうちの2つが停戦に合意した。しかしながら、クメール・ルージュはその停戦合意文書の署名を拒否した。クメール・ルージュが軍事的に最強のグループなので、その署名の拒否は内戦が継続するであろうことを示唆した。しかし、1990年7月にアメリカ合衆国が予想外の政策変更をして、クメール・ルージュの支援を継続しないで、フン・センだけでなくベトナム代表者とも協議することに異存がないことを公表した[20]。この大転換がカンプチアに最終的な政治決着を可能にしたかもしれない[21]。

4）ラオスからの陸地系難民

　ラオスでは共産主義者が政権を完全掌握してから1年以上にもわたり、彼らが多かれ少なかれモン族を孤立させた。バン・パオ将軍が逃避した時、彼の支持者達はタイに向けて難儀な集団移動を開始して、最終的に約2万5,000人が無事にタイに到着した。ジャール平原南のビア山（Phou Bia）連峰に撤退したその他の6万5,000人は、土地を掘り返して生き延びようとした。しかし、ラオス人の共産主義者は、モン族を戦争中にアメリカびいきの役割を果たした裏切り者と見なしたので、モン族の要塞を取り囲み攻撃するために、まもなく軍隊を送った。連峰上に爆撃機を出撃して、投下爆弾、ナパーム弾、トリコセシン・マイコトキシン（trichothecene mycotoxins）として知られる毒物を投下する政府軍にモン族戦士は強烈に反撃した。しかし、政府軍の猛攻撃に耐えきれず、モン族は潜伏場所から撤退した。死亡者数は推定されていないが、それでも1979年末には1か月間に3,000人の難民が、メコン川をわたりタイに入国しようとした。

　低地ラオ族（Lowland Lao）も、ベトナム系難民と非常に類似した理由で、国外

退去した。ラオス政府の文化的幣毒を排除する政策により、数千人が再教育収容所に送還された。タイにおいて低地ラオ族の難民は通常、カンプチア人、モン族、その他の民族とは分離して収容された。それ以上の入国を防ぐために、タイ政府は1981年初頭からほとんどの低地ラオ族難民を劣悪収容所（austerity camp）に収容して、再定住する資格がないことを申し伝えた。もし彼らが本国に帰国しないなら逮捕されて、永遠にその収容所に収容されるであろうと告知した。タイ政府は、彼らは政治難民ではなく、国際的な哀れみの対象とならない経済的移民（economic migrants）であると非難した。このような劣悪収容所を整備してから2年経過しても、わずかに2,000人を超える被収容者がラオスに帰還しただけであった。しかしながら、低地ラオ族や高地ラオ族も含めて、ラオス全人口の10％に相当すると予測される30万人のラオス人が流民となった。

第8節　アメリカ合衆国によるアジア系難民への対応

　大量のボート系難民や陸地系難民の流出に直面して、アメリカ合衆国は、1979年初頭から毎月7,000人の難民に対して門戸を開いた。その後に、ジミー・カーター（Jimmy Carter）大統領はその割当てを2倍にした。毎年の入国者が1978年の2万400人から、1979年の8万700人、1980年の16万6,700人まではね上がった。その状況に対処するために、国際会議が1979年にジュネーブで開催された。その国際会議の成果として、オーストラリア、アメリカ合衆国、カナダやフランスにある第2次難民庇護（second asylum）の諸国が再定住のために難民を受け入れるならば、東南アジアにある第1次難民庇護（first asylum）の諸国は難民を追い払わないことに合意した。国際会議参加国はベトナム政府に対して、中国系ベトナム人の強制退去を中止することも強く申し入れた。

　主要な策定者の1人であるエドワード・ケネディ（Edward Kennedy）上院議員が提唱したように、アメリカ合衆国が難民危機に組織的手段で対応するために、連邦議会は6つの目標を定めた難民法を1980年に成立させた。その法律では、アメリカ合衆国の難民の定義を、人種、宗教、国籍、特定の社会的集団の会員あるいは政治的見地の根拠から、迫害されるのではないかという事実に基づいた恐怖により自国

第8章 新しいアジア系アメリカ移民と難民 New immigrants and Refugees 243

外に避難を求める人びととする定義を採用した。その法律により、毎年の難民の割当て数も5万人に設定され、入国手続きの体系化が確立され、行政部門よりもむしろ連邦議会が難民政策の責任機関となり、難民庇護を供与して、再定住事業に資金を提供した[17]。連邦政府は、各州政府に対して、最大で36か月間の難民経費を償還することを保証したが、1982年3月にはその期間が18か月に短縮された。その時期を過ぎた難民は、その他の人びとと同様の基準による一般福祉（general welfare）の適用になった。

　再定住事業が地方分権化された時、相当数の難民を抱えた各州では、難民の困窮に対応する様々な組織体系による仕組みを整備した（*Paul Strand, Woodrow Jones, Jr. 1985*）[18]。最大の難民人口を抱えたカリフォルニア州では、数か所の機関が責務を分担した。社会福祉局（Department of Social Services: DSS）の部長が、州政府の保健福祉機関の傘下に配属されて、州内の難民サービス調整を行った。社会福祉局は、食糧スタンプ（Food Stamp）と被扶養児童家庭扶助（Aid to Families with Dependent Children: AFDC）を運用して、連邦補足的所得保障（Supplementary Security Income: SSI）と州補足事業を監視して、社会保障法タイトル20条項の社会福祉サービスの提供を監査した。それらすべては、適用となる難民は兼用してもよかった。社会福祉局内の難民サービス事業所は、さまざまな事業を連絡調整した。難民に適用となる社会保障法タイトル20のサービスには、第2言語としての英語教育、職業訓練、就労サービス、社会順応促進サービス、精神保健サービスと健康診断などが含まれていた。適用の期限切れの難民には、難民現金扶助（Refugee Cash Assistance）、緊急扶助（Emergency Assistance）、種々の地域の一般扶助（General Assistance）の事業を活用できた。移民難民委員会事務所もあり、それは連邦政府から償還されないサービス提供事業にサービスの提供を調整して、州難民特別対策本部（Governor's Refugee Task Force）や市民諮問委員会（Citizens' Advisory Committee）に職員を配属していた。

　2番目の難民数を抱えるテキサス州は、難民サービスを運用する社会資源局（Department of Human Resources: DHR）を設立した。その附属の家族児童サービス運営共同委員会が、すべての既存事業を調整した。莫大な難民の増加に対して効率的にサービスを提供するために、テキサス州は州を12の地域に分割して、その地域内では保健サービスの地域支局と連携した。各々の地域内にて、社会資源局が必要

なサービスを提供できるように種々の公的機関や民間組織と契約した。州政府は、難民再定住諮問会議（Refugee Resettlement Advisory Council）と自発的支援連絡協議会（Liaison for Voluntary Assistance）を設置した。テキサス州では、被扶養児童家庭扶助や一般扶助の事業を適用しなかったので、適用の期限切れの難民はカリフォルニア州に比較して、かなり小規模な扶助しか受けらなかったが、テキサス州の難民就業率は、州経済が健全な時期は全米で最も難民就業率が高かった。

ワシントン州では保健福祉局内に難民支援庁（Bureau of Refugee Assistance: BORA）を設置して、常に難民の調整を実施した。難民の人口密度が高い各地域では、難民支援庁が公的あるいは民間機関と必要なサービスを提供できるように契約した。難民支援庁の最も重要な契約の1つは、第2言語としての英語履修事業を行う語学教室を設置するための教育長（Superintendent of Public Instruction）との契約であった。ワシントン州は、2か国語を話せる職員を雇用した公約でも有名である。しかしながら、1970年代後半から1980年代前半の不景気により、米国州内で最も高い州外への難民流出率を呈した。

ペンシルベニア州にも、ハリスバーグ近隣のフォート・インディアンタウン・ギャップ陸軍基地が最初の難民受け入れ施設の1つであったために、多くの難民がいた。種々の州機関に、難民を扶助する責務が与えられた。社会福祉局内にある部局として、最初に所得保障部、その後に社会事業部、さらに児童青年家庭部が近年に設立されて、その部長は難民再定住に向けて州内の調整に助力した。そのように契約された公的機関と民間機関により、実際はどこでも同様に、非常に多くのサービスが提供された。

ミネソタ州はその厳寒な冬季にも関わらず、その他の州と異なり米国内のモン族の約40％がそこに定住していた。しかし、近年では、次第に増大した多数のモン族はカリフォルニア州のサンウォーキーン流域に移住していた。ミネソタ州の難民事業部は、最初は所得保障庁内にあり、その次には州社会福祉局に属した。州難民諮問会議（State Refugee Advisory Council）、相互扶助共同諮問会議（Mutual Assistance Association Advisory Council）、ミネソタ難民再定住協会（Consortium for Refugee Resettlement）と特にセント・ポールやミネア・ポリスなどの数十の地域部局がサービスを提供した。その一方で、ミネソタ大学の学部や教職員が、モン族の文化と特殊な困窮に関する研究をして情報を公表した。

各州地域内において社会福祉局が、難民扶助の申請手続き、その適用判定、現金給付、医療扶助、その他の手当やサービス、該当する場合には他機関に紹介する責務などを担った。1984年から始まった新しい連邦政府が資金を供与する特定扶助（Targeted Assistance）事業に基づき、地方行政では難民扶助に対してより広範囲の責務を負った。難民が受けるすべての注目や支援のために、アジア系移民を含めてその他の困窮集団の嫉妬を引き起こした。そのために彼らに降りかかる負担の1つが、しばしば直面する厳しい敵意にうまく対処する方法を見いだすことであった。

第9節 アメリカ合衆国におけるアジア系難民の現状と課題

ベトナム、ラオス、カンプチアから13万2,500人もの難民が到来した1981年から、その入国者数は年間約5万人にまで徐々に減少した。近年では、ベトナムからの難民が占める割合がわずかに50％を超え、カンプチアからが40％で、その残りがラオスから到来した。ベトナム政府側が1980年から合法出国計画（Orderly Departure Program: ODP）を創設して[22]、近年、正統な移民として毎年アメリカ合衆国に約5,000人のベトナム人と中国系ベトナム人が到来するようになった。

東南アジアにおける難民数がかなり多くなり、1989年には再定住を待機する60万人以上の難民が収容所に収容されていた。タイの収容所では43万7,000人、マレーシアの収容所では10万4,000人、フィリピンの収容所では2万7,000人、香港の収容所では5万5,000人を収容していた[19]。継続する流入に厳しく対処することが要求されるために、これらの第1次難民庇護の諸国の政府は強引な手段を講じた。1988年にタイ当局は、新しく到来したボート系難民を海に押し返した。次年の1989年にはマレーシアも、水と食糧を与えて、同様に海に押し返した。1989年末には、香港政府は、51人のベトナム人を飛行機でハノイまで強制送還したが、その行為が国際的非難を引き起こした。政府の行為を弁護して、香港の難民担当官は、「アメリカ合衆国は、南テキサスに人々を隠蔽して、一時収容センターに収容して、ある日彼らを出身国に送還している。同じようにハイチ（Haiti）からボートに乗った人びとをハイチ海岸に向けて押し返している。彼らを船に乗せてから船底に隠して、難民資格の受け入れを拒否して、その後に海へ押し返している。なぜベトナム人だけが異な

るのか[20]」と述べた。

　このような異なる状況に対していくつかの規則を設定するために、1989年6月にもう一度ジュネーブで会議が開催された。1989年3月14日以降（香港は1988年6月16日以降）に、第1次難民庇護の国々に到来したボート系難民は、国際連合（the United Nations）が定義する難民資格に該当するかどうかを見極めるために保護されることを関係国は合意した。第1次難民庇護の国々は、すべての到来者を保護することに同意して、その一方で、再定住する国々は、期限日までに収容所に入所していた者ならびにそれ以後のすべての合法的難民を引き取ることを請け負った。

　アメリカ軍人とベトナム人女性との間の子供達の難民集団が、特に複雑な感情を引き起こした。アメリカ合衆国がベトナムから軍隊を撤退してから約10年間、連邦議会はだれからも必要とされない子供達の困窮を注目もせずに無視していた。子供達の母国では、混血児はしばしば浮浪者として扱われ、一方で、アメリカ合衆国では、子供達を連れ戻したい父親達は数多くの障壁に遭遇した。たとえ連邦議会が、1982年にアメリカ人によって父親と認知される子供達が移民できるアメラジアン移民法（Amerasian Immigration Act）を成立させても、その法律は、韓国、タイ、フィリピンなどの諸国の個人には適用になるものの、アメリカ合衆国とベトナムには外交関係がないので、ベトナムの個人には適用されなかった。子供達の母と混血の兄弟姉妹はその子供達と一緒に入国を許されず、さらにその母親は、子供達の出移民申請が受理される前に、彼らを手放して呼び戻さないという書類に署名しなければならないので、いずれにしてもその法律で入国するベトナムの子供達の人数は非常に少なかった。

　ベトナムの合法出国計画によりアメリカ系ベトナム人にもその適用が拡大された1982年から、連邦議会がアメラジアン帰国法（Amerasian Homecoming Act）をようやく成立させた1987年末前まで、そのような子供達がアメリカ合衆国に入国できる唯一の手段は合法出国計画に基づいた。その5年間に子供達の約4,500人が入国して来た。1987年のアメラジアン帰国法では、1962年1月1日から1976年1月1日までに生まれたアメリカ系ベトナム人と限定された彼らの家族員が1990年3月までに入国許可証を申請すれば、アメリカ合衆国に移民としての入国が受理されたので、その流入が拡大した。そのために異民族から成るアジア系アメリカ人の人口をさらに増大させる1つの特有な集団が加わった[23]。

再教育収容所から開放された政治犯が、特別な協定に基づき入国が受理された近来の難民集団である[24]。アメリカ政府とベトナム政府が合意に達した協定に基づいて、もし彼らを保証する家族がいた場合には、アメリカ合衆国への入国が受理された。この条件下で多くて10万人が入国できるかもしれないが、アメリカ合衆国当局は月に最大1,000人まで手続き可能であると見積もった[21]。

　博愛主義的観点だけでなく、政治的配慮からアメリカ合衆国は、東南アジアから流出する難民の半分を受け入れることを促進した。難民の現象を全世界的に振り返ると、近年世界で約1,000万人もの難民がいるものの、アメリカ合衆国の度量はかなり選別的であり、イデオロギーの見地に基づいていることは明らかである。アメリカ合衆国は、その他のすべてと比較して特に共産主義諸国からの脱国者（escapee）を好んでいる。アメリカ合衆国の入国の扉は、まず東南アジアの共産主義国からの難民、キューバからの反カストロ集団、そして次第に増加するソビエト連邦からのユダヤ人に対して主に向けられている。それらに反して、例えばアメリカ合衆国はその支配者を支持している中央アメリカのハイチやエルサルバドルからの避難所への要救助者には、対照的にまったく同情を示さない。依然として難民の流入に関する政策は異なった次元に基づいている。共産主義からの脱国者を受け入れることで、アメリカ合衆国のベトナム侵攻を支持した司令官、大統領、立法者と市民らが正当であることを結局は立証することができるのかもしれない。もし非常に多くの人びとが逃避するいかなる危険をも冒そうとするのならば、共産主義下の生活は本当に極悪非道であることが難民の入国から示唆されることになる。そのように獲得した精神的勝利は、軍事的敗戦による傷口を癒すことにおそらく役立つかもしれない。このような現実は、難民に対して拡大する公的扶助で被る財政支出を正当化することを支援していると筆者には思われる。しかし、ほんの先頃にはアメリカ軍が嫌悪して殺害するように指導されていた当の人びとに対してそれを支給しているので、多くの納税者はそのような気前のよい支出に対して強烈に憤慨した。

　難民に関するアメリカ合衆国の政策を補強する政治的思惑のさらなる証拠物件から、果てしない難民の流出を肩代わりさせるうわべの代案も存在していた。すなわちベトナムの経済回復を支援することで、それらの人びとをより良く救済できるとした。アメリカ合衆国は、1978年からベトナムに課していた出入港貿易禁止を中止して、国際通貨基金（International Monetary Fund: IMF）からそれらの国々が融資を

獲得することに対する妨害を停止することができた。このような心理的ならびに政治的要因が併存していたので、多数の難民が低賃金労働層に加わるという理由から、アメリカ合衆国が喜んで彼らを引き取ったという論理は短絡的で説得力がなかった。もしすべてのアメリカの雇用主が低賃金労働者を求めても、その他からでも引き連れて来ることができる無数の低賃金労働力が存在していた。

第10節　結語

　難民は別にして、アジア系アメリカ移民のさらに予想される流入さえも、アメリカ合衆国が展開する出身国との政治的関係に基づいて引き起こされた。しかし、彼らの入国を推進あるいは可能にする条件が何であれ、入国するや否や、その当時の新しいアジア系アメリカ移民は、以前からいた世代がしたように、すぐさま生産性を身につけた。しかし、適材適所を見いだす才能は諸刃の剣であった。実際には彼らの功績が多くの公衆の賞賛を浴びるほど、逆に彼らの成功そのものが、深く潜在している根強い偏見や敵意を復活させていた。そのような理由から、アジア系アメリカ人の歴史を特徴づけてきた矛盾により、近年の多くのアジア系アメリカ人の人生が制約され続けることになった。

注
1　1993年から外国人に対しても、アメリカ人の医学生と同じ米国医師資格試験（United States Medical Licensing Examination: USMLE）を実施している。
2　東アジアの中でも、特に韓国、台湾、香港、シンガポールの四地域は「4匹の子虎（four little tigers）」と呼ばれ、急速な経済成長で注目された。
3　朝鮮戦争後に出生数が急増した韓国は1960年代に「3・3・35運動（3年ごとに子は3人、35歳までに）」などの人口抑制策を開始した。晩婚化と未婚化などにより少子化が進展して、人口抑制策は1990年代に取り止めたが、合計特殊出生率が1.08（2005年）と世界最低に落ち込んだ。
4　18世紀初頭に英国で公文書をしばるのに使われたred tape（赤いひも）に由来している。
5　1979年の台湾関係法（Taiwan Relations Act）で、中華民国に対するアメリカ合衆国の政策が定められた。

第8章　新しいアジア系アメリカ移民と難民　New immigrants and Refugees　249

6　1979年中華人民共和国とアメリカ合衆国との国交回復により、長期間にわたり離散していた中国系アメリカ人家族との再会が許可された（引用年表306頁）。

7　カンプチア（Kampuchea）は共産主義国家名で1975年から1991年の間存続し、1993年9月から現在のカンボジア王国（Kingdom of Cambodia）が誕生した。

8　1947年の国家安全保障法（National Security Act）によりアメリカ中央情報局（Central Intelligence Agency: CIA）に転換した。

9　中国語の呼称からミャオ族（Miao, 苗族）とも呼ばれ、彼ら自身はモン族（Hmong）と自称している。2007年6月にバン・パオ将軍らはラオス政府転覆計画の容疑で逮捕された。

10　1976年ジェラルド・フォード大統領は、大統領行政命令9066号を撤廃した（引用年表305頁）。

11　1975年4月30日にベトナム戦争が終結し、サイゴンは北ベトナム人民軍に支配され、アメリカ合衆国では「サイゴン陥落」、ベトナムでは「サイゴン解放」と呼ばれ、ホーチミン市に改称されている。

12　1917年に米国カトリック教徒が第1次世界大戦の軍人に対するサービスを提供するために創設した。

13　1939年にヨーロッパからルター派の難民を助けるために創設された。

14　1933年にアルバート・アインシュタインらがヒトラー政権下のドイツ系困窮者の支援のために創設した。

15　1881年にユダヤ系移民を援助するために創設された。

16　1946年に35のプロテスタントと東方正教会と英国国教会派による支援のために創設された。

17　1939年にロシア小説家レフ・トルストイの末娘のアレクサンドラ・トルストイが設立した。

18　1948年にチェコスロバキア系難民の援助のために創設された。

19　特別支出が完了していない場合に、正規の特別支出が行われるまで、事業施行の継続を議会が認める。

20　ジョージ・H・W・ブッシュ政権がその四派連合政府を捨て、国際連合（United Nations）による暫定統治に転換した。

21　1992年3月に国連カンボジア暫定統治機構（United Nations Transitional Authority in Cambodia：UNTAC, 明石康事務総長）が平和維持活動を始め、1993年4月には国民議会総選挙が行われて立憲君主制を採択した。

22　1980年ベトナム社会主義共和国と国連難民高等弁務官事務所（UNHCR）は、ベトナム人が合法的に移民できる合法出国計画（Orderly Departure Program: ODP）を設置した（引用年表306頁）。

23　アメラジアン帰国法（Amerasian Homecoming Act）は、1988年にアメリカ人の父親から生まれたベトナム生まれの子供達にアメリカ合衆国への移民を許可した（引用年表306頁）。

24　1989年アメリカ合衆国は、ベトナム人の政治犯も入国を認めることに合意した（引用年表306頁）。

参考文献（Notes and References）

1) David M. Reimers, *Still the Golden Door: The Third World Comes to America* (New York: Columbia University Press, 1985), 63-90. The next five paragraphs are based on it and on the essays in James T. Fawcett and Benajamin V. Carino, eds., *Pacific Bridges: The New Immigration from Asia and the Pacific Islands* (Staten Island, N.Y.: Center for Migration Studies, 1987). Other works that provide frameworks for understanding the phenomenon include Monica Boyd, "The Changing Nature of Central and Southeast Asian Immigration to the United States, 1961-1972," *International Migration Review* 8 (1974): 507-19; Tai K. Oh, *The Asian Brain Drain: A Factual and Casual* [sic] *Analysis* (San Francisco: R & E Research Associates, 1977); Thomas K. Morrison, "The Relationship of U.S. Aid, Trade, and Investment to Migration Pressures in Major Sending Countries," *International Migration Review* 16 (1982) : 4-26; Tomoji Ishi, "International Linkage and National Class Conflict: The Migration of Korean Nurses to the United States," *Amerasia Journal* 14, no. 1 (1988) : 23-50; Luciano Mangiafico, *Contemporary American Immigrants: Patterns of Filipino, Korean, and Chinese Settlement in the United States* (New York: Praeger, 1988); and Fred Arnold et al., "Estimating the Immigration Multiplier: An Analysis of Recent Korean and Filipino Immigration to the United States," *International Migration Review* 23 (1989) : 813-38.

2) Gilbert Yochum and Vinod Agarwal,"Permanent Labor Certifications for Alien Professionals, 1975-1982," *International Migration Review* 22 (1988): 265-81, is the basis for the next two paragraphs.

3) Mangiafico, *Contemporary American Immigrants*, 41-48; Pido, *Pilipinos in America*, 5-13; Sun-Hee Lee, *Why People Intend to Move: Individual and Community-Level Factors of Out-Migration in the Philippines* (Boulder, Colo.: Westview Press, 1975); and Benjamin V. Carino, "The Philippines and Southeast Asia: Historical Roots and Contemporary Linkages," in *Pacific Bridges*, ed. Fawcett and Carino, deal with Filipino emigration.

4) Bruce Cumings, *The Origins of the Korean War: Liberation and the Emergence of Separate Regimes, 1945-1947* (Princeton, N.J.: Princeton University Press, 1981), 76-81, 193-201, provides the historical background for understanding the current status of workers in South Korea.

5) The most illuminating studies of the relationship between conditions in South Korea and emigration are Illsoo Kim, *Urban Immigrants: The Korean Community in New York* (Princeton, N.J.: Princeton University Press, 1981), 48-98; Hagen Koo and Eui-Young Yu, *Korean Immigration to the United States: Its Demographic Pattern and Social Implications for Both Societies* (Honolulu: East West Center Population Institute, 1981); and Ivan Light and Edna Bonacich, *Immigrant Entrepreneurs: Koreans in Los Angeles*, 1965-1982 (Berkeley and Los Angeles: University of California Press, 1988), 25-125.

第8章 新しいアジア系アメリカ移民と難民　New immigrants and Refugees　*251*

6) The arrival of several million newcomers has affected the existing Asian immigrant communities in profound ways. D. Y. Yuan, "Social Consequences of Recent Changes in the Demographic Structure of New York's Chinatown," *Phylon* 35 (1974): 15-64; Chia-ling Kuo, *Social and Political Change in New York's China-town: The Role of Voluntary Associations* (New York: Praeger, 1977); and Peter Kwong, *The New Chinatown* (New York: Hill and Wang, 1987), analyze the social change that has transformed New York's Chinese community. Kim, *New Urban Immigrants*; Light and Bonacich, *Immigrant Entrepreneurs*; Won Moo Hurh and Kwang Chung Kim, *Korean Immigrants in America: A Structural Analysis of Ethnic Confinement and Adhesive Adaptation* (Cranbury, N.J.: Associated University Presses, 1984); and Pyong Gap Min, *Ethnic Business Enterprise: Korean Small Business in Atlanta* (Staten Island, N.Y.: Center for Migration Studies, 1988), discuss the impact that new Korean immigrants have made, focusing in particular on their tendency to enter small business. Edwin B. Almirol, *Ethnic Identity and Social Negotiation: A Study of a Filipino Community in California* (New York: AMS Press, 1985), examines those Filipinos who have arrived since the early 1970s. Maxine P. Fisher, *The Indians of New York City: A Study of Immigrants from India* (Columbus, Mo.: South Asia Books, 1980); Parmatma Saran and Edwin Eames, eds., *The New Ethnics: Asian Indians in the United States* (New York: Praeger, 1980); and Parmatma Saran, *The Asian Indian Experience in the United States* (Cambridge, Mass.: Schenkman, 1985), examine Asian Indian ones. John Y. Fenton, *Transplanting Religious Traditions: Asian Indians in America* (New York: Praeger, 1988), and Raymond Brady Williams, *Religions of Immigrants from India and Pakistan: New Threads in the American Tapestry* (Cambridge: Cambridge University Press, 1988), focus on the transplantation of Asian Indian religious traditions.

7) The literature on American involvement in the war in Vietnam is large and growing. Four works of synthesis that espouse different perspectives are George E. Herring, *America's Longest War: The United States in Vietnam, 1950-1975* (1979; 2d ed., New York: Alfred A. Knopf, 1986); Gabriel Kolko, *Anatomy of a War: Vietnam, the United States, and the Modern Historical Experience* (New York: Pantheon, 1985); George McT. Kahin, *Intervention: How America Became Involved in Vietnam* (New York: Alfred A. Knopf, 1986); and Andrew J. Rotter, *The Path to Vietnam: Origins of the American Commitment to Southeast Asia* (Ithaca, N.Y.: Cornell University Press, 1987). Arnold R. Isaacs, *Without Honor: Defeat in Vietnam and Cambodia* (Baltimore: Johns Hopkins University Press, 1983), and James Fenton, "The Fall of Saigon," in *Granta: A Paperback Magazine of New Writing* 15 (1985): 28-116, are two gripping accounts of the final days of the American presence.

8) A great deal has also been published on the first Indochina War. Among the classics are Bernard B. Fall, *The Two Viet-Nams: A Political and Military Analysis* (1963; 2d rev. ed., New

York: Praeger, 1967); idem, *Hell in a Very Small Place: The Siege of Dien Bien Phu* (New York: Vintage, 1966); and Ellen J. Hammer, *The Struggle for Indochina, 1940-1955* (Stanford, Calif. : Stanford University Press, 1954).

9) Far less has been published about Laos. Nina S. Adams and Alfred W. McCoy, eds., *Laos: War and Revolution* (New York: Harper & Row, 1970), is a collection of essays by scholars opposed to the American involvement there.

10) Michael Leifer, *Cambodia: The Search for Security* (New York: Praeger, 1967), and the essays in Malcolm Caldwell and Lek Tan, eds., *Cambodia in the Southeast Asian War* (New York: Monthly Review Press, 1973), discuss Cambodia during the Sihanouk years.

11) Ellen J. Hammer, *A Death in November: America in Vietnam, 1963* (New York: Oxford University Press, 1987), is a detailed investigation of the death of Diem and Nhu.

12) Marek Thee, *Notes of a Witness: Laos and the Second Indochinese War* (New York: Vintage Books, 1973), and Fred Branfman, *Voices from the Plain of Jars: Life under an Air War* (New York: Harper & Row, 1972), offer eyewitness accounts of the bombing of Laos.

13) MacAlister Brown, "The Communist Seizure of Power in Laos," in *Contemporary Laos: Studies in the Politics and Society of the Lao People's Democratic Republic*, ed. Martin Stuart-Fox (New York: St. Martin's Press, 1982), 17-38, and Arthur J. Dommen, *Laos: Keystone of Indochina* (Boulder, Colo.: Westview Press, 1985), 105-18, describe the change in government, while Martin Stuart-Fox, *Laos: Politics, Economics and Society* (London: Frances Pinter, 1986), is the most up-to-date overview of the country today.

14) Barry Wain, *The Refused: The Agony of the Indochina Refugees* (New York: Simon & Schuster, 1981).

15) Truong Nhu Tang, *Vietcong Memoir: An Inside Account of the Vietnam War and Its Aftermath* (San Diego: Harcourt Brace Jovanovich, 1985).

16) Some of the literature about the Pol Pot years in Democratic Kampuchea is sensationalist. The more scholarly attempts to sift through the available data include Michael Vickery, *Cambodia: 1975-1982* (Boston: South End Press, 1984); Craig Etcheson, *The Rise and Demise of Democratic Kampuchea* (Boulder, Colo.: Westview Press, 1984); and Ben Kiernan, *How Pol Pot Came to Power: A History of Communism in Kampuchea, 1930-1975* (London: Verso, 1985).

17) Edward M. Kennedy, "Refugee Act of 1980," *International Migration Review* 15 (1981): 141-56.

18) Paul J. Strand and Woodrow Jones, Jr., *Indochinese Refugees in America: Problems of Adaptation and Assimilation* (Durham, N. C.: Duke University Press, 1985), provides the information for the next six paragraphs.

19) Brad Wye, "A World of Refugees: The Scope of the Problem," *Migration World* 17, no. 3/4

第8章　新しいアジア系アメリカ移民と難民　New immigrants and Refugees　253

(1989): 11. For descriptions of life in the refugee camps, see Suteera Thomson, "Refugees in Thailand: Relief, Development, and Integration," in *Southeast Asian Exodus: From Tradition to Resettlement*, ed. Elliot L. Tepper (Ottawa: Canadian Asian Studies Association, 1980), 122-31; Robert P. DeVecchi, "Politics and Policies of 'First Asylum' in Thailand," *World Refugee Survey 1982* (Washington, D.C.: U.S. Committee for Refugees, 1983), 23; Gisele Bousquet, "Living in a State of Limbo: A Case Study of Vietnamese Refugees in Hong Kong Camps," in *People in Upheaval*, ed. Scott M. Morgan and Elizabeth Colson (Staten Island, N.Y.: Center for Migration Studies, 1987), 34-53; and Alisa Holloway, "Resettlement and Refugee Health Experiences in First Asylum Camps in Thailand," *Migration World* 17, no.5 (1989) : 25 -29.

20) As quoted in Lydio F. Tomasi, "Editorial," *Migration World* 17, no. 2 (1989): 3. See also Barbara Basler, "Boat People Fight Hong Kong Ouster: Vietnamese Refugees Take Up Arms and Set Fires to End Forced Repatriation," *New York Times*, 31 December 1989.

21) No academic research on either Amerasians or political prisoners has been published, but Dava Jo Walker, "In Their Fathers' Land: Amerasians Coming 'Home' at Last," *Migration World* 16, no. 4-5 (1988): 42-43, and Lorraine Majka, "Vietnamese Amerasians in the United States," *Migration World* 18, no.1 (1990) 4-7, provide some preliminary findings. Newspaper accounts of political prisoners include Sonni Efron and Thuan Le, "The End of a Dream: From Vietnamese Prison to L.A.," *Los Angeles Times*, 13 January 1990, and idem, "Haunting Tales of Vietnam Gulag," *Los Angeles Times*, 23 January 1990.

第9章

アジア系アメリカ人の社会・経済と教育・文化の近況
Current Socioeconomic Status, Politics, Education, and Culture

第1節　物議をかもしだすアジア系アメリカ人の地位の向上

　復活した移民によりアジア系アメリカ人は、アメリカ合衆国で最も急増する人口階層となる一方で、その他の変化により彼らの共同体自体も変容している。中でも最も重大な変化として、アジア系アメリカ人の人口の中で特定集団の社会経済状況の改善、アジア系アメリカ人の政治活動への参加意欲の増大、アジア系アメリカ人学生達の公表された多くの学問的業績の達成、アジア系アメリカ人の芸術的感性の出現などが挙げられる。

　近年のアジア系アメリカ人の社会経済状況は、物議をかもしている問題である。この課題に関する数多くの学術研究は、2つに論争する学派に分類できる。1つの学派は、模範少数民族（model minority）としてアジア系アメリカ人をばら色に描いているが、もう一方の学派は、前者の統計データでは誤解を招くおそれがあり、多くのアジア系アメリカ人は、社会生活の他分野だけでなく労働市場でもかなりの差別を未だに受けていると主張している。

　模範少数民族の主張は、ジャーナリストがアジア系アメリカ人における高学歴化、中流階級の高所得、低い犯罪発生率、皆無である青少年の犯罪と精神保健問題を公表した1960年代中期から初めて浮上してきた[1]。この公表が、公民権運動（civil rights movement）の絶頂時において、重要な政治目標の成果に寄与した。この主張の支持者は、実際にアフリカ系アメリカ人やメキシコ系アメリカ人の活動家に対して、自分達の権利を取得するための戦闘的な抗議行動の代わりに、アジア系アメリカ人が勤勉な労働をして他人の助けを借りないで自らを高めたことをお手本として従うべきであると諭していた。

第9章 アジア系アメリカ人の社会・経済と教育・文化の近況 Current Socioeconomic Status, Politics, Education, and Culture   255

　疑いもなく、アジア系アメリカ人の社会経済状況は1940年代初頭から改善した。1960年の国勢調査を用いて、白人（この研究ではヒスパニック系は、白人の総計値から分別されていない）と、中国人、日本人、フィリピン人、アメリカ先住民、黒人の5つの有色人種とを系統的に比較した（Calvin Schmid, Charles Nobbe, 1965）。その研究では次のようなことが明らかにされた。日系アメリカ人は、4年制大学卒業率、学業期間の中央値、高校卒業率の3つの指標の評価で、白人よりも高学歴化が進展していた。中国系アメリカ人の場合は、第1番目の指標では白人より上位であったが、第2番目と第3番目の指標では白人より下位であった。しかし、日系アメリカ人と中国系アメリカ人は白人と比較して頭脳労働の職業により多くが就労していたにも関わらず、両者の収入の中央値は、白人のよりも低値であった[2]。

　それより10年後にアメリカ合衆国の国勢調査局（The U.S. Census Bureau）は、さらに模範的少数民族の印象を支持する情報を公表した。これらの数値によれば、中国系アメリカ人と日系アメリカ人は、1970年までに家族所得の中央値においても白人より上回っていた。日系アメリカ人の家族所得の中央値は約3,000ドル、中国系アメリカ人は約1,000ドル、白人家族所得の中央値よりも高値であった[3]。しかし、連邦政府の調査では、家族高所得の理由を説明するのに役立つその他の関連情報とともにこれらの数値は示されなかった。たとえば、1人以上の家族が働く割合は、日系アメリカ人と中国系アメリカ人では60％にも達し、アメリカ合衆国全体では51％にしかすぎないという事実は示されていなかった。もし家族ではなく1人当たりの所得の指標で評価していたら、日系アメリカ人は低値ではないが、中国系アメリカ人は米国民の平均所得よりもかなり低値になることを一般の人びとは気が付いたであろうと思われる。さらにヒスパニック系集団は、その他の白人よりかなり低所得なので、もし混在した白人の数値から除外されていたなら、アジア系アメリカ人は白人よりも高値にならなかったであろう。

　1970年の国勢調査を解析した社会科学者は、さまざまな結論に達した。それぞれの結論は、米国内全体あるいは特にアジア系アメリカ人の高人口密度の州統計を使用したか、アメリカ生まれを外国生まれから除外しているか、男性と女性を区別しているかに依存していた。米国内全体のデータに基づく解析では、アメリカ生まれの中国系人と日系人男性は、常に白人男性よりも所得が高かったことが示唆されたが（Barry Chiswick, 1983; Charles Hirschman, Morrison Wong, 1981）、カリフォルニ

ア州の場合はそのようにならず、1970年、その近隣の州に居住する日系人の58％と、中国系人の45％が白人よりも高所得であったことが立証された（Robert Jiobu, 1976; Amado Cabezas, 1977; Daivid Moulton, 1978）[4]。そのような州では、アメリカ生まれの中国系アメリカ人と日系アメリカ人男性は、実際に非ヒスパニック系の白人より著明に学業期間は長期であったが、彼らの所得の中央値は、非ヒスパニック系の白人よりも高くなかった。学歴に対する見返りのためにすなわち学業期間が長くなるほど所得が加算されるが、それは白人の所得よりも低かった。1970年のカリフォルニア州におけるアメリカ生まれの男性に関する調査によれば、学業期間が1年延びるごとに白人は522ドル以上加算されるのとは対照的に、日系アメリカ人は438ドル、中国系アメリカ人は320ドル、メキシコ系アメリカ人は340ドル、アフリカ系アメリカ人は248ドルが加算されるだけであった（Robert Jiobu, 1976）。このようして、アジア系と白人系における所得の同額性は、主にアジア系アメリカ人の高学歴化によって可能になっていた。

第2節　模範的少数民族に関するアジア系アメリカ人の検証

　模範少数民族説に対して、主にサンフランシスコのアジア系アメリカ人共同体組織であるアジアン法人（ASIAN Inc.）との共同研究者達によりその他の批判が持ち上がった[5]。第1に、アメリカ合衆国のアジア・太平洋諸島系アメリカ人の人口の半分以上は、ホノルル、サンフランシスコ、ロサンゼルス、シカゴとニューヨークの5つの大都市に居住して、その10分の9以上が都会の中心部に在住していた。これらの大都市は、高所得地域だけでなく、高生活費地域でもある。そのために、アジア系アメリカ人らとその他の住人達はより多く稼ぎながら、より多く消費した。

　第2に、アジア系アメリカ人の人口密度が最も高い地域において低地位で低所得であるアジア系アメリカ人の割合、すなわちサービス労働者、肉体労働者、農業労働者、民間家政業者などは、白人よりもかなり高い割合を占めた。例えば、1970年にアメリカ合衆国において有給で雇用されたすべての中国系アメリカ人男性の少なくとも25％は、料理人、給仕人、バスボーイ、皿洗い、雑役夫であった。そのような数値が、所得中央値だけに基づく数値とはまったく異なるアジア系アメリカ人の

福利を示唆していた。

　第3に、サンフランシスコ・オークランドにおける標準大都市統計地区（Standard Metropolitan Statistical Area: SMSA）の詳細な研究により、アジア系アメリカ人の経済状況には格差の分布があることが示された。その専門職は、経理、歯科、看護、臨床工学職と技術職に偏在して、さらに法律、教育、管理職、社会サービスと高度先端医療には少ない傾向であった。支配人は、大規模農園の従業員であるよりも、自営業者である場合が多かった。外交員は小売業の販売員となったが、仲介業者や保険代理人になることはめったになかった。事務労働者は、ほとんどが書類整理係、タイピスト、事務所の機械操作係となり、秘書や受付係とはならなかった。アジア系アメリカ人は、重量機器、電子機器、紙、化学、建設産業における仕事にはほとんど就かなかった。女性工員のほとんどは、衣類関係の労働者であった。要するに、アジア系アメリカ人は、同じ産業でも異なる仕事だけでなく、儲からない仕事に偏っていた。

　第4に、アジア系アメリカ人の低失業率は、しばしば経済的成功を物語るために使用されるもう1つの指標であるが、高い不完全就労を隠蔽しているにすぎない。福祉の世話になることを気にして、多くのアジア系アメリカ人は公的扶助を受給するよりは、明らかに低賃金、短時間勤務、季節労働に就労しようとした。

　第5に、1970年と1980年におけるアジア系アメリカ人女性の高就労率は、おそらく雇用主による間に合わせの受け入れの兆候であり、彼女らの家庭における男性の稼ぎがとても低賃金であるために、実際にはより多くの女性が無理して仕事に就く現実を反映している。なるほど労働しているアジア系アメリカ人女性は、労働している白人女性よりも所得の中央値が高かったが、アジア系アメリカ女性はより高学歴の資質を持って、高賃金の地域で生活している者もいた。さらに白人女性と比較しても、より多くのアジア系アメリカ人女性はフルタイムで労働して、所得の中央値を押し上げることに貢献していた。しかし、高学歴にも関わらず、彼女らは白人女性と比較して教育歴に関してより低い評価しか受けなかった一方で、アジア系アメリカ人女性と白人男性との報酬の格差はますます拡大した。言い換えれば、彼女らは学歴に相応した収入は受け取っていなかったのである。

　第6に、アジア系アメリカ人の学歴の達成に関して、1965年から高学歴の専門職の相当数が入国したことにより、平均的な学歴到達者がだぶついた。模範少数民族

の固定概念を批評する人は、最も考慮すべき重要事項は、学歴レベルではなくて、学歴に対応する報酬であり、それが差別の存在をより明瞭に示唆するものであると指摘した。1980年になっても、アジア系アメリカ人に対する報酬は依然として白人男性が受領する報酬と同水準ではなかった。

専門職従事者の入国により、これ以外にも影響が出てきた。彼らの中には専門職の就職口を見いだすことができなかったので、小規模店舗を購入した者もいた。そのためにアジア系アメリカ人の中では、特に朝鮮系アメリカ人による自営業者の人口比率が増大した。しかし、彼らの多くは有給の従業員もいなくて非常に小額の収益で小規模な家族経営の店舗を経営した。朝鮮系アメリカ人が起業家となることを成功の象徴として宣伝する記者とは異なり、その状況を調査した学者は、朝鮮系アメリカ移民が携わる仕事の種類は、実際には低賃金労働が隠蔽された職種であることを指摘した。小規模店舗の店主は倒産の高い危険性と長時間労働にさらされていた[6]。もし配偶者、子供達、あるいは親戚などから無理に無賃労働を得ていなかったなら、彼らの多くが破産せずにはいられないだろう。それでも、小規模店舗は、近年でも良い給料の獲得が難しいなかで就業する有色人種に開放された、より高い地位への昇進の重要な手段であった。

結局、その他のアジア系アメリカ人の集団は、日系アメリカ人や中国系アメリカ人が到達しているような改善された経済的基盤を共有していなかった。1970年のサンフランシスコ・オークランドの標準大都市統計地区の調査によると、外国生まれとアメリカ生まれを合わせたフィリピン系男性では、白人男性が稼ぐ所得の58％しかなく、その一方で、フィリピン系女性はわずか38％しか稼いでいなかった（Amado Cabezas, et al., 1986）。同様にロサンゼルス・ロングビーチの大都市統計地区の調査における各数値は、フィリピン系男性は62％で、フィリピン系女性は47％であった。1980年サンフランシスコ・オークランドの標準大都市統計地区の調査では、アメリカ生まれのフィリピン系男性は、アメリカ生まれの白人男性の64％を稼ぎ、その一方で、フィリピン系女性は45％であった。ロサンゼルス・ロングビーチの大都市統計地区の調査では、フィリピン系男性は72％で、フィリピン系女性は48％であった。外国生まれのフィリピン人男性は、アメリカ生まれのフィリピン系男性と同様な稼ぎで暮らしていたが、その一方で、外国生まれのフィリピン人女性は、アメリカ生まれのフィリピン系女性よりはほんの少し良い稼ぎで暮らしていた。

アメリカ生まれのフィリピン系の肉体労働に従事する賃金労働者の割合は、中国系アメリカ人や日系アメリカ人よりは多かった。彼らも学歴に見合うだけの報酬を得ていないと思われた[7]。

ベトナム人難民の調査では、同様に矛盾する実態を描写した。カリフォルニア州では難民の約4割が近年も生活しており、その約半分が未だに公的扶助を受ける状態に留まっていた。カリフォルニア州の公的扶助の比率は社会福祉制度の適用基準がより厳しくなっているので、他の州よりも低値であった。それにも関わらず、一部の著者達は、未だに模範的少数民族像をこの新しい入国者達の集団にも拡大して当てはめようと専念しているように見える。彼らは、世帯あるいは1人当たりの収入の中央値を指標として用いる代わりに、特定の難民小集団の比較的高い就業率や、ある難民家族が貧困から迅速に脱出したこと、彼らの子供達の非凡な学業成績などに注目していた[8]。

まったく研究方法が異なっている学者達が種々の理論モデルをデータ分析に当てはめるので、アジア系アメリカ人の近年の社会経済的状況の統一見解が欠如していた。基本的な2学派は、人的資本モデル（human capital model）を使用する学派と種々の構造主義モデル（structural model）を追従する学派である。人的資本理論家は、所得格差はさまざまな個人が獲得する、たとえば教育、職歴、年間労働週数のような特性や能力の結果であると信じている。一方で、構造主義理論家は経済ならびに社会政治制度に組み込まれた特徴が、特定の集団（特に有色人種や女性）が労働に対する平等な報酬を獲得するのを阻む障害を生み出していると断定している。

ほとんどの構造主義者は、アメリカ経済は中心部門と周辺部門に分割され、その一方で、労働市場は第1次と第2次市場に分離されていると論じている。中心部門に位置する第1次労働市場の賃金はより高額で良好な労働条件であり、その一方で、周辺部門に位置する第2次労働市場の賃金はより低額で劣悪な労働条件である。構造主義者に従えば、2つの部門や2つの労働市場の間にはほとんど流動性がない。労働者は教育や職歴、その他の人的資源の種類に応じるよりも、人種、民族、性別あるいは出生を基準としてこれらの部門や労働市場に分散されている。もしそうでないならば、アジア系アメリカ人は学歴に対応して非ヒスパニック系白人男性と同じような報酬を得ているはずだと構造主義者は主張した。

第3節　政治活動に関与し始めるハワイのアジア系アメリカ人

　なぜ一部の学者と記者達はアジア系アメリカ人の成功を熱心に誇張して、一方でその他の者は継続する差別の存在を繰り返し公表するのであろうか。この質問に回答するためには、その議論は経済学だけでなくイデオロギーにも関連していることを認識すべきである。簡略に述べると、アジア系アメリカ人が模範的少数民族であると叙述する人は、そこそこの物質的幸福を達成するのに必要な努力をするすべての個人に機会があるので、アメリカ社会は本当に平等主義の社会であると信じている。もしある者あるいは集団がそれを達成していない場合は、少なくともその失敗の原因の一部は人あるいは集団に存在しているということになる。他方で、継続する不平等に着目する人は、その問題は社会、経済、政治制度に起因していると信じている。彼らの意見では、従属の集団が自らの状況を改善できる前に、その制度のある局面が変革されなければならないはずである。しかし、制度の変革はさまざまな集団間における権力の均衡が変動することに伴ってのみ生じることができる。そのような理由から、この方式で実現を追求するアジア系アメリカ人は、より強い政治的な実力行使を主張する。

　近年まで気づかれなかったが、アジア系アメリカ人は、政治活動の関与には長い伝統があったが、1960年代までは公然と目に見える規模で活動をしていなかった。そのように関与するようになった者は、2つのまったく異なった種類の政治活動に参加するようになった。それらは、主にハワイ州における選挙活動と特にアメリカ西海岸や東海岸の大都市周辺での集団抗議行動である。

　アジア系アメリカ人のハワイにおける選挙活動への参加は、共和党の日系二世のジェームズ・ハマダ（James Hamada）が准州議会選挙での役職に立候補した1922年まで遡る。彼ならびに数人のアジア人は1920年代後半まで選挙に立候補したが、役職の獲得に至らなかった。最初の立候補者の当選は、2人の共和党員と1人の民主党員であり、ノボル・ミヤケ（Noboru Miyake）が郡政執行官に選任され、タサク・オカ（Tasaku Oka）とアンディ・ヤマシロ（Andy Yamashiro）が准州議会の下院議員に選任された。1936年までにハワイ準州の39人の公選役職員のうち、9人の日系2世が選出された。ハワイ生まれの中国系アメリカ人のハイラム・フォング（Hiram

Fong、鄺友良）が1938年に准州議会の下院に選任されてから、1949年に下院議長に昇進した[9]。

1940年代後半から1950年代前半にかけて、アジア人、特に日系人のハワイ政治活動への進出が非常に増加した。その頃に有名な第100歩兵大隊と第442連隊戦闘団の多数の退役軍人が、退役援護法（GI Bill）で法科大学院に進学してから政治活動に参加してきた。その歩兵大隊でおそらく最も有名なダニエル・K・イノウエ（Daniel Ken Inouye, D. 井上建）が、「我々が前進する時代がやってきた。我々は心身に宿すすべての熱烈な愛国心でその権利を求めて闘った。今からもう耕地へ戻るつもりはない。我々は社会における自分達の完全な地位を確保したい」と述べた[10]。イノウエのような退役軍人が政治分野に参加することが、1954年のハワイの民主党革命と呼ばれる伝説的な出来事に関連した。

その当時まで、ハワイの政治は旧来の耕作主幹部から選出されるかあるいは彼らと堅く提携しているヨーロッパ系アメリカ人の共和党の政治家が支配していた。第2次世界大戦中に軍隊がハワイ諸島を管轄した時に、旧来の耕作主幹部の重要な地位がいくらか損なわれていた。さらに戦争末期にかけて、もう1つの重要な進展が出現した。すなわち、国際港湾・倉庫労働者連合（International Longshoremen's and Warehousemen's Union: ILWU）が、耕作労働者や港湾労働者を組織化し組合を作り始めた。その連合が1946年に2万8,000人の労働者の参加で、33耕地を約3か月間も操業中止させてストライキを成功裏に展開しただけでなく、それが選挙運動にも結びついた。

新しい労働者階級や中産階級の有権者が出現したので、その後に州知事（1962-1973年）になったジョーン・バーンズ（John Burns）の指導のもと、民主党の立候補者が1954年の准州政府の議会と行政の両選挙で勝ち抜こうとした。このような新しい民主党員に日系人が多くの割合を占めて、30年間以上も多数派を保持していた。日系アメリカ人がこの時期に、上院議員、下院議員、主要な委員会の委員長などのような議会の指導者の地位の55%を占めた。交替しながらもその指導者の約40%は、第100歩兵大隊と第442連隊戦闘団の退役軍人であった[11]。

ハワイが1959年に州に昇格した時[1]、准州議会で経験を積んでいたこれらのアジア系アメリカ人の政治家は、全米的な知名度を獲得した。1949年から1953年まで准州議会の下院議長であったハイラム・フォングが、1959年に連邦議会の上院議員に

選出された。1954年から1958年まで准州議会の上院議員の多数派の幹部で、1958年から1959年まで准州議会の下院議員であったダン・イノウエ（Dan² Inoue）が、1959年に連邦議会の下院議員に選出された。イノウエが1962年に連邦議会の上院議員の席を勝ち取った時、彼がそれまで在籍していた下院議員の席に、第100歩兵大隊の退役軍人であるスパーク・マツナガ（Spark Matsunaga; S. 松永）が就いた。ハワイの人口が増大して1964年に下院議員に第二番目の議席を確保できるようになった時、初めて法律学の学位を獲得したハワイ先住民系で日系二世女性であるパッツィ・タケモト・ミンク（Patsy Takemoto Mink, P. 竹本 M.）がそれを務めた。1976年にマツナガも上院議員に選出された。このようなハワイのアジア系アメリカ人の州代表の議員が、連邦議会に対して際立った活動をした。

第4節　アメリカ本土におけるアジア系アメリカ人の政治活動

フォングほどは有名ではないが、イノウエ、マツナガ、ミンクはアメリカ本土におけるアジア系政治家の草分けである。アジア出身者で初めてアメリカ本土の州議会議員に当選したのは、ウィング・F・オング（Wing F. Ong, 鄧悦寧）であった。彼は1918年14歳の時に中国人移民としてアメリカ合衆国に入国した。彼を洗濯屋に就かせることを希望する親戚のもとに身を寄せたが、彼は教育を受けるように定められた。彼は英語をほとんど知らなかったために、サンフランシスコで分離された東洋人学校の入学さえも断られたので、叔父が食料雑貨店を経営しているアリゾナ州のフェニックスへ行った。そこで彼は、6年間で小学校から高校までを修了して、その時にアリゾナ州知事の雑用係をしながら、アメリカ人の選挙政治活動を垣間見た。彼はツーソンにあるアリゾナ大学に1年間通学したが、資金が枯渇して退学しなければならなかった。その後の15年間、彼は食料雑貨店を経営して家庭生活を持った。彼は1940年の州政府の役職選挙に失敗した時、法律を勉強することを決心した。その3年後に法律学の学位を取得してから、彼は民主党員として再度立候補して、1946年にアジア系アメリカ人で初めてアメリカ本土の州議会の下院議員に選出された。彼は下院議員を2期務めた。1950年と1958年の下院議員、1964年の上院議員の選挙に出馬して落選した。彼は1966年の州議会の上院議員に選出されたが、

1968年の再出馬では落選した[12]。

　アメリカ本土のアジア系アメリカ移民で、初めて連邦議会の下院議員に選出されたのは、ダリップ・シン・サウンド（Dalip Singh Saund）であった。彼はパンジャブ大学を卒業してから、アメリカ合衆国に1920年に入国して、ついに数学博士を取得した。しかし、夏の間インペリアル・バリーで働きながら博士号を取得すると、そこでレタス栽培をすることを決心して、チェコ系移民の妻の名義で土地を賃借した。1946年のルース・セラー法（Luce-Celler Bill）[3]でインド人も帰化することが可能になった時、サウンドは市民権を得た。彼は立候補してインペリアル・バリーにおけるウェストモアランドの町の判事に選任された。1956年に連邦議会の下院議院に立候補して当選し、1958年にも再選された。しかし、第2期途上で健康上の理由から辞任した[13]。

　しかし、オングやサウンドは特別な例であった。アジア系アメリカ人が強い政治力を持つようになったハワイの状況とは異なり、アメリカ本土では依然としてアジア系アメリカ人の政治家は比較的まれであった。カリフォルニア州のサン・ノゼ市長であったノーマン・ミネタ（Norman Mineta, N. 峰田）[4]が、1974年に連邦下院議員に選出されるまで、その間その他にアジア系アメリカ人の連邦議会議員はいなかった。次いで、日系二世のサクラメント市議会議員であったロバート・マツイ（Robert Matsui, R. 松井）が1978年に連邦議会の下院議員に加わった[5]。両者はともに連邦議員活動をしていた。アメリカ本土でアジア系アメリカ人から連邦議会の上院議員に選出されたのはカナダ系アメリカ人であったS・I・ハヤカワ（Samuel I. Hayakawa, S. I. 早川）であり、彼は1960年代後半にサンフランシスコ州立大学で学長を務め、意味構造論を専門としていた。タモシャンター（tam-o'-shanter）[6]の帽子をいつもかぶるハヤカワは、1968年のサンフランシスコ州立大学における第三世界学生運動（Third World student strike）の時に全米的な象徴になった。大学当局に対して学生運動がされている最中に、彼はトラックに跳び乗って、拡声装置の電線を引きちぎった。その彼の行動をテレビ報道関係者が全米の視聴者に放映した。彼の保守主義的な政治姿勢が、1976年に彼を共和党員として連邦議会の上院議員への選出を後押しして、一期だけ務めた。中国系アメリカ人の物理学者のS・B・ウー（S. B. Woo, 呉仙標）が、1984年デラウェア州の州副知事に選出され、アジア系人口があまりいない州でも、アジア系アメリカ人が選出され得ることを証明した。しかしな

がら、ウーは1988年連邦議会の上院議員に立候補を試みるも落選した。

多くのアジア系アメリカ人女性の公選役職も次第に目立つようになった。マーチ・フォング・ユ（March Fong Eu, 余江月桂）は、1974年にカリフォルニア州の州務長官（secretary of state）[7]に選任されて、圧倒的多数の投票で何度も再任された。ジーン・キング（Jean King）は、1978年から1982年までハワイ州の州副知事を務めていて、中国系ならびにアジア系アメリカ人女性の州公選役職としてそれまでの最高位を誇っていた。フィリピン系アメリカ人女性であるテルマ・ガルシア・ブックホルト（Thelma Garcia Buchholdt）は、その大部分がヨーロッパ系アメリカ人である選挙区で「外国人」と中傷された選挙活動を乗り切りながらも、1974年から1983年までアラスカ州の下院議員を務めた。ハワイ州のパトリシア・サイキ（Patricia Saiki）は、近年唯一の日系ならびにアジア系アメリカ人女性として連邦議会の下院議員に選出された[8]。より地域政治の段階であれば、キャロル・カワナミ（Carol Kawanami）とリリィ・チェン（Lily Chen）も新しい歴史を刻んだ。カワナミは、1980年にカリフォルニア州オレンジ郡のビラ・パーク（Villa Park）で日系アメリカ人女性として初めて市長を務めた。一方で、チェンも同様に中国系アメリカ人女性として初めて、1983年にカリフォルニア州のモンテレー・パーク（Monterey Park）の名誉ある市長に選任された[14]。

第5節　日系アメリカ人に対する自由人権法の成立と強制収容の補償

政治家の数自体は少なかったが、それぞれのアジア系アメリカ人の政治家には違いも生じていた。彼らの成果が、立法の歴史上で最も明瞭に認められたのは、おそらく1988年の市民的自由法（Civil Liberties Act）の成立であったと言える。第2次世界大戦後約30年間も、日系アメリカ人は強制収容の不当性に対して沈黙を守り続けたが、1970年代中頃に多くの個人が自分達の苦難に対する補償を求めることについて公言し始めるようになった。全米賠償検討委員会（National Committee for Redress）が、サンフランシスコでクリフォード・ウエダ（Clifford Uyeda）委員長のもとで全米日系市民協会（JACL）の内部に結成された。1978年の全米会議で、全米日系市民協会はそれぞれの被強制収容者に対して2万5,000ドルの賠償を要求する決議案

を採択した。古傷を再び開けないことが最善であるという考えから、ヨーロッパ系アメリカ人だけでなく日系アメリカ人からも賠償請求に対する反対が表面化した時、全米日系市民協会は金銭上の賠償を請求する代わりに、連邦議会に対して、大統領行政命令9066号の結果として日系アメリカ市民とアメリカ永住者の転住あるいは強制収容が、違法であったかどうかの付託を審議するための委員会の設置を求めることを決定した[15]。

　連邦議会は、そのような組織を設置することに同意して、戦時市民転住強制収容調査委員会（Commission on Wartime Relocation and Internment of Civilians）を設置して、その委員や職員は何千もの書類を集めて調査を行い、750人から証言を得るために、米国中で聴取が行われた。このような大規模調査後の1981年に委員会は、収容は本来なら重大なる違法（grave injustice）であったと結論づけた。委員会が、大統領行政命令9066号ならびにそれが承認した強制退去と強制収容は、人種的偏見と戦時狂騒ならびに政治的指導力の失敗の結果として起こったと結論づけたことが何より重要であった[16]。

　その委員会の見解にも関わらず、両上下院議会を通過できるように賠償法に対する支援を結集するのには莫大な奮闘を必要とした。連邦議会の上院議員と下院議員の日系アメリカ人は、注意深く各段階を準備して時期の到来を待ち続けた。最終的には1987年9月に下院は243対141の票決で、日系アメリカ人に対して公式の謝罪を表明することと、生存している各被強制収容者に対して総額2万ドルを賠償することを米国に求めた。1988年4月に上院はその法律案を69対27で可決した。

　ロナルド・レーガン（Ronald Reagan）大統領が政権を去る前に、その法律に署名して成立したが、それを実施するための財源の配分の論争で、議会はほぼ1年を要した。1989年8月に下院は1990年の会計年度で、賠償支払いには約5,000万ドルかかると推計した。しかし、次の月に下院は、その歳出小委員会が1991年度は賠償財源を優先事項にすることを公表したが、1990年度の財源ではなんら配分しないことを提唱した。第2回目の背信行為に対する激しい抗議の後に、1989年11月後半にジョージ・H・W・ブッシュ（George H. W. Bush）大統領が最終的に署名して、最も高齢な生存者から優先して支払うという、1990年10月1日から1993年度末までの間の賠償計画案の法律が成立した。

第6節　立ち上がるアジア系アメリカ人の若者

　その賠償運動（redress movement）は、公選役職に選出されたアジア系アメリカ人が、いかに共同体の活動家と手をつないで共通の目標に働きかけたかを示す最も重要な実例であった。確立された組織網を通じて働きかける必要がある選挙政治活動と比較して、共同体の活動家はしばしば草の根レベルで抗議活動に専念した。初期の活動家のほとんどは1960年代の間に成年に達した若者達であった。ほとんどのアジア系アメリカ人は1960年代当初は公民権運動には参加していなかったが、1960年代後半のベトナム戦争における米国の介入に対する抗議運動がアジア系アメリカ人の注目を集めた[17]。テレビのイブニングニュースの報道により、アメリカ軍人が傷害や殺人を犯している敵は自分達と同じようなアジア系の顔貌をしていることに気付きショックを受けるアジア系アメリカ人大学生や高校生の人数が増大してきた[9]。より急進的な学生の多くは、その戦争は帝国主義者だけでなく人種差別主義者によるものであると考え始めた。

　若いアジア系アメリカ人やその他の民族背景を持つ若者も、1966年から1976年の10年間にかけて、ワールドニュースやテレビ放映で散発的に取り上げられる中国の文化大革命（Great Proletarian Cultural Revolution）のニュースに感化された。中国の実権派に対抗する若い紅衛兵（Red Guard）による当局から公認された組織活動である文化大革命によって、至る所で反体制派学生の想像力に火が付けられた。毛沢東（Mao Zedong）語録である赤いビニールカバーの小冊子を輸入したアメリカ合衆国の本屋は商売が繁盛した。中国の紅衛兵のように、多くのアジア系アメリカ人の学生は、アフリカ系、メキシコ系、白人仲間とともに、ベトナム戦争に反対して、市民権、民族の誇り、民族学習コースやカリキュラムの設置を求めて抗議デモをする時に、ポケットサイズの毛沢東語録を掲げた。

　活動家は、中国共産主義者の政治活動スタイルを熱心に受け入れた。彼らは長く続く会議を開催して、集団指導体制を実践して、派閥闘争に明け暮れた。しかし、紅衛兵が中国でしたような集団闘争にならって行動すべき地域の住民がいなかったので、アジア系アメリカ人の運動家は不意に自分達の地域共同体に押し掛けた。これらの共同体の何人かのメンバー、特に伝統的組織の指導者達は、学生達のだらしない長髪や

毛沢東ジャケット、非アジア流のひどく不作法な行為を不信の目で眺めた。

　それにも関わらず、その活動家達は衣服産業労働者や飲食店労働者を組織しようと試みた。社会サービス機関を設置して、にわかに結成された左翼組織に個人を勧誘して、さまざまな問題に対して抗議した。これらの問題には、アメリカ合衆国の人種主義政策や資本主義により引き起こされた問題だけでなく、香港、台湾、東京、バンコク、シンガポール、その他に種々のアジアの大都市由来の企業が、アメリカ合衆国の主要なチャイナタウンや日系人街のビルを大量に買収して、本来の宅地価格を高騰させ、旧来の居住者に困難をもたらしたアジアの逃避資本（flight capital）の増大で引き起こされた問題も含まれた。

　政治活動家には2つの派閥があった。主に正統な左翼の政治方針を主張することに関係する急進派と、主に合法的支援組織、診療所、年寄りや若者のための2か国語講座を設置することに精力をつぎ込む改革派がいた。長い目で見れば急進派はあまり成果をほとんど挙げられなかったが、改革派が設置した多くの機関は残存した。それらは重要な支援を困窮者に供給し続けて、英会話ができない新しい移民に対してサービスを提供する極めて重要な機関となった。

　政治活動地域内において、急進派は当初ブルジョア式の選挙政治に断固として反対していたが、その後に彼らの多くはジェシー・ジャクソン（Jesse Jackson）の虹の連合（Rainbow Coalition）[10]に積極的に参加するようになった。一方で、いくつかの改革派は、その間に選挙に立候補したりあるいは立候補者を支援したりした。皮肉にもアジア系アメリカ人が本流の政治に関与する道を切り開いた人びとは、レーガン政権やブッシュ政権の国内や海外の政策や事業を支援しているより保守的な人びとに徐々に数で圧倒された。共産主義から逃避するために生命を危険にさらした難民だけでなく、資本主義の下で健全な生活を追求しようとして入国する新しい移民もまた、共和党からは生まれつきの外国人と見なされた。

第7節　アジア系アメリカ人に対する迫害の復活と裁判

　それにも関わらず、アジア系アメリカ人を政治的方針や民族的境界を越えて連合させる問題が依然として存在していた。そのような問題の1つは、アジア系アメリカ人に対する暴力が復活したことである。1980年代の初頭から、肉体的暴行、嫌がらせ、野蛮行為、反アジア系の人種的中傷などの事例が、州や地方政府の市民権機関だけでなく連邦市民権委員会（U.S. Civil Rights Commission）にも報告された。1986年に連邦市民権委員会は、アジア系アメリカ人に対する暴力の問題は全米的課題であると結論づけた報告書を刊行した[18]。その報告書には、米国内の数十の地域における多数の事件を記載して、そのうちの8事件がある程度詳細に記述され、そしてそれらの被害者は東南アジアの難民、特に朝鮮人などの移民起業家、さまざまな個人の3つに分類された。

　ベトナム、ラオス、カンプチアからの難民が米国内の多くの地域において襲撃された。子供達だけでなく、大人もさんざん殴られた。難民小屋が破壊され、難民達の車の窓が粉砕され、タイヤが斬りつけられた。テキサス州やカリフォルニア州では、難民の漁師のボートが焼かれた。マサチューセッツ州の司法長官は、「人種的動機による暴力は、わが州における東南アジア系在留者にとって深刻な問題である。しばしば、このような人びとは、彼らの民族や出身国のために肉体的攻撃や脅迫がなくても、公衆道路を歩くことさえできない」と述べた[19]。

　そこで多くが商店を持っている朝鮮系商人と、主にアフリカ系アメリカ人やスペイン語を話す近隣住民との間の張り詰めた関係も破裂した。地域住民は、朝鮮人の失礼で乱暴ですらある対応を非難した。そのうちに、いくつかの商店は火炎瓶や落書きを受けるなどの手荒い仕打ちを受けた。首都ワシントンやニューヨーク、ロサンゼルスでは、人間関係調整委員会（human relations commissions）が、その調停に乗り出した。1980年中頃からその2つの集団間で協定文書が調印されて、その状況はいくらか改善した。

1) 激怒した暴力事件から裁判まで

　多くの嫌がらせや暴力のうちで、アジア系アメリカ人を最も激怒させた出来事は、デトロイトで27歳の中国系アメリカ人の製図工であったヴィンセント・チン（Vincent Chin, 陳果仁）が1982年6月に死亡した事件であった[20]。まさに結婚しようとしていたチンは、夕方に数人の友人とナイトクラブで過ごしていた。2人のヨーロッパ系アメリカ人であるロナルド・エベンス（Ronald Ebens）とその継子のミシェル・ニッツ（Michael Nitz）が、チンのグループをなじり、引き続いて素手によるけんかが起こった。ナイトクラブの支配人は、彼ら全員を追い払った。いったん外に出てから、エベンスとニッツは車に戻り、トランクから野球のバットを取り出し、別の友人の車に乗せてもらうために駐車場で待機していたチンと彼の仲間達に近づいてきた。チンと仲間達は逃げ始めた。20分後に、エベンスとニッツは、マクドナルドのレストランの外でチンを追いかけ捕まえた。ニッツがチンの腕を後ろからはがい締めにして、エベンスがチンの頭部、胸部や膝をバットで殴った。チンは血を流しながら舗道に倒れこんだ。2人の非番の警察官が加害者2人を逮捕して、救急車を呼んだ。チンはその外傷から4日後に死亡した。彼の結婚式に出席する予定であった友人と親族は、彼の結婚式ではなく彼の葬儀に出席した。

　エベンスは自動車工場の班長であった。すでに解雇されていたニッツは、定時制に通学していた。その事件後まもなくエベンスも失業した。その当時、アメリカ自動車産業は不景気に見舞われて、日本からの輸入車との厳しい競争に直面していた。ある目撃者によれば、ナイトクラブの中でけんかが始まる前にエベンスが、チンのような野郎達が、自分と仲間達のような従業員が失業する原因であったと一言を発していた。エベンスは明らかに、チンを日本人と勘違いしていた。

　デトロイトを管轄しているミシガン州におけるウェイン郡の検察当局は、エベンスとニッツを第2級殺人罪で告発した。司法取引により、エベンスはより罪が軽くなる故殺罪[11]を嘆願した一方で、ニッツは告発に抗議しなかった。ウェイン郡巡回裁判長のチャールズ・カウフマン（Charles Kaufman）は、両人に3年間の執行猶予と3,000ドルの罰金と各780ドルの裁判費用の支払いを判決した。

　デトロイトとさらには米国中のアジア系アメリカ人にとっても、その軽い判決は予想外であった。それを非難された時に、カウフマン裁判長は判決の正当性を主張するために新聞に書簡を送った。彼はミシガン州では判決は犯罪者に合わせており、

犯罪には必ずしも合致しないと述べた。彼の意見によれば、エベンスとニッツはそれ以前に犯罪歴がなく、その地域で長期間にわたり居住して、立派に雇用された市民であったので、彼らが再び人に傷害を負わせると疑える根拠はなかったと裁判官は考えた。それゆえに軽い判決になった。この裁判官の推論は、アジア系アメリカ人だけでなく、非アジア人までをもが激怒させた。その殴打を目撃した警察官の1人は、「まるで人間とも思っていない行為であった。第1級殺人罪になるべきであった」と述べた。ミシガン州におけるその他の裁判官も公然とその罪は第1級殺人罪にすべきであったと言明したことがより大きな影響を与えた。多くの新聞社の社説では、本質的にカウフマン裁判長の書簡は、ミシガン州において雇用されて、あるいは通学している限り、殺人罪にかかる代償はたった3,000ドルであることを公衆に示唆していると指摘した[21]。

　公平に判決されることを確保するために組織化されていたアメリカ裁判市民会（Americans Citizen for Justice: ACJ）という地域グループが、ミシガン州控訴裁判所にその判決を破棄して再審を指令するように要求した。そのグループは、連邦司法省に対してチンの市民権の侵害の可能性を調査することも請求した。数人のカリフォルニア州選出の連邦議会議員も同様に、司法長官に対してウェイン郡当局の取り扱い方法だけでなくその犯罪を調査することの要望書を提出した。連邦司法省は、連邦捜査局にその調査を依頼した。市民権の侵害の十分な証拠が発見されて、連邦大陪審が1983年9月に召集された。その2か月後に大陪審は、エベンスとニッツを2つの訴因により起訴した。翌年の1984年に、彼らは連邦地方裁判所で審理されて、その陪審はエベンスに対してチンの市民権を侵害したとして有罪を宣告したが、共謀罪は無罪とした。一方で、ニッツには両方の告発に対して無罪を宣告した。エベンスには25年間の懲役が宣告されて、アルコール中毒の治療を受けることを告げられたが、彼は2万ドルの保釈金を積んで釈放された。

　エベンスの弁護士がその有罪判決を控訴すると、連邦控訴裁判所は微妙な解釈から1986年9月にその判決を覆した。検察側の証人の数人に質疑していたアメリカ裁判市民会の1人の弁護士は、彼らは不正に誘導されていたと述べた。司法省は、デトロイトではなくてシンシナティで行われる再審を指令した。シンシナティの居住者は一般にアジア系アメリカ人に接することがほとんどないだけでなく、デトロイトの人びとが日本車や日本人のような顔貌に対して抱く敵対心にもなじみがなかっ

た。シンシナティの陪審が、エベンスのすべての告訴を無罪にしたことが、全米中のアジア系アメリカ人をとても幻滅させた。エベンスならびに継子のニッツは、1日たりとも刑務所に拘留されなかった。チンの母親であるリリィ・チン（Lily Chin）は、最終判決にとても憤りを感じ、彼女は正義が存在しないと感じたアメリカ合衆国を去って、中国で暮らした。

2）教訓を生かして正義を求めるアジア系アメリカ人

　しかし、ヴィンセント・チンの判例から学んだ教訓は失われていなかった。もう1人の中国系アメリカ人である24歳のミング・ハイ・ルウ（Ming Hai Loo）が、通称はジム・ルウ（Jim Loo）で知られているのだが、ノースカロライナ州のローリーで1989年の7月下旬にヴィンセント・チン殺人を連想させる状況で殺害された時に、アジア系アメリカ人がすぐさまその展開を監視するために結集した。

　ルウは5人の友人と玉突き場にいたその時に、2人のヨーロッパ系アメリカ人男性のロバート・ピチェ（Robert Piche）とロイド・ピチェ（Lloyd Piche）が、ベトナム人に対して人種的な悪口を発しながらルウらに軽蔑的な難癖を付けた。ベトナム戦争で3番目の兄弟を失っていたピチェ兄弟は、ルウを明らかにベトナム人と勘違いしていた。そこの支配人がピチェ兄弟に立ち去るように伝えた。彼らは立ち去ったが、ルウと彼の友人が出て来た時、2人の兄弟は彼らを襲撃した。ルウは後頭部をピストルで撃たれて2日後に死亡した。その地域の中国系アメリカ人は、ほとんど英語が喋れないルウ両親の代理が務められ、いかなる見せかけの裁判が起こらない事を確保するためのジム・ルウ・アメリカ裁判連合（Jim Loo American Justice Coalition）を素早く組織した。その連合の指導者は、「我々はヴィンセント・チンの判例の失敗を二度と繰り返さないために、我々ができる最善を尽くす」と述べた[22]。

　1989年8月下旬に、大陪審が2人兄弟の兄のロバート・ピチェを第2級殺人罪で起訴した。しかし、積極的に襲撃を支援して幇助したロイド・ピチェは、襲撃や乱暴な振る舞いに対して、たった半年の判決を言い渡されただけだった。ロイド・ピチェはノースカロライナ州の刑務所が受刑者で過密なために、ほんの6週間で仮釈放された。ジム・ルウ・アメリカ裁判連合の指導者達は、ロバート・ピチェの判例で司法取引を防止することを目ざして、もし被告人の弁護士が有罪を認めるならば、罪状認否の手続きの日程である9月25日より前に刑の判決ができるので、裁判連合

の指導者達はウェイク郡の地方検事（district attorney: DA）から10日間の陳述が与えられる約束を要求して取り付けた。地方検事もその裁判連合から、第1級殺人罪を支持する陳述を聞くことに異存がないことを請け負った。

彼の弁護士が裁判所と取り決めていた司法取引に従い、被告人は有罪を認めると大方が予期していたが、罪状認否の手続きの時点で、ロバート・ピチェは無罪を主張すると答弁したことで、彼自身の弁護士さえも驚かせた。さらにロバート・ピチェは裁判所が選定した弁護士の変更と、裁判地の変更も請求した。ジム・ルウ・アメリカ裁判連合の法律顧問団長は、ロバート・ピチェが無罪を主張したことで審理を受けなければならなくなったので、予期もしなかった事態の好転を喜んだ。ジム・ルウ・アメリカ裁判連合の指導者は、この判例で大衆に対してそのような人種的な動機に起因する犯罪の実態を啓蒙できると考えた。

1990年3月にウェイク郡の陪審が、ロバート・ピチェが第2級殺人罪であることを認めて、ハワード・マニング・ジュニア（Howard Manning Jr.）裁判長がロバート・ピチェに37年間の懲役の判決を下して、彼がノース・カロライナ州に不名誉をもたらしていたと宣告した。ロバート・ピチェは良好な服役態度により4年後に仮釈放されたが、ジム・ルウ・アメリカ裁判連合の広報担当者は、「もし我々がアジア系アメリカ人として自発的に立ち上がり、大衆に正義を求めて奮闘していることを明確に示せたら、裁判に勝つことができることをこの判例は示していると思う」と言明した[23]。

第8節　アジア系アメリカ人における高学歴化の光と陰

1）高度な教育を求めるアジア系アメリカ人

種々の社会経済的背景や民族起源を持つアジア系アメリカ人は、自分達に深く関連した別の問題に対応するために一緒に行動を起こし始めた。それは彼らの子供達が一流の大学教育を受けられる可能性の問題であった。1980年代中頃、共同体の代表者、大学進学志望の生徒の両親と、オールＡの成績評価にもかかわらずいくつかの米国の名門の公立大学と私立大学から入学を拒否されていた多くの学生達は、非公式の割当て制度がアジア系アメリカ人の大学入試に課せられていると申し立てた。

第9章 アジア系アメリカ人の社会・経済と教育・文化の近況 Current Socioeconomic Status, Politics, Education, and Culture 273

このような事態は、主要な定期刊行物（例えば、タイム、ニューズウィーク、USニュース・アンド・ワールドレポート、ニューヨーク・タイムズ・マガジン、ニュー・リパブリック、フォーチュン）とテレビ番組（例えば20-20など）が、アジア系アメリカ人生徒によるめざましい学問的業績に関する出来事を報道していた頃を同じくして起こった。このような矛盾した事実を理解するためには、アジア系アメリカ人の高学歴化の歴史の概観を再検討する必要がある。

　19世紀後半から、さまざまなアジア諸国からの生徒がより高等の教育と実践訓練を求めてアメリカ合衆国に入国して来た。そのようなアジア諸国からの外国人学生に、1920年代から第1次集団移民の子供達である少人数のアメリカ生まれのアジア系学生が加わった。大部分の外国出身の学生はとりわけ奨学金が手に入れられるいろいろな地域の単科大学や総合大学に通学したが、第二世代のアジア系アメリカ人の大部分はアメリカ西海岸の大学に入学した。授業料免除がある一流の州立大学であるカリフォルニア大学のバークレー校やロサンゼルス校が、後者の多くの学生を受け入れた。それに比較して、アジア系アメリカ人の第二世代は、アメリカ東海岸で費用が高くかかるアイビーリーグ（Ivy League）[12]の大学にはほとんど通学しなかった。

　しかし、1960年代後半から1970年代からその傾向に変化が始まった。再開された移民と大勢が入国していた高学歴のアジア系の両親が、子供達にはお金で買える最善の教育を受けさせたいと熱望するのに伴い、一流のアメリカ東海岸の大学に応募するアジア系の高校生の数が増大するようになった。公民権運動の結果として確立されたさまざまな差別撤廃措置（affirmative action programs）が、アジア系アメリカ人を含む有色人種の生徒にもこのような大学に入学する扉を少しこじ開けるのを支援していた。1970年代後半までに、アジア系アメリカ人からの入学応募者数が急増したために、入学担当者やその他の大学経営者は全学生の中でアジア系アメリカ人の過剰応募に大いに悩まされた。ブラウン、ハーバード、プリンストン、イェール大学のような大学では、アジア系アメリカ人志願者は1970年代前半にはその総数のほんの2％から4％を占めるのに過ぎなかったが、10年後には10％から15％にも達した。アイビーリーグのいくつかの大学やカリフォルニア大学のバークレー校などの経営者は、このような明らかな増加にも関わらず、強力な社会的圧力からアジア系アメリカ人志願者の入学率を他の民族集団より低値に設定していた数値を公表し

た。このような新事実から、長年にわたり非公式の入学割当てがアジア系アメリカ人の大学入学に強制されていた運営が立証されるように思われた。

2) アジア系アメリカ人に対する差別的教育

　現存する方針や慣習が故意的ではないにしろ不都合な影響をアジア系アメリカ人に与えていたことをいくつかの大学当局は認識していたが、どの大学もその差別的意図を認めなかった。たとえば、カリフォルニア大学のバークレー校は、カリフォルニア州議会の委員会ならびに連邦司法省当局の調査中に、大学当局は一般には周知しないまま、1984年の入学期間中に次の2番目までの基準を変更したが、3番目の基準の変更を提案したものの実施しなかったことを公表した。その1番目の基準は、通常の入学志願者の高校における学年評定平均（grade point average: GPA）を3.75から3.9に引き上げた。第2番目の基準は、アジア系アメリカ人の教育機会計画（Education Opportunity Program: EOP）の対象生徒は、もはや進路変更（たとえば、他のカリフォルニア大学系のキャンパスに編入される）を免除されなかった。第3番目の基準では、大学進学適性試験（Scholastic Aptitude Test: SAT）の言語部門の最低点を400点にすることが、永住外国人の志願者（北カリフォルニアにおいてアジア系がほとんどの割合を占める）に提案された。アジア系アメリカ人に対するこのような変更の影響はごくわずかであったが、人目を引いた。

　アジア系の学生は標準テストよりも、学年評定平均の成績が良好であり、特に最近の多くの移民学生は大学進学適性試験の言語部門では良い成績が取れないことがよく知られている。さらに低い家族収入が学生を教育機会計画に適用する1つの基準なので、アジア系アメリカ人志願者をサンフランシスコの海岸地区から離れたその他のカリフォルニア大学のキャンパスに進路変更されるということは、自宅に住んでいた彼らのほとんどが、移民家族が更なる出費が増える寄宿舎に居住しなければならないという結果を引き起こした。一見したところではアジア系アメリカ人志願者は入学に関して差別的扱いを受けていないようにみえるが、その2つの基準の変更が不利に、そして変更が提案されたものの実施されなかった基準が変更されれば有利に影響していたかもしれないが、アジア系アメリカ人の志願者数が不均衡となった。

　このような新事実の発覚により騒動が持ち上がった。大学とアジア系アメリカ人

共同体との友好関係を取り戻すために、バークレー校の学長は基準に抵触しない者を入学させながらもその罪を認めなかったが、大学職員がこの問題点を取り調べるために取っていた無神経な態度についに謝罪を公表した。その一方で、学長は、バークレー校におけるすべてのアジア系アメリカ人の生活面を調査する委員会も設置した。その委員会は詳細な報告書を提出したが、大学当局は提言された変更を直ちに実施しなかった。1990年2月にカリフォルニア大学の理事会は、中国系アメリカ人科学技術者であるチャンリン・ティエン（Chang-lin Tien, 田長霖）を7月1日からバークレー校の新しい学長に任命することを公表した。それで彼は、アメリカ合衆国における有力な研究部門の大学においてアジア系アメリカ人で初めて学長になった。アジア系アメリカ人の入学論争により引き起こされた緊張状態が、最終的にはそれで鎮静化するかどうかを確かめることが残っている[24]。

3）教育権の確保のために手を組むアジア系アメリカ人

　さまざまな人生を歩み、異なった政治信条を持ったアジア系アメリカ人同士が、自分達の教育権が侵害されないことを確保するために手を組んだ。より高等の教育を受けるための入学許可は、おそらく何物にも代え難い問題であり、とても熱烈に彼らが欲したものであった。事実として、多くのアジア人自身は近年でも、たとえ新しい国へ入国することでおそらく職業上の地位の低下を被ろうとも、自分達の子供にそのような教育を受ける許可をまさしく与えてくれるアメリカ合衆国へ移民することを主張することができる。アジア系移民は、個人ではなく家族という観点から、次の世代に対して、世界の中でそれを達成するより良い機会を与えられるならば、自分達の家族の社会経済的立場を喜んで犠牲にすると通常考えている。

　アジア系アメリカ人の大学生数の増大が目立つと、その他の教育問題であるアジア系アメリカ人の学習コースやプログラムの拡大などに肯定的な影響を与えた。1960年代後半と1970年代前半において、そのようなコースやプログラムが、アメリカ西海岸の数十の単科大学や総合大学で開始された。サンフランシスコ州立大学（1968年）とカリフォルニア大学のバークレー校（1969年）では、2つの長期にわたる紛争的な学生運動に対する解決策の一環として始まった。教室を埋めたその世代の学生達だけでなく次の世代の学生達が望んだことは、今日的な価値のある教育であった。すなわち、アメリカ合衆国における人種差別・性差別・階級迫害の歴史の鋭い

分析、有色人種の貢献や奮闘の正確な描写、卒業生が民族共同体ならびに社会全体での基盤的な社会変革をもたらすことができる実践訓練などを含めたカリキュラムを求めたのである。急進的な協議事項のために、そのプログラムは、カリキュラムと人事検討委員会から厳しい抵抗に遭遇した。多くは妥協したが、その他のプログラムは立ち上げようと図るも、進展しなかった。

1980年代後半になってから、全米でますます増大した大学の学生達が、より多民族的なカリキュラムを要求しはじめたことを受け、これらのプログラムは活気を呈するようになった。カリフォルニア大学の8つのうちの5つの総合大学の分校も含めて数十の大学で、近年いくつかの異なった民族学が必須科目になっている。アメリカ東海岸や中西部の大学生達も、アジア系アメリカ人に関する授業を設置することを強く要求した。アジア系アメリカ人研究もその一部門として構成される民族学の研究分野において、それらを考えられる教員数よりも多くの教員公募があることは皮肉なことであった。

アジア系アメリカ人学生（Asian American students）の新しい世代が、より多くのアジア系アメリカ人の学習プログラム、コースや学部を近年要求している1つの理由は、政治的意識が向上していると同時に新しい文化に対する覚醒が起ころうとしているからである。一方ではアジア文化遺産、もう一方ではアメリカ文化のどちらかを選択することを要求される代わりに、若いアジア系アメリカ人は、アメリカにおけるアジア人の歴史的な体験と同時代の生活環境の中から直接に生じる感情を明確に表現するために、お定まりの西洋と東洋を混合することを超えて、自分達自身の新しい文化を創造することにむしろ心地よさを感じている。アジア系アメリカ人の学生の学習コースのみに、彼らがこのような浮かび上がる文化を垣間見ることができ、さらにそれを創造するのを支援することが奨励されることはより重要であった[25) 13]。

第9節　アジア系アメリカ人によるアジア系アメリカ文化の創造

1970年代から、アジア系アメリカ人のテーマが、アジア系アメリカ人の芸術家によって、アジア様式の小説、短編小説、詩、演劇、映画、ダンス、絵画やポスターを生み出すまでにたどり着いた。それらの作品において作家や芸術家が、特有の独

自性を表現している。それらは、今まで以上のアジアの伝統、選択されたヨーロッパ系アメリカ人の伝統の要素、さらに皮膚色の階層性の潜在意識が吹き込まれた文化の国で生き延びて居場所を切り開いた有色人種の奮闘により生み出された第3の遺産によって形作られている[26]。

1) アジア系アメリカ人が関与するアメリカ映画

　アジア系アメリカ人の芸術家が利用する異なった媒体の中で、映画がおそらく一般の視聴者には最も親しみやすい媒体である。これまでは、アジア系アメリカ人が制作したほとんどの映画ならびにヨーロッパ系アメリカ人が製作したアジア系アメリカ人に関する多数の映画は、最も痛ましいアジア系アメリカ人の歴史体験の一面を取り扱う記録映画であった。ロニー・ディング（Loni Ding）監督の1984年の「日系二世兵士－追放者の代わりの軍隊旗手（*Nissei Soldier - Standard Bearer for an Exile People*）[14][(31)]」と1987年の「名誉の色（*The Color of Honor*）[(10)]」は、彼らの家族が強制収容所に収容されながらも、陸軍の志願兵となった日系アメリカ人の第2次世界大戦の体験に関する映画であった。1987年の「名誉の色」は、アメリカ軍に兵役した多くの個人ならびに兵役を拒否する何人かの人物を描写して注目せずにはいられない場面があり、1989年1月に公共のテレビ放送網でアメリカ合衆国の11の大都市地域で放送された。それは、多数のアメリカ人の視聴者に、民族集団全体にひどい権利侵害をする人間の一面をおそらく初めてテレビで紹介した。

　その他のすばらしい映画は、スティーブン・オカザキ（Steven Okazaki）監督の1984年の「アンフィニッシュト・ビジネス（*Unfinished Business*）[(37)]」は、フレッド・コレマツ（Fred Korematsu, F. 是松）、ミン・ヤスイ（Min Yasui, M. 安井）とゴードン・ヒラバヤシ（Gordon Hirabayashi, G. 平林）に対する面接場面を並置した[15]。その訴訟を取り扱う若い弁護士の場面も入れて、他の多くの人びとが支配されている体制に抵抗するように自らを導いた道徳的信念をこれらの男性達が反映するようにした[16]。その映画によって伝えられた重要な意図は、前世代に及ぼされた不正行為を、次の世代が是正するのに遅すぎるということは決してないということである。

　フェリシア・ロウ（Felicia Lowe）監督の1988年の「歪められた沈黙（*Carved in Silence*）[(6)]」は、サンフランシスコ湾のエンジェル・アイランド（Angel Island）[17]に存在した移民駐留所（immigration station）の伝承を探求している。そこでは、アメ

リカ本土上陸を熱望する数千人もの中国人移民が、その権利の有無を詳細に審査されるために、時には数年間も抑留された。その3人の抑留者に対する面接を通じて、すべての抑留者が受けさせられる尋問を再現した場面をちりばめている。かつての自分が子供達を伴って移民してきた体験を思い出したヨーロッパ系アメリカ人の移民当局者による尋問場面が特に印象的であった。彼は2人の少年に、寝室に幾つの窓があるのか、明かりのスイッチはどこにあるのかなどを尋ねていて、同じ部屋に寝ているにも関わらず、異なった回答をしている様子に彼は気づいた。このような証拠を挙げて、同じ家族でも彼らの生活環境のささいな事項に食い違いがいかにだまされやすく起こっているのかを彼は指摘した。そのような食い違いのために、入国を熱望する数万の移民達が上陸を拒否されて中国へ送還された。

　マーク・シュワッツ（Mark Schwartz）監督とジェフリー・ダン（Geoffrey Dunn）監督の1984年の「1日1ドル、1ダンスが10セント（*Dollar a Day, Ten Cents a Dance*）[1]」は、何十年もの間、アメリカ西海岸に沿った農場や果樹園でこつこつ働いた年寄りのフィリピン人男性農場労働者が体験した苦難を生々しく描写している。わずかな食いぶちを支給されて、いかなる家庭生活も剥奪されて、白人女性のタクシー・ダンサー（taxi dancer）[18]との交際を求めては肉体的な暴力を振るわれても、このような男達は映画の中では彼らの尊厳やユーモアを保っていることが照らし出された。

　ほとんどの記録映像はカリフォルニア州に焦点があてられているが、その他の全米地域でもアジア人の体験を多く取り扱っている。ナオミ・デェ・カストロ（Naomi De Castro）監督とアントニオ・デェ・カストロ（Antonio De Castro）監督の1988年の「だれの影でもなく（*In No One's Shadow*）[24]」は、ハワイやカナダにフィリピン人が移民するよりもかなり以前の1780年代に、数十人のフィリピン人が定住していたルイジアナ州を含めた多くの地域にいたフィリピン人の歴史を描写している。クリスティン・チョイ（Christine Choy）監督の1983年の「ミシシッピの三角関係（*Mississippi Triangle*）[27]」は、ミシシッピ川の三角州地域に移住して、そこでは多くの場合はアフリカ系女性と結婚する中国人男性の末裔を描写している。このような集団の経歴からも、アジア系アメリカ人の体験は決して同質ではないことに私達は気づかされる。

　新しいアジア系移民がアメリカの生活に適合することも、映画のテーマになった。

リトゥ・サリン（Ritu Sarin）監督とテンジン・ソーナム（Tenzing Sonam）監督の1987年の「ニューピューリタン－ユバ市のシーク教徒（*The New Puritans: The Sikhs of Yuba City*）[30]」は、1980年代カリフォルニア州のある町で挙行された伝統的結婚式の場面を背景として活用している。その対照的な背景として、なまりの少ないアメリカ英語を話せる十代のインド系の若者がどのように自分自身を捉えているかの討論の場面も描写している。漁船で生き延びるベトナム人難民の奮闘を通して、スペンサー・ナカサコ（Spencer Nakasako）監督による1982年の「モンテレーのボート難民（*Monterey's Boat People*）[29]」の映画には、論議があるテーマに対して調和が取れた公平な探求の成果を見ることができる。環境保護運動家の矛盾する利害関係や漁船移民達が生活保護に頼らず全うな生活費を稼ぎたいという願望が描かれている。ケン・レビン（Ken Levine）監督の1982年の「アメリカ人になるために（*Becoming American*）[4]」は、あるモン族（Hmong）の家族がタイの難民収容所からシアトルにたどり着くまでの軌跡を追跡している。近代西洋生活に対処することを学びながら、新しい入国者が経験する当惑の意識を後世の人びとに伝えている。

　近年に起こった複雑な事件も映画の主題になって来た。クリスティン・チョイ（Christine Choy）監督とレニー・タジマ（Renee Tajima）監督の1988年の「誰がヴィンセント・チンを殺したか（*Who Killed Vincent Chin?*）[39]」は、ヴィンセント・チンを知っているあるいは彼の死に至る事件を証言する多くの人びととの回想や意見を放映するだけでなく、その殺人者であるロナルド・エバンス（Ronald Ebens）にもかなりの場面を当てている。エバンスの動機や行動を論評する代わりに、エバンスに発言させることで、クリスティン・チョイ監督とレニー・タジマ監督は、観衆にそれについてアメリカ司法制度の公平性あるいはその欠如を判断してもらった。ヴィンセントを死で奪われても、勇敢な母親が、裁判所が息子の殺人者に下した甘い判決に憤慨して、負わされた困難に打ち勝って、多くの公衆の前で彼女の限られた英語で発言する場面は特にくぎ付けにされる。

　多くのアジア系アメリカ人が、スポンサー広告が付いた映画を制作した。ウェイン・ワング（Wayne Wang, 王穎）監督の1981年の「チャンが行方不明（*Chan Is Missing*）[7]」は、近年のアメリカのチャイナタウン内部の実態を映し出している。中年男性と彼のおしゃれな甥が、大金を盗んだ友人の失踪の謎を解く奮闘に視聴者は引き込まれながら、登場人物の多様性から、中国人がすべて同じような民族衣装

とは限らないことを示している。ワング監督の、アジア系アメリカ人が登場人物であるもう1つの映画、1987年の「点心 (*Dim Sum: A Little Bit of Heart*) 」[19]では、中国系アメリカ人の母親と1人娘の人間関係ならびに中国系アメリカ人における結婚、家族と地域共同体に対する考え方の変化が微妙に表現されている。ワングの近年の映画である1989年の「夜明けのスローボート (*Eat a Bowl of Tea*)」は、それと同じ題名である1961年のルイス・チュウ (Louis Chu, 路易斯・朱) の小説を脚本化したものである。その小説の主題はニューヨークのチャイナタウンの独身男性社会の動態であったが、その映画が興行収入で成り立つように、ワング監督はそれを恋物語に改編した。その他のスポンサー広告の付いた映画では、6編の劇作家でもあるフィリップ・カン・ゴタンダ (Philip Kan Gotanda) 監督による1988年の「洗濯 (*The Wash*)」があり、若い男性のために夫から去ったにも関わらず恩義を感じて、毎週夫の洗濯屋の仕事を手伝うために以前の自宅に戻る60歳の日系アメリカ人女性を描いている。これらの映画は、アジア系アメリカ人の歴史学的研究ではどうしても表現できない方法で人びとの心の奥底を揺り動かした。

　その他の媒体で制作するアジア系アメリカ人は、映画が探求したのと同じいくつかの歴史上の出来事を活用した。中国系アメリカ人の劇作家であるジェニイ・リム (Genny Lim, 林小琴) が1982年の「ペーパー・エンジェル (*Paper Angels*) [20]」において、中国系移民がエンジェル・アイランドで体験した困窮を描写した。その演劇の登場人物は、中国への哀愁、無力さへの嘆き、彼らの存在を煙たがる移民当局の罵声などを表現している。その他にリムの劇作による1989年の「辛い杖 (*Bitter Cane*)」は、ハワイの中国人売春婦の人生における数人の男性との人間関係を解明しながら、写実主義に空想をおりまぜた。そこには彼女を所有する耕作現場監督、彼女を定期的に訪れるけんか好きな労働者、彼女との恋に溺れる繊細な青年、目には見えないが彼女の人生で重要な役割を果たす幽霊などが登場する。

2) アジア系アメリカ人の音楽家と文筆家

　中国系アメリカ人のジャズ演奏家と作曲家であるフレッド・ホウ (Fred Ho, 弗莱徳・何; 旧姓ホウン, Houn) は、並はずれた2か国語を使用する1987年のオペラ「中国人男性のチャンス (*Chinamen's Chance*)」を創作するために、アメリカジャズに中国古典演劇である京劇をオペラとして初めて混ぜ合わせた。それには、太平洋を横

断する船上で、苦力の反乱の場面を含めている。ホウが取り上げる歴史は非常に錯綜しているが、彼はロバート・ブラウン（Robert Browne）の分離派改革がアメリカ合衆国ではなく中南米に向かうと構想していたが、男性的な激怒を再現するために、効果的に音楽と歌詞を活用した。

　日系アメリカ人の短編作家で劇作家のワカコ・ヤマウチ（Wakako Yamauchi）も同様に彼女の文化的伝統においていくつかの重要な要素を探求した。1977年の「そして心が踊る（And the Soul Shall Dance）」で、視聴者は世界大恐慌当時のインペリアル・バリーで日本人移民である2つの農家の家族に出会う。砂漠の地平線に蜃気楼のように揺らめく登場人物の日本への郷愁を、毎日耐えなければならない厳しい現実と対立する要素としてその効果を上げている。その他の劇作では日系アメリカ人のワカコ・ヤマウチによる1982年の「12-1-A棟（12-1-A）」では、強制収容所における被強制収容者の収容に対する反抗から熱狂的愛国主義まで、監禁に対するさまざまな反応を劇作化した。

　さらにより近年の出来事としては、フィリピン系アメリカ人の劇作家であるメル・エスクエタ（Mel Escueta）は、帰還後にアジア人の仲間を殺害した罪悪感に苦しめられるベトナム戦争の退役軍人の苦境を描写した。エスクエタは、彼自身がベトナム戦争の退役軍人であり、その体験のすべてが引き裂かれるような悲哀に向き合うために1979年の「汚物受け（Honey Bucket）」を執筆したと述べた。

　リム、ホウ、ヤマウチ、エスクエタのような芸術家による現実的な作品と比較して、中国系アメリカ人の草分けの劇作家であるフランク・チン（Frank Chin, 趙健秀）は、1972年の「鶏小屋の中国人（The Chickencoop Chinaman）」で、アジア系アメリカ人として最初の劇場作品を劇作して、ニューヨークで批判的な注目を集めた。この作品の中でチンは、彼にとって心に大切に思い描く厳格な特有の性格を具現化する登場人物、特に男性優位型のアジア系アメリカ人を創作することを強く意図しているように見える。彼の多くの作品の中で、女性は単に高飛車に話す男性の引き立て役を果たしていた。チンは自身のことを唯一の真正なるアジア系アメリカ人作家であると自称して、移民やチャイナタウン、そして彼と同じような批判的な喝采を受けているマキシン・ホン・キングストン（Maxine Hong Kingston）やヘンリー・デビット・ウォン（Henry David Hwang）などその他のアジア系アメリカ人作家をも非難をした。ウォンの近年の劇作である1988年の「エム・バタフライ（M.

Butterfly)」は、最優秀劇作としてトニー賞（Tony Award）を受賞して、アジア系アメリカ人の間でかなりの論争を引き起こした。その物語はフランス外交官が、女装した男性中国人オペラ歌手と恋に陥るが、最終的にその彼の女装が明らかにされるという内容である。批評家は、ウォンは一部のヨーロッパ系アメリカ人に対して東洋の異国風作品を提供しているに過ぎないと非難したが、一方で、その作品の支持者は、帝国主義、人種差別や性差別に対する特有の意見を述べるための劇作家の手法であると見なした。

チンの作品の女性登場人物とは異なり、ほとんどのアジア系アメリカ人女性作家の作品に登場する女性は、繊細であり魅惑的である。マキシン・ホン・キングストン（Maxine Hong Kingston）の1976年の「女性闘士－幽霊に対する子供時代の言行録（*The Woman Warrior: Memoirs of a Childhood among Ghost*）」に登場する女性の登場人物は、しばしば侮辱されることもあるが、それにも関わらず生まれた環境から逃れる手段を見いだせる才覚がある人々である。劇作家のヴェリナ・ハス・ヒューストン（Velina Hasu Houston）による1985年の三部作である「朝が来ました（*Asa Ga Kimashita*）」・「アメリカンドリーム（*American Dream*）」・「お茶（*Tea*）」における日系人の戦争花嫁は、伝統的な柵を抜け出そうとして、数々の困難にも関わらず、異なった新しい環境で生き延びる道を捜し出す女性達である。朝鮮系アメリカ人の小説家であるキム・ロンヤング（Kim Ronyoung）が執筆した1986年の「土壁（*Clay Walls*）」に登場する妻でもあった母親は、夫が博打で家族の蓄えを浪費してやがて死亡した後に、彼女の家族を扶養するために、刺繍細工をして目を悪くした。それにも関わらず、彼女は常に尊厳を保持しながら、子供達に自分は何者であるかを誇れるように教育している。小説家であるエイミ・タン（Amy Tan, 譚恩美）の1989年の「ジョイ・ラック・クラブ（*The Joy Luck Club*）」では、複雑な性格を垣間に表現しながら、4人の中国系移民女性とその娘達の人生を重ね合わせて場面ごとに描写した。

多くの作品は、社会の周辺で生活している女性達を取り扱っている。劇作家のバーバラ・ノダ（Barbara Noda）の1981年の「しかたがない！（*Aw Shucks!*）」では、自分達の性的立場を公にするために奮闘する3人のアジア系アメリカ人女性の同性愛者を描写した。短編小説家のヒサエ・ヤマモト（Hisaye Yamamoto）の1950年の「ミス・ササガワラの伝説（*The Legend of Miss Sasagawa*）」では、強制収容所におい

て、2人の無邪気な日系二世少女の白昼夢と気が狂った年配の寡婦の奇妙な行動を並置している。作詞家であるジャニス・ミリキタニ（Janice Mirikitani）の詩である「狂ったアリス（"Crazy Alice"）」では、もう1人の気が狂いつつも悲痛な女性が登場して、狂気は実際には、人生が拘束された抑圧から逃れる、女性にとっての合理的な方法であるのかどうかの疑問を間接的に問いかけている。

　多くのアジア系アメリカ人の作品は、固定観念を打ち破り、今まで抑圧されていた感情を表現したものであり、感動せずにはいられない。それらは、アジア系アメリカ人が直面する自己矛盾を表現して、読者、観衆、聴衆らを、アジア系アメリカ人が最終的にその独自性として要求することのできる新しい境地へあるがままに導いてくれる芸術領域を提供している。アジア系アメリカ人の表現を見いだすことで、言わば祖国の原点に戻れるのである。

第10節　結語

ジャニス・ミリキタニの詩から[21]

There are miracles that happen
　奇跡が起こるよ
she said,
彼女は言った
and everything is made visible.
　そして今すべてはあきらかに見える
　　We see the cracks and fissures in our soil:
　　　私達は見る　私達の土の中の割れ目を裂け目を
We speak of suicides and intimacies,
　私達は話す　自殺について　親しかった人々について
of longings lush like wet furrows,
　あこがれについて　濡れたあぜ道のように潑剌とした

of oceans bearing us toward imagined riches,
 私達を想像の富へと運び来る海について
of burning humiliations and
 燃えるような屈辱について　そして
crimes by the government.
 政府による罪について
Of self hate and of love that breaks
 自己への憎しみについて　愛について　それは
through silences.
 破る　沈黙を
  We are lightning and justice.
   私達は稲妻そして正義
  Our souls become transparent like glass
   私達の魂はガラスのように透明になる
revealing tears for war-dead sons
 涙を流しながら　戦争で死んだ息子達のために
red ashes of Hiroshima
 ヒロシマの赤い灰
jagged wounds from barbed wire.
有刺鉄線から受けたギザギザの傷のために
  We must recognize ourselves at last.
   私達は自分を認識せねばならない　ついに
  We are a rainforest of color
   私達は雨林　色付きの
and noise.
 そして黙ってはいない
  We hear everything.
   私達は聞く　すべてを
  We are unafraid.
   私達は恐れない

Our language is beautiful [27].
私達の言葉は美しい

注
1 ハワイは1959年にアメリカ合衆国の第50番目の州に昇格した。
2 Dan は Daniel の愛称である。
3 インド人とフィリピン人に帰化権と小規模の割当て移民を授与した。
4 アメリカ合衆国の政治家、民主党員で、アジア系アメリカ人として初めて米国閣僚として2000年から2001年商務長官、2001年から2006年まで運輸長官を務めた。
5 連続14期26年間カリフォルニア州から連邦議会の下院議員に選出され、2005年1月1日63歳で死去した。
6 スコットランドでみられる大型のベレーに似た感じの帽子で、中央に毛糸の丸飾りがつけてある。
7 州政府において、登録業務、法令の配布、選挙管理、公文書の保管などを行う。副知事に次ぐ地位で、任命または選挙により専任される。
8 日系アメリカ人女性で、1987年から1991年まで共和党の下院議員としてハワイ州から選出された。
9 1970年アジア系アメリカ人学生は、アメリカ軍によるカンボジア侵攻とベトナム戦争の拡大に反対する全米学生運動に参加した（引用年表305頁）。
10 米国の黒人運動指導者ジェシー・ジャクソン牧師がアフリカ系、ヒスパニック系、アジア系、女性、高齢者などの結集を虹にたとえた政治運動のスローガンである。
11 事前の殺意（malice aforethought）なしに人を殺害する罪で、事前の殺意がある謀殺（murder）罪と異なる。
12 米国北東部にある名門の単科・総合大学の一群で、特にイェール（Yale）、ハーバード（Harvard）、プリンストン（Princeton）、コロンビア（Columbia）、ダートマス（Dartmouth）、コーネル（Cornell）、ペンシルベニア（Pennsylvania）、ブラウン（Brown）の8大学が顕著な学問業績と社会権威で有名である。
13 1974年のラウ対ニコルズ（*Lau v. Nichols*）の判例で、ほとんど英語を話せない子供の学校に対して、2か国語教育をすることを命じた（引用年表305頁）。
14 エミー賞受賞作品，VOX Productions
15 Farallon Films
16 1983年フレッド・コレマツ、ミン・ヤスイとゴードン・ヒラバヤシは、外出禁止令や強制収容に対する第2次世界対戦時の有罪判決を覆すために再審請求をした（第7章第10節202頁参照，引用年表306頁）。コレマツはサンフランシスコ、ヤスイはポートランド、ヒラバヤシはシアトルの連邦地方裁判所でそれぞれの有罪判決を無効とした。

17　日本人は天使島と呼称した。
18　ダンスホールなどで一踊りごとや時間ごとの料金でお客と踊る踊り子を指す。
19　ギョーザやシューマイなど包んで焼いたり蒸したりした中国料理である。
20　サンフランシスコ大地震で文書が焼けてしまって国籍や名前などの公的記録を失った人びとを示す。
21　「沈黙を破って（*Breaking Silence*, 1987)」引用：水崎野里子編訳「沈黙を破って」『現代アメリカアジア系詩集』土曜日美術出版販売，28-32，2003年。

参考文献（Notes and References）

1) William Petersen, "Success Story, Japanese American Style," *New York Times Magazine*, 9 January 1966, was the first story on Asian Americans as a model minority. Bob H. Suzuki, "Education and the Socialization of Asian Americans: A Revisionist Analysis of the 'Model Minority' Thesis," *Amerasia Journal* 4, no. 2 (1977): 23-51, was the first critique of the "model minority" thesis. Keith Osajima, "Asian Americans as the Model Minority: An Analysis of the Popular Press Image in the 1960s and 1980s," in *Reflections on Shattered Windows*, ed. Okihiro et al., 165-74, is a recent in-depth analysis that cites the major articles on the subject published in the nation's most influential periodicals.

2) Calvin F. Schmid and Charles E. Nobbe, "Socioeconomic Differentials among Nonwhite Races," *American Sociological Review* 30 (1965): 909-22.

3) U.S. Department of Health, Education, and Welfare, *A Study of Selected Socio-Economic Characteristics of Ethnic Minorities Based on the 1970 Census*, vol. 2: *Asian Americans* (Washington, D.C.: Department of Health, Education, and Welfare, 1974); 108, 112.

4) Studies that depict continual improvement since the 1960s include George L. Wilber et al., *Orientals in the American Labor Market* (Lexington: Social Welfare Research Institute, University of Kentucky, 1975) ; Robert M. Jiobu, "Earning Differentials between White and Ethnic Minorities: The Cases of Asian Americans, Blacks, and Chicanos," *Sociology and Social Research* 61 (1976) : 24-38; Charles Hirschman and Morrison G. Wong, "Trends in Socioeconomic Achievement among Immigrant and Native-Born Asian-Americans, 1960-1976," *Sociological Quarterly* 22 (1981) : 495-514; Barry R. Chiswick, "An Analysis of the Earnings and Employment of Asian-American Men," *Journal of Labor Economics* 4 (1983): 197-214; Victor Nee and Jimy Sanders, "The Road to Parity: Determinants of the Socioeconomic Achievement of Asian Americans," *Ethnic and Racial Studies* 8 (1985) : 75-93; and U.S. Commission on Civil Rights, *The Economic Status of Americans of Asian Descent* (Washington, D. C. : U.S. Commission on Civil Rights, 1988). Studies that paint a far less rosy picture of Asian American socioeconomic status include Amado Cabezas and Harold T. Yee, *Discriminatory Employment of Asian Americans: Private Industry in the San*

Francisco-Oakland SMSA (San Francisco: ASIAN, 1977); David M. Moulton, *The Socioeconomic Status of Asian American Families in Five Major SMSAs with Regard to the Relevance of Commonly Used Indicators of Economic Welfare* (San Francisco: ASIAN, 1978); Amado Y. Cabezas, "Myth and Realities Surrounding the Socioeconomic Status of Asian and Pacific Americans," in U.S. Commission on Civil Rights, *Civil Rights Issues of Asian and Pacific Americans: Myths and Realities* (Washington, D.C. : U.S. Commission on Civil Rights, 1979), 389-93; Patricia A. Taylor and Sung-Soon Kim, "Asian-Americans in the Federal Civil Service 1977," *California Sociologist* 3 (1980): 1-16; Morrison G. Wong, "The Cost of Being Chinese, Japanese, and Filipino in the United States, 1960, 1970, 1976," *Pacific Sociological Review* 5 (1982): 59-78; Kwang Chung Kim and Won Moo Hurh, "Korean Americans and the 'Success' Image: A Critique," *Amerasia Journal* 10, no.2 (1983) 3-22; Paul M. Ong, "Chinatown Unemployment and the Ethnic Labor Market," *Amerasia Journal* 11, no. 1 (1984): 35-54; Deborah Woo, "The Socioeconomic Status of Asian American Women in the Labor Force: An Alternative View," *Sociological Perspectives* 28 (1985): 307-38; and Eui Hang Shin and Kyung-Sup Chang, "Peripherization of Immigrant Professionals: Korean Physicians in the United States," *International Migration Review* 22 (1988) : 609-26. The current socioeconomic status of Asian immigrant working women is discussed in Don Mar, "Chinese Immigrant Women and the Ethnic Labor Market," *Critical Perspectives of Third World America* 2 (1984): 62-74, and Paul M. Ong, "Immigrant Wives Labor Force Participation," *Industrial Relations* 26 (1987): 296-303. The noneconomic needs of Asian Americans are addressed in Bok-Lim C. Kim, *Asian Americans: Changing Patterns, Changing Needs* (Montclair, N.J.: Association of Korean Christian Scholars in North America, 1978), and Stanley Sue and James K. Morishima, *The Mental Health of Asian Americans: Contemporary Issues in Identifying and Treating Mental Problems* (San Francisco: Jossey-Bass, 1982).

5) The following six paragraphs are culled from Cabezas and Yee, *Discriminatory Employment;* Moulton, *Socioeconomic Status*; and Cabezas, "Myths and Realities."

6) Hurh and Kim, *Korean Immigrants in America*, and Light and Bonacich, *Immigrant Entrepreneurs*, take very critical looks at the true meaning of Korean immigrant participation in small business.

7) Amado Cabezas et al., "New Inquiries into the Socioeconomic Status of Filipino Americans in California," *Amerasia Journal* 13, no. 1(1986): 1-21, and idem, "Income Differentials between Asian Americans and White Americans in California, 1980," in *Income and Status Differences between Minority and White Americans*, ed. Sucheng Chan (Lewiston, N.Y.: Mellen Press, 1990), 55-98.

8) Nathan Caplan et al., *The Boat People and Achievement in America: A Study of Family Life,*

Hard Work, and Cultural Values (Ann Arbor: University of Michigan Press, 1989), is a prime example of the effort to extend the model minority image to a refugee population.

9) Brief glimpses of Asian American, particularly Japanese American, involvement in electoral politics in Hawaii are found in Bill Hosokawa, *Nisei: The Quiet Americans, the Story of a People* (New York: Morrow, 1969), 457-72, and in George Cooper and Gavan Daws, *Land and Power in Hawaii* (Honolulu: Benchmark Books, 1985).

10) Daniel K. Inouye, as quoted in Hosokawa, *Nisei*, 468.

11) Cooper and Daws, *Land and Power*, 43.

12) Richard Nagasawa, *Summer Wind: The Story of an Immigrant Chinese Politician* (Tucson, Ariz.: Westernlore Press, 1986).

13) Leona B. Bagai, *The East Indians and the Pakistanis in America* (Minneapolis: Lerner, 1972), 35-37, and Dalip Singh Saund, *Congressman from India* (New York: Dutton, 1960).

14) Judy Chu, "Asian Pacific American Women in Mainstream Politics," in *Making Waves*, ed. Asian Women United of California, 405-21, is the only study of Asian American female politicians.

15) Daniels, *Asian America*, 334. Yasuko I. Takezawa, "Breaking the Silences: Ethnicity and the Quest for Redress among Japanese Americans" (Ph.D. diss., University of Washington, 1989), analyzes the meaning that the redress movement has had for two generations of Japanese Americans in Seattle.

16) *Personal Justice Denied*, 18.

17) The Asian American political movement that began in the 1960s has received little scholarly analysis. The articles and memoirs in *Amerasia Journal* 15, no.1 (1989): 3-158, reflect both the temper of the times and the nostalgia of the participants. The account here is based on my personal experience, observations, and evaluation.

18) U.S. Commission on Civil Rights, *Recent Activities against Citizens and Residents of Asian Descent* (Washington, D.C.: Clearinghouse Publication no. 88, 1986), 56.

19) Press release by Massachusetts Attorney General Francis X. Bellotti, 1984, as quoted in ibid., 46.

20) There is no scholarly study of the Vincent Chin case. The account here is culled from newspaper stories: *East/West*, 11 and 18 May, 8 June, 14 September, and 9 November 1983; 21 March, 4 April, 13 and 20 June, 25 and 27 July, and 8 August 1984; and 7 May 1987. *AsianWeek*, 26 May, 23 June, 6 July, 10 August, and 11 November 1983; 20 January, 8 and 22 June, and 6 July 1984; 8 May and 6 November 1987. *Hokubei Mainichi*, 13, 18, and 21 May, and 8 and 16 July 1983; 9, 19, and 30 June, 10 July, and 20 September 1984. *Pacific Citizen*, 6 May, 3 and 10 June, and 2 December 1983; 16 March, 29 June, 6 and 27 July, and 10 August 1984; and 19 September 1986.

第9章 アジア系アメリカ人の社会・経済と教育・文化の近況 Current Socioeconomic Status, Politics, Education, and Culture 289

21) Cecil Suzuki, "Detroit's Asian Americans Outraged by Sentence Given in Murder Case," *Hokubei Mainichi*, 13 May 1983.
22) *AsianWeek*, 1 September 1989.
23) *AsianWeek*, 2 3 March 1990.
24) The account here is abbreviated from Sucheng Chan and L. Ling-chi Wang, "Racism and the Model Minority: Asian Americans in American Higher Education," in *The Racial Crisis in American Higher Education*, ed. Philip Altbach and Kofi Lomotey (Albany: State University of New York Press, 1991), and the sources cited therein.
25) The essays in Okihiro et al., eds., *Reflections on Shattered Windows*, are retrospective assessments of how Asian American studies has fared in the twenty years of its existence. Several other educational issues concern Asian Americans. Don Nakanishi and Marsha Hirano-Nakanishi, eds., *The Education of Asian and Pacific Americans: Historical Perspectives and Prescriptions for the Future* (Phoneix, Ariz.: Oryx Press, 1983); Nobuya Tsuchida, ed., *Issues in Asian and Pacific American Education* (Minneapolis: Asian/Pacific American Learning Resources Center, University of Minnesota, 1986); and Jayjia Hsia, *Asian Americans in Higher Education and at Work* (Hillsdale, N.J.: Erlbaum, 1988), provide overviews. L. Ling-chi Wang, "*Lau v. Nichols*: The Right of Limited-English-Speaking Students," *Amerasia Journal* 2, no. 2 (1974): 16-45; John H. Koo and Robert N. St. Clair, eds., *Bilingual Education for Asian Americans: Problems and Strategies* (Hiroshima, Japan: Bunka Hyoron, 1980); Mae Chu-Chang, ed. *Asian- and Pacific-American Perspectives on Bilingual Education* (New York: Columbia University Teachers College Press, 1983); and Sandra Lee McKay and Sau-ling Cynthia Wong, eds., *Language Diversity: Problem or Resource?* (New York: Newbury, 1988).
26) Most of the available writings on Asian American culture are on literature. Apart from brief reviews, there is as yet no full-length critical study of films and plays written and produced by Asian American artists. Even less has been said about painting, sculpture, dance, and other art forms. Frank Chin et al., eds., *AIIIEEEEE! An Anthology of Asian American Writers* (Washington, D.C.: Howard University Press, 1974), first defined "Asian American literature" and "Asian American sensibility"; Elaine H. Kim, *Asian American Literature: An Introduction to the Writings and Their Historical Context* (Philadelphia: Temple University Press, 1982), is the first comprehensive survey of works published up to 1980; Cheung and Yogi, *Asian American Literature*, is the most exhaustive bibliography; and Marlon K. Hom, *Songs of Gold Mountain: Cantonese Rhymes from San Francisco Chinatown* (Berkeley and Los Angeles: University of California Press, 1987), introduces a body of Asian American literature written in Chinese. Literary criticism of Asian American writings is a burgeoning field, with the books of Maxine Hong Kingston, particularly *The Woman Warrior: Memoirs of a Childhood among*

Ghosts (New York: Random House, 1975), having received more critical scrutiny than those of any other Asian American author. For a full listing of critical studies, see Cheung and Yogi, eds., *Asian American Literature*. Individual pieces of creative writing are too numerous to list and some are difficult to locate. Accessible anthologies containing the works of multiple authors include Kai-yu Hsu and Helen Palubinskas, eds., *Asian American Authors* (Boston: Houghton Mifflin, 1972); David Hsin-Fu Wand, ed., *Asian-American Heritage: An Anthology of Prose and Poetry* (New York: Washington Square Press, 1974); Chin et al., eds., *AII-IEEEEE!*; Fay Chiang et al., eds., *American Born and Foreign: An Anthology of Asian American Poetry* (New York: Sunbury Press Books, 1979); Janice Mirikitani et al., eds., *Ayumi: A Japanese American Anthology* (San Francisco: Japanese American Anthology Committee, 1980); Joseph Bruchac, ed., *Breaking Silence: An Anthology of Contemporary Asian American Poets* (New York: Greenfield Review Press, 1983); Shirley Ancheta et al., eds., *Without Names: A Collection of Poems by Bay Area Pilipino American Writers* (San Francisco: Kearney Street Workshop Press, 1985); *The Hawk's Well: A Collection of Japanese American Art and Literature* (San Jose: Asian American Art Projects, 1986); Shirley Geok-lin Lim and Mayumi Tsutakawa, eds., *The Forbidden Stitch: An Asian American Women's Anthology* (Corvallis, Ore.: Calyx Books, 1989); and Sylvia Watanabe and Carol Bruchac, eds., *Home to Stay: Asian American Women's Fiction* (New York: Greenfield Review Press, 1990). For individual works, consult Cheung and Yogi, eds., *Asian American Literature*. Only a small number of plays has been published: Jessica Hagedorn, *Chiquita Banana, in Third World Women* (San Francisco: Third World Communications, 1972), 118-27; Mei-Mei Berssenbrugge, *One, Two Cups*, in Mei-Mei Berssenbrugge, *Summits Move with the Tide* (New York: Greenfield Review Press, 1974); Momoko Iko, *The Gold Watch* (act 1 only), in *AIIIEEEEE!*, ed. Chin et al., 163-98; Frank Chin, *The Chickencoop Chinaman and The Year of the Dragon* (two plays in one volume) (Seattle: University of Washington Press, 1981) ; Wakako Yamauchi, *And the Soul Shall Dance, in West Coast Plays* 11-12 (1982): 117-64; David Henry Hwang, *Broken Promises: Four Plays* (New York: Avon, 1983); Philip Kan Gotanda, *The Dream of Kitamura, in West Coast Plays* 15-16 (1983): 191-223; Genny Lim, *Pigeons*, in *Bamboo Ridge* 30 (1986): 57-79; Lawrence Yep, *Daemons*, in *Bamboo Ridge* 30 (1986): 80-94; and Misha Berson, ed., *Between Worlds: Contemporary Asian-American Plays* (New York: Theatre Communications Group, 1990), which contains plays by Ping Chong, Philip Kan Gotanda, Jessica Hagedorn, David Henry Hwang, Wakako Yamauchi, and Laurence Yep. Drama review sections of newspapers in East and West Coast metropolitan areas often contain reviews of new Asian American plays.

27) Janice Mirikitani, "Breaking Silence," in *Shedding Silence: Poetry and Prose* (Berkeley: CelestialArts, 1987), 36.

第9章 アジア系アメリカ人の社会・経済と教育・文化の近況　Current Socioeconomic Status, Politics, Education, and Culture　*291*

アジア系アメリカ人の歴史的体験に関する映画

　アジア系アメリカ人に関するとても数多くの映画を、今日では教室の授業でも上映できるようになった。それらの大部分は、16ミリあるいはビデオカセットを最も適切な料金で借用することができる。次の利用できるカタログに含まれている [Bernice Chu, ed., *Asian American Media Reference Guide* (New York: Asian Cinevision, 1986); National Asian American Telecommunications Association, *CrossCurrent Media: Asian American Audiovisual Catalog, 1990-91* (San Francisco: National Asian American Telecommunications Association, 1990).]。その配給元と連絡先は角括弧に記載している。註釈は、そのタイトルだけではその内容は自明とならない映画に対してのみ提示する。

(1) *A Dollar a Day, Ten Cents a Dance* by Geoffrey Dunn and Mark Schwartz, 29 minutes, color. Filipino farm workers in California. [National Asian American Telecommunications Association (hereafter NAATA), 346 Ninth Street, 2nd floor, San Francisco, CA 94103]

(2) *American Chinatown* by Todd Carrel, 30 minutes, color. [Extension Media Center, University of California, 2223 Fulton, Berkeley, CA 94720]

(3) *Asian American New Wave* by Nancy Tong, 18 minutes, color. Interviews with Asian American performers and artists. [Apple TV, 11 Mercer Street, New York, NY 10013]

(4) *Becoming American* by Ken Levine, 58 minutes, color. A Hmong family's journey from Laos to the United States. [New Day Films, 121 W. 27th St., #902, New York, NY 10001]

(5) *Blue Collar and Buddha* by Taggart Siegel and Kati Johnston, 90 minutes, color. Reception of Laotian refugees in a small midwestern town. [NAATA]

(6) *Carved in Silence* by Felicia Lowe, 45 minutes, color. Recollections of Chinese immigrants detained in the Angel Island immigration station. [NAATA]

(7) *Chan Is Missing* by Wayne Wang, 80 minutes, black and white. A detective story set in San Francisco's Chinatown. [New Yorker Films, 16 W. 61st Street, New York, NY 10023]

(8) *Children of the Railroad Workers* by Richard Gong, 40 minutes, black and white. Chinese construction workers in New York's Chinatown. [Amerasia Bookstore, 129 Japanese Village, Los Angeles, CA 90012]

(9) *Chinese Gold: The Chinese of the Monterey Bay Region* by Mark Schwartz and Geoffrey Dunn, 42 minutes, color. [Chip Taylor Communications, 15 Spollett Drive, Derry, NH 03038]

(10) *Color of Honor: The Japanese American Soldier in World War II* by Loni Ding, 90 minutes, color. Focuses on the Japanese American graduates of the Military Intelligence Service Language School who served as translators and interrogators in the Asian/Pacific theater during World War II. [Vox Productions, 2335 Jones Street, San Francisco, CA 94133 or NAATA]

(11) *The Cutting Edge* by Judith Mann, 29 minutes, color. Three adolescents from Vietnam and Laos in America. [Judith Mann, 3006 S.E. Tibbetts, Portland, OR 97202]

(12) *Days of Waiting* by Steven Okazaki, 18 minutes, color. The story of an Euro-American wife

of a Japanese American internee. [NAATA]
(13) *East of Occidental* by Lucy Ostrander and Maria Garguilo, 29 minutes, color. The residents of Seattle's multiethnic International District. [NAATA]
(14) *The Fall of the I Hotel* by Curtis Choy, 57 minutes, color. The demolition of the International Hotel in San Francisco, where many old Filipinos lived. [NAATA]
(15) *Family Gathering* by Lisa Yasui, 30 minutes, color. A chronicle of the Yasui family of Hood River, Oregon. [New Day Films]
(16) *Farewell to Freedom* by WCCO-TV, 55 minutes, color. Hmong in Laos and America. [Audio-Visual Center, Indiana University, Bloomington, IN 47405]
(17) *Forbidden City, U.S.A.* by Arthur Dong, 56 minutes, color. A Chinese American nightclub and the lives of men and women who defied tradition to dance and sing. [Deepfocus Productions, 4546 Palmero Drive, Los Angeles, CA 90065]
(18) *Framed Out: The Challenges of the Asian American Actor* by John Esaki, 28 minutes, color. [Amerasia Bookstore]
(19) *Freckled Rice* by Stephen Ning and Yuet-Fung Ho, 48 minutes, color. A Chinese American boy in Boston's Chinatown. [NAATA]
(20) *From Spikes to Spindles* by Christine Choy, 50 minutes, color. Chinese immigrant workers from the 1860s to the present. [Third World Newsreel, 335 W. 38th Street, New York, NY 10018]
(21) *Fujikawa* by Michael Uno, 30 minutes, color. Japanese immigrant fishermen in San Pedro, California. [GPN, Box 80669, Lincoln, NE 68501]
(22) *Great Branches, New Roots: The Hmong Family* by Rita LaDoux, 42 minutes, color. [Hmong Film Project, 2258 Commonwealth Avenue, St. Paul, MN 55108]
(23) *Hito Hata: Raise the Banner* by Bob Nakamura, 90 minutes, color. Japanese immigrants from the late nineteenth century to the present. [Visual Communications, 263 South Los Angeles Street, Room 307, Los Angeles, CA 90012]
(24) *In No One's Shadow: Filipinos in America* by Naomi De Castro and Antonio De Castro, 58 minutes, color. [NAATA]
(25) *Invisible Citizens* by Keiko Tsuno, 59 minutes, color. Three generations of Japanese Americans. [Downtown Community Television, 87 Lafayette Street, New York, NY 10013]
(26) *Japanese Americans in Concentration Camps* by Visual Communications, 120 minutes, color. Hearings held by the Commission on Wartime Relocation and Internment of Civilians in Los Angeles. [Visual Communications]
(27) *Mississippi Triangle* by Christine Choy, 110 minutes, color. Chinese in the Mississippi Delta. [Third World Newsreel]
(28) *Mitsuye and Nellie: Asian American Poets* by Allie Light, 58 minutes, color. [Light-Saraf

Films, 246 Arbor Street, San Francisco, CA 94131]
(29) *Monterey's Boat People* by Spencer Nakasako and Vincent DiGirolamo, 29 minutes, color. Vietnamese fishermen in Monterey, California. [NAATA]
(30) *The New Puritans: The Sikhs of Yuba City* by Ritu Sarin and Tenzing Sonam, 27 minutes, color. [NAATA]
(31) *Nisei Soldier: Standard Bearer for an Exiled People* by Loni Ding, 29 minutes, color. Japanese American soldiers of the 442nd Regimental Combat Team. [Vox Productions]
(32) *Perceptions: A Question of Justice* by Sandra Yep, 25 minutes, color. Korean American Chol Soo Lee's conviction, imprisonment, and community efforts to get him released. [KCRA-TV, 310 Tenth Street, Sacramento, CA 95814]
(33) *The Price You Pay* by Christine Keyser, 29 minutes, color. Newcomers from Vietnam, Laos, and Kampuchea. [NAATA]
(34) *Sewing Woman* by Author Dong, 14 minutes, black and white. Portrait of a Chinese immigrant seamstress. [Deepfocus Productions]
(35) *Slaying the Dragon* by Deborah Gee, 60 minutes, color. Images of Asian women in American films and television. [NAATA]
(36) *Two Lies* by Pam Tom, 24 minutes, color. The conflict between a Chinese American teenager and her recently divorced mother over standards of beauty. [NAATA]
(37) *Unfinished Business: The Japanese American Internment Cases* by Steven Okazaki, 58 minutes, color. [NAATA]
(38) *Wataridori: Birds of Passage* by Robert Nakamura, 37 minutes, color. Portraits of three Japanese immigrants. [Amerasia Bookstore]
(39) *Who Killed Vincent Chin?* by Christine Choy and Renee Tajima, 90 minutes, color. [Third World Newsreel]
(40) *With Silk Wings: Asian American Women at Work* is a series of four films: *Four Women, On New Ground*, and *Frankly Speaking* by Loni Ding, and *Talking History* by Spencer Nakasako; 30 minutes each, color. [NAATA]

結 章

アジア系アメリカ人の光と陰の結語
Conclusion

　アジア系アメリカ移民の歴史は、もし我々が彼らを有色人種による少数民族集団の移民ならびにその構成員と見なしさえすれば、十分に理解することができる。移民として彼らの奮闘の多くは、ヨーロッパ系移民が直面したものと類似しているが、しかし、目に見える肉体的相違を有する有色人種由来の人びととして、彼らは完全にはアメリカ社会や政治体制に溶け込めない「永続的な外国人"perpetual foreigners"」として見なされてきた。彼らとの区別を補強するために、アメリカ先住民、アフリカ系アメリカ人とラテン系アメリカ人に強要したものと類似の人種差別をはらむ法律や風習が、アジア系移民や彼らのアメリカ生まれの子供達にも同様に押しつけられた。

　このようにアジア系アメリカ移民が体験した文化変容の過程は、次に述べるような2つの経過をたどった。ちょうど彼らがヨーロッパ系アメリカ人の価値観や態度を習得した時に、彼らは同時に少数民族としての立場をわきまえるべきことを受け入れなければならなかった。彼らの皮膚の色と顔貌のために、すでに社会適応したヨーロッパ系移民と生え抜きのアメリカ人に与えられた権利と特権を享受することは彼らには許されなかった。簡潔に言えば、もし彼らがアメリカ合衆国に居残って生き延びることを希望するのならば、「自分達の立場に留まる"stay in their place"」ことと、より高い人種的地位の人びととに服従して行動することを学ばなければならなかった。

　初期における多くの移民は下層階級の前歴から入国して困窮な生活をしていたが、彼らのほとんどは出身国にて人種的あるいは民族的な少数派ではなかったので、これは新しい従属関係の様式となった。それらの例外である少数派には、日本人移民に不可触賤民（eta）[1]や中国人移民に客家（Hakka）[2]などがいた。アジア系アメリカ

移民が新世界で結成した地域共同体の中で、すべての旧世界の階級が再現されたわけではないが、階級に基づく社会階層は残存し続けた。しかし、入国先の社会とアジア系アメリカ人の関係性において、すべてのヨーロッパ系アメリカ人における民族的ならびに社会経済的区分にも関わらず、富裕な商人と貧しい使用人、土地を所有している農家と土地を持てない農場労働者、搾取する労働請負人と搾取される労働者は、同様にすべてのヨーロッパ系アメリカ人よりも下層階級と見なされた。

　第2次世界大戦後のわずか数十年の間に、アメリカ社会の人種差別を保持する制度化した体系のさまざまな側面が少しずつ解体されてきた。近年、人種ならびに性別あるいは宗教に基づく差別は、もはや合法的ではなくなり、権利の侵害を感じた人は、実際にはどのような差別が現存しているかを裁判所に異議申し立てができる。しかし、敵対感情や意図的な偏見は消失しなかった。その代わりに、それらは新しい様相を伴ってきた。アジア系アメリカ人の近況は、本格的な研究と的確な鋭い分析が必要とされる課題である。それは、アジア系アメリカ人は、アフリカ系アメリカ人あるいはラテン系アメリカ人よりも両面価値（ambivalence）の状態で生活しているからである。一方では、成功者あるいは模範的少数民族として持てはやされるものの、しかし他方では、時折に勃発する人種が原因となる暴力を含めた継続する不公平な取り扱いを受けやすい。

　そのような理由から、アジア系アメリカ人の歴史を総合化した研究成果には、完全には信頼がおけない。アジア系アメリカ人が絶え間なく移民して生き続け、彼らの歴史に関して我々が不完全な知見を提供したとしたら、私が本書で述べたことは、その時代の寸評にしかすぎないことになる。本書は近年におけるアジア系アメリカ人に関する一般的な知見と過去から現在にわたる特別な出来事に関する私なりの解釈を反映している。

　アジア系アメリカ人の地位が劇的に改善されたかどうかの論点は本書にはない。しかしながら、より大きな論点が残存している。それは、アジア系アメリカ人が多民族である隣人と一緒に努力することで、より平等主義の社会がアメリカ合衆国に訪れるのではないだろうか、ということである。勇猛果敢なアジア系アメリカ移民は、迫害に抵抗して生き延びる能力を証明してきた。アジア系アメリカ人が、アメリカ実社会に完全に参加できるかどうかは、自分自身の活力を、自発的に、より広範囲に公共の福祉を改善する活動などの社会貢献につぎ込めるかどうかにある程度

かかっている。もちろん、もしアメリカ合衆国がより協調的に国際社会を導いていく管制官になりたいのならば、それと同時に人種的緊張を終結することが、すべてのアメリカ人が努力しなければならない不動の目標となるのである。

注
1 　中世に軽蔑の意味を込めてつけられた賤民の身分の呼称であるが、1871年の「解放令（太政官布告）」によってこの称は廃止された。
2 　中国北部を先住民とする漢民族の一支派であり、近年では中国南東部から台湾、香港、東南アジアなどの広い地域に居住している。

アジア系アメリカ移民の年表　Chronology

年	歴史の内容	章(節)小節	頁数
1600年代	中国人とフィリピン人がマニラからのガレオン船でメキシコに到来した。	2(1)	33
1830年代	数人の中国人の砂糖職人がハワイで仕事をしていた。中国人の船乗りや行商人がニューヨークに出没していた。	2(2)・1(1)	33・28
1835	アメリカ人がハワイで最初の砂糖耕作を創設した。	2(2)	33
1844	アメリカ合衆国と中国が初の条約を締結した（望厦条約）。	1(2)	28
1848	カリフォルニアで金鉱が発見される。中国人が移民を始めた。	2(4)・2(4)	59・36
1850	カリフォルニアで外国人採掘課税（Foreign Miner's Tax）を課した。ハワイで主従統治法（Masters and Servants Act）が成立し、耕作労働者を募集する王立ハワイ農業協会（Royal Hawaiian Agricultural Society）が設立された。	3(3)1・2(2)	64・35
1851	サンフランシスコにて中国人が三邑会館(Sam Yup Association)と四邑会館（Sze Yup Association）を結成した。	4(2)1	93
1852	中国人195人の契約労働者最初の集団が初めてハワイに到着した。2万人以上の中国人がカリフォルニア州に到来した。中国人がカリフォルニア州で初めて裁判に出廷した。宣教師のウィリアム・スピア（William Speer）がサンフランシスコで中国人に対して長老派教会の布教を開始した。	2(2)・2(4)・5(5)2・4(4)	34・36・134・107
1854	中国人はハワイで葬儀団体を創設し、ハワイ諸島での最初の地域共同体を結成した。州民対ホール（People v. Hall）の判例で中国人は裁判で証言できないと裁定された。アメリカ合衆国と日本が初の条約を締結した（日米和親条約）。	4(2)2・3(4)・1(3)	95・67・9
1858	カリフォルニア州で中国人と蒙古人の入国を排除する条例が成立した。	3(6)	76
1859	サンフランシスコに中国人の子供のための学校が開設され、その1年後には夜間学校に転換した。宣教師アウグストゥス・ルーミス（Augustus Loomis）がサフランシスコに到来し中国人に奉仕した。	3(7)2-1・4(4)	82・107
1860	日本は外交使節団（万延遣外使節）をアメリカ合衆国に派遣した。	1(3)	28
1862	サンフランシスコで緩やかな地域同盟である中国六大公司が設立された。カリフォルニア州は、すべての中国人に対して毎月2.5ドルの公安税（police tax）を課した。	4(2)3・3(6)	95・76
1864	ハワイの耕作主は耕作主団体と移民庁を結成した。	2(2)	35
1865	セントラル・パシフィック鉄道会社が初の大陸間横断鉄道建設のために中国人労働者を募集した。	2(5)	41

年	歴史の内容	章(節)小節	頁数
1867	約2,000人の中国人鉄道労働者が約1週間のストライキを起こした。	5(1)	120
1868	アメリカ合衆国と中国がバーリンゲーム・スアード条約 (Burlingame-Seward Treaty) で、2国間で市民が移民する権利を認めた。ユージン・バン・リード (Eugene Van Reed) がハワイに149人の日本人労働者を不法に連れ出した。サムエル・デイモン (Samuel Damon) が、ハワイで中国人に対して日曜学校を開設した。	3(6)1・1(3)・4(4)	76・12・107
1869	初めて大陸横断鉄道が開通した。J.H.シュネル (John Henry Schnell) が数十人の日本人を若松茶絹コロニー (Wakamatu Tea and Silk Colony) の設立のためにカリフォルニア州に連れ出した。中国人キリスト教伝道師であるヘオング (S.P. Aheong) がハワイで伝道を開始した。	2(5)・1(3)・4(4)	42・12・107
1870	カリフォルニア州で、中国人と日本人と蒙古人種の女性による売春のための移民を禁止する条例が成立した。テキサス州の中国人鉄道労働者が賃金の不払いを提訴した。	6(3)・5(1)	156・121
1871	ロサンゼルスで中国人に対する暴動が発生した。サンフランシスコ当局は中国人の子供達のための夜間学校を閉鎖した。日本とハワイは修好通商条約を締結した。	3(5)1・3(7)2-1・1(3)	68・82・12
1872	カリフォルニア州の民事訴訟手続条例は中国人の裁判証言を排除する条項を撤回した。	3(4)	67
1875	ページ法 (Page Law) により中国人、日本人と蒙古人種の売春婦、犯罪人と契約労働者の移民が禁止された。	3(6)1	76
1876	ハワイ産の砂糖がアメリカ本土に輸出する時にそれ以後は関税が不要となる互恵条約 (Reciprocity Treaty) をアメリカ合衆国とハワイが調停した。	2(3)	35
1877	カリフォルニア州のチコで反中国人暴動が発生した。日系キリスト教徒が、サンフランシスコで日系人として初の移民団体である福音会 (Gospel Society) を設立した。	3(5)1・4(4)	69・116
1878	アー・ユプ (Ah Yup, 阿亜) の訴件で、中国人の帰化による市民権の取得を不可とした。	3(4), 5(5)3	66, 136
1879	カリフォルニア州の第2次条例改正が地方自治体や法人による中国人の雇用を中止した。カリフォルニア州議会は、州内のすべての都市や町の圏外に、中国人を退去させることを要求する条例を成立したが、連邦巡回控訴裁判所がそれを違憲と判決した。	3(7)1・3(7)1	88・80

アジア系アメリカ移民の年表　Chronology　*299*

年	歴 史 の 内 容	章(節)小節	頁数
1880	アメリカ合衆国と中国は、完全には中国人移民を禁止しないが、制限する権利をアメリカ合衆国に認める新しい条約を締結した。カリフォルニア州民法典69項により、白人と、蒙古人、黒人、白黒混血あるいはその混血との間の結婚許可証の発行を禁止した。	3(6)1・3(7)3・	76・85
1881	ハワイ王であるカラカウア (Kalakaua) が、彼の世界旅行の途中で日本に立ち寄った。シット・ムーン (Sit Moon) が、ハワイで初めて中国人の教会の牧師になった。	1(3)・4(4)	12・107
1882	中国人排斥法 (Chinese Exclusion Law) が中国人労働者の移民を10年間停止した。中国人共同体の指導者達は中華総会館 (CCBA いわゆる中国六大公司) をサンフランシスコに設立した。アメリカ合衆国と朝鮮は初めて修好通商条約を締結した。	3(6)1・4(2)3・1(4)	76・96・14
1883	中国人がニューヨークに中華総会館の支部を設立した。	4(2)3	96
1884	ジョセフ (Joseph) とメリー・テープ (Mary Tape) は、サンフランシスコ教育委員会に娘であるメイミ (Mamie) を公立学校に入学させるように裁判所に提訴した。中国六大公司は、サンフランシスコに中国語学校を設置した。中華総会館がホノルルに支部を設立した。中国人連合協会がバンクーバーに設立された。1882年の中国人排斥法改正で、アメリカに再入国を望む中国人に対して唯一となる公的許可の証明を求めた。	3(7)2-1・4(2)3・4(2)3・4(2)3・3(6)1	82・96・96・96・77
1885	サンフランシスコ市は、新たに分離した「東洋人学校 (Oriental School)」を建設した。ワイオミング準州ロック・スプリングで、反中国人暴動が勃発した。日本人契約労働者の初陣がアーウィン協約 (Irwin Convention) に基づきハワイに到来した。	3(7)2-1・3(5)1・1(3)	82・69・12
1886	タコマやシアトルやアメリカ西部の多くの地域の居住者が、強制的に中国人を排除した。ハワイへの中国人移民が停止された。中国人洗濯屋はイック・ウォ対ホプキンス (Yick Wo v. Hopkins) の判例で、異なった集団に不平等な影響を与える法律は不公平であると判決されて勝訴した。	3(5)1・3(6)1・5(7)1	71・88・141
1888	スコット法 (Scott Act) により、約2万人の中国人の再入国認可証がまったく無効となった。	3(6)1	77
1889	西本願寺の僧侶が初めて日本からハワイに到来した。チャエ・チャン・ピング (Chae Chan Ping, 遅成平) 対米国の判例で、中国人排斥法の合憲性が是認された。	4(3)4・5(5)3	105・135
1892	ギアリー法 (Geary Law) により、さらに10年間の中国人労働者の排斥が再び継続され、すべての中国人に登録を要求した。フォン・ユエ・ティング (Fong Yue Ting) 対米国の判例でギアリー法の合憲性が是認された。	5(5)3・5(5)3	135・135

年	歴史の内容	章(節)小節	頁数
1893	サンフランシスコで日本人が最初の同業者団体である靴工同盟会（Japanese Shoemakers' League）を結成した。中国人を南カリフォルニアの諸都市から追放しようとした。	4(3)3・3(5)1	101・72
1894	孫文（Sun Yat-sen）は、ホノルルに興中会（Xingzhonghui）を創設した。サイトウ（Saito）の訴件で、マサチューセッツ州の連邦巡回控訴裁判所は、日本人は帰化する資格はないと判決した。アーウィン協約によるハワイへの日本人移民は終了して、移民会社がそれを引き継いだ。	5(8)1・5(6)・1(3)	143・137・12
1895	レム・ムーン・シング（Lem Moon Sing）対米国の判例で、地方裁判所は中国人の人身保護条例に関する請願の再審査ができないことが裁決された。ハワイ砂糖耕作主組合（HSPA）が結成された。	5(5)3・2(7)1	136・49
1896	カリフォルニア州のシンセイ・カネコ（Shinsei Kaneko、金子真成）という日本人に初めて市民権が授与された。ホノルルでペストが発見され、チャイナタウンが焼却された。	5(6)・3(7)1	137・80
1897	西本願寺はハワイを布教地域に含めた。	4(3)4	106
1898	ウォング・キム・アーク（Wong Kim Ark）対米国の判例で、アメリカ合衆国で生まれた中国人は、市民権を剥奪されないことが判決された。サンフランシスコの日本人は仏教青年会（Young Men's Buddhist Association: YMBA）を設立した。アメリカ合衆国はハワイとフィリピン諸島を併合した。	5(5)3・4(3)4・1(5),2(7)1	136・106・59
1899	中国維新会（Chinese Empire Reform Association）の康有為（Kang Youwei）と梁啓超（Liang Qichao）は、保皇会（Baohuanghui）の会員を募集するために北アメリカに到来した。西本願寺の僧侶がカリフォルニア州に初めて渡米し、北米仏教団（North America Buddhist Mission）を設立した。	5(8)1・4(3)4	143・106
1900	ハワイ併合条約（Organic Act）の実施により、アメリカ合衆国のすべての法律がハワイに適用され、そのためにハワイ諸島では契約労働を中止した。日本人耕作労働者がアメリカ本土に到来し始めた。サンフランシスコでペストが発見され、チャイナタウンが遮断、隔離された。	2(7)1・2(8)1・3(7)1	49・59・80
1902	中国人排斥法がさらに10年間継続された。移民当局と警察が、ボストンのチャイナタウンを令状なしで捜索して、入国証明書を所持していないとされた約250人を検挙した。	3(6)1・3(7)1	88・88
1903	朝鮮人労働者集団が初めてハワイへ到来した。約1,200人の日本人とメキシコ人が、カリフォルニア州のオックスナードにてストライキをした。ハワイの朝鮮人が、韓人宣教会（Korean Evangelical Society）を組織した。ペンショナドス（pensionados）と呼ばれるフィリピン人学生が高等教育のためにアメリカ合衆国に到来した。	1(4)・5(3)2・4(5)1・4(7)1	29・128・108・116

アジア系アメリカ移民の年表　Chronology　*301*

年	歴史の内容	章(節)小節	頁数
1904	中国人排斥法は無期限となり、島々から成るアメリカ合衆国の属領にも適用された。日本人耕作労働者がハワイで組織化した最初のストライキに参加した。パンジャブ地方のシーク教徒がブリッティシュ・コロンビアへの移民を開始した。	3(6)1・5(2)・1(6)	77・123・26
1905	米国対ジュ・トイ (*Ju Toy*) の判例で、移民局長には中国系移民に対する唯一の決定権があることを判決した。アメリカ合衆国やハワイの中国人は中国におけるアメリカ製品不買運動に荷担した。朝鮮系移民がハワイに大韓恩恵教会 (Korean Episcopal Church) を設立して、カリフォルニア州に大韓カムリ教会 (Korean Methodist Church) を設立した。サンフランシスコの教育委員会は日系学生を分離しようとした。朝鮮からの移民が終了した。朝鮮人は相互扶助組織 (Mutual Assistance Society) をサンフランシスコに結成した。サンフランシスコにアジア排斥同盟 (Asiatic Exclusion League) が結成された。カリフォルニア州の民法典60項修正で白人と蒙古人種との結婚を禁止した。	5(5)3・5(8)1・4(5)1・3(7)2-2・1(4)・3(7)1・3(7)3	136・143・108・84・18・88・85
1906	カナダのバンクーバーでも反アジア人暴動が発生した。日本人移民の苗木屋が加州花卉栽培組合 (California Flower Growers Association) を設立した。朝鮮系移民は大韓長老教会 (Korean Presbyterian Church) をロスアンゼルスに創設した。サンフランシスコ大地震の調査をした日本人科学者に石が投げつけられた。	3(5)2・4(3)3・3(5)2	88・102・72
1907	日本とアメリカ政府はアメリカ移民を希望する労働者に旅券の発行を停止する日米紳士協定 (Gentlemen's Agreement) に同意した。セオドア・ルーズベルト (Theodore Roosevelt) 大統領は、ハワイ、メキシコ、カナダに向けた旅券を所持している日本人労働者が、アメリカ本土に再移民することを禁止する大統領行政命令589号に署名した。朝鮮系移民はハワイに連合朝鮮団体 (United Korean Society) を結成した。ハワイへのフィリピン人集団移民が始まった。ワシントン州のベリングハムからインド人移民が退去させられた。	3(6)2・3(6)2・4(5)2・1(5)・1(6)	77・77・109・21・27
1908	日本人移民は在米日本人会 (Japanese Association of America) を結成した。カナダはインド本国からの直行の行程以外による移民の入国を禁止してインド系移民を抑制した（当時インドから直行的にカナダの湾港に行く汽船サービスはなかった）。インド系移民がカリフォルニア州のライブ・オークから追放された。	4(3)2・1(6)・3(5)2	100・26・72
1909	朝鮮人移民は朝鮮全米協会 (Korean National Association: KNA) を結成した。7,000人の日本人耕作労働者はオアフ島にて4か月間もストライキを敢行した。	4(5)2・5(2)	109・123
1910	カリフォルニア州へのインド人移民数は入国管理によって抑えられていた。	3(6)2	78

年	歴史の内容	章(節)小節	頁数
1911	中国における辛亥革命により中国人男性は弁髪を廃止した。パブロ・マンラピット（Pablo Manlapit）はハワイに高賃金組織（Higher Wage Association）を結成した。日本人移民はポートランドにオレゴン日本人会を結成した。	3(2)1・5(3)1・4(3)2	88・125・100
1912	シーク教徒は、シーク教寺院（gurdwara）をストックトンに建立して、カールサ・ディワーン（Khalsa Diwan）を設立した。日本人移民は、カリフォルニア州で日系二世教育に関する全州会議を開催した。	4(6)・6(7)	110・166
1913	カリフォルニア州で成立した外国人土地法（alien land law）により、市民権のない外国人は3年以上にわたり土地の購入や賃貸をすることができなくなった。シーク教徒がワシントン州やオレゴン州にヒンドゥスタン協会（Hindustan Association）を創設した。カリフォルニア州のインド人移民は、革命派のガダル党（Ghadar Party）を結成し、新聞を刊行し始めた。パブロ・マンラピット（Pablo Manlapit）の統率によりハワイにフィリピン人失業組合（Filipino Unemployed Association）を結成した。日本人移民はシアトルに米国北西部連絡日本人会（National Japanese Association of America）を創設した。朝鮮人農場労働者がカリフォルニア州のヘメット（Hemet）から追放された。	3(3)2・4(6)・5(8)2・5(3)1・4(3)2・3(5)2	65・110・145・125・100・73
1914	カナダ政府の直行的旅程のために貸し切り船で到来したインド人移民達はバンクーバーへの上陸を熱望したが許可されなかった。	5(8)2	146
1915	南カリフォルニアの日本人中央会（Central Japanese Association）と在米の日本人商工会議所（Japanese Chamber of Commerce）が結成された。	4(3)2, 4(3)3	100, 102
1917	アリゾナ州で外国人土地法が成立した。1917年の移民法により、インド人移民を含めたいかなる移民もできない移民禁止地帯を提示した。李承晩（Syngman Rhee）はハワイに大韓キリスト教会（Korean Christian Church）を設立した	3(3)2・3(6)2・4(5)1	65・78・108
1918	第1次世界大戦に従軍していたアジア系軍人が帰化権を獲得した。インド人移民は、南カリフォルニアのインペリアル・バリーとコーチェラ・バリーにヒンドゥスタン福祉改善団体（Hindustani Welfare Reform Society）を設立した。	6(9)3・4(6)	176・111
1919	日本人移民はハワイに日本人労働連盟（Federation of Japanese Labor）を結成した。	5(3)1	125
1920	日本人移民とフィリピン人移民の約1万人の耕作労働者がストライキに突入した。日本政府は、反日感情に配慮して、写真花嫁（picture bride）に対してパスポートの発行を停止した。カリフォルニア州の住民投票による州民発案（initiative）の条例で1913年の外国人土地法における法律の抜け穴が塞がれた。	5(3)1・6(4)・3(3)2	125・161・65

Journal of Comparative Family Studies 17(1986): 117-26; Simon Fass, "Innovation in the Struggle for Self-Reliance: The Hmong Experience in the United States," *International Migration Review* 20 (1986): 351-80; Frank Viviano, "Strangers in the Promised Land," *Image* (31 August 1986) : 15-21, 36; Srila Sen, "The Lao in the U.S. since Migration: An Anthropological Inquiry of Persistence and Accommodation" (Ph.D. diss., University of Illinois, Urbana, 1987); and Karen L. Muir, *The Strongest Part of the Family: A Study of Lao Refugee Women in Columbus, Ohio* (New York: AMS Press, 1988).

With the exception of a handful of psychiatric analyses, there are few substantial scholarly studies of Kampuchean refugees. Herbert W. Hemmila, "The Adjustment and Assimilation of Cambodian Refugees in Texas" (Ed.D. diss., East Texas State University, 1984), and Florence S. Mitchell, "From Refugee to Rebuilder: Cambodian Women in America" (Ph.D. diss., Syracuse University, 1987), are two available dissertations. Items in David W. Haines, ed., *Refugees as Immigrants: Cambodians, Laotians, and Vietnamese in America* (Totowa, N.J.: Rowman and Littlefield, 1989), and M. A. Bromley, "New Beginnings for Cambodian Refugees or Further Disruptions?" *Social Work* 52 (1987): 236-39, are articles on this group. At a nonacadennic level, several personal accounts of their harrowing escape have been published, including Someth May, *Cambodian Witness: The Autobiography of Someth May* (New York: Random House, 1986); Molyda Szymusiak, *The Stones Cry Out: A Cambodian Childhood, 1975-1980* (New York: Hill and Wang, 1986); Joan Criddle and Teeda Butt Mam, *To Destroy You Is No Loss: The Odyssey of a Cambodian Family* (New York: Atlantic Monthly Press, 1987); Haing Ngor with Roger Warner, *Haing Ngor: A Cambodian Odyssey* (New York: MacMillan, 1987); and Pin Yathay, *Stay Alive*, My Son (New York: Free Press, 1987).

Local Histories （地域史）

Before 1965, a majority of the Chinese in the United States lived in California and Hawaii. Otis Gibson, *The Chinese in America* (Cincinnati: Hitchcock and Walden, 1877); William W. Bode, *Lights and Shadows of Chinatown* (San Francisco: Crocker, 1896); Charles C. Dobie, *San Francisco's Chinatown* (New York: Appleton-Century, 1936); Alexander McLeod, *Pigtails and Gold Dust* (Caldwell, Idaho: Caxton Printers, 1947); and Thomas W. Chinn, *Bridging the Pacific: San Francisco's Chinatown and Its People* (San Francisco: Chinese Historical Society of America, 1989), offer glimpses of the metropolis of Chinese America at different points in time.

Sandy Lydon, *Chinese Gold: The Chinese in the Monterey Bay Area* (Capitolo, Calif.: Capitola Book Co., 1985); Sylvia Sun Minnick, *Samfow: The San Joaquin Chinese Legacy* (Fresno, Calif.: Panorama West, 1988); and Great Basin Foundation, ed., *Wong Ho Leun: An American Chinatown* (San Diego, Calif.: Great Basin Foundation, 1988), are studies of California's rural Chinatowns. (The last item is about Riverside, California)

The best account of the Chinese in Hawaii is Clarence E. Glick, *Sojourners and Settlers:*

Chinese Immigrants in Hawaii (Honolulu: University of Hawaii Press, 1980). Also useful are Tin-Yuke Char, ed. and comp., *The Sandalwood Mountains: Readings and Stories of the Early Chinese Immigrants in Hawaii* (Honolulu: University of Hawaii Press, 1975), and Steven B. Zuckerman, "Pake in Paradise: A Synthetic Study of Chinese Immigration to Hawaii," *Bulletin of the Institute of Ethnology, Academia Sinica* 45 (1978): 39-79.

The most important Chinese immigrant community outside California and Hawaii is in New York. Two nineteenth-century accounts are Helen F Clark, "The Chinese of New York," *Century Magazine* 53 (1896): 104-13, and Louis J. Beck, *New York's Chinatown: An Historical Presentation of Its People and Places* (New York: Bohemia, 1898). I. Hsuan Julia Chen, "The Chinese Community in New York, 1920-1940" (Ph.D. diss., American University, 1942); Virgina Heyer, "Patterns of Social Organization in New York City's Chinatown" (Ph.D. diss., Columbia University, 1953); D. Y. Yuan, "Voluntary Segregation: A Study of New York Chinatown," *Phylon* 24 (1963): 255-65; Cheng Tsu Wu, "Chinese People and Chinatown in New York City" (Ph.D. diss., Clark University, 1969); Peter Kwong, *Chinatown, New York: Labor and Politics, 1930-1950* (New York: Monthly Review Press, 1979); and Bernard Wong, *Patronage, Brokerage, Entrepreneurship and the Chinese Community of New York* (New York: AMS Press, 1988), describe largely the pre-1965 period.

Less has been published about Chinese elsewhere in the United States. The more substantial works include Nelson Chia-chi Ho, "Portland's Chinatown: The History of an Urban Ethnic District," in *Annals of the Chinese Historical Society of the Pacific Northwest* (1984): 30-39; Douglas W. Lee, "Sojourners, Immigrants, and Ethnics: The Saga of the Chinese in Seattle," in *Annals of the Chinese Historical Society of the Pacific Northwest* (1984): 51-58; George M. Blackburn and Sherman L. Ricards, "The Chinese of Virginia City, Nevada, 1870," *Amerasia Journal* 7, no.1 (1980): 51-72; Russell M. Magnaghi, "Virginia City's Chinese Community, 1860-1880," *Nevada Historical Society Quarterly* 24 (1981): 130-57; Rose Hum Lee, *The Growth and Decline of Chinese Communities in the Rocky Mountain Region* (New York: Arno Press, 1979); James W. Loewen, *The Mississippi Chinese: Between Black and White* (Cambridge: Harvard University Press, 1971); and Lucy M. Cohen, *Chinese in the Post-Civil War South: A People without a History* (Baton Rouge: Louisiana State University Press, 1984).

Yuji Ichioka, *The Issei: The World of the First Generation Japanese Immigrants, 1885-1924* (New York: Free Press, 1988); John Modell, *The Economics and Politics of Racial Accommodation: Tire Japanese of Los Angeles, 1900-1942* (Urbana: University of Illinois Press, 1977); and Cheryl L. Cole, *A History of the Japanese Community in Sacramento, 1883-1972: Organizations, Businesses, and Generational Response to Majority Domination and Stereotypes* (San Francisco: R & E Research Associates, 1974), deal with the three most important Japanese immigrant communities in California-San Francisco, Los Angeles, and Sacramento.

Studies of California rural Japanese immigrant communities include Kesa Noda, *Yamato Colony, 1906-1960: Livingston, California* (Livingston, Calif.: Japanese American Citizens League, 1981); Timothy J. Lukes and Gary Y. Okihiro, *Japanese Legacy:Farming and Community Life in California's Santa Clara Valley* (Cupertino: California History Center, 1985); and Valerie Matsumoto, *The Cortez Colony: Family, Farm and Community among Japanese Americans, 1919-1982* (Ithaca, N.Y : Cornell University Press, forthcoming).

The story of Japanese in Hawaii is told in Hilary F Conroy, *The Japanese Frontier in Hawaii, 1868-1898* (Berkeley and Los Angeles: University of California Press, 1953); Alan Takeo Moriyama, *Imingaisha: Japanese Emigration Companies and Hawaii, 1894-1908* (Honolulu: University of Hawaii Press, 1985); United Japanese Society of Hawaii Publications Committee, *A History of Japanese in Hawaii* (Honolulu: United Japanese Society of Hawaii, 1971); Dennis M. Ogawa, *Kodomo no tame ni: For the Sake of the Children* (Honolulu: University Press of Hawaii, 1978); and Yukiko Kimura, *Issei: Japanese Immigrants in Hawaii* (Honolulu: University of Hawaii Press, 1988). Ethnic Studies Oral History Project, *Uchinanchu: A History of Okinawans in Hawaii* (Honolulu: Ethnic Studies Program, University of Hawaii and United Okinawan Association of Hawaii, 1981), is a collection of essays on the Okinawans.

Relatively little has been written about Japanese elsewhere in the country. Of the available studies, Marjorie R. Stearns, "The History of the Japanese People in Oregon" (M.A. thesis, University of Oregon, 1937); John A. Rademaker, "The Ecological Position of the Japanese Farmers in the State of Washington" (Ph.D. diss., University of Washington, 1939); Kazuo Ito, *Issei: A History of Japanese Immigration in North America*, trans. Shinichiro Nakamura and Jean S. Gerard (Seattle: Executive Committee for Publication of *Issei*, 1973); S. Frank Miyamoto, *Social Solidarity among the Japanese in Seattle* (1939; reprint, Seattle: University of Washington Press, 1981); Jack August, "The Anti-Japanese Crusade in Arizona's Salt River Valley," *Arizona and the West* 21 (1977): 113-36; T. Scott Miyakawa, "Early New York Issei Founders of Japanese American Trade," in *East Across the Pacific: Historical and Sociological Studies of Japanese Immigration and Assimilation*, ed. Hilary Conroy and T. Scott Miyakawa (Santa Barbara, Calif.: ABC-Clio Press, 1972), 156-86; George E. Pozzeta and Harry A. Kersey, Jr., "Yamato Colony: A Japanese Presence in South Florida," *Tequesta* 36 (1976): 66-77; and Thomas K. Walls, *The Japanese Texans* (San Antonio: Institute of Texan Cultures, University of Texas, San Antonio, 1987), are of the greatest interest.

Bernice B. H. Kim, "The Koreans in Hawaii" (M.A. thesis, University of Hawaii, 1937), is the most detailed study of old Korean immigrants in the islands. Other local studies of the pre-1965 arrivals include Helen Given Lewis, *The Korean Community in Los Angeles County* (1939; reprint, San Francisco: R & E Research Associates, 1974), and Kyung Sook Cho Gregor, "Korean Immigrants in Gresham, Oregon: Community Life and Social Adjustment" (M.A. thesis,

University of Oregon, 1963). Jay Kun Yoo, *The Koreans in Seattle* (Elkins Park, Pa.: Philip Jaisohn Memorial Foundation, 1979); Kyung Soo Chol, "The Assimilation of Korean Immigrants in the St. Louis Area" (Ph.D. diss., St. Louis University, 1982); Won Moo Hurh et al., *Assimilation Patterns of Immigrants in the United States: A Case Study of Korean Immigrants in the Chicago Area* (Washington, D.C.: University Press of America, 1978); and Don Chang Lee, *Acculturation of Korean Residents in Georgia* (San Francisco: R & E Research Associates, 1975), examine recent immigrants.

Most of the studies of the older Filipino communities in California are rather slim unrevised M.A. theses and Ph.D. dissertations. The two most substantial are Valentine R. Aquino, *The Filipino Community in Los Angeles* (San Francisco: R & E Research Associates, 1974), and Mario P. Ave, *Characteristics of Filipino Organizations in Los Angeles* (San Francisco: R & E Research Associates, 1974). Adelaid Castillo, "Filipino Migrants in San Diego, 1900-1946," *Journal of San Diego History* 22 (1976): 26-35, and Carol Hemminger, "Little Manila: The Filipino in Stockton Prior to World War II," parts 1 and 2, *Pacific Historian* 24 (1980): 21-34, 207-20, are also of some interest.

Roman R. Cariaga, *The Filipinos in Hawaii: Economic and Social Conditions, 1906-1936* (Honolulu: Filipino Public Relations Bureau, 1937); Ruben R. Alcantara, *Sakada: Filipino Adaptation in Hawaii* (Washington, D.C.: University Press of America, 1981); Luis V Teodoro, Jr., ed., *Out of This Struggle: The Filipinos in Hawaii* (Honolulu: University Press of Hawaii, 1981); and Robert N. Anderson with Richard Collier and Rebecca F. Pestano, *Filipinos in Rural Hawaii* (Honolulu: University of Hawaii Press, 1984), are about Filipinos in Hawaii, while Fred Cordova, *Filipinos: Forgotten Asian Americans, a Pictorial Essay, 1763-ca. 1963* (Seattle: Demonstration Project for Asian Americans, 1983), contains vignettes about Filipinos elsewhere in the country.

On the early Asian Indian communities, besides Jensen, *Passage from India*, see Bruce La Brack, *The Sikhs of Northern California, 1904-1975* (New York: AMS Press, 1988), and Lawrence A. Wenzel, "The Rural Punjabis of California: A Religio-Ethnic Group," *Phylon* 40(1968): 245-56. Karen Leonard, *Ethnic Choices: California's Punjabi-Mexican Americans, 1910-1980* (Philadelphia: Temple University Press, 1991), deals with an interesting interracial subcommunity among the Asian Indians.

Barry N. Stein, "Occupational Adjustment of Refugees: The Vietnamese in the United States," *International Migration Review* 13 (1979): 25-45; Kenneth A. Skinner, "Vietnamese in America: Diversity in Adaptation," *California Sociologist* 3 (1980): 103-24; W. Gim and T. Litwin, *Indochinese Refugees in America: Profiles of Five Communities* (Washington, D.C.: U.S. State Department, 1980); Bruce B. Dunning and Joshua Greenbaum, *A Systematic Survey of the Social, Psychological and Economic Adaptation of Vietnamese Refugees Representing Five Entry*

Cohorts, 1975-1979 (Washington, D.C.: Bureau of Social Science Research, 1982); Paul D. Starr and Alden E. Roberts, "Community Structure and Vietnamese Refugee Adaptation: The Significance of Context," *International Migration Review* 16 (1982): 595-618; Christine R. Finnan, "Community Influences on the Occupational Adaptation of Vietnamese Refugees," *Anthropological Quarterly* 55 (1982): 161-69; Anh T. Nguyen and Charles C. Healy, "Factors Affecting Employment and Job Satisfaction of Vietnamese Refugees," *Journal of Employment and Counseling* 22 (1985): 522-38; Strand and Jones, *Indochinese Refugees*, 69-138; Robert Bach and Rita Carroll-Seguin, "Labor Force Participation, Household Composition and Sponsorship among Southeast Asian Refugees," *International Migration Review* 20 (1986): 381-404; Jacqueline Desbarats, "Ethnic Differences in Adaptation: Sino-Vietnamese Refugees in the United States," *International Migration Review* 20 (1986) : 405-27; David W. Haines, "Patterns in Southeast Asian Refugee Employment: A Reappraisal of the Existing Research," *Ethnic Groups* 7 (1987) : 39-63; and Nathan Caplan et al., *The Boat People and Achievement in America: A Study of Family Life, Hard Work, and Cultural Values* (Ann Arbor: University of Michigan Press, 1989), assess how several waves of refugees have fared since their arrival.

スーチェン・チャン（Sucheng Chan）

日本語翻訳の参考図書文献

著編者、翻訳	図書文献題目	出版社	発行年
加藤新一著	アメリカ移民百年史（上）（中）（下）	時事通信社	1962
ハワイ日本人移民史刊行委員会編	ハワイ日本人移民史―ハワイ官約移民73年祭記念―	布哇日系人連合協会	1964
川添樫風著	移民百年の年輪	移民百年の年輪刊行会	1968
若槻泰雄著	排日の歴史―アメリカにおける日本人移民―	中央公論社	1972
足立律宏著	ハワイ日系人史―日本とアメリカの間に在りて―	葦の葉出版会	1977
藤崎康夫著	ベトナムの難民たち	ワールドフォトプレス	1980
R・ウイルソン、B・ホソカワ著、猿谷要訳	ジャパニーズ・アメリカン	有斐閣	1982
古屋野正伍編著	アジア移民の社会学的研究	アカデミア出版会	1982
トマス・K・タケシタ、嶺谷要著	大和魂と星条旗―日系アメリカ人の市民権闘争史―	朝日新聞社	1983
守川正道著	世界の差別	明石書店	1983
在米日本人会編	在米日本人史（一）（二）（三）［復刻版］―日本人海外発展史叢書―	PMC出版	1984
カルロス・ブロサン著、井田節子訳	我が心のアメリカ―フィリピン人移民の話―	勁草書房	1984
今野敏彦、藤崎康夫編著	移民史Ⅰ・Ⅱ・Ⅲ	新泉社	1984
重松伸司編	現代アジア移民―その共生原理をもとめて―	名古屋大学出版会	1986
戸上宗賢編著	ジャパニーズ・アメリカン―龍谷大学社会科学研究叢書Ⅶ―	ミネルヴァ書房	1986
友清高志著	満州慟哭	講談社	1987
アラン・T・モリヤマ著、金子幸子共訳	日米移民史学―日本・ハワイ・アメリカ	PMC出版	1988
鳥越皓之著	沖縄ハワイ移民一世の記録	中央公論社	1988
エドガー・スノー著、森谷巌訳	アジアの戦争―日中戦争の記録―	筑摩書房	1988
佐藤宏、内库雅雄、柳沢悠編	もっと知りたいインドⅠ・Ⅱ	弘文堂	1989
村上裕三著	アメリカに生きた日本人移民―日系一世の光と影―	東洋経済新報社	1989
吉田忠雄著	排日移民法の軌跡	経済往来社	1990
川原謙一著	アメリカ移民法	信山社出版	1990
ピーター・クォン著、芳賀健一、矢野裕子訳	チャイナタウン・イン・ニューヨーク―現代アメリカと移民コミュニティー―	筑摩書房	1990
広島県編	広島県移住史―通史編―	第一法規出版	1991
中岡三益編	難民　移民　出稼ぎ	東洋経済新報社	1991
高橋経著	還らない日本人―黄禍編―	同時代社	1991
岡部一明著	多民族社会の到来―国境の論理を問う外国人労働者―	御茶ノ水書房	1991
児玉正昭著	日本移民史研究序説	渓水社	1992
栗野鳳編	難民―移動を強いられた人々―	アジア経済研究所	1992
中国新聞『移民』取材班著	移民―中国新聞創刊100周年記念企画―	中国新聞社	1992
杉原泰雄著	人権の歴史―人間の歴史を考える―	岩波書店	1992
ユウジ・イチオカ著、富田虎男、粂井輝子、篠田左多江訳	一世―黎明期アメリカ移民物語り―	刀水書房	1992
高木眞理子著	日系アメリカ人の日本観―多文化社会ハワイから―	淡交社	1992
綾部恒雄著	アメリカの民族―ルツボからサラダボウルヘ―	弘文堂	1992
鈴木譲二著	日本人出稼ぎ移民	平凡社	1992
伊豫谷登士翁、梶田孝道編	外国人労働者論―現状から理論へ―	弘文堂	1992

佐藤文明著	在日外国人読本―ボーダレス社会の基礎知識―	緑風出版	1993
中嶋弓子著	ハワイ・さまよえる楽園―民族と国家の衝突	東京書籍	1993
上坂昇著	アメリカの貧困と不平等	明石書店	1993
日米新聞社編他	日系移民人名辞典［復刻版］―北米編第1巻～別巻―	日本図書センター	1993
D.トレンハルト著、宮島喬他訳	新しい移民大陸ヨーロッパ比較のなかの西欧諸国・外国人労働者と移民政策	明石書店	1994
加藤節、宮島喬編	難民	東京大学出版会	1994
粂井輝子著	外国人をめぐる社会史―近代アメリカと日本人移民―	雄山閣出版	1995
デリック・ベル著、中村輝子訳	人種主義の深い淵―黒いアメリカ・白いアメリカ―	朝日新聞社	1995
柳田利夫編	アメリカの日系人―都市・社会・生活―	同文館出版	1995
吉田亮著	アメリカ日本人移民とキリスト教社会	日本図書センター	1995
ロナルド・タカキ著、阿部紀子・石松久幸訳	もう一つのアメリカン・ドリーム―アジア系アメリカ人の挑戦―	岩波書店	1996
川崎有三著	東南アジアの中国人社会―世界史リブレット―	山川出版社	1996
A・メンミ著、菊池昌実・白井成雄訳	人種差別	法政大学出版会	1996
移民研究会編	戦争と日本人移民	東洋書林	1997
大谷康夫著	アメリカ在住日系人強制収容の悲劇	明石書店	1997
高橋幸春著	日系人　その移民の歴史	三一書房	1997
石川友紀著	日本移民の地理学的研究	榕樹書林	1997
村上由見子著	アジア系アメリカ人―アメリカの新しい顔―	中央公論社	1997
浅野慎一著	日本で学ぶアジア系外国人―研修生・留学生・就学生の生活と文化変容―	大学教育出版	1997
ナンシー・グリーン著、明石紀雄監修・村上伸子訳	多民族の国アメリカ―移民たちの歴史―	創元社	1997
田中宏・江橋崇編	来日外国人人権白書	明石書店	1997
小倉充夫著	国際移動論―移動・移民の国際社会学―	三嶺書房	1997
ピーター・ストーカー著、大石奈々・石井由香訳	世界の労働力移動―ILOリポート―	筑地書館	1998
沖田行司著	ハワイ日系社会の文化とその変容	ナカニシヤ出版	1998
黒川勝利著	アメリカ労働運動と日本人移民	大学教育出版	1998
浜林正夫著	人権の思想史	吉川弘文館	1999
賀川真理著	サンフランシスコにおける日本人学童隔離問題	論創社	1999
飯野正子著	もう一つの日米関係史	有斐閣	2000
松尾弌之著	民族から読みとく「アメリカ」	講談社	2000
古賀正則、内藤雅雄、浜口恒夫編	移民から市民へ―世界のインド系コミュニティー	東京大学出版会	2000
山下清海著	チャイナタウン―世界に広がる華人ネットワーク―	丸善ブックス	2000
猿谷要著	歴史物語アフリカ系アメリカ人	朝日新聞社	2000
渡辺正清著	ヤマト魂―アメリカ・日系二世、自由への戦い―	集英社	2001
田中道代著	アメリカの中のアジア―アイデンティティーを模索するアジア系アメリカ人―	社会評論社	2001
坂口満宏著	日本人アメリカ移民史	不二出版	2001
戸上宗賢編著	交錯する国家・民族・宗教―移民の社会適応―	不二出版	2001
井口泰著	外国人労働者新時代	筑摩書房	2001
朝日新聞外報部編	鷲と龍―アメリカの中国人、中国の中国人―	平凡社	2002

辛島昇、前田専学ほか監修	南アジアを知る事典（新訂増補）	平凡社	2002
池東旭著	コリアン・ジャパニーズ	角川書店	2002
ギ・リシャール監修、藤野邦夫訳	移民の一万年史―人口移動・遙かなる民族の旅―	新評論	2002
岡部牧夫著	海を渡った日本人―日本史リブレット―	山川出版社	2002
川村湊著	韓国―思想読本―	作品社	2002
飯田耕二郎著	ハワイ日系人の歴史地理	ナカニシヤ出版	2003
横田睦子著	渡米移民の教育―栞で読む日本人移民社会―	大阪大学出版会	2003
宮島喬著	共に生きられる日本へ―外国人政策とその課題―	有斐閣	2003
筒井正著	一攫千金の夢―北米移民の歩み―	三重大学出版会	2003
依光正哲著	国際化する日本の労働市場	東洋経済新報社	2003
田久保忠衛著	アメリカの戦争	恒文社	2003
水崎野里子編訳	現代アメリカアジア系詩集	土曜美術社出版販売	2003
矢部武著	人種差別の帝国	光文社	2004
日高基著	世界はアメリカの嘘を見抜けない	文芸社	2004
アンドル・アッカンバウム、MMPG総研、伊原和人、須田木綿子著、住居広士編訳	新版アメリカ社会保障の光と陰―マネジドケアから介護とNPOまで―	大学教育出版	2004
大橋勇雄・中村二郎著	労働市場の経済学―働き方の未来を考えるために―	有斐閣	2004
呉万虹著	中国残留日本人の研究―移住・漂流・定着の国際関係論―	日本図書センター	2004
山本英政著	ハワイの日本人移民―人種差別事件が語る、もうひとつの移民像―	明石書店	2005
ケネス・T・オカノ、片山久志著	あるハワイ移民の遺言―ハワイ・ヒロシマ・ナガノを結ぶ移民1世と3世の物語―	川辺書林	2005
今田英一著	日系アメリカ人と戦争―コロラド日本人物語―	パレード	2005
山下邦康著	やっぱり差別が好きなアメリカ人	経済界	2005
岡本雅享編	日本の民族差別―人種差別撤廃条約からみた課題―	明石書店	2005
依光正哲著	日本の移民政策を考える―人口減少社会の課題―	明石書店	2005
川島正樹著	アメリカニズムと人種	名古屋大学出版会	2005
吉田亮編著	アメリカ日本人移民の越境教育史	日本図書センター	2005
佐竹眞明、メアリー・アンジェリン・ダアノイ著	フィリピン・日本国際結婚―移住と多文化共生	めこん	2006
簑原俊洋著	カリフォルニア州の排日運動と日米関係	神戸大学研究双書刊行会	2006
山田鐐一、黒木忠正著	よくわかる入管法	有斐閣	2006
吉田良生、河野稠果編著	国際人口移動の新時代	原書房	2006
J・F・スタイナー著、森岡清美訳	人種接触の社会心理学―日本人移民をめぐって―	ハーベスト社	2006
白井洋子著	ベトナム戦争のアメリカ―もう一つのアメリカ史―	刀水書房	2006
島田章著	外国人労働者流入と経済厚生	五絃舎	2006
多々良紀夫、塚田典子、Sarah Harper, George W. Leeson 編著	イギリス・ドイツ・オランダの医療・介護分野の外国人労働者の実態	国際社会福祉協議会 日本国際委員会	2006
沢見涼子著	フィリピンと日本―看護師・介護士受け入れをめぐり見えてくるもの―	世界, No.767, 153-163	2007
久場嬉子編	介護・家事労働者の国際経済―エスニシティ・ジェンダー・ケア労働の交差―	日本評論社	2007
米山裕、河原典史編	日系人の経験と国際移動―在外日本人・移民の近現代史―	人文書院	2007
佐藤郡衛、片岡裕子編著	アメリカで育つ日本の子どもたち―バイリンガルの光と影―	明石書店	2008
移民研究会編	日本の移民研究―動向と文献目録Ⅰ・Ⅱ―	明石書店	2008

翻訳者のあとがき

　アメリカ移民の歴史の光と陰が交錯しながら、アメリカ合衆国が形成されている。アジア系アメリカ移民は、あらゆる社会において生活できるように奮闘しながらも、不毛の土地や地位に追いやられて居住させられ、多かれ少なかれ社会的な区別を強要された歴史がある。しかし、その区別だけでは、アジア系アメリカ人の移民問題は決して解決されない歴史でもある。アメリカ合衆国は自国内にいる民族に対して国境を定めることができないので、人種ならびに国籍などのさまざまな手法を用いて、アメリカ移民を階層化することで区別していた。本書ではアジア人がアメリカに移民してから、そのような対応を社会から受けながらも、我々の予想をはるかに超えてアメリカ移民として自らも生活できるように奮闘した歴史の光と陰が述べられている。アジア系アメリカ移民のそれぞれがあらゆる社会において自立生活できるように奮闘することで、アジア系アメリカ移民の問題を解決に導こうとしている。

　日本は第2次世界大戦後からの経済成長と恒久平和の保持と発展のためにも、将来にわたり外国人移民の問題について真剣に取り組まねばならない。少子高齢社会になり人口減少時代に入った日本は、地方から都市への人口移動ならびに女性の労働力などだけでは、産業構造が変革している日本国内および国際市場をまかないきれなくなっている。そのような問題を議論するためにも、将来に向けて本書の『アジア系アメリカ人の光と陰』におけるアジア系アメリカ移民の歴史をまず踏まえていただけることを願っている。そのために日本には国際平和国家として、国内だけの人口移動だけでは解決できない世界の人口問題にも対応していく責務がある。

　今回の出版にあたり、"Asian Americans : An Interpretive History"（Twayne Publisher, 1991年）の日本語翻訳の許諾をいただいたスーチェン・チャン（Sucheng Chan）カリフォルニア大学バークレイ校名誉教授に心より感謝申しあげる。日系アメリカ移民に関してご丁重なる編集協力を賜りました琉球大学名誉教授の石川友紀先生に心より感謝申しあげる。その他のアジア諸国のアメリカ移民に関して、中国系アメリカ移民は張天民（中国政法大学副教授）・劉序坤（遼寧師範大学副教授）・杜鵬（中国人民大学教授）など、朝鮮系アメリカ移民は宣賢奎（共栄大学国際経営学部教授）・林春植（韓南大学教授）など、フィリピン系はレイシェル・バロ

ナ・イトウ（Rachel B. Varona-Ito、東京大学大学院修了フィリピン系留学生）など、インド系はシュルティ・デシュパンデ（Shruti Deshpande、岡山大学元インド系国費留学生）など、アメリカ系は清水・ミシェル・アイズマン（Michele Eisemann Shimizu、甲南女子大学教授）など、日本から国際的な交流活動を実践なさっている吉見弘（日中友好協会理事長）、中井聡・網代正孝（日本フィリピンボランティア協会事務局長・理事長）、菅波茂（アジア医師連絡協議会（AMDA）代表）・竹久佳恵（AMDAカンボジア事務所）、本書の刊行に至るまで、社会倫理面のご指導やご協力を賜った田路慧さまと徳山ちえみさまならびに協力者と関係者の皆様に感謝申しあげる。最後になるが、引き続き出版をお引き受けいただいた大学教育出版社長の佐藤守さまと安田愛さまの皆様方に心より感謝申しあげる。

　これから我々は、全世界の福祉と平和を構築できるように、日本からの文化の光と陰も国際交流していかねばならない時代を迎えている。この前途にはさらなる歴史の光と陰が待ちかまえているが、将来に向けて世界の人びととの福祉と平和のために共に歩んでいこうではありませんか。

2010年8月6日

県立広島大学大学院教授

住居　広士

索引 Index

A

Abiko Kyutaro, アビコ・キュウタロウ（安孫子久太郎） 165

affirmative action programs, 差別撤廃措置 273

Aguinaldo, Emilio, アギナルド, エミリオ 19

Aheong, S. P., ヘオング, S P 107, 298

Ahn Chang-ho, アン・チャンホ（安昌浩） 109, 147-48, 165

Aglipay, Gregorio, アグパイ, グレゴリオ 114

Aglipayan Church, アグリパイ教会 114

Aid to Families with Dependent Children (AFDC), 被扶養児童家庭扶助 243-44

Alabama and Chattanooga Railroad Company, アラバマ・チャタヌーガ鉄道会社 121

Alaskan salmon canneries, アラスカサケ缶詰工場 55, 132, 175

Alien Employment Certification, 外国人雇用証明 222

alien land laws, 外国人土地法 53-54, 65-66, 101, 142, 172, 213, 302-03, 305

Alien Property Custodian, 外国人財産管財人 200

Alien Registration Act (1940), 外国人登録法 183

All-Chinatown Anti-Japanese Patriotic Association, 全チャイナタウン反日愛国協会 148

Allen, Horace N., アレン, ホーラス・N 15-17

Amerasian, アメラジアン 210, 214, 218, 246, 249, 306-07

Amerasian children, アメラジアンの子供達 210, 246

Amerasian Homecoming Act (1987), アメラジアン帰国法 218, 246, 249, 306

Amerasian Immigration Act (1982), アメラジアン移民法 246

American Citizens for Justice (ACJ), アメリカ裁判市民会 270

American Civil Liberties Union (ACLU), 全米自由人権協会 206-07

American Civil War, アメリカ南北戦争 35, 40, 66, 120-21

American Council for Nationalities Services, 米国国籍援助機関会議 235

"*American Dream*,"「アメリカンドリーム」 282

American Federation of Labor (AFL), アメリカ労働総同盟 126, 128-32, 304

American Fund for Czechoslovak Refugees, チェコスロバキア難民アメリカ基金 235

Americanization, アメリカナイズ 85, 191

American Justice Coalition, アメリカ裁判連合 271-72

American Magazines and Books Commercial Association, 米国雑誌書籍商業組合 102

"*And the Soul Shall Dance*,"「そして心が踊る」 281

Angel Island, エンジェル・アイランド 277, 280

animist, アニミズム信奉者 94, 237

Anti-Imperialist Alliance, 反帝国主義連合 148

antimiscegenation laws, 反人種間混血法 85-87, 173

Aquino, Corazon, アキノ, コラソン 225

Army Nurse Corps, 陸軍看護師部隊 195

Armenians, アルメニア人 137

Art Goods and Notions Commercial Association, 日本美術雑貨商組合 101

"*Asa Ga Kimashita*,"「朝が来ました」 282

Asian American studies, アジア系アメリカ人研究 276, 337

Asian American students, アジア系アメリカ人学生 254, 276, 285, 305

ASIAN, Inc., アジアン法人 256

Asian Pacific Americans, アジア太平洋系アメリカ人 xii

Asiatics, アジア人種 67

321

*Asiatic Exclusion League (AEL), アジア排斥同盟 88, 301
Associated Farmers of California, カリフォルニア州農業者組合 131
Associated Press (AP), 米国連合通信社 73
"Aw Shucks!," 「しかたがない！」 282

B

Bakunin Institute, バクーニン協会 145
Baohuanghui (Protect the Emperor Society), 保皇会 143, 145, 300
Barbers Association, 理髪店組合 124
Barred Zone, 移民禁止地帯 78, 302
"Becoming American," 「アメリカ人になるために」 279, 291
benevolent assimilation, 友愛同化 19
Bidwell, John, ビドウェル, ジョン 69
"Bitter Cane," 「辛い杖」 280
"boat people," ボート系難民 237, 239, 242, 245-46, 306
Bordallo, Ricardo, ボルダーロ, リカルド 234
Boy Scout troops, ボーイスカウト隊 174
brain drain, 頭脳流出 222
*Breaking Silence, 沈黙を破って 286
bubonic plague, ペスト 80-81, 300
Buchholdt, Thelma Garcia, ブックホルト, テルマ・ガルシア 264
Buddhism, 仏教 94, 105-07, 176, 183, 237, 300
Buddhist Churches of America, 米国仏教会 106
Buddhist Church of San Francisco, 桑港仏教会 106
Buddhist Women's Association, 仏教婦人会 106
Burlingame Treaty (1868), バーリンゲーム条約 76, 80, 135, 298
Bureau of Immigration, 移民庁 17, 35, 122, 144-45, 297
Bureau of Refugee Assistance (BORA), 難民支援庁 244

Burns, John, バーンズ, ジョーン 261
Bush, George H. W., ブッシュ, ジョージ H. W. 249, 265, 267, 306

C

Caballeros de Dimas Alang, Inc., ディマス・アラング結社 111-12
Cable Act (1922), ケーブル法 158, 175, 303
California Flower Market, 加州花卉市場 102
California Joint Immigration Committee, カリフォルニア州合同移民委員会 185
Cambodia, カンボジア xiii, 229-34, 239-40, 249, 285, 305
Canton Company, 広州会社 93
Cape Horn, ホーン岬 41, 43
Carpenters' Association, 大工組合 124
Carter, Jimmy, カーター, ジミー 242
"Carved in Silence," 「歪められた沈黙」 277, 291
*Central Intelligence Agency (CIA), アメリカ中央情報局 232, 249
Central Japanese Agricultural Association, 中央日本農業組合 102
Central Japanese Association, 日本人中央会 100, 302
Central Labor Council, 中央労働評議会 126
Central Pacific Railroad Company, セントラル・パシフィック鉄道会社 37, 41-42, 297
Central Union Church, セントラル・ユニオン教会 126
Chae Chan Ping v. United States, チャエ・チャン・ピング（遅成平）対米国の判例 135, 299
Chamber of Commerce, 商工会議所 73, 102, 302
Chandra, Ram, チャンドラ, ラム 145-46
"Chan is Missing," 「チャンが行方不明」 279, 291
Chee Kung Tong (Zhigongtang), 到公堂 98
Chen, Lily, チェン, リリィ 264

索引 Index 323

Chiang Kai-shek, 蔣介石　148, 180
"Chickencoop Chinaman, The,"「鶏小屋の中国人」281
Chin, Frank, チン, フランク, 趙健秀　281
Chin, Lily, チン, リリィ　271
"Chink", チンク　168
Chin, Vincent, チン, ヴィンセント, 陳果仁　269, 271, 279, 306
"Chinamen's Chance,"「中国人男性のチャンス」280
Chinese Communist Party, 中国共産党　148
Chinese Consolidated Benevolent Association (CCBA), 中華総会館　96, 141, 148, 299
Chinese Digest, 中国要約雑誌　171
Chinese Empire Reform Association, 中国維新会　143, 300
Chinese Exclusion Law (1882), 中国人排斥法　vi, 51, 76-77, 88, 96, 134-36, 143-44, 157-58, 182, 299-301, 304
"Chinese Freemasons," 洪門堂　98
Chinese Hand Laundry Alliance (CHLA), 中国人手洗洗濯連合　141, 148
Chinese Nationalist Party (Guomindang, Kuomintang, KMT), 中国国民党　96, 165
Chinese Six Companies, 中国六大公司　95-96, 100-01, 133, 297, 299
Chinese Unemployed Council, 中国人失業者協議会　172
Chinese Women's Patriotic Association, 中華婦女救国会　165
Chinmok-hoe (Friendship Society), 共立協会　109, 147
Choy, Christine, チョイ, クリスティン　278-79
Chu, Louis, チュウ, ルイス, 路易斯・朱　280
Church World Service (CWS), 教会世界奉仕団　235
Chy Lung v. Freeman, チイ・ラング対フリーマン判例　157

Citizens' Advisory Committee, 市民諮問委員会　243
Civil Liberties Act (1988), 市民的自由法　264
civil rights movement, 公民権運動　254, 266, 273
Clark Air Base, クラーク空軍基地　224, 234
"Clay Walls,"「土壁」282
Cleveland, Grover, クリーブランド, グローバー (大統領)　70-71
cognate, 同族　36, 93-96, 99, 115, 154
cold war, 冷戦　211, 213, 219
Collins, Wayne, コリンズ, ウェイン　208
colored school, 有色人種学校　81
"Color of Honor, The," 名誉の色　277, 291
Commission on Wartime Relocation and Internment of Civilians, 戦時市民転住強制収容調査委員会　265, 306
Committee Investigation National Defense Migration, 移民国防特別調査委員会　187
Committee on Governmental Operation, 上院政府活動委員会　212
Comrade Society, 同志会　147
*Concentration Camp, 強制収容所　66, 180, 185, 190, 195, 201, 208, 213, 277, 281, 282
Confucian beliefs, 儒教信奉者　94
Confucius, 孔子　97
Congress of Industrial Organizations, 産業別組織会議　130
Consortium for Refugee Resettlement, 難民再定住協会　244
contract laborers, 契約移民　12, 17
"Crazy Alice,"「狂ったアリス」283
Criminal Proceedings Act (1850), 刑事訴訟手続法　67

D
Damon, Samuel, デイモン, サムエル　107, 298
Das, Rajani Kanta, ダス, ラジャニ・カンタ　24-25
Dayal, Har, ダヤル, ハル　145

De Castro, Antonio, デ・カストロ, アントニオ 278, 292

De Castro, Naomi, ナオミ・デ・カストロ 278, 292

De Gaulle, Charles, ド・ゴール, シャルル 229

Delta Agricultural Association, 三角州農業組合 102

Democratic Kampuchea (DK), 民主カンプチア xiii, 239

Department of Health, Education, and Welfare, 連邦保健教育福祉省 236

Department of Health and Human Services, 現連邦保健福祉省 236

Department of Human Resources (DHR), 社会資源局 243

Department of Social Services (DSS), 社会福祉局 243-45

Deshler, David W., デシュラー, デビッド・W 16-17

Dewey, George, デューイ, ジョージ 19

DeWitt, John L., ディウィット, ジョーン・L 184-88, 203-07

Dies, Martin, ダイズ, マーティン 207, 212

Dien Bien Phu, ディエン・ビエン・フー 231

Dimas Alang, ディマス・アラング 111

"*Dim Sum*,"「点心」 280

Ding, Loni, ディング, ロニー 277, 291, 293

"*Dollar a Day, Ten Cents a Dance*,"「1日1ドル、1ダンスが10セント」 278, 291

Dunn, Geoffrey, ダン, ジェフリ 278

E

"*Eat a Bowl of Tea*,"「夜明けのスローボート」 280

Ebens, Ronald, エバンス, ロナルド 269, 279

Education Opportunity Program (EOP), 教育機会計画 274

Eilberg Act (1977), アイルベルグ法 222, 305

Eisenhower, Dwight D., アイゼンハワー, ドワイト・D 231

El Salvador, エルサルバドル 247

emigrant, 出移民 8, 10, 11, 22, 24, 28, 218, 221, 224-27, 246

Emergency Assistance, 緊急扶助 243

Endo, Mitsuye, エンドウ, ミツエ, 遠藤 202, 205-07

Escueta, Mel, エスクエタ, メル 281

Espionage Act, スパイ防止法 196

ethnic confinement, 民族的閉鎖 47

ethnocentrism, 民族集団至上主義 87

Eu, March Fong, ユ, マーチ・フォング, 余江月桂 264, 305

*Eurasian, ユーラジアン 214

Evacuation Claims Act (1948), 強制退去賠償請求法 212

Ewha Women's College, 梨花女子大学 165

"exit permits," 出国証明書 96

expansion of Europe, ヨーロッパの拡張 27

F

Fagel, Manuel, ファーゲル, マニュエル 130

family reunification, 家族再統合 219, 221-23

Farm Security Administration, 農業安定局 188

Federal Bureau of Investigation (FBI), 連邦捜査局 182-83, 192-93, 197, 204, 207, 212, 270

Federal Communications Commission, 連邦連合委員会 207

Federal Reporter, 連邦控訴裁判所判例集 133, 139

Federal Reserve Bank, 連邦準備銀行 188

Federal Security Agency, 連邦安全保障庁 188

Federated Agricultural Laborers Association, 農業労働者組合連合 131, 304

Federation of Japanese Labor, 日本人労働連盟 125-26, 302

Field Workers Union, Local 30326, 農場労働者連盟,

支部　131
Filipino-American Christian Fellowship, 在米フィリピン人キリスト協会　113, 303
Filipino Americans, フィリピン系アメリカ人　153, 168, 182, 210, 264, 281
Filipino Christian Church, フィリピン人キリスト教会　113
Filipino Christian Fellowship, フィリピン人キリスト教団　114
Filipino Community, フィリピン人共同体　111-12, 114-15
Filipino Federated Organizations, フィリピン人連邦機構　114
Filipino Federation of America, Inc., 在米フィリピン人連合会　112-13, 131, 303
Filipino Federation of Labor, フィリピン人労働連盟　125, 130
Filipino Labor Union (FLU), フィリピン人労働組合連合　130-31
Filipino Student Christian Movement, フィリピン学生キリスト教運動　113
Filipino Unemployed Association, フィリピン人失業組合　125, 302
"flight capital," 逃避資本　267
Flower Growers Association, 花卉栽培業組合　102
Fong, Hiram, フォング、ハイラム、鄺友良　260-61, 305
Fong Yue Ting v. United Sates, フォン・ユエ・ティング対米国の判例　135, 299
food basket, 食糧バスケット　171
Food Stamp, 食糧スタンプ　243
Ford, Gerald, フォード、ジェラルド　233, 249, 305
Ford, Leland, フォード、レランド　185
Foreign Miners' Tax, 外国人採掘課税　37, 64, 68, 134, 297
"four little tigers", 4匹の子虎　226, 248
442nd Regimental Combat Team, 第442連隊戦闘団　201, 261, 304

Frick v. Webb, フリック対ウェッブの判例　142, 303
Friendship Society, 共立協会　109, 147

G

galleon, ガレオン船　28, 33, 59, 297
Geary Act (1892), ギアリー法　135, 299
General Assistance, 一般扶助　243-44
Gentlemen's Agreement, 日米紳士協定　18, 21, 28-29, 53, 77, 100, 159, 161, 301
Ghadar (Gadar, Ghadr) party, ガダル党　111, 145-46, 302
G.I. bill, 復員兵援護法　209
Gibson, Walter Murray, ギブソン、ウォルター・マレイ　36
Gin Hawk Club, ジン・フォーク・クラブ　171
gongsuo (public hall), 公所　95
Gompers, Samuel, ゴンパース、サミュウェル　128
*Gospel Society, 福音会　116, 298
Gotanda, Philip Kan, ゴタンダ、フィリップ・カン　280
Governor's Refugee Task Force, 州難民特別対策本部　243
grade point average (GPA), 学年評定平均　274
grand jury, 大陪審　79, 88, 200, 203, 270-71
Gran Oriente Filipino, Inc., フィリピン人東洋会　112
granth sahib, シーク教聖典　110
Great Depression, 大恐慌　75, 132, 141, 153, 171-72, 281
Great Mahele, グレート・マヘレ　34
Great Proletarian Cultural Revolution, 文化大革命　266
Gresham-Yang Treaty (1894), グレシャム・ヤン条約　144
Grower-Shipper Association, 栽培荷造組合　131
Guangxu emperor, 光緒帝　143

Guomindang (Kuomintang:KMT, Chinese Nationalist Party), 国民党　*96, 148, 165, 212, 230*
guru, 導師　*110*
gurudwara (gurdhara), グルドワーラー　*25*
gurdwara (Sihk temple), シーク教寺院　*110, 302*

H

Haiti, ハイチ　*245, 247*
Hall, George, ホール, ジョージ　*67, 297*
Hakka, 客家　*8, 93, 98, 115, 294*
Hamada, James, ハマダ, ジェームズ　*260*
Hanin Hapsong Hyop-hoe (United Korean Society), 連合朝鮮団体　*109, 301*
Hawaiian Sugar Planters' Association (HSPA), ハワイ砂糖耕作主組合　*15-7, 19-22, 49, 124-27, 129, 300*
Hawaii Laborers' Association, ハワイ労働者協会　*126*
Hayakawa, S.(Samuel) I., ハヤカワ, S・I　*263*
Haywood, William, ヘイウッド, ウィリアム　*19*
Health Professions Educational Assistance Act (1976), 医学専門教育支援法　*221, 305*
Heart Mountain Fair Play Committee, ハート・マウンティン公正委員会　*199*
Heng Samrin, ヘン・サムリン　*240*
Hermit Kingdom 隠遁王国　*14*
Heungsan, 香山　*5, 93*
Heungsanese, 香山人　*115*
Higher Wages Associations, 高賃金要求組合　*124-25*
"Hindoo", ヒンドゥー　*111*
Hindu, ヒンドゥー教徒　*27, 57, 110, 145, 173*
Hinduism, ヒンドゥー教　*57, 111, 145*
Hindustan Association, ヒンドゥスタン協会　*110, 302*
Hindustan Association of the Pacific Coast, アメリカ西海岸ヒンドゥー教団体　*145*
Hindustani Welfare Reform Society, ヒンドゥスタン福祉改善団体　*111, 302*
Hirabayashi, Gordon, ヒラバヤシ, ゴードン, 平林　*202-05, 277, 285, 306*
Ho, Fred, ホウ, フレッド, 弗萊徳・何　*280*
Ho Chi Minh, ホー・チ・ミン　*229-30, 232, 249*
"Honey Bucket,"「汚物受け」　*281*
Hong Xiuchuan (Hung Hsiu-ch'uan), 洪秀全　*8*
Hoover, John Edgar, フーバー, ジョン・エドガー　*212*
House of Friendship, 友愛の家　*114*
Houston, Velina Hasu, ヒューストン, ヴェリナ・ハス　*282*
Houston and Texas Central Railroad, ヒューストン・テキサス中央鉄道会社　*120-21*
huiguan (district associations), 会館　*93, 95, 99*
Hung Sa Dang (Young Koreans Academy), 興士団　*116, 147*
Hun Sen, フン・セン　*240-41*
Hwang, Henry David, ウォン, ヘンリー・デビット　*281*

I

Ieyasu, 家康　*9*
Imamura Yemyo, 今村恵猛　*106*
Immigration Act (1917), 移民法（1917年）　*78, 157, 302*
Immigration Act (1924), 移民法（1924年）　*29, 77-78, 158, 214, 303*
Immigration Act (1965), 移民法（1965年）　*213, 218-22, 228, 305*
Immigration Amendments of 1988, 移民法改正（1988年）　*223*
Immigration and Naturalization Service (INS), 移民帰化局　*183, 212, 235*
immigration exclusion, 移民排斥　*32, 98, 111, 115, 134, 180, 185, 219*
Immigration Reform and Control Act (1986), 移民改革管理法　*222, 306*

immigration station, 移民駐留所　277
imperial examination, 科挙制度　97
Indian independence movement, インド独立運動　110, 145
Indochina Migration and Refugee Assistance Act (1975), インドシナ移民難民支援法　218, 236
industrial plantations, 産業耕作　49
inferior race, 下層民族　46, 62
"In No One's Shadow,"「だれの影でもなく」278, 292
Inoue Kaoru, 井上 馨(カオル)　12-13
Inouye, Daniel K, イノウエ（井上）、ダニエル・K（ケン）　261-62, 305
In re Ah Yup, アー・ユプ（阿亜）の提訴　66-67, 136, 298
In re Knight, ナイトの提訴　137
In re Saito, サイトウの提訴　137, 300
Interagency Task Force, 連邦合同特別委員会　233, 235
International Labor Defense, 国際労働者弁護団　130
International Longshoremen's and Warehousemen's Union (ILWU), 国際港湾・倉庫労働者連合　261
International Monetary Fund, 国際通貨基金　247
International Rescue Committee, 国際救済委員会　235
*Internment Camp, 強制収容所　66, 213, 277, 281
Irish immigrant labor, アイルランド人移民労働者　41
Ilustrados, 教養階層　18
Irwin, Robert Walker, アーウィン、ロバート・ウォーカー　12-13, 28, 49
Irwin Convention, アーウィン協約　12, 299
Issei (first generation), 一世　88, 165-66, 172, 175, 191-93, 195-96, 209, 212
Ivy League, アイビーリーグ　273

J
Jackson, Jesse, ジャクソン、ジェシー　267, 285
Japanese Agricultural Contractor's Association 日本農業請負組合　102
Japanese American Citizens League (JACL), 全米日系市民協会　174-75, 189-90, 192-94, 197, 205, 212, 264-65
Japanese Americans, 日系アメリカ人　100, 161, 170, 172, 175-76, 182, 186-87, 190, 192, 194, 199, 202-03, 207-08, 212-14, 255-56, 258-59, 261, 264-65, 277, 280-81, 285, 306
Japanese and Mexican Labor Association (JMLA), 日墨労働者同盟協会　127-29
Japanese Association of America, 在米日本人会　74, 100-01, 104, 133, 138, 161, 301
Japanese Association of Oregon, オレゴン日本人会　100, 302
Japanese Cloth Dye Trade Association, 日本人洋服染業組合　102
Japanese Hotel and Inn Association, 日本ホテル旅館組合　124
*Japanese in America, 在米日本人　74, 100-01, 104, 133, 138, 214
Japanese militarism, 日本軍国主義　148, 175
Japanese Nationality Act (1924), 日本国籍法　166-67
Jats, ジャート　57
Jim Loo American Justice Coalition, ジム・ルウアメリカ裁判連合　271-72
Jodo (Pure Land), 浄土宗　105
Johnson, Lyndon B., ジョンソン、リンドン・B　219, 232
"Joy Luck Club, The,"「ジョイ・ラック・クラブ」282
Judd, Albert F, ジュド、アルバート・F　20
junk ジャンク　4, 8
jus sanguinis, 血統主義　166, 176
jus soli, 生地主義　166, 176

Ju Toy, ジュ・トイ　　136, 144, 301

K

Kalakaua (King of Hawaii), カラカウア　　12, 36, 299
Kampuchea, カンプチア　　*xiii*, 228-29, 237-38, 240-41, 245, 249, 268, 305
Kaneko, Shinsei, カネコ, シンセイ, 金子真成　　137, 300
Kang Youwei (K'ang Yu-wei), 康有為　　143, 300
Katipunan, カティプナン　　18
Kaufman, Charles, カウフマン, チャールズ　　269-70
Kawai, Kazuo, カワイ・カズオ (河合一雄)　　174
Kawanami, Carol, カワナミ, キャロル　　264
kenjinkai (prefectural association), 県人会　　99-100, 115
kenjin (prefecture mates), 県人　　99
Kennedy, Edward, ケネディ, エドワード　　242
Kennedy, John F, ケネディ, ジョン・F　　211, 219
Khalsa Diwan, ディワーン, カールサ　　110, 302
Khmer People's National Liberation Front (KPNLF) クメール人民民族解放戦線　　239
Khmer Rouge, クメール・ルージュ　　231, 233, 240-41
Khubilai Khan, フビライ・ハーン　　9
Kibei, 帰米　　167, 187, 192-93, 196, 201
King, Jean, キング, ジーン　　264
*Kingdom of Cambodia, カンボジア王国　　249
Kingston, Maxine Hong, キングストン, マキシン・ホン　　281-82
Kissinger, Henry, キッシンジャー, ヘンリー　　233
Kitchen Workers' Union, 調理労働組合　　193
Kojong, (King of Korea), 高宗　　15, 17
Komagata Maru, 駒形丸　　146
Kongnip Hyop-hoe (Mutual Assistance Society), 相互扶助組織　　109, 301
Kono, Charles Hio, コウノ, チャールズ・ヒオ　　138
Korean Americans, 朝鮮系アメリカ人　　153, 172,
258, 282
Korean Christian Church, 大韓キリスト教会　　108, 116, 302
Korean Commission, 朝鮮委員会　　164
Korean Community School, 朝鮮地域社会学校　　147
Korean Episcopal Church, 大韓恩恵教会　　108, 301
Korean Evangelical Society, 韓人宣教会　　108, 300
Korean independence movement, 朝鮮独立運動　　147
Korean Methodist Church, 大韓カムリ教会　　108, 301
Korean National Association (KNA), 大韓人国民会　　73, 147
Korean National Brigade, 大韓国民旅団　　147
Korean Presbyterian Church, 大韓長老教会　　108, 301
Korean provisional government, 大韓臨時政府　　164
Korean War, 朝鮮戦争　　210, 226, 230, 248
Korean Women's Patriotic Society, 朝鮮女性愛国協会　　164-65
Korean Women's Relief Society, 朝鮮女性解放同盟　　164-65
Korematsu, Fred, コレマツ, フレッド, 是松　　202, 204-08, 277, 285, 306
Kozaburo, Baba, コザブロウ, ババ, 馬場小三郎　　127

L

labor certification, 就労許可証　　220
larger society, 多数派社会　　47
land people, 陸地系難民　　237, 240-42
Lao People's Democratic Republic, ラオス人民民主共和国　　232, 234
Laos, ラオス　　228-34, 236-39, 241-42, 245, 268, 305
Larraras, J. M., ラーララス, J. M.　　128
Latin America, 中南米　　1, 3, 121, 281

Lau v. Nichols, ラウ対ニコルズの判例　285, 305
Le Duc Tho, レ・ドク・ト　233
"Legend of Miss Sasagawara, The,"「ミス・ササガワラの伝説」　282
Legionarios del Trabajo, Inc., 労働者連合会　112, 303
Lem Moon Sing, レム・ムーン・シング　136, 300
Levine, Ken, レビン、ケン　279
Liang Qichao (Liang Ch'i-ch'ao), 梁啓超　143, 300
Liaison for Voluntary Assistance, 自発的支援連絡協議会　244
*Licenced Agencies for Relief in Asia (LARA), アジア救済公認団体　214
Lighthouse Mission, ライトハウス布教所　114
Lim, Genny, リム、ジェニイ、林小琴　280-81
Lin Zexu (Lin Tse-hsü), 林則徐　6
Lippmann, Walter, リップマン、ウォルター　186
Lon Nol, ロン・ノル　232
Loo, Ming Hai, ルウ、ミング・ハイ　271
Loomis, Augustus, ルーミス、アウグストゥス　107, 297
Los Angeles City Market, ロサンゼルス市場　102-03
Lowe, Felicia, ロウ、フェリシア　277, 291
Luce-Celler Bill (1946), ルース・セラー法　213, 263, 304
Lum, Martha, ラム、マルタ　82-83
Lum Gong, ラム、ゴング　82
Luna, 現場監督　36, 50, 120, 122-23, 162, 280
Lutheran Immigration and Refugee Service (LIRS), ルーテル移民難民支援機関　235

M

Mabini, Apolinario, マビニ、アポリナリオ　112, 116
MacArthur, Douglas, マッカーサー、ダグラス　182
Masonic theology, フリーメイソンの教義　112

McCarran, Pat, マッカラン、パット　212, 214
McCarran-Walter Act (1952), マッカラン・ウォルター法　210, 212, 220, 305
McCarthy, Joseph, マッカーシー、ジョセフ　211
McClatchy, V S., マクラッチー、V.S.　161
McKinley tariff, マッキンリー関税　48
M. Butterfly, エム・バタフライ　281-82
Mamie, メイミイ　82
manifest destiny, 拡張主義　vi, 27
Manila Electric Company, マニラ電気会社　112
Manlapit, Pablo, マンラピット、パブロ　125-26, 129-30, 302
Manning, Howard, Jr., マニング、ハワード・ジュニア　272
Mansei Uprising, 独立万歳運動　164
Mao Zedong, 毛沢東　230, 266-67
Marcos, Ferdinand, マルコス、フェルディナンド　225, 234
Marine Hospital Service, 船員病院　80
mass evacuation, 集団退去　184-85, 189-90, 208, 304
Masuda Takashi, 益田孝　12-13
Matsui, Robert, マツイ（松井）、ロバート　263
Matsunaga, Spark, マツナガ（松永）、スパーク　262, 305
Meiji Restoration, 明治維新　10, 83
mestiza, 混血フィリピン女性　174
mestizo, 混血フィリピン人　18, 174
Mexican Americans, メキシコ系アメリカ人　58, 254, 256
Mexican-Hindus, メキシコ系インド人　161
*Miao, ミャオ族　249
middle class, 中産階級　209, 261
Military Intelligence Service Language School (MISLS), 陸軍情報部日本語学校　187, 201
military police (MP), 憲兵隊　193, 196-97, 204
Mineta, Norman, ノーマン・ミネタ（峰田）　263
Mink, Patsy Takemoto, ミンク、パッツィ・タケモト、

竹本(タケモト) 262, 305
Mirikitani, Janice, ジャニス・ミリキタニ 283
"*Mississippi Triangle*,"「ミシシッピーの三角関係」 278, 292
Mitsui Bussan, 三井物産 12-13
Miyake, Noboru, ミヤケ, ノボル 260
Miyama Kanichi, ミヤマ・カンイチ（美山貫一） 107
*Hmong, モン族 232, 234, 237, 241-42, 244, 249, 279
model minority, 模範少数民族 254, 256-57
Moncado, Hilario, モンカド, ヒラリオ 112, 131, 303
Mongolian, 蒙古人種 67, 76, 85-86, 137, 298, 301
"*Monterey's Boat People*,"「モンテレーのボート難民」 279, 293
Morales, Sylvestre, モラレス, シルベストレ 113
Moreno, Tony, モレノ, トニー 86
mulattoes, 白黒混血 85, 299
Muslims, イスラム教徒 28-29, 110, 137, 173
Mutual Assistance Society, 相互扶助組織 109, 301
Mutual Assistance Association Advisory Council, 相互扶助共同諮問会議 244
Myer, Dillon, マイヤー, ディロン 199

N
Nakasako, Spencer, ナカサコ, スペンサー 279
Narvacan Association, ナルバカン集団 114
National Board of Medical Examiner (NBME), 医師国家試験機構 222
National Committee for Redress, 全米賠償検討委員会 264
National Industrial Recovery Act, 全米産業復興法 130
National Japanese American Student Relocation Council, 在米日系人生徒転住協議会 192
National Labor Relations Board, 全米労働関係委員会 130
National Liberation Front, 南ベトナム民族解放戦線 231
National Maritime Union (NMU), 全米海員組合 132-33
*National Security Act (1947), 国家安全保障法 249
Native Americans, アメリカ先住民 i, 3, 58, 255, 294
Native Sons of the Golden West,「輝かしき西部の息子たち」 185, 190
newly industrializing countries (NICs), 新興工業国 226
New People Society, 臣民會 109
"*New Puritans, The*,"「ニューピューリタン」 279, 293
Ngo Dinh Diem, ゴ・ディン・ディエム 231-32
Ngo Dihn Nhu, ゴ・ディン・ヌー 232
Nguyen Van Thieu, グエン・バン・チュー 233
Ninth Street Market, 第九街(がい)市場 102-03
Nisei (second generation), 二世 153-54, 165-72, 174-75, 180, 185, 187, 190-93, 195-96, 199-202, 209, 214, 260, 262-63, 273, 277, 283, 302, 304
"*Nisei Soldier*," 日系二世兵士 277, 293
Nitz, Michael, ニッツ, ミシェル 269-71
Nixon, Richard M., ニクソン, リチャード・M 232-33
Noda, Barbara, ノダ, バーバラ 282
North America Buddhist Mission, 北米仏教団 106, 300
Northern Monterey Filipino Club, 北モンテレーフィリピンクラブ 74
Northwest American Japanese Association, 米国西北部連絡日本人会 100

O
Occidental and Oriental Steamship Company, 西洋東洋蒸気船社 49

索引　Index　331

Orders-in-Council, 枢密院令　26
Office of Naval Intelligence (ONI), 海軍情報部　182-83
Office of Strategic Services (OSS), 戦略情報局　230
Oka, Tasaku, オカ, タサク　260
Okamoto, Kiyoshi, オカモト, キヨシ　199
Okazaki, Steven, オカザキ, スティーブン　277
Omura, James, オムラ, ジェームズ　200
One Hundredth (100th) Battalion, 第100歩兵大隊　187, 201, 261-62, 304
Ong, Wing F., オング, ウィング・F, 鄧悦寧　262-63, 304
Orderly Departure Program (ODP), 合法出国計画　245, 246, 249, 306
Order of Caucasians, 白色人種結社　69
Oriental School, 東洋人学校　82, 84, 262, 299
Organic Act (1900), ハワイ併合条約　17, 122, 300
Organic Law (1900), ハワイ併合法　49, 51
Our Lady Queen of Martyrs Church, 聖母マリア殉教者教会　113
*Oxnard Strike, オクスナード争議　149
Ozawa v. *United States*, オザワ対米国の判例（小沢）　67, 138, 303

P
Pacific Coast Japanese Association, 太平洋西海岸日本人会　138
Pacific Mail Steamship Company, パシフィク・メイル蒸気船会社　49
Page Law (1875), ページ法　vi, viii, 76, 157, 298
Palmer, Albert W., パーマー, アルバート・W　126
Pangasinan, パンガシナン　22, 114
Pao, Vang, パオ, バン　232, 234, 241
"Paper Angels,"「ペーパー・エンジェル」　280
Park, Robert E., パーク, ロバート・E　168
Park Yong-man, パク・ヨンマン（朴容晩）　147
Parsees, パルシー教徒　137

Pathet Lao, パテート・ラーオ　230
Pearl Harbor, パールハーバー　182, 186-87, 190, 201, 304
Pegler, Westbrook, ペグラー, ウェストブルック　186
pensionados, ペンショナドス　111, 116, 300
People's Republic of China (PRC), 中華人民共和国　219, 227, 230, 240, 249, 306
Perry, Matthew, ペリー, マシュー　9
Peru, ペルー　3, 183
Phelan, James, ジェームス・フェラン　161
Philip II, フェリペ二世　18
Philippine-American War, 米比戦争　19, 29
*Philippine Independence Act, フィリピン独立法　88
Piche, Lloyd, ピチェ, ロイド　271
Piche, Robert, ピチェ, ロバート　271-72
picture brides, 写真花嫁　64, 78, 159-61, 163, 165, 302
Placerville American, プレーサビル・アメリカン　64
Planters' Labor and Supply Company, 耕作労働者供給会社　49
Planters' Society, 耕作主団体　35, 297
Plessy v. Ferguson, プレッシー対ファーガソンの判例　83
police tax, 公安税　76, 297
political refugees, 政治難民　211, 242, 304
Pol Pot, ポル・ポト　231, 240
Porterfield v Webb, ポータフィールド対ウェッブの判例　142, 303
Presidential Distinguished Unit Citation, 大統領特別部隊感謝状　202
Propaganda Movement, プロパガンダ運動　18
Protect the Emperor Society, 保皇会　143, 145, 300
Public Bath Operators Association, 公衆浴場組合　124
Public Law 503 (1942), 公法503号　188, 204-05,

207, 304
Pullman Company, プルマン会社　173
Punjab, パンジャブ　2, 22-26, 29, 64, 110, 115, 172, 263, 301
Punjab Land Revenue Act (1871), パンジャブ土地課税法　23

Q
queues, 弁髪　63, 88, 302

R
Rainbow Coalition, 虹の連合　267
Rankin, John, ランキン、ジョーン　212
Reagan, Ronald, レーガン、ロナルド　265, 267
Reciprocity Treaty (1876), 互恵条約　35, 48, 298
redress movement, 賠償運動　266
Red Guard, 紅衛兵　266
Red Turbans, 紅巾賊　8
Refugee Act (1953), 難民法（1953年）　211
Refugee Act (1980), 難民法（1980年）　218, 242, 306
Refugee Cash Assistance, 難民現金扶助　243
*Refugee-Escapee Act (1957), 難民逃亡者法　214
*Refugee Fair Share Law (1960), 難民公正割当て法　214
Refugee Resettlement Advisory Council, 難民再定住諮問会議　244
Regan v. King, リーガン対キングの判例　190
relocation camps, 転住収容所　182, 189-90, 206, 304
Republic of China in Taiwan (ROC), 中華民国（台湾）212, 219, 227, 248
Retail Merchants Association, 小売商組合　124
Revive China Society, 興中会　143, 300
Rhee, Syngman(Lee Seungman, Yee Sung-man), イ、スンマン（李承晩）　xiii, 116, 147-48, 165, 302
rice farming, 米作農業　36, 54

Rizal, Jose, リサール、ホセ　18, 111-12, 116
Roberts, Owen J., ロバーツ、オーウェン・J　186
Robinson, Ruby, ロビンソン、ルビー　86
Rock Springs, ロック・スプリング　69-70, 299
Rocky Shimpo, ロッキー新報　200
Rogers, Marjorie, ロジャーズ、マジョリ　86
Roldan, Salvador, ロルダン、サルバドール　86
Roman Catholic, ローマカトリック　114, 116
Ronyoung, Kim, ロンヤング、キム　282
Roosevelt, Franklin Delano, ルーズベルト、フランクリン・デラノ（大統領）　184, 186-188, 190, 206-07, 304
Roosevelt, Theodore, ルーズベルト、セオドア（大統領）　51, 72, 77, 84, 144, 301
royal commission, 王立委員会　25
Royal Hawaiian Agricultural Society, 王立ハワイ農業協会　35, 297
Russo-Japanese War of 1904-05, 日露戦争　15, 17, 29, 84, 85

S
Saiki, Patricia, サイキ、パトリシア　264
Salvador Roldan v L.A. County, サルバドール・ロルダン対ロサンゼルス郡の判例　86
Sandalwood Mountains, 白檀山　33
Sanyi Huiguan (Sam Yup Association), 三邑会館　93, 297
Sarin, Ritu, サリン、リトゥ　279, 293
Satsuma Rebellion of 1877, 西南戦争　10
Saund, Dalip Singh, サウンド、ダリップ・シン　263, 305
Schnell, Edward, シュネル、エドワード　12
*Schnell, John Henry, シュネル、ジョーン・ヘンリー　28, 298
Scholastic Aptitude Test (SAT), 大学進学適性試験　274
"school boys," スクールボーイ　83, 138
school segregation, 分離学校　81-83, 85

索引　Index　333

Schwartz, Mark, シュワッツ、マーク　278
Scott Act (1888), スコット法　77, 299
Seamen's Act (1915), 海員法　132, 149
Seamen's International Union, 国際海員組合　132-33
Seattle, シアトル　44, 69-71, 96, 100, 106, 113-14, 137, 188, 203, 279, 285, 299, 302
Selective Service, 選抜徴兵　194, 196-97, 199
Selective Service Act, 選抜徴兵法　197
Seventh Street Market, 第七街市場　102-03
Shima, George, シマジョウジ、牛島謹爾　104
Shintoism, 神道　183, 191
Shoemaker's League, 靴工同盟会　101, 300
Shufeldt, Robert W. シューフェルト、ロバート・W　14
Sihanouk, Norodom, シアヌーク、ノロドム　230, 231-32
Sinmin-hoe (New People Society), 臣民會　109
Sino-Japanese War of 1894-95, 日清戦争　15, 49
Sino-Vietnamese, 中国系ベトナム人　237, 239, 242, 245
Sit Moon, シット・ムーン　107, 299
Six Chinese Companies, 中国六大公司　95-96, 101, 133, 297, 299
Siyi Huiguan (Sze Yup Association), 四邑会館　93, 297
Sohak (Western Lerning), 西学　14
Sokabe Shiro, ソカベシロウ、曽我部四朗　107
Sonam, Tenzing, ソーナム、テンジン　279, 293
Souphanouvong, Prince of Laos, スファヌボン　230
Southern Pacific Railroad, 南太平洋鉄道　103
South Korea, 大韓民国　146-48, 210, 224, 226
Speer, William, スピア、ウイリアム　107, 297
Standard Metropolitan Statistical Area (SMSA), 標準大都市統計地区　257-58
State Refugee Advisory Council, 州難民諮問会議　244

St. Columban's Church, 聖コルンバ教会　113, 116
Subic Bay Naval Base, スービック海軍基地　224
sugar master, 砂糖職人　33-34, 297
Summer, Charles, サムナー、チャールズ　66, 136
Sun Yat-sen, 孫文　143, 145, 300
Superintendent of Public Instruction, 教育長　82, 244
Supplemental Security Income (SSI), 連邦補足的所得保障　243
Syrians, シリア人　137

T
Taehan Kookmin-hoe (Korean National Association), 朝鮮全米協会　109, 301
Taiping Rebellion, 太平天国の乱　8, 98
*Taiwan Relations Act (1979), 台湾関係法　248
Tajima, Renee, タジマ、レニー　279, 293
Takahashi v. *Fish and Game Commission*, タカハシ対漁業狩猟委員会の判例　212
Takao Ozawa, タカオ・オザワ、小沢孝雄　67, 138, 303
Takie, Okumura, タキエ、オクムラ、奥村多喜衛　107, 124
Tan, Amy, タンエイミ、譚恩美　282
tang (tong), 堂　98, 145
Tanxiangshan (Tanheungsan), 檀香山　33
Taoist beliefs, 道教信者　94
Taok, Epifanio, タオック、エピファニオ　130
Tape, Joseph, テープ、ジョセフ　82, 299
Tape, Mary, テープ、メリー　82, 299
taxi-dance halls, タクシー・ダンスホール　74, 85, 278
Tayama, Fred, タヤマ、フレッド　193
"Tea,"「お茶」　282
Tenant Bill (1868), 小作人法　23
Terrace v *Thompson*, テレス対トンプソンの判例　142, 303
Thind, Bhagat Singh, ティンド、バガト・シン　67,

139, 303
Third World student strike, 第三世界学生運動　263
Thomas, Jay Parnell, トーマス、ジェイ・パーネル　212
Tien, Chang-lin, ティエン、チャンリン、田長霖　275
Toisanese, 台山人　115
Tokyo Shoemakers' Alliance, 東京靴工同盟会團　101
Tolan Committee, トーラン委員会　187
Tolstoy Foundation, トルストイ財団　235
Tonghak, (Eastern Learning), 東学　14-15
dongjia (east houses), 東家　99
Tongji-hoe (Comrade Society), 同志会　147
Tongmenghui (Revolutionary Alliance), 中国同盟会　143
tong (*tang*), 堂　98, 145
tong-hoe (village councils) 通會　109
tong-jang (council chief) 通長　109
Tongxintang (Tung Hing Tong), 同心堂　99, 140
Travelers' Aid-International Social Services (TAISS), 旅行者支援国際社会サービス　235
Treaty of Kanghwa, 江華条約 (日朝修好条規)　14
Treaty of Nanjing (Nanking), 南京条約　7
Treaty of Tiajin (Tientsin), 天津条約　7
Triads, 三合会　98
Truman, Harry S., トルーマン、ハリー・S　202, 230
Tule Lake, トゥーリ・レイク　190, 196-99, 206, 304
Tung Hing Tong (Tongxintang), 同心堂　99, 140
"12-1-A," 12-1-A棟　281
Tydings-McDuffe Act (1934), タイディングス・マクダフィー法　78, 304

U

Ueno, Harry, ウエノ、ハリー　193

Un-American Activities Committee, 下院反米活動調査委員会　207, 212
"*Unfinished Business*,"「アンフィニッシュト・ビジネス」　277, 293
Union Pacific Railroad Company, ユニオン・パシフィック鉄道会社　41
United Chinese Society, 中国人連合協会　96, 299
United Hebrew Immigrant Aid Society (UHIAS), 連邦ヘブライ移民支援協会　235
United Korean Society, 連合朝鮮団体　109, 301
United Nations, 国際連合　246, 249
United Nations High Commissioner for Refugees (UNHCR), 国連難民高等弁務官事務所　238-39, 241, 249, 306
*UNTAC: United Nations Transitional Authority in Cambodia, 国連カンボジア暫定統治機構　249
United States Catholic Conference, 米国カトリック司教協議会　235
*United States Medical Licensing Examination (USMLE), 米国医師資格試験　248
United States v. *Bhagat Singh Thind*, 米国対バガト・シン・ティンドの判例　67, 139, 303
United States v. *Ju Toy*, 米国対ジュ・トイの判例　136, 144, 301
U.S. Employment Compensation Commission, 全米雇用補償委員会　199
U.S. Employment Service, 全米雇用サービス　188
U.S. Civil Rights Commission, 連邦市民権委員会　268
U.S. Marine Service, 連邦海上サービス業　132
U.S. Reports, 連邦最高裁判所判例集　133
Uyeda, Clifford, ウエダ、クリフォード　264

V

Van Reed, Eugene, リード、ユージン・バン　12, 298
Varsity Victory Volunteers (VVV), 大学志願兵連盟

Vegetable Packers Association, 野菜包装協会　130-31
Vibora Luviminda, ビボラ・ルビミンダ　130, 149
Vietnam War, ベトナム戦争　210, 228, 231-33, 249, 266, 271, 281, 285, 305
Vietnamese refugees, ベトナム人難民　i, 234, 259, 279
Visa Qualifying Examination (VQE), 米国留学試験　222
"volags" (voluntary resettlement agencies), ボラーグ　235, 237
Vo Nguyen Giap, ヴォー・グエン・ザップ　230

W
Wah Lee, ワォ・リィ　45
*Wakamatu Tea and Silk Colony, 若松茶絹コロニー　28, 298
Wang, Wayne, ワング, ウェイン　279-80, 291
War Brides Act (1945), 戦争花嫁法　209, 304
War Relocation Authority (WRA), 戦時転住局　190-92, 194-99, 202, 206
*War Relocation Center, 戦時転住所　213
Wartime Civil Control Authority (WCCA), 戦時民事管理局　188
"Wash, The,"「洗濯」　280
Watsonville riot, ワトソンビル暴動　74-75, 114, 116, 303
Webb v O'Brien, ウェッブ対オブライエンの判例　142, 303
Western Agricultural Contracting Company (WACC), 西部農業請負社　128
"Who Killed Vincent Chin?,"「誰がヴィンセント・チンを殺したか」　279, 293
"Woman Warrior, The,"「女性闘士」　282
Women's Arm Corporation (WAC), 陸軍婦人部隊　195
Wong Kim Ark v. United States, ウォング・キム・アーク対米国の判例　136, 300
Woo, S. B., ウー, S・B　263-64
Works Progress Administration (WPA), 雇用促進局　172
World War I, 第1次世界大戦　53-54, 65, 125, 139, 146, 153, 175, 176, 249, 302
World War II, 第2次世界大戦　v, 62, 66, 84, 100, 133, 148, 153, 155, 161, 175, 180, 182, 202, 208, 210, 213, 218, 229, 261, 264, 277, 295, 304, 319

X
Xavier, Francis, フランシスコ・ザビエル　9
Xingzhonghui (Revive China Society), 興中会　143, 300
Xijia (west houses), 西家　99

Y
Yamamoto, Hisaye, ヤマモト, ヒサエ　282
Yamashiro, Andy, ヤマシロ, アンディ　260
Yamashita, Takuji, ヤマシタ, タクジ, 山下宅治　137-38
Yamauchi, Wakako, ヤマウチ, ワカコ　281
Yano, Tetsubumi, ヤノ, テツブミ, 矢野鉄文　142
Yasui, Minoru, ヤスイ, ミノル, 安井稔　202-05, 277, 285, 306
yellow peril, 黄禍　85
Yick Wo, イック・ウォ　140-41, 299
Yick Wo v. Hopkins, イック・ウォ対ホプキンスの判例　141, 299
yobiyose, 呼び寄せ　53
Young Koreans Academy, 興士団　116, 147
Young Men's Buddhist Association (YMBA), 仏教青年会　106, 300
Young Men's Christian Association (YMCA), キリスト教青年会　174
Young Women's Christian Association (YWCA), キリスト教女子青年会　174
Yuan Shikai (Yuan Shih-k'ai), 袁世凱　144

Z

Zaibei nihonjinshi, 在米日本人史　　*101, 316*

Zhigongtang (Chee Kung Tong), 洪門堂　　*98*

Zhonghua Huiguan, 中華会館　　*96*

Zhili (Chihli), 直隷総督（ちょくれいそうとく）　　*144, 149*

■著者紹介
スーチェン・チャン（Sucheng Chan）
カリフォルニア大学バークレー校名誉教授

　カリフォルニア大学のサンタ・バーバラ校の歴史学の教授として、アジア系アメリカ人研究講座の主任であった。彼女は1963年スワートモア大学で学士を取得し、1965年にハワイ大学で修士を取得して、1973年にカリフォルニア大学バークレー校で博士号を取得した。

　彼女は、『ほろにがい大地—1860年から1910年までのカリフォルニア農業における中国人（This Bittersweet: The Chinese in California Agriculture, 1860-1960』（1986年）の著者である。その著書で、1986年テオドア・サロートス記念出版賞（農業歴史分野, Theodore Saloutos Memorial Book Award）、1987年アメリカ歴史協会西海岸支部出版賞（American Historical Association Pacific Coast Branch Book Award）、1988年アジア系アメリカ人研究協会特別出版賞（Association for Asian American Studies Outstanding Book Award）を受賞した。彼女の随筆である『カリフォルニア地方の中国人の暮らし（1860年～1880年）— 経済変革の衝撃 —（Chinese Livelihood in Rural California, 1860-1880: The Impact of Economic Change）』（西海岸歴史雑誌: Pacific Historical Review、1984年）で、最も注目される書籍としてルイス・ノット・クーンツ賞（Louis Knott Koontz Prize）を受賞した。彼女はすでに4冊の本も編集している。

　彼女は、1978年にカリフォルニア大学バークレー校から特別教育賞を受賞し、1988年から1989年までジョーン・シモン・グーゲンハイム基金（John Simon Guggenheim）を受託した。

■編纂者紹介
トーマス・J・アーチディコン（Thomas J. Archdecon）
ウィスコンシン大学マディソン校教授

　1972年から学部の一員として、ウィスコンシン大学マディソン校の歴史学の教授であった。ニューヨーク生まれで、リチャード・B・モリス（Richard B. Morris）教授の指導の下に、コロンビア大学で博士号を取得した。最初の著書は、『ニューヨーク市—1664年から1710年の征服と変革（New York City, 1664-1710: Conquest and Change）』（1976年）で、17世紀末から18世紀初頭にかけて、その地域のオランダ人とイギリス人在留者の関係性を執筆した。そのような研究を重ねながら、アーチディコンは、移民と民族集団の相互関係に関する主題とする教育研究に専念した。1983年に『アメリカ人になるために—民族的歴史（Becoming Americans: An Ethnic History）』を刊行した。

■翻訳者紹介

住居　広士（Hiroshi Sumii）
県立広島大学大学院保健福祉学専攻教授，医学博士，社会福祉士，介護福祉士
　1956年　広島県三原市生まれ
　1982年　鳥取大学医学部医学科卒業
　1987年　岡山大学大学院医学研究科修了（医学博士）
　1998年　ミシガン大学老年医学センター留学（文部省在外研究員）
　2000年　広島県立保健福祉大学教授
　2005年　県立広島大学保健福祉学部人間福祉学科教授

〈主要著書〉
『新版アメリカ社会保障の光と陰』（編訳，大学教育出版，2004.8），『介護モデルの理論と実践』（単著，大学教育出版，1998.2），『マネジドケアとは何か』（監訳，ミネルヴァ書房，2004.10），『介護保険における介護サービスの標準化と専門性』（単著，大学教育出版，2007.2）他多数

〈社会的活動等〉
日本学術会議連携会員（社会福祉学分科会，福祉職・介護職育成分科会，高齢者の健康分科会，持続可能な長寿社会に資する学術のロードマップ分科会），第14回日本介護福祉学会大会長，日本介護福祉学会・日本保健福祉学会・日本在宅ケア学会理事，全国老人福祉施設協議会総研座長，日本介護支援協会草の根シンクタンク委員など，他多数

お問い合わせ先
　〒723-0053 広島県三原市学園町1番1　県立広島大学大学院保健福祉学専攻
　　TEL&FAX 0848-60-1211　E-mail: sumii@pu-hiroshima.ac.jp　URL: http://www.pu-hiroshima.ac.jp/

■翻訳協力者

中国系：張天民（中国政法大学副教授），劉序坤（遼寧師範大学副教授），杜鵬（中国人民大学教授）吉見弘（日中友好協会広島支部理事長）

日　系：石川友紀（琉球大学名誉教授・同大学移民研究センター初代センター長）

朝鮮系：宣賢奎（共栄大学国際経営学部教授），林春植（韓南大学教授），丁志鎣・李玟熙（ソウル市立大学元交換留学生）、卓仁玉（県立広島大学人間福祉学科卒）

フィリピン系：レイシェル・バロナ・イトウ（Rachel B. Varona-Ito）、日本フィリピンボランティア協会（中井聡事務局長、網代正孝理事長），小林恵子

インド系：Shruti Deshpande（シュルティ・デシュパンデ：岡山大学元インド系国費留学生）、小川道大（プネー大学文学部歴史学科博士課程），岡本幸治（日印友好協会会長）

東南アジア系：菅波茂（アジア医師連絡協議会（AMDA）代表），竹久佳恵（AMDAカンボジア事務所）フィン・トロン・ヒエン（Huynh Trong Hien，広島大学ベトナム系国費留学生）

アメリカ系：清水・ミシェル・アイズマン（Michele Eisemann Shimizu、甲南女子大学教授），澤田如（日本福祉大学客員研究所員、南カリフォルニア大学大学院修了）

アジア系アメリカ人の光と陰
― アジア系アメリカ移民の歴史 ―

2010年9月9日　初版第1刷発行

■著　　者──スーチェン・チャン（Sucheng Chan）
■編　纂　者──トーマス・J・アーチディコン（Thomas J. Archdeacon）
■翻　訳　者──住居広士（Hiroshi Sumii）
■発　行　者──佐藤　守
■発　行　所──株式会社 大学教育出版
　　　　　　　〒700－0953　岡山市南区西市855－4
　　　　　　　電話(086)244－1268代　FAX (086)246－0294
■印刷製本──サンコー印刷㈱

ASIAN AMERICANS : AN INTERPRETIVE HISTORY
Copyright ⓒ 1991 by Sucheng Chan
All rights reserved.
Twayne Publishers
An Imprint of Simon & Schuster Macmillan
1633 Broadway New York, NY 10019-6785

Japanese translation rights arranged
with Thomson Learning Inc., a Delaware corporation, Stanford, Connecticut
through Tuttle-Mori Agency, Inc., Tokyo

ⓒ Sucheng Chan 2010, Printed in Japan
検印省略　　落丁・乱丁本はお取り替えいたします。
無断で本書の一部または全部を複写・複製することは禁じられています。

ISBN978－4－86429－003－6

好評発売中

アフリカ系はアメリカ人か
―植民地時代から現代まで―

杉渕 忠基 著
ISBN4-88730-631-8
定価 2,940 円(税込)

植民地時代から始まり公民権運動に至る中にアフリカ系アメリカ人を位置づける。

アメリカ労働運動と日本人移民
―シアトルにおける排斥と連帯―

黒川 勝利 著
ISBN4-88730-253-3
定価 2,940 円(税込)

アメリカ労働運動と日本人移民との関係をワシントン州シアトルに焦点をあてて吟味。

新版 アメリカ社会保障の光と陰
―マネジドケアから介護とNPOまで―

アンドル・アッカンバウム 著
住居 広士 編訳
ISBN4-88730-553-2
定価 3,570 円(税込)

米国の社会保障、特にマネジドケアと介護に焦点を当て、歴史と最新事情を解説。